Dies sind die uralten nordischen Geschichten, wie sie in den Edda- und anderen Dichtungen im 10. bis 13. Jahrhundert aufgezeichnet wurden und hier in leichtverständlicher Prosa nacherzählt worden sind, Geschichten von Göttern und Menschen, Riesen und Zwergen, von der Herkunft der Erde, bis diese untergeht im schrecklichen Weltenbrand. Midgard heißt die Welt, wo zahlreiche große Götter wohnen. In Alfheim haben die Alben und Lichtelfen ihre Heimstatt. Schwarzelfen werden die Zwerge genannt, die unter der Erde leben. Und Utgard, wo die Riesen hausen, wo Unholde und Trolle ihr Unwesen treiben. Drei Weltfeinde gibt es: die Midgardschlange, den Fenriswolf und die furchtbare Unterweltsgöttin Hel. Viele Könige, Krieger, auch Bauern und Knechte, bevölkern den Erdkreis. Königinnen und Walküren, Odins Schildmädchen, entbrennen in Liebe und Haß zu edlen und unedlen Männern. Wild wogen die Kämpfe, aber es gibt auch den glücklichen Frieden. Zweikämpfe sind zu bestehen, und man opfert den mächtigen Göttern Odin, Tyr, Frey, Freya und all den anderen. Dahingehen werden die Zeiten in Freude und Sorge, Kampf und Streit, bis einst der letzte Krieg kommen wird zwischen den Göttern und ihren Widersachern. Das aber ist nicht der Welten Ende. Hoffnung und neues Leben werden erwachsen aus den Trümmern der durch Feuer verzehrten und in den Fluten versunkenen alten Erde.

Ein bunter Bilderbogen von Geschichten, gefertigt aus den Vorstellungen unserer heidnischen Vorfahren, jede in ihrer Weise spannend und fesselnd.

insel taschenbuch 1859
Altnordische
Götter- und Heldensagen

Altnordische Götter- und Heldensagen

Nacherzählt von
Hans-Jürgen Hube

Insel Verlag

insel taschenbuch 1859
Erste Auflage 1996
Erstausgabe
© Insel Verlag Frankfurt am Main und Leipzig 1996
Alle Rechte vorbehalten
Vertrieb durch den Suhrkamp Taschenbuch Verlag
Satz: Hümmer GmbH, Waldbüttelbrunn
Druck: Nomos-Verlagsgesellschaft, Baden-Baden
Printed in Germany

1 2 3 4 5 6 – 01 00 99 98 97 96

Dies sind die uralten nordischen Geschichten von der Herkunft der Erde, von ihren Göttern und Menschen, Riesen und Zwergen, bis diese untergeht im schrecklichen Weltenbrand. Midgard heißt die Welt, wo die ersten Menschen gemeinsam leben, Asgard die, wo zahlreiche große Götter wohnen. In Alfheim haben die Alben und Lichtelfen ihre Heimstatt. Schwarzelfen werden die Zwerge genannt, die vornehmlich unter der Erde lebten.

Und Utgard ist das Reich, wo Riesen in Mengen hausen, wo Unholde und Trolle, dazu andere Mächte der Finsternis ihr Unwesen treiben.

Drei Weltfeinde gibt es: die Midgardschlange, den Fenriswolf und die furchtbare Unterweltsgöttin Hel. Viele Könige, auch Bauern und Knechte, bevölkern den Erdkreis. Königinnen und Walküren, Odins Schildmädchen, entbrennen in Liebe und Haß zu edlen und unedlen Männern. Wild wogen die Kämpfe, aber es gibt auch den glücklichen Frieden. Zweikämpfe sind zu bestehen, und man opfert den mächtigen Göttern, Odin und Tyr, Frey, Freya und all den anderen.

Dahingehen werden die Zeiten in Freude und Sorge, Glück und Trauer, Kampf und Streit, bis einst der letzte Krieg kommen wird zwischen den Göttern und ihren Widersachern. Der verschlagene Loki, der soviel Unheil hervorbrachte, wird die schrecklichen Jöten und Thursen anführen im letzten Kampf. Odin und die Seinen werden unterliegen und untergehen.

Das aber ist nicht der Welten Ende. Hoffnung und neues Leben werden erwachsen aus den Brandstätten und Trümmern der durch Feuer verzehrten und in den Fluten versunkenen alten Erde.

I

Der Urriese Ymir

Ginnungagap war vor urdenklichen Zeiten mitten auf der Erde ein riesenhafter Schlund, und das war die Zeit, ehe es die Erde und den Himmel gab, ehe das Meer entstand, das gegen die Küsten brandete, ehe Menschen und Götter lebten. Nördlich von diesem Schlund hatte sich das eiskalte Niflheim gebildet, die Heimat des kalten Winters, wo in der Finsternis wilde Stürme miteinander rauften. Doch im Süden strahlte das lichte, brennendheiße Muspellsheim, wo nur verweilen kann, wer sich mit dem Feuer angefreundet hat. Das ist die Welt der heißen Sonne, und es sitzt an der Grenze zu Muspellsheim ein Wächter, ein Urriese namens Surt, der statt eines Schwertes eine scharfe Lohe führt, und dieser Surt wird einst kommen, die Götter zu stürzen und die ganze Welt durch Feuer zu vernichten. Indessen, zuerst war eine Zeit, in der die Götter noch nicht lebten. Das war jener grausige Zustand, als sich das wüste Eis im mächtigen Schlund Ginnungagap auftürmte und aneinanderrieb. Da schossen zwölf riesige Wasserströme aus dem gewaltigen Ginnungagap. Diejenigen, die nordwärts in das Nebeltreiben und die Eiseskälte von Niflheim flossen, gefroren bald zu Eis und schoben sich schlackenartig als riesige Gletscher vorwärts. Die Nebelschwaden, welche über diesen Gletschern wallten, waren wie eine ungeheuer große, erstarrte Rauhreifdecke.

Doch von Süden, wo das feurige Muspellsheim liegt, wehten heiße Winde gegen die Berge von Eis, blieben stehen und erzitterten wie an schwülen Sommertagen, wenn die Luft zum Atmen knapp zu werden droht. Da geschah es denn, daß die gewaltige Rauhreifdecke dahinschmolz in der heißen Luft, und sie fing an zu träufeln und zu tropfen, und aus diesen Tropfen entstanden riesengroße menschenartige Wesen, und einer davon war der gewaltige Ymir, ein Urriese, Mann und Weib zugleich, der Stammvater aller Reif-Thursen oder Frostriesen. Aus Ymir, als er noch schlafend dalag und ins Schwitzen geraten war, entsprossen ein Mann und ein Weib, genaugenommen aus seiner linken Achselhöhle. Ymirs rechter Fuß aber zeugte mit dem linken einen Sohn. Das war ein großer, ungeschlachter, fruchtbarer Kerl, der bald eine zahlreiche Brut hervorbrachte, die sich überall einnistete. So kam es, daß der Erdkreis allmählich von grimmigen Riesen, auch Jöten genannt, angefüllt war.

Weitere Tropfen fielen aus der Rauhreifdecke herab, und aus einigen davon wurde die hornlose Kuh Audumla geboren, die ein gewaltiges Euter hatte, aus dem vier Milchströme flossen. Ymir erwachte, erblickte das Euter, ergriff es und sog daran, um so noch mehr zu Kräften zu kommen und zu schrecklicher Größe anzuschwellen. Aber die Kuh Audumla ließ ihn gewähren, und während er schmatzte, leckte sie die salzigen Gletschersteine mit ihrer Zunge ab, denn noch gab es kein Gras. Da fuhr Leben in das tote Gestein, und ein neues Wesen entstand. Gegen Abend des ersten Tages sprossen aus den Gletschersteinen Haare empor, die zu einem Menschen gehörten. Am folgenden Tag wurde ein großer Kopf sichtbar. Am dritten befreite er sich gänzlich vom Gestein und stand nun stattlich da. Frisch und munter bewegte er sich auf freiem Felde. Sein Name war Buri, und er wurde der Stammvater eines Göttergeschlechts. Sein Sohn hieß Börr, wahrhaft schön anzusehen. Keiner war so mutig wie er, und bald sah er sich unter dem Geschlecht der Reif-Thursen nach weiblichen Wesen um. Nicht lange, da zeugte er mit einer namens Bestla drei Söhne: Odin, Wili und Wé. Odin wurde in anderen Gegenden auch Wodan genannt.

Die jungen Brüder wuchsen und gediehen prächtig, wurden stark und meinten, man müsse an diesen unwirtlichen Orten etwas erbauen, um alles freundlicher zu machen. Doch die Frostriesen ließen Gletscher kommen und schoben sie gegen die Gegend, in der die drei Brüder hausten. Ymir bewegte sich tosend und lärmend und wuchs immer weiter, so daß für die drei Götter kaum noch Platz blieb. Da dachten sie, nun sei es Zeit, den ungeschlachten Ymir beiseite zu schaffen. Sie brachten ihn um, und dabei floß Ymirs Blut in gewaltigen Strömen hinein in den Schlund Ginnungagap. Es stieg und stieg, bis Ymirs ganzes Riesengeschlecht, alle Jöten, im Blutmeer ertrank. Einer von diesen rettete sich mit Weib und Hausgesinde, indem er in einen ausgehöhlten Baum kroch. Dieser Riese hieß Bergelmir und blieb also am Leben. Bergelmir zeugte mit seiner Frau wiederum zahlreiche Nachkommen, ein neues Riesengeschlecht. Das waren alles wieder Thursen oder Jöten, die sich vermehrten und nun auf der Erde hausten. Von Bergelmir kommt der Haß der Riesengeschlechter auf die Götter, sie können es nicht vergessen, daß Odin und seine Brüder ihren Urvater Ymir getötet haben.

Die drei Götter schleppten Ymirs Leiche bis an den Schlund Ginnungagap, aus dem die zwölf riesenhaften Ströme fließen; die hießen Elivagar und enthielten mancherlei giftige Flüssigkeiten. Die jungen Götter warfen Ymir hinein und schufen so aus seinem Körper die Erde. Ymirs Blut floß darüber hin als Meere und Flüsse, sein Fleisch bildete das Land, seine Knochen wurden zu steilen, schroffen Felsen, Zähne und Knorpel aber Gestein und Felsblöcke, die überall herumlagen. Die Bäume fertigten sie aus Ymirs Haaren.

Die Götter um Odin aber ließen es dabei nicht bewenden, sondern sannen auch darüber nach, wie die Flüsse weitergeleitet werden können. Und sie machten es so, daß sie um die

Erde einen Kreis bildeten und mit den großen Eisströmen in Verbindung traten.

Auch Ymirs Schädel erhielt eine Aufgabe: Die Götter hoben ihn auf und verwendeten ihn als Himmelsdach. Nun entstanden alsbald die vier Himmelsrichtungen. Als Wächter stellten die Götter je einen Zwerg auf, im Norden wie im Osten, im Süden wie im Westen, und diese Wichte hießen Nordri, Austri, Sudri und Westri. Da bekam die Erde festeren Halt, und alsbald sproß das erste Grün, während die Gewässer sie wie ein riesiger Ring umschlossen.

Unter dem Himmelsdach aber bewegten sich unentwegt die Gehirnmassen Ymirs, mitunter schnell, mitunter langsam, und das sind die Wolken. Die aber sind so kalt und grausam, wie es eben nur Jötengedanken sein können. Damit aber die Ymir-Erde erhellt werde, warfen die Götter Funken gegen das Schädeldach, und diese Funken kamen aus Muspellsheim herausgeflogen, sie klebten nicht fest, sondern bewegten sich und beleuchteten die Erde, nachdem auch ihre Bahnen von den Göttern festgelegt worden waren. So schreiten denn die Muspellsheim-Funken als Sterne dahin, Tag für Tag, Nacht für Nacht, Jahr für Jahr. Aber auch zwei große Lichter verfertigten Odin und seine Brüder, und die sollten jeweils am Tag und in der Nacht leuchten. Zwei Wagen machte er, und vor jeden spannte er windschnelle Pferde. Die Götter waren in allem sehr anstellig. Am Tage zieht das Roß namens Leuchtmähne das eine Gefährt, und die glitzernde Mähne funkelt und erhellt die Erde. Bei Nacht kommt die Reifmähne, ein ebenso schönes Pferd, von dessen Lefzen der Tau tropft, der gegen Morgen auf Tal und Au schimmert. Vor den Sonnenwagen hatten die Götter zwei schöne Rösser gespannt: Arwaker, die stets hellwache Mähre, und Alswinn, das immer geschwinde Tier, das niemals stehenbleibt. Der Kühlende aber wird ein großer Schild genannt, den die Götter als Schirm gegen die sengenden

Sonnenstrahlen aufgestellt haben, damit die Erde nicht verdorren kann. So ist es denn gekommen, daß die Erde inmitten der schrecklichen, wilden Meerfluten liegt, die je nach ihrer Entfernung von Niflheim oder Muspellsheim kälter oder wärmen sein können.

Midgard

Die Götter wollten den schönen Erdkreis nicht den Thursen oder Jöten gänzlich überlassen, sondern legten ihnen nahe, sich draußen, am äußersten Meeresstrand, anzusiedeln, und man nannte diese Gegend Utgard – die Welt weit draußen. Aber die war gebirgig, eiskalt und unwirtlich, mit einem Urwald wie aus Eisenstangen, dazu voller tückischer Moore und Schluchten. Trolle und andere Unholde siedelten sich später in den kahlen, öden Regionen an.

»Da in der Ferne sollt ihr eure Wohngebiete haben!« sagten die Götter. Mitten auf der Erde zwischen Niflheim und Muspellsheim suchten sie nun ein schönes, fruchtbares Land aus, das sie mit einem riesigen Zaun umgaben, und der bestand aus Ymirs Wimpern. Es war geheiligtes Land, und sie nannten es Midgard, die mittlere Gegend, denn es liegt in der Mitte und ist umfriedet, umgürtet: das bedeutet Gard, und in anderen Gegenden sagte man Garten.

Nun war allerdings Midgard noch unbewohnt, denn die Jöten mußten fernab am Meeresstrand hausen. Da machten sich einige Götter, deren Zahl unterdessen ziemlich gewachsen war, eines Tages auf und liefen am Meeresufer entlang, so als suchten sie Gegenstände, aus denen menschliche Wesen zu formen seien. Drei wurden fündig: Odin, Hönir und Loki. Nicht lange dauerte es, da entdeckten sie zwei Holzstämme, grob und schwer, die von den Wellen an Land getrieben worden waren.

»Daraus machen wir Menschen«, sagten die Götter. Sie gaben ihnen die schimmernde Röte der Wangen, das frische menschliche Aussehen. Und der erste Gott hauchte ihnen Atem und Leben, der zweite Verstand und Beweglichkeit, der dritte aber Gehör und alle Sinne ein. Da waren nun die beiden ersten Menschen entstanden, aber beide waren noch nackt und bloß.

»So geht das nicht«, meinten die Götter, und sie überlegten nicht lange, sondern legten ihnen gegen Wärme und Kälte schützendes Zeug an, das nicht kostbar, aber zweckmäßig war. »Wir wollen euch sagen, wie ihr heißen sollt!« riefen sie. Und da sie aus den beiden Holzstücken sowohl Mann als auch Frau geformt hatten, nannten sie sie entsprechend: den Mann Ask, das Weib Embla. »Nun könnt ihr euch vermehren!« lachten die Götter.

Das ließen sich Ask und Embla gesagt sein, und es verging nur geringe Zeit, da besiedelten ganze Scharen von Menschen die Gegend. Midgard war bald bevölkert. Soweit war alles in guter Ordnung. Aber nun fanden die Götter, daß auch sie eine passende Bleibe brauchten, nachdem sie die Menschen so ins schöne Midgard hineingesetzt hatten. Aber wo sollten sie hin? Nicht irgendwo am Rande der Welt wollten sie hausen, sondern mittendrin auf felsiger Höhe. Und so zäunten sie sich ihren Platz inmitten der Welt ein, und es war dies eine beträchtlich große Stätte, und die nannten sie Asgard. Das bedeutete soviel wie Götterstadt, denn die Götter, von denen hier die Rede ist, nannten sich Asen, und einige Nordleute meinten später, sie hießen deshalb so, weil sie aus Asien dermaleinst gekommen seien. Doch das blieb stets nur eine Vermutung.

Mitten auf der bergigen, zerklüfteten Anhöhe Asgards lag eine herrliche, nicht allzu breite Ebene. Diese wird Idafeld genannt. Es war ein wunderbares Fleckchen Erde. Hier bauten die Asen ihre Hallen und Säle, denn sie waren natürlich nicht gewillt, in torfgedeckten Erdhütten wie die vielen Menschen zu hausen.

Diese Häuser der Götter waren weitläufig und prächtig anzuschauen und wiesen viel Gold und Silber auf. Auch geschmiedete Teile fanden sich in den Hallen. Dazu hatten die Götter eigens eine Schmiede errichtet, wo sie vielerlei Gerätschaften, darunter Hämmer, Zangen, Ambosse und Waffen herstellten, alles, was man braucht, auch Beile und Messer. Und die Götter waren es zuerst, die das Erz schmiedeten, die Steine zurechtschlugen und kostbares Schnitzwerk aus Holz fertigten. Gold hatten sie in reichlichem Maße, und daraus machten sie alle ihre Gefäße und vielerlei Gerätschaften. Darum redete man später vom Goldenen Zeitalter.

Die Namen der Götterhäuser oder Burgen kennt man aus dem Munde Odins, und man nennt sie mit Ehrfurcht. Thor, Odins ältester Sohn, hatte dazu die größten Felsbrocken herbeigeschleppt. Zuerst wurde die Halle für die Versammlung der Götter fertig, wo die Asen später allesamt auf ihren hohen Stühlen saßen und beratschlagten. Eigene Behausung erhielten auch die Göttinnen, und die schimmerten herrlich in Gold und Silber. Odins Söhne wetteiferten darin, sich prächtige Wohnstätten zu bauen, und so war bald Asgard ein großes, weiträumiges Burggelände.

Von der Weltesche und Odins Macht

Das Idafeld, diese schöne Ebene, wird überschattet von einer mächtigen Esche, einem gewaltigen Lebensbaum; der trägt den Namen Yggdrasill. Dieser Baum ist so allgewaltig, daß seine Zweige sich über ganz Midgard verteilen. Immergrün ist dieser Lebensbaum. Und wenn ein Ast verdorrt, sprießt am nächsten Tag neues Grün hervor. Die Wurzeln der Weltesche reichen tief hinab ins Erdreich. Eine erstreckt sich nach Utgard, ins Heim der Reif-Thursen, das ist die Stelle, wo sich früher der Schlund Ginnungagap befand. Eine andere Wurzel zieht sich bis Niflheim, doch die dritte und allerfesteste reicht weit hinein ins Reich der Götter, nach Asgard.

Mit den Wurzeln der Weltesche hat es seine Bewandtnis: unter ihnen entspringen Quellen. So brodelt an der Wurzel, welche zum Niflheim hinüberreicht, eine Quelle mit Namen Hwergelmir. An der Wurzel, die zu den Reif-Thursen führt, sprudelt ein Born, der in seinen Wassern Wunderbares enthält: Klugheit und Manneswissen. An dieser Quelle lebt Mimir, ein weiser Zwerg, der beständig aus einem Trinkgefäß, dem Gjallarhorn, das klugmachende Wasser des Brunnens schlürft. So verwundert es nicht, daß Mimir die Gabe erwarb, in die Zukunft zu blicken, ein Seher zu sein.

An der dritten Eschenwurzel, die zu den Göttern nach Asgard reicht, entspringt die allerheiligste Quelle: Urds Brunnen. Da werden die Schicksale gewoben. Dort kommen die Götter zur Beratung zusammen, wenn irgend etwas zu klären oder zu erledigen ist. Und in Midgard und Asgard muß beständig etwas getan werden, sonst zerfällt alles.

An Urds Quelle wohnen in einem herrlichen Saal drei weise Frauen: Urd, Werdandi und Skuld. Diese drei – Nornen genannt – sind so mächtig und klug, daß sie jedem das Schicksal voraussagen können, sei es Glück oder Leid. Das Geschick eines Menschenkinds richtet sich ja nicht zuletzt danach, welchem Geschlecht es angehört: ob es ein großes, starkes Glück wird, das vielleicht ein Häuptlings- oder Königssohn zu erwarten hat, oder nur ein kleines, unscheinbares, welches einem schlichten Bauern oder Krieger beschieden ist. Diese drei Nornen haben ihren Wohnsitz an der Esche Yggdrasill. Aber sie hätten für die vielen Menschen in Midgard gar nicht ausgereicht, und so walten noch weit mehr weise oder zauberkundige Frauen ihres Amtes. Als Fylgien oder Gefolgswesen beschirmen, beraten oder begleiten sie die Menschen.

An dem Tag, da ein Kind geboren wird, kommt eine Norne an die Wiege und weiht das Kindesleben. Manche Nornen sind mächtig, andere weniger. Das richtet sich danach, welchem Geschlecht sie angehören. Zählen sie zum Götterstamm der Asen, sind sie durchaus allgewaltig, zumeist den Menschen gut gesonnen und freundlich, gehören sie zu den Alben oder Elfen, kann man schon etwas zweifeln, und dann gibt es auch Nornen, die gänzlich mit dem Zwergengeschlecht verwandt sind. Mit denen ist nicht zu spaßen. Solche Menschen, die selbst Unglück oder Unehre über sich heraufbeschwören, sind von bösen Nornen verfolgt, haben schlimme Fylgien. Sie sind die Ausnahme. Meist sind Nornen nicht wirklich bösartig, sondern wollen Gutes. Die weisen Frauen haben eine Vorliebe für die Großen der Erde, für Krieger und Häuptlinge, doch selbst das kleinste, unbedeutendste Menschenkind hat Anspruch auf den Schicksalsrat der Nornen.

Und jeder Stamm unter den Menschen hat eigene Fylgien, und die wachen von der Geburt bis zum Tod über jeden einzelnen. Man mag sich daher als Menschenwesen bemühen, gute Taten zu vollbringen. Man soll Ehre und Ansehen der Väter wahren und sich würdig erweisen. Nornen darf man nicht enttäuschen. Ein anderes Wort für Nornen lautet: Disen. In den Träumen oder in dem diesigen Dämmerzustand der Männer und Frauen erscheinen Disen, wie es in einem Zauberspruch heißt, und geben Ratschläge. Wie soll man sich gegen drohende Gefahren schützen, wen soll man wählen, wem vertrauen? Das sind Schicksalsfragen, die man mit den Disen – in seinen Träumen – besprechen kann. Jedenfalls ist es klug, die Worte der Disen zu beachten.

Die Weltesche Yggdrasill steht zwar riesengroß und – wie es scheint – unverwundbar da und beschirmt die Erde, aber ungefährdet ist sie nicht. An der Esche nagen Tiere und böse Wesen; die wollen den Baum verderben. So liegt in der Quelle Hwergelmir der furchtbare Drache Nidhögg und frißt an der Wurzel. Um ihn herum wimmelt es von grauenhaften Schlangen. Am Stamm springt Ratatosk, ein bösartiges Eichhörnchen, ständig hinauf und hinunter, und es gibt vier Hirsche, die mit krummen Hälsen die jungen Triebe der Esche abweiden: Dain und Dwalin, Duney und Durathror. Mehr Gewürm liegt unter der Wurzel der Esche, als es unkluge Toren auf der Erde gibt: da sind Goin und Moin, die Söhne Grafwitnirs, Grabak und Grafwöllud, Ofnir und Swafnir, wie es in einem Liede heißt. Auch sie zehren ewig an den Wurzeln des Baumes. So hat die Esche Yggdrasill mehr Unbill zu erdulden, als die Menschen es wissen. Der Hirsch höhlt oben ihren Stamm aus, unten frißt Nidhögg. Davon wird die Esche geschwächt; doch die Nornen, die bei Urds Brunnen wohnen, machen vieles wieder gut. Sie kühlen die Wurzeln mit feuchter Erde aus der Quelle, so daß sie nicht verdorren. Aber eines Tages, wenn das Weltende der Ragnarök kommt, wenn sich die Schicksale der Götter erfüllen, manche sagen auch Götterdämmerung, wird die Esche stürzen und im Weltenbrand in Flammen aufgehen, und das wird die schlimmste Zeit sein für Menschen und für Götter.

Ein Regenbogen wölbt sich über die steilen Himmelsfelsen an der Grenze Asgards hinüber nach Midgard, und das ist die Brücke Bifröst. Sie erglänzt stets in drei Farben; und sieht man das Rot des Regenbogens, so weiß man, die Brücke steht in Flammen, so daß kein böswilliges Wesen nach Asgard hinüberlaufen kann. Die Brücke ist die einzige Verbindung von Midgard zu den Göttern, sieht man von schwer überwindbaren Gewässern ab, die Odin selbst beschrieben hat. Nur über diese gefährlichen, tiefen Gewässer gelangt man nach Asgard. Unbewacht ist Asgard jedoch keineswegs. Ein Wächter sitzt da, und Hähne wachen, aber einmal, wenn es mit der Welt zu Ende geht, wird alles Aufpassen, wird alle Vorsorge nichts mehr nützen. Dann brechen die Unholde nach Asgard ein, dann entbrennt der letzte große Kampf, ehe alles in Flammen untergeht. Mag die Brücke Bifröst auch noch so fest gefügt sein, wenn am Ende aller Tage der Feuerriese Surt mit seinen Scharen darüber hinreitet, wird sie krachend zusammenbrechen.

Wo aber wohnen die Götter? Sie haben ihre Hallen rings um Urds Brunnen errichtet, und der prächtigste Bau ist Odins Saal Walaskjalf, dessen Decke aus reinem Silber gefertigt ist. Mitten in diesem wunderbaren Saal, der gewaltig geräumig ist, steht Odins Hochsitz Hlidskjalf. Dieser Thron oder Aussichtsturm ist so geartet, daß man – sobald man darauf sitzt – weit über die Welten schauen kann. Nichts, was geschieht, bleibt dem Auge verborgen. Doch das Sinnen und Trachten der Weltwesen kann man nicht sehen. Deswegen hat Odin zwei Raben gezähmt, Hugin und Munin, die ausfliegen und Erkundigungen einziehen.

Eine große Zahl Götter wohnt auf Asgard, aber der wichtigste und vornehmste von ihnen ist Odin, den viele Götter auch ihren Vater nennen. Er ist der Alte mit dem blauen Mantel, aber er kann seine Gestalt verändern, sooft er will. Und Odin hat viele Namen, daß überhaupt kein Mensch sie alle hersagen kann, so zahlreich sind seine Taten, wonach die Menschen ihn benannten. So heißt er Allvater, Herjan, Neckar, Nix, Füller, Wunsch, Wahn, Beblind, Schwinder, Schwender, Wetter, Alk, Walvater, Sieggott, Hangegott, Hastgott, Lastengott, Grimm, Gangler, Dank und Helmber, Wunderer und Tunderer, Helblind, Schweifer, Mildauge, Heererheiterer, Böswerk, Grimmer, Flammenaug, Langbart, Tiefhut, Neckwunder, Truggeschwind, Vielgeschwind, Her-

bard, Gundler, Gaut, Schweber, Männergott und Erschrek-
ker. Odin ist viel unterwegs unter den Menschen, und da
begegnet er ihnen bald zu Pferde, wenn er sein achtfüßiges
Roß Sleipnir reitet, oder zu Fuß als einäugiger Greis im
blauen Mantel.

Der Allvater Odin ist der Lenker des Kriegsglücks, er
kümmert sich darum, welchem großen König, Eroberer oder
Staatsmann er den Sieg schenken soll. Das richtet sich auch
nach den Opfergaben, die diese ihm dargebracht haben. Da
kann es nützlich sein, mit Geschenken für Odin nicht spar-
sam zu sein. Aber manchmal entscheidet der Alte willkür-
lich und unberechenbar. Da nützen noch so große Opfergaben nichts. Odin ist manchmal auch sehr grausam. So
bestimmt er, wer den Tod auf der Walstatt erleiden soll. Klug
und weise ist Odin auch, aber mitunter verfällt er in Schwermut. Und er hat eine Vorliebe für die Dichtkunst, kennt und
bevorzugt die Dichter oder Skalden. Schließlich weiß er über
alles Bescheid, was irgendwann einmal in vergangenen Zeiten geschehen ist. Odin hat selbst unter furchtbaren Mühen
die Kunst erlernt, Runen zu lesen. Das war – wie es in einem
Lied heißt – zu der Zeit, als er selbst als Opfer für den
höchsten Gott an einem sturmgepeitschten Baum hing, verwundet durch einen Speer. Neun Nächte lang hing er so da.
Keiner gab ihm etwas zu essen, keiner kam mit einem
Trinkhorn, um seinen Durst zu löschen. Odin mußte mühsam nach unten spähen, um die Runen zu lernen, und er tat
es laut schreiend. Daraus folgt: konnte Odin die Runen
lernen, können dies auch die Menschen schaffen, auch wenn
es mühsam ist. Odins Sehkraft ist geschwächt, denn er ist
einäugig, das zweite Auge gab er hin, um mehr zu wissen.
Eines Tages kam er nämlich zum Zwerg Mimir an die Weis-
heitsquelle, um durch einen Trunk daraus weise zu werden.
Doch Mimir ließ ihn erst trinken, wenn er sich ein Auge
herausgerissen und als Pfand dagelassen hatte.

Wenn Siegvater zu Tische sitzt, liegen die Wölfe Geri und Freki zu seinen Füßen, und sie fressen, was abfällt. Aber Odin trinkt nur Wein. Seine zwei nachtschwarzen Raben Hugin und Munin sitzen auf seinen Schultern. Jeden Morgen erheben sie sich und fliegen hinaus in die Welten. Zurückgekehrt flüstern sie dem Weltvater ins Ohr, wie weit es die Götter und Menschen gebracht haben mit der Weltzerstörung. Danach kann Odin ermessen, wie weit Ragnarök, die Götterschicksale, noch entfernt sind. Einige nannten das auch Götterdämmerung, aber es ist das Ende der Götter und Menschen gemeint. Der Mittwoch ist Odins Tag, in alten Zeiten trug er seinen Namen, und noch heute ist dies so bei den Nordleuten.

Allvaters erste Gemahlin war die heilige Nacht, und sie hat ihm auch eine Tochter geboren: Jörda, die Erde, als er nämlich unter dem Namen Onar ihre Liebe errang. Das war in Urzeiten. Und so lange ist es her, daß sich Odin gar nicht mehr entsann, daß Jörda seine Tochter war, als er sie später ehelichte. Und ihr starker Leib gebar nun den mächtigen Donnergott Thor, den man anderswo Donar nennt. Noch eine dritte, liebe Gemahlin hat Odin, ihr Name ist Frigg oder Fricka, eine Frau mit edlem Sinn. Auch sie ist durchaus klug und weise, ja, sie weiß vielleicht ebensoviel wie ihr Gemahl, besonders über die Zukunft, aber sie sagt es keinem, denn sie ist verschwiegen. Fricka ist von wunderbarer Schönheit, das hohe Vorbild aller sorgsamen Hausfrauen. Um ihren schönsten, geliebten Sohn Balder, der durch Freveltat umkam, erlitt sie viel Herzeleid.

Odins Kriegerheim heißt Walhall, die Halle der Gefallenen, und dorthin gelangt nur, wer den Schlachtentod gestorben ist. Wer schmählich auf seinem Lager den Strohtod erlitt, kann nicht erwarten, in Walhall eingelassen zu werden. Viel weiß man von diesem herrlichen Ort, wo so viele gewaltige Feste gefeiert werden.

Noch andere Götter wohnen an Urds Quelle, so auch der stärkste von ihnen, Thor. Man hat ihn Sohn der Erde genannt, Jörda ist seine Mutter, die Menschen verehren ihn sehr. Er ist der allgewaltigste der Söhne Odins. Riesig groß und kräftig ist Thor, breit erheben sich Brust und Schultern, in seinem Arm steckt wilde Kraft. Selbst Riesen können sich nicht mit ihm messen. Rot ist sein Haupthaar, rot sein wallender Bart. Wird er zornig, bläst er durch den Bart, so daß es wie Sturmgebraus über den weiten Himmel klingt. Wenn er daherkommt mit seiner furchtbaren Waffe, den Hammer Mjöllnir, dann zittern Jöten und Trolle vor Angst. Vielen dieser Unholde hat er schon mit seinem Wurfhammer den Schädel gespalten. Mjöllnir ist eine solch wundersame Waffe, daß sie stets trifft, wohin Thor auch zielt, und dazu noch zurückkehrt in seine Hand. Aber den Mjöllnir, wenn er angeflogen kommt, wieder zu ergreifen ist nicht leicht, und so trägt Thor vorsorglich Eisenhandschuhe, mit denen er den Hammer wieder einfängt. Thor hat noch Megingjörd, einen Kraftgürtel, den er sich um den Leib schnallt, um so seine Götterstärke zu verdoppeln. Blitz und Donner begleiten Thors Hammerwurf. Oft ist er zu träge und bequem, beständig zu Fuß zu gehen. Lieber fährt er dann mit seinem Himmelsgespann hierhin und dorthin. Aber vor seinem Wagen sind keine Pferde gespannt, sondern zwei Böcke: Tanngnjost und Tanngrisnir.

Fährt Thor über die Himmelsbrücke, rollt Donner über Midgard, Blitze zucken durch die Luft. Das kommt vom Geräusch der Wagenräder, vom Zähneknirschen der Böcke und vom flammenumzuckten Hammer. Die Menschen meinen, sie hätten allen Grund, den mächtigen Donnerer zu preisen. Er schützt sie gegen die Wut der Midgardschlange, die aus dem Meer kriechen will. Sonst hätte die See längst den Damm durchbrochen, der Midgard schützt. Er streitet für sie gegen grimmige Bergungeheuer und Frostriesen. Diese Unholde hassen die Menschen und wollen die fruchtbare Erde in eine Wüste verwandeln. Thor zerschlägt die Wetterwolke, so daß sie erquickenden Regen spendet, läßt die Saaten wachsen, das Korn reifen, damit die Menschen ihre Scheuern füllen können und nicht vor Hunger umkommen. Von ihm hat der Donnerstag seinen Namen. Am Himmel erblickt man sein Gefährt, den großen Wagen. Auch sein Hammer ist nicht vergessen: Wird irgendwo ein großer Bau aufgeführt, weiht man den Grundstein mit drei Hammerschlägen: Thors Hammer kehrt im Kreuz wieder. Keiner ist so weise, daß er alle Taten Thors aufzählen kann. Stunden würden vergehen, ehe man auch nur einen kleinen Teil von all den Abenteuern wüßte, die Thor zu bestehen hatte. Aber in den Hallen der Könige und in den Hütten der Armen erzählt man unermüdlich von seinen großen Taten, und eine Mär reiht sich an die andere. Thor ist auch Wingnirs und Hloras Pflegevater, und seine Gemahlin heißt Sif oder Sippia, die Herrin über alle Gesippen. Und über die Maßen schön ist sie, und ihr Haar ist aus lauterem Gold. Das hat der arglistige Loki einst von kunstreichen Zwergen erworben. Thors treuer Diener ist der hurtige Thjalfi, der seinen Herrn stets auf den Fahrten begleitet und ebenso schnell läuft wie jener. Die Riesin Jarnsaxa gebar dem Thor zwei Söhne, die von unbändiger Kraft sind: Modi und Magni, und das bedeutet Mut und Stärke.

Ein dritter starker Gott wohnt an Urds Brunnen, das ist der gewaltige Tyr, manche nennen ihn anderswo auch Ziu oder Dio. Dieser mächtige Ase gilt als furchtbarer Schwertfechter und Gott des Rechts. Aber als er sich mit dem Fenriswolf anlegte, biß dieser ihm die rechte Hand ab, und das war seine Schwurhand; doch auch einhändig ist Tyr noch schrecklich in seiner Kraft. Die Menschen rufen ihn an, wenn es gilt, den Sieg zu erringen. Tyr siegt fast immer. Auch er ist Odins Sohn und darum – wie sein Vater – ein Kriegsgott. So grauenhaft ist seine Kraft, daß sich nur sein Bruder Thor mit ihm vergleichen kann. Dem Tyr ist der Dienstag geweiht. Der starke Ase überlegt nie lange, wenn irgendwo Streit ist. Er zieht einfach sein Schwert und schlägt blindlings drein. Der Kampf ist Tyrs höchste Freude, nur an Helden scheint er Spaß zu haben. Dem Feigling kann Tyr gefährlich werden, denn unsichtbar naht der Schreckliche, seine Klinge fährt blitzschnell durch die Luft, und schon liegt der Mann da, hingestreckt vom unerbittlichen Schwertgott. Sieht Tyr Tapferkeit, ist er manchmal bereit, in vorderster Linie mitzukämpfen und den Sieg gegen die Feinde zu erstreiten. Doch das tut er nur selten. So rufen ihn die Kriegsmannen an: »Hoher Tyr, groß an Kraft und Heldenmut, sei uns nahe im Streit, damit wir nicht weichen und wanken! Erschrick den Feind und gib uns den Sieg! Wir wollen dich preisen in Liedern! Asatyr, Asatyr, stets sollen deine Altäre rauchen und deine Opfer reichlich sein! Weit ins Land sollen deine Feuer lodern!«

Odin, Thor und Tyr – das sind die drei vornehmsten Götter, die stärksten im Guten wie im Bösen, am meisten erwähnt in den alten Mären. Ihre hölzernen Bilder stehen allüberall in den goldstrahlenden Tempeln. Ehrfurcht und Zuversicht flößen sie ein, und wer sie zu Bundesgenossen hat, ist nicht verloren.

Auf Asgard leben noch andere hehre Götter in den weiträumigen Hallen: Ull ist ein Asengott, der immer flink und hurtig durch die Gegend streift, ein geschickter Skiläufer und Bogenschütze, der so manche Übeltäter zur Strecke gebracht hat. Wer einen Zweikampf zu bestehen hat, ist gut beraten, den gutmütigen Ull vorher durch Opfer günstig zu stimmen. In Pelzwerk eingehüllt, ist Ull ein wahrer Kältegott, auch er gilt als Odins Sohn und als sein winterlicher Stellvertreter. Die Jäger rufen ihn folgendermaßen an, wenn sie sich zum frohen Jagen rüsten: »Ull, ferntreffender Gott, laß uns nicht fehlen die Fährte des flüchtigen Wilds! Schärf uns das Auge, richte uns die Hand und beflügle den hurtigen Fuß! Der Pfeil, der der Sehne entschwirrt, bohre ins Herz sich dem eilenden Pelztier oder dem Aar und dem Eber des Waldes! Erhöre den Ruf deiner Getreuen und gib ihnen reichliches Jagdglück!« Übel ergeht es einem Jäger, der den hohen Asen nicht achtet. In den Waldklüften verirrt er sich, der Irrwisch lockt ihn in den Sumpf, auf glatter Eisbahn strauchelt er und bricht sich ein Bein. Auf seinen Jagdfahrten trägt Ull einen trefflichen Schild, den er so geschickt zu handhaben weiß, daß der Auerochse in ohnmächtiger Kraft seine Hörner daran zersplittert.

Eine Gefährtin hat Ull: die Riesin Skadi, eine Götterbraut. Oft jagen beide über die schimmernden Eisflächen im hohen Norden, sie verlachen die Weichlinge, die sich vor der Winterkälte hinter dem Ofen verkriechen. Der Wissende hat erfahren, daß Skadi eine Tochter des Riesen Thjazi ist. Die Asen hatten ihren Vater umgebracht, und da erschien sie in kriegerischer Rüstung in Asgard, um Vaterbuße von ihnen zu verlangen. Die Asen aber luden sie zum Gastmahl ein, und Skadi wählte sich hier einen Gemahl, den göttlichen Meerbeherrscher Njörd. Aber eine richtige Ehe hat Skadi mit diesem doch nicht geführt.

Ist Ull ein frohgemuter Ase, so benimmt sich sein Bruder Widar ganz anders. Er ist ziemlich schwerfällig und recht schweigsam. Nach Thor gilt er als der stärkste und mutigste, von ihm haben die Götter stets viel Trost und Hilfe erfahren. Er trägt festes Schuhwerk mit starken Sohlen, ja Eisenschuhe, so daß er den Fuß in den Rachen des wilden Fenriswolfes treten konnte, ohne daß dieser den Fuß abbiß. Hartnäckig und bedächtig ist Widar, aber auch wild und grausam: ein Gott, mit dem man sich nicht anlegen soll. Auch Widar ist Odins Sohn. Im stillen Waldtal Landwidi hat er sich sein Haus erbaut. Hohes Gras wächst dort vor den Toren, und die Blätter in den wogenden Baumkronen rauschen, und es ist, als gingen von ihnen auch die geheimnisvollen Runenzeichen aus. Eines Tages wird er es sein, der wieder auftaucht nach dem furchtbaren Weltenbrand, nach dem Ende der Götter. Zusammen mit dem wiedererweckten lichten Gott Balder wird er eine neue Götterstadt errichten.

Ein rechter Unglücksrabe unter den Asen ist Hödur. Als Gott des Winters und als Gebieter über Frost und Schneesturm hat er sich einen bösen Gesellen erwählt: Hräswelg. Das ist ein scheußlicher Riese in Adlergestalt, der im hohen Norden sitzt, am Scheitelpunkt der Erde. Auf Hödurs Wink erhebt er sich und schlägt mit den Flügeln. Dann stöhnt und ächzt es in der Luft, eisig wehen die Nordstürme, grauschwarze Wolken jagen über Midgard dahin. Götter und Menschen scheuen Hödurs Herrschaft, und der einsame Ase hat nur wenige Freunde. Blind läuft er umher, und so widerfuhr ihm das Unglück, daß er den schönen, lieblichen Balder unbeabsichtigt tötete, diesen friedlichen, versöhnlichen Gott, der honigsüße Reden führt und bei den Frauen beliebt ist.

Balder ist auch ein Sohn Odins, Nannas Gemahl, Besitzer eines Wunderschiffs und eines Wunderrings, Hels Geselle, Gott des Lichts, der holden Sommertage, der Frömmigkeit, Güte, Reinheit und Milde. Sein Haus Breidablick steht im Sonnenschein, ringsum ist Himmelsfriede, aber die finsteren Mächte ruhen nicht. Balder, der Allgeliebte, wird nicht von Tücke verschont, er muß früh eingehen ins Reich der Toten. So geliebt Balder wird, so gehaßt ist Hödur. Wohl war er nicht schuld an dessen Tod, denn er wußte nicht, was er tat, aber seine Untat mußte gerächt werden, und so starb

Hödur, genannt ›Schießer des Mistelzweigs‹, durch seinen eigenen Bruder.

Balder ist mit einem weisen Sohn gesegnet, welcher Forseti oder ›Vorsitzer‹ heißt. Ihn befragen solche, die miteinander in Zwist sind, und Forseti fällt entwaffnend einfache Richtersprüche, die nicht selten beide Parteien zufriedenstellen. Wer bei Forseti um Recht bittet, bekommt es, und deswegen lieben ihn die Menschen. Helgoland ist ihm geweiht, dort sprudelt der heilige Brunnen dieses Asen. Das Wild, das zu dieser Quelle flüchtet, ist sicher vor den Speeren der Jäger. Auch Seeräuber scheuen den Frieden der Insel. Ihr Schiff hätte Forseti zerschmettert und sie selbst in die bodenlose Tiefe hinabgestürzt.

Nun sei noch Wali erwähnt, der fröhliche Frühlingsgott, auch er ist ein Sohn Odins, und seine Mutter heißt Rinda. Tapfer kämpft er in Kriegsnot, und ein guter Schütze ist er auch. Rächerase wird er auch genannt, weil er Hödur, den blinden Asen, tötete. Er schickte den finsteren Winterbeherrscher hinunter in Hels Reich. Keine Ruhe gönnte sich Wali, ehe er nicht den Töter Balders zur Strecke gebracht hatte. Er kämmte sich weder das Haar noch wusch er sich die Hände. Erst als die Tat vollbracht war, schien er zufrieden. Aber indem er Hödur tötete, beging er Brudermord. Einst, wenn die Welt neu entsteht, wird er Arm in Arm mit Widar kommen und neue Götterwohnungen bauen.

Anders als die genannten Söhne Odins ist der nachdenkliche Heimdall, den man auch den weißen Asen nennt. Er ist Herr einer prächtigen Himmelsburg am oberen Ausgang der Asenbrücke. Sein Amt ist es, Asgard zu behüten, damit kein Unhold die Himmelsbrücke überschreiten kann. Dafür besitzt er bemerkenswerte Sinnesgaben: hundert Meilen weit kann er blicken, in der Nacht so gut wie am Tage. Lauschen kann er so fein, daß er sogar das Gras auf der Wiese oder die Wolle auf den Rücken der Schafe wachsen hört. Ein zuverlässiger Wächter will er sein, denn er hält sich vor der Regenbogenbrücke Bifröst auf, und er weckt sogleich die Götter, wenn er unförmige Jöten, Trolle oder andere Bösewichte herannahen sieht. Kein Unhold kommt an ihm vorbei, ohne daß er es merkt. Sein Schlaf ist leichter als der des Vogels. Ist Gefahr im Verzuge, nimmt er das Gjallarhorn und bläst so laut, daß es über die ganze Welt schallt. Das wird er einst tun, wenn die Welt zerfällt, dann wird er damit die Götter zum letzten Streit, zum Endkampf, rufen. Ein Freund der Menschen ist Heimdall, gern wandelt er über Midgard hin, ordnet Pfade und Straßen, gibt gute Ratschläge und segnet das Haus, in das er einkehrt. Die menschlichen Stände hat er geschaffen: Edle, Bauern und Knechte. Hochgerühmt ist seine Weisheit, und die Menschen haben ihn Ringur, Iring, Irmin genannt und manches Heiligtum für ihn gebaut. In Urzeiten wurde er auf wunderbare Weise geboren. Ihn trugen neun Schwestern aus dem Land der Riesen aus: Gelt, Greif, Eistla, Urgeba, Wolfrun, Angeia, Sind, Atla und Jarnsaxa. ›Haupt‹ wird sein Schwert, ›Goldzopf‹ sein Hengst genannt. Und so riefen ihn die Menschen an: »Sohn der neun Urmütter, Wärter der Götter, Eigner des Goldzopfs, komm und erhöre uns!«

Vieles gemeinsam hat Heimdall mit einem weiteren Bewohner Asgards, der sicherlich der freundlichste der Asen ist: Bragi. Er gilt als der Gott der Beredsamkeit und Sangeskunst. So wortgewandt wie er ist keiner, und wenn Bragi anhebt zu erzählen, dann schweigen alle still. Von ihm haben alle Sänger und Dichter ihre Gaben. Außer seinem Vater Odin kann sich keiner der hohen Asen mit Bragi messen an Tiefe und Weisheit der Gedanken. Bragi kennt unendlich viele Märchen, Sagen und Geschichten aus grauer Vorzeit, von denen man wohl keine Kunde hätte, wäre sein Gedächtnis nicht so unglaublich. Bragis liebliche Gemahlin ist die freundliche Idun, die Göttin der ewigen Jugend. Sie trägt

Äpfel bei sich, und sind die Götter müde, so gibt sie ihnen ihre Äpfel, die die wunderbare Eigenschaft haben, sie wieder jung und froh zu machen. Sterben wird sie einst, und ist sie hinuntergefahren ins Totenreich, so geht es auch mit den Asengöttern zu Ende. Zu alt sind sie dann, das drohende Weltende abzuwenden.

Vom Wanengeschlecht und vom Riesensohn Loki

Asen, Riesen und Menschen bevölkern den Erdkreis nicht allein. Es gibt auch die Alben und Zwerge, über die noch zu erzählen ist. Und da ist ein heiteres, hehres Göttergeschlecht, dessen Herkunft im dunkeln liegt. Vielleicht kam es aus dem Osten, vielleicht aber waren die Wanen auch schon länger da als die Asen. Möglicherweise haben gerade die Bauerngeschlechter weiter nördlich ihnen am meisten gehuldigt, während die rauhen Häuptlinge unter den Menschen im Süden sich mehr zu den Asen hingezogen fühlten. Zumindest zwei große Götter gehören nicht zu den Asen: Njörd und Frey. Sie zählen zu den Wanen, die später als friedfertiger und gerechter angesehen wurden, als es die Asen waren. Ein Kaufmannsgott ist Njörd – glücklich und wohlhabend, der von denen angerufen wird, die mit Waren übers Meer fahren wollen. Njörd hatte anfangs sein Heim bei den Wanen.

Einmal führten diese einen wilden Krieg gegen die Asen. Aber vielleicht war es auch so, daß der Krieg zwischen zwei Völkern geführt wurde, von denen das eine die Asen, das andere aber die Wanen verehrte. Einige sagen, es waren Dänen und Schweden. Lange jedenfalls dauerte der Krieg nicht, Asen und Wanen schlossen einen Vertrag und schwo- ren ewigen Frieden. Zur Bekräftigung des Bundes ging Hönir von den Asen zu den Wanen, diese aber schickten

Njörd zu den Asen, und da gefiel es ihm so gut, daß er für immer dort blieb. Eine Tochter hat Njörd gezeugt: Freya, die Liebesgöttin, die Königin der Walküren.

Der strahlende, wunderbare Sohn des Njörd ist Frey, allerorts sehr beliebt. Er hat die Gewalt über Regen und Sonnenschein, Fruchtbarkeit und Menschenliebe. Das Volk ruft ihn an, um gute Ernten zu bekommen, und feiert ihn auf großen Opferfesten, nicht zuletzt in Uppsala, wo seine hölzerne Statue in einem gewaltigen Tempel steht. Wie Odin und Thor nennt auch Frey ein Tier sein eigen, das er selbst reitet oder vor seinen Wagen spannt, den Eber Gullinbursti.

Besondere Bewandtnis hat es mit diesem Frey. Man nennt ihn auch einen Alf oder Alben, sein Wohnsitz heißt Alfenheim, westlich von Asgard. Die Lichtalfen sind wunderhübsche, zierliche Wesen, blendender als die Sonne. Und sie gelten als Freunde und Gefährten der Asen. In einigen Gegenden nannten die Menschen ihre Götter offenbar Alben. Ja, Häuptlinge, die in Geirstad in Norwegen zu Hause waren, schworen geradezu auf ihren Alben und betrachteten ihn und nicht Odin als ihren Stammvater.

»Das ist unser wirklicher Gott«, sagten sie und gaben ihm den Namen Olaf Geirstad-Alb. Zu den Zeiten, als Olaf der Heilige regierte, der das Christentum annahm, beriefen sich einige noch auf diesen Alben und meinten, Olaf der Heilige sei in Wahrheit ein Nachkomme jenes Frey. Doch der fromme König wollte nach seiner Bekehrung von solchen Dingen nichts mehr wissen. »Ich bin doch kein Nachfahre von Alben!« rief er ärgerlich.

Viel verehrt unter den Menschen ist – neben dem stets lächelnden Frey, dessen roter Mund auf den hölzernen Statuen stets nachgefärbt wird – seine Schwester, die zarte, liebebedürftige Freya. Sie beschützt diejenigen, die sich nach Liebe sehnen, und sie ist selbst angetan von schönen und kräftigen Männern. Von ihrem eigenen Ehemann Oder lebte sie lange getrennt. Es wird erzählt, Oder sei immer auf Reisen gewesen. Der Fluch seiner Stiefmutter erfüllte sich: er durfte Freya nicht sehen. Und so trauerte Freya viel um ihn. Während seiner Abwesenheit weinte sie dicke Tränen, die sich in ihrem Schoß in pures Gold verwandelten. Doch zuletzt, ehe die Zeit der Ragnarök sich erfüllt, sind beide vereint. Wie lange? Freyas Gespann besteht aus Katzen, mit denen sie auch zur Walstatt fährt, um sich mit Odin die Gefallenen zu teilen. Ihr bekanntester Schmuck ist ein Halsring, auch Brisingamen genannt. Der ist so herrlich, daß sich sogar der Halbgott Loki in einen Seehund verwandelt hat, um ihn im Schwimmwettkampf mit dem tüchtigen Heimdall von einer Insel im Meer zu holen. Aber Loki schwimmt zu langsam, und so gewinnt Heimdall das Kleinod. Seither führt Heimdall den Beinamen: ›Der Freyas Schmuck holte‹. Zwerge, kunstfertig und listig, sollen den Brising-Schmuck einst hergestellt haben, der als herrlichster auf der Welt gilt. Natürlich kann ihn nur eine einzige Frau tragen: die schöne Freya. Sie hat auch einen Eber, auf dem sie reitet und den sie von Zwergen bekam, denen sie dafür ihre Gunst schenkte. Ihre Tochter heißt Nossa und ist von unvergleichlicher Schönheit. Ist ein junges Mädchen von besonderem Liebreiz, pflegt man zu sagen: »Schön wie Nossa, Freyas Tochter«. Freya ist nicht nur die Göttin der Liebe, sie beschirmt auch Brautstand und Ehe. An ihrem Tage, dem Freitag, pflegt man Hochzeiten zu feiern. Hat sich die Braut mit Freya gut gestellt, ist an diesem Tage schönes Wetter. Der Freya nahe verwandt ist Ostara, die holde Frühlingsbotin. Nach ihr ist das Osterfest benannt.

Nicht zu den Wanen rechnen manche den Meerriesen Ägir, aber er ist ebenso freundlich wie diese. Daher nennen ihn viele auch Gott und opfern ihm fleißig. Ägir, der greise Beherrscher des Meeres, lebt nicht auf Asgard, der Götterstadt, sondern wohnt auf einer Insel. Der Zwölfzahl der Götter gehört er nicht an. Viele Asen betrachten ihn, diesen braven Meergott, dennoch als ihresgleichen. Reich ist er unermeßlich, denn sein sind alle Schätze, die das Meer birgt. Sein Meerespalast erstrahlt von Gold und edlem Gestein, und mag es draußen auch finster sein, seine Hallen sind stets licht und freundlich. Milde gesinnt ist Ägir, heiter wie das Meer an einem schönen Sommertag. Am liebsten sitzt er mit Bragi, dem Dichtergott beisammen, und dann lauscht er den uralten Liedern, die dieser ihm auf der Harfe vorspielt. Dann ist Ägir gedankenvoll und überlegt, ob er nicht wieder einmal ein Festmahl für die Götter vorbereiten soll. Ägirs Gemahlin heißt Ran. Aber mit ihr hat es der Alte nicht leicht: dem sturmgepeitschten Meer gleicht ihr Gemüt. Unstet und flatterhaft ist sie. Am liebsten hat sie es, wenn sie mit ihren Töchtern auf schäumenden Wellenrossen durch Stürme jagen kann. Der Schiffer im Boot fürchtet sich vor ihr, und vor der Ausfahrt bitten die Mannen auf ihren Drachenschiffen den gutmütigen Ägir, sie vor den Tücken seines Weibes und seiner Töchter zu beschützen.

Froh waren damals die Asen, daß sie mit Midgard etwas Besseres geschaffen hatten als die grobschlächtige, eisige Welt der Riesen. In ihren herrlichen Hallen auf Asgard, in ihren goldfunkelnden Langhäusern vergnügten sie sich mit Brettspielen. Der blonde Balder saß gern neben dem blinden Hödur und lauschte dem bärtigen Dichter Bragi, wenn er von uralten Zeiten sang. Mitunter kamen schöne Riesinnen zu Besuch, nahmen an Gelagen teil und brachten Gold mit. Aber schon damals warnte Heimdall: nichts Gutes bedeuten Geschenke von Riesen und Trollen! Er witterte Gefahr. Aber viele Asen kümmerten sich nicht darum, sondern pflegten Umgang mit den Riesen, deren Wohnsitze draußen in Utgard lagen. Täglich aßen sie Iduns Goldäpfel, die ewige Jugend verheißen. Damals meinten sie noch, unsterblich zu sein. Sie sannen darauf, wie man die Welten noch schöner herrichten könnte, an Krieg und Tod dachte niemand.

Eines Tages klopfte der junge Riese Loki an die Pforten von Asgard, und er wurde eingelassen, weil er sich geschickt und anstellig zeigte. Er machte nützliche Vorschläge, wie man noch schneller bauen könne, und gab Ratschläge, wie man sich vor Angriffen schützt. Wenn die Asen in Streit gerieten, wußte er mit feinen Reden den Zwist auszuräumen. Besonders Thor fand Gefallen an Loki, und immer häufiger nahm er ihn auf seinen Fahrten mit. Stets war Loki lustig und unterhaltsam, so daß auch Odin glaubte, er fände etwas an ihm, das seinem eigenen Wesen glich.

»Willst du mein Ziehsohn sein, Loki?« fragte er ihn nach einiger Zeit, und Loki willigte sofort ein. Thor fand den Vorschlag gut und stimmte im Rat dafür. Nur der Wächter Heimdall wollte nicht, daß Loki bei den Asen bleiben sollte. Er meinte, sehr bald könne er Hinterlist, Falschheit und Untreue offenbaren. Seine überklugen Reden könnten Unfrieden stiften, seine Schönheit könnte die Asinnen verwirren.

»Ich will das überdenken«, sprach Odin und stieg auf seinen Hochsitz Hlidskjalf, der wie ein Aussichtsturm die anderen Götterwohnungen überragte. Unschlüssig kam er nach geraumer Zeit wieder herunter. Noch hatte er wegen Loki keinen Entschluß gefaßt.

Da stand Balder im Rat auf und redete für Loki. Es könne nur gut sein, wenn man einen jungen Riesen hier auf Asgard aufnähme. Das würde zur Versöhnung zwischen Jöten und Göttern beitragen, das gute Einvernehmen stärken. Damals hörten die Götter noch auf Balders Rat, und niemand sah voraus, wie sehr Loki die Asen später ins Unglück stürzen würde. Es war seltsam, wie sich Loki durch seine Geschicklichkeit immer wieder aus jeder Bedrängnis herauswinden konnte.

Alle nannten ihn nun Odins Beisitzer oder Thors Begleiter, aber er galt dann als größter Lästerer unter den Göttern. Obwohl viele ihn zu den Göttern rechneten, war er doch aus dem Geschlecht der Riesen: ein Kind des Riesen Farbaut. Das bedeutete ›Der durch Stoß Feuer erzeugt‹, und Lokis Bruder hieß ›Der im Sturm Blitzende‹, seine Mutter war Laubeja, die ›Laubreiche‹, die von Blitzen schnell Entflammbare. Den Asen hat Loki viel Unbill zugefügt. Es machte ihm stets viel Freude, Schwierigkeiten aufzutürmen und alles zu verwirren. Ja, unstet war Loki stets wie das tanzende Feuer selbst, Loki – ›die flackernde Lohe‹, obwohl andere meinen, sein Name habe nichts mit der Lohe zu tun, sondern mit einem, der Lodurr hieß und ein früher Gefährte Odins war. Manche meinen auch, beide seien Freunde gewesen, andere glauben, Lodurr und Loki seien gar ein und dieselbe Gestalt. Wie dem auch sei, Lokis Rolle ist auch die eines Beschließers, denn wie eine ›Luke‹ ein Fenster, so schließt er einstmals tatsächlich das Leben der Götter und Menschen durch das Heraufbeschwören der Ragnarök, des Weltendes, ab. Zwar stammte er von den unförmigen Jöten ab, war aber selbst blond und hübsch, gerade einer, in den man sich verlieben konnte. Seine Zunge war spitz und sein Kopf voller witziger Einfälle.

Daß Loki zu den Göttern kam, war ein böses Verhängnis. Aber das wußten die Asengötter anfangs noch nicht. Damals hielten sie noch nach jedem Tagwerk, das die Erde schöner und bewohnbarer machte, Rat im fröhlichen Kreis. Aus ihren kostbaren Trinkhörnern schlürften sie Wein und Met, aßen reichlich von goldenen Schüsseln, plauderten und scherzten miteinander in den geräumigen Hallen.

Am größten war Lokis Verschlagenheit, wenn es galt, durch Lug und Trug Vorteile zu gewinnen. Zwar hat er den Asen Böses angetan, aber er hat sie auch von mancherlei Übeln erlöst. Zu spät sollten die Götter Lokis Gefährlichkeit erkennen. Strafen mußten sie ihn. Bis kurz vor dem Weltuntergang der Ragnarök wird er an einen Felsen gefesselt ausharren müssen, in schrecklichen Qualen, als Strafe für seine Missetaten, aber dann wird er alle Götter und Menschen besiegen, doch selbst auch umkommen.

»So komm nur«, sprach Odin, »schöne, schnelle Schuhe hast du, Loki! Damit kannst du überall hingelangen! Wirst uns von Nutzen sein!« Und er ritzte sich den Arm auf und tauschte mit Loki sein Blut. Damit erhob er ihn zum Wahlsohn. Und von nun an galt Loki als Ase, und niemand konnte ahnen, wie furchtbar sich Lokis Übertritt von den Riesen zu den Göttern auswirken würde.

Noch viel mehr Pflegesöhne hatte Odin. Oft waren es gar die Könige oder Herrscher unter den Menschen; doch nicht alle entsprachen den in sie gesetzten Hoffnungen. – Vieles nun gilt es zu erzählen von den Taten und Erlebnissen der Götter und der Menschen, von Riesen und Zwergen, Königen und Kriegern, Königinnen und Walküren, Bauern und Knechten, Freien und Unfreien, die mit ihnen in Berührung kamen. Einiges nur von den Geschichten und Sagen aus grauer nordischer Vorzeit kann hier berichtet werden.

Der trunkene König Geirrod

Einst lebte ein König namens Hraudung, und der hatte zwei Söhne, Agnarr und Geirrod. Beide waren Wahlsöhne der Götter. Den ersten hatte Frigg, den anderen Odin zum Pflegesohn erwählt. Damals waren Agnarr gerade zehn Winter und Geirrod acht Winter alt geworden, als beide in einem Boot hinausruderten, um mit ihren Angeln kleinere Fische zu fangen. Der heftige Wind trieb die beiden auf die offene See hinaus, und es war Nacht geworden, als sie mit ihrem Boot an einen fremden Strand gespült wurden. Sie gingen die Anhöhe hinauf zu einer Hütte. Hier wohnte ein Bonde, ein Bauer. Die Jungen blieben dort den ganzen Winter. Die Frau pflegte den erschöpften Agnarr, und der Mann, listig wie Loki, gab Geirrod allerlei tückische Ratschläge, die dieser befolgte.

Als das Frühjahr kam, schenkte der Bauer den beiden ein Schiff, und als er sie mit der Frau zum Strand hinunter begleitete, flüsterte er nochmals eine Weile mit Geirrod allein. Es herrschte guter Wind, und bald gelangten die beiden Söhne zum Wohnsitz ihres Vaters zurück. Geirrod, der vorn im Boot stand, sprang an Land. Dann stieß er bösen Blicks das Schiff mit dem Fuß vom Ufer zurück, indem er rief: »Fahr hin, Agnarr! Sollen dich böse Geister in ihre Gewalt bekommen!«

Das Schiff trieb auf die offene See hinaus, aber Geirrod achtete nicht auf die verzweifelten Rufe seines Bruders, sondern ging auf den Hof seiner Eltern zu, wo er wohl empfangen wurde. Aber soeben war dort sein Vater, König Hraudung, gestorben, und so setzte man Geirrod zum neuen König ein, der große Macht gewann.

Agnarr trieb an eine Insel, wo Trolle hausten. Von dort gab es keine Rückkehr mehr.

Zu eben dieser Zeit saßen Odin und seine Gemahlin Frigg auf Thrudwang, ihrem Wohnsitz, und beschauten von Hlidskjalf die Vorgänge drunten in Midgard. Frigg sah, wie Geirrod, Odins Pflegesohn, in seiner Königshalle unmäßig dem Met zusprach und sich von seinen Untergebenen an-himmeln ließ. Odin aber hielt nach Friggs Pflegekind Ausschau, dem zweiten verschollenen Königssohn.

Da sprach Odin: »Sieh doch einmal, da unten ist Agnarr, dein Pflegekind! Nichts ist aus ihm geworden! In einer schmutzigen Höhle liegt er und zeugt Kinder mit einem Riesenweib! Aber mein Pflegesohn Geirrod ist König und beherrscht das Land!« Frigg ärgerte sich und erwiderte: »Ja, aber er ist ein solcher Schelm und Neider, daß er seine Gäste quält und verunglimpft. Hungern und dürsten läßt er sie, denn er fürchtet, daß zu viele zu ihm kommen könnten.«

»Aber das ist eine große Lüge, liebe Frigg!« Odin wollte nichts auf Geirrod kommen lassen. Er hielt ihn für freigebig, während Frigg bei ihrer schlechten Meinung über ihn blieb. Da schlossen beide eine Wette ab. Würde Odin recht behalten? »Ich will doch hinfahren zu meinem Pflegling und ihn prüfen«, rief Odin.

Fast tat Geirrod der Göttin nun leid, der so schlecht an seinem Bruder gehandelt hatte. Daher schickte sie ihre Dienerin, das Schmuckmädchen Fulla, zu König Geirrod und ließ ihn warnen. Er möge sich vor einem zauberkräftigen Alten hüten, der schon in sein Land gekommen sei. Der König würde ihn daran erkennen, daß kein Hund es wagen würde, ihn beim Eintreten anzuspringen.

Als der fremde Mann, den die Hunde nicht anbellen wollten, bald danach in die Halle trat, ließ Geirrod ihn vor seinen Hochsitz bringen und fragte ihn, wer er sei. Das wollte ihm der Gast nicht sagen, obwohl ihm König Geirrod guten Wein und feine Speisen in Aussicht stellte. Der Alte hatte ein Auge und trug einen blauen Mantel, aber das bemerkte der König nicht. Schließlich sagte der Fremde, er heiße Grimnir, das bedeutete ›der mit der Maske‹. Soviel Geirrod auch forschte, Grimnir sagte von sich nichts, auch nicht, als der König wütend wurde und die Pflichten des Gastgebers vergaß. Betrunken war Geirrod an dem Tag. Da ließ er den Alten zwischen zwei Feuer setzen und in der Gluthitze acht Tage lang schmoren. Essen und Trinken erhielt er nicht.

König Geirrod hatte einen Sohn, und der war gerade zehn Winter alt und hieß Agnarr wie der Bruder, den der König damals ins Meer gestoßen hatte. Der Knabe fand es schlimm, wie Grimnir hier behandelt wurde, trat zu ihm, gab ihm ein

Trinkhorn voll Bier und sprach: »Übel handelt der König, wenn er dich schuldlos quält!«

Grimnir nickte und trank das Horn in einem gewaltigen Zug leer. Da griff das eine der beiden Feuer auf seinen blauen Mantel und sengte ihn an.

»Fort, Flamme!« rief Grimnir. »Heiß bist du geworden, zuviel Glut spür ich! Schon brennt mein Mantel! Fort mit dir, Flamme!«

Da gehorchte das Feuer und erlosch. Und Grimnir sprach weiter: »Acht Nächte lang mußte ich hier ausharren zwischen den Feuern, niemand brachte mir Linderung. Nur du, Agnarr, reichtest mir das Trinkhorn. Reich vergelten will ich dir den Trank! Einst sollst du herrschen über das Land!« Grimnir fuhr fort, Agnarr zu preisen, und wünschte ihm Heil für diesen Trunk. Keiner würde ihm ein besseres Geschenk bieten als der Gott, den alle als Herrscher anerkannten. »Heilig ist dein Land«, sagte Grimnir weiter, »das ich liegen sehe: es ist den Asen und den Alfen nahe.«

Da füllte Agnarr das Trinkhorn ein zweites Mal und reichte es dem dürstenden Grimnir. Aber sein Vater trat hinzu und schlug es ihm aus der Hand; er wollte den Fremden weiter peinigen. Unbeirrt blieb Grimnir zwischen den Feuern sitzen und erzählte, ohne den König zu beachten. Zuerst von Thor, der so lange in Thrudheim wohne, bis die Götter vergehen würden. »Kostbare Hallen stehen in Asgard«, sagte er. »Ydalir nennt man Ulls Bau, Alfheim den des Frey. Schon zu Urzeiten gaben ihn die Götter dem Frey als Angebinde, als er den ersten Zahn bekam. Eine dritte Halle erhebt sich dort, heitere Götter wohnen darin: ihr Name ist Walaskjaf, das herrliche Dach ist aus reinem Silber. Eine vierte Halle heißt Söckwabeck, wo immerdar kühle Fluten rauschen und Odin mit Saga täglich frohgemut aus goldenen Schalen trinkt. In einer fünften, Gladsheim, die golden schimmert, erwählt er sich jeden Tag die vom Schwert erschlagenen Männer. Wer zu Odin kommt, kann diesen herrlichen Saal leicht erkennen. Aus Lanzenschäften ist das Dach gefügt, mit Kampfschilden bedeckt, auf den Bänken liegen verstreut Brünnen und Brustharnische. Ein Wolf und ein Adler hängen über dem westlichen Tor.« Andächtig lauschte der junge Königssohn Agnarr. Aber der trunkene König Geirrod ließ sich sein Trinkhorn erneut füllen und schüttelte ungeduldig den Kopf.

»Sage endlich, wer du bist, Grimnir!« lallte er. Doch der Fremde im blauen Mantel fuhr in seiner Erzählung ungerührt fort. Es gebe noch eine sechste Halle: Thrymheim, sie liege im Reich der Riesen, dort habe Thjazi, der mächtige Jöte, gehaust, den Thor erschlug. Nun bewohne die scheue Götterbraut Skadi die Burg ihres Vaters. Eine siebte Halle heiße Breidablick, wo sich Balder eingerichtet habe. Dort gebe es weder Verrat noch Greuel.

Geirrod wollte Grimnir quälen, ließ mehr Scheite auf die Feuer werfen, so daß die Hitze noch größer wurde. Wie durch ein Wunder erfaßte keine Flamme mehr den weiten blauen Mantel Grimnirs, der weitersprach: »Die achte Burg ist die Himmelsburg, wo Heimdall, der stets Wachsame, wohnt und selig seinen süßen Met trinkt. Die neunte heißt Folkwang, wo Freya frohgemut die Sitze im Saal für ihre Männer bereithält. Täglich fährt sie zur Walstatt und wählt mit dem Göttervater eine Hälfte der Gefallenen aus. Glitnir ist die zehnte, das Silberdach des gewaltigen Saals ruht auf goldenen Säulen, mittendrin thront Forseti und schlichtet allen Streit. Noatun wird die elfte Burg genannt, wo Njörd, der Männerfürst, ohne Falsch sorgsam das hohe Haus verwaltet. In Widars Land Widi wächst immergrünes Gesträuch, steht saftiges Gras. Da wird mein Sohn einst in den Sattel seines Wunderpferdes steigen und den Vater rächen.«

»Was erzählst du uns von Göttergeschichten?« lachte

König Geirrod. »Du selbst vermagst nichts! Sitzt da und läßt dich ansengen! Wärst du wer, ein Gott oder dergleichen, hättest du die Flammen längst gelöscht!«

»Mein Koch heißt Andrimnir, er siedet im Wunderkessel Eldrimnir den Eber Sährimnir«, sprach Grimnir. »Wunderbar ist dessen Fleisch. Die Einherjer verspeisen es täglich. Was sie noch essen, wissen wenige. Heervater Odin ißt nichts, er trinkt lieber Wein. Die Raben Hugin und Munin fliegen über die Erde, halten Ausschau. Stets fürchte ich, Hugin kehrt nicht heim, aber Munin ist in größerer Gefahr. Der Fluß Thund braust, wo sich Thjodwitnirs Fisch in den Fluten tummelt. Ungestüm ist der Strom, todbringend der Lärm, den das Tor Walglaumir verursacht. Hier kann niemand durchwaten, um zu Walhall zu gelangen. Walgrind heiße das Gitter auf dem Flußgrund, heilig und alt. Nur wenige ahnen, wie man das Schloß betätigt. Fünfhundert Türen und viermal zehn, glaube ich, gibt es in Walhall. Achthundert Einherjer ziehen aus jedem Tor, wenn es einst gilt, den furchtbaren Fenriswolf abzuwehren!«

»Ach, schweig, Fremder!« rief König Geirrod. »Eindruck machen willst du mit deinem Wissen! Wahrscheinlich bist du nur ein Landstreicher!« Grimnir sah ihn durchdringend an, wandte sich aber an Agnarr und fuhr fort: »Fünfhundert Stockwerke und viermal zehn, sage ich, gibt es in dem Bauwerk, das sich Bilskirnir, andere nennen ihn Thor, erdacht hat: von allen Häusern, die je ein Dach trugen, ist das meines Sohnes das größte! Heidrun heißt die Ziege über Walhall, Heervaters Saal: aus ihrem Euter fließt soviel Met, daß die Einherjer stets genug zu trinken haben. Sie füllt die Schalen mit schäumendem Met, nie hat sie zuwenig Milch. Doch frißt sie Lärads Laube kahl, das tut auch der Hirsch Eikthyrnir, der über Walhall steht. Von seinem Horngeweih fallen Tropfen in die Quelle Hwergelmir, aus der alle Ströme stammen.«

»Prahle nicht, Fremder! Nichts glaub' ich! Sage endlich, wer du bist!« schrie jetzt König Geirrod und verlangte, daß sein Trinkhorn neu gefüllt werde. Ängstlich lauschte der junge Agnarr. Da überschüttete Grimnir den Königssohn mit einem Schwall von Namen der Flüsse, die aus Hwergelmir kamen, so daß ihm Hören und Sehen verging: »Sid und Wid, Sökin und Eikin, Swöll und Gunthro, Fjörm und Fimbulthul, Rin und Rennandi, Gipul und Göpul, Gömul und Geirwimul heißen die Ströme! Um Midgard wälzen sich Thyn und Win, Thöll und Höll, Grad und Gunthorin. Wina heißt einer, ein anderer Wegswinn, ein dritter Djotnuma. Dann noch: Nyt und Nöt, Nönn und Hrönn, Slid und Hrid, Sylg und Ylg, Wid und Wan, Wönd und Strönd, Gjöll und Leipt. Sie fließen in größerer Nähe der Menschen und von hier hinab zu Hel. Durch Körmt und Örmt und Kerlaug watet Thor täglich, wenn er reitet, um unter Yggdrasill Gericht zu halten. Bifröst lodert im Feuer, er betritt die Asenbrücke nicht.«

Nach einer kleinen Pause nannte Grimnir noch die Namen der Rosse, die die Asen reiten, wenn sie zu Gericht fahren: Glad und Gyllir, Gler und Skeidbrimir, Silfrintopp und Sinir, Gisl und Fallhofnir, Goldzopf und Lettfeti. Da wußte Agnarr, daß hier kein gewöhnlicher Wanderer sprach. Woher konnte der Fremde das alles wissen, wenn er nicht selbst ein anderer war? Vielleicht war der Fremde Odin?

Sein Vater zechte übermütig weiter und befahl, mehr Bier zu bringen. Den Alten im Mantel ließ er zwischen den Feuern sitzen.

»Vater«, rief Agnarr, »siehst du nicht, wer der Fremde ist? Einen blauen Mantel trägt er und hat nur ein Auge!«

»Manchem Alten hat man das Auge ausgeschlagen, und blaue Mäntel gibt's genug!« lachte der König und kümmerte sich nicht um die Warnung seines Sohnes. Da vergaß Grimnir ganz, daß er unter falschem Namen bei Geirrod war, geriet ins Schwärmen und zählte alle Annehmlichkeiten auf, die es auf Walhall gab: »Walküren habe ich, die mir das Horn reichen: Hrist und Mist, Skeggöld Skögul, Hlöck und Herfjöt, Hild und Thrud, Göll und Geirölul, dazu Randgrid und Rathgrid und Reginleif. Stets sind sie bereit zu dienen, sie schenken den Einherjern viel Äl ein.«

Nur mit halbem Ohr hörte der trunkene König hin, als der Alte fortfuhr: »Aus Ymirs Fleisch wurde die Erde geschaffen, aus seinem Schweiß das Meer, aus seinen Gebeinen die Berge, aus seinem Haar die Bäume, aus seiner Hirnschale der Himmel. Gütige Asen umzäunten mit Ymirs Wimpern Midgard, aus seinem Hirn entstanden die unsteten Wolken. Der erwirbt Ulls Gunst, der die Lohe löscht.«

»Umbringen werde ich dich«, keifte Geirrod, »wenn du jetzt nicht sagst, welch böser Zauberer du bist!« Doch Grimnir beachtete ihn nicht und fuhr fort: »Kunstfertige Zwerge, Iwalts Söhne, haben in Urtagen Skidbladnir geschaffen, das beste aller Schiffe, bestimmt für Frey, Njörds nützlichen Sohn. Yggdrasill ist der erste der Bäume, Odin der erste der Asen, Sleipnir das erste der Rosse, Bifröst die erste der Brücken, Bragi der erste der Dichter, Habrok der erste der Habichte, Garm der erste der Hunde.«

Geirrod starrt ihn an. »Wie heißt du?«

»Viele Namen habe ich, heiße Grim und Gangleri, Herjan und Hjalmberi, Theck und Thridi, Thud und Ud, Helblindi und Har, Sad und Swipal, Sanngetal, Herteit und Hnikar, Bileig, Baleig, Bölwerk, Fjölnir, Grimur und Glapswidr, Sidhött, Sidskegg, Siegvater, Hnikud, Allvater, Walvater, Atrid und Farmatyr. Ein Name genügte mir nie, wenn ich unter Menschen ging. Grimnir nenne ich mich bei dir, du törichter Geirrod! Jalk hieß ich bei Asmund, Kjalar war ich, als ich den Schlitten zog, Thror nannte man mich im Thing, Wider bei den Widersachern, Oski und Omi, Jafnhar und Biflindi, Göndlir und Harbard bei den Göttern. Swidur und Swidrir hieß ich bei Söckmimir, als ich den alten Thursen betrog und den Sohn des Unholds Midwitnir im Einzelkampf umbrachte.«

König Geirrod saß unbeweglich. Er schien noch immer nicht zu verstehen, wer hier sprach. »Du bist also nicht Grimnir?« lallte er.

Zornig erwiderte der Alte: »Irrsinnig bist du, Geirrod, hast zuviel getrunken, das Bier ist dein Meister geworden! Einst schenkte ich dir meine Liebe! Nun hast du Odins Huld und die der Einherjer verspielt! Viele Ratschläge gab ich dir, du schlugst sie in den Wind! Die Vertrauten trauen dir nicht mehr. Da sehe ich dein Schwert, vom Blut erblindet, vor dir liegen. Du bist mein Pflegling nicht mehr, nur eine schwertmüde Hülle, aus der das Leben flieht! Abhold sind dir die Disen! Nun sollst du Odins Antlitz schauen! Komm her, wenn du kannst!«

Geirrod saß wie gelähmt, das Schwert auf den Knien. Als er vernahm, daß es Odin war, den er acht Nächte gemartert hatte, sprang er auf und wollte ihn von den Feuern reißen. Da glitt ihm sein Schwert aus den Händen. Der Knauf war nach unten gekehrt. Der König strauchelte, das Bier hatte seine Sinne vernebelt. Er stürzte vornüber und fiel in die eigene Klinge. So fand er den Tod. Da verschwand Odin, und Agnarr herrschte als König lange Zeit.

Die Zwerge, die Wunderdinge schmiedeten

Thors Gemahlin, die schöne Sif, schlief gern und lange. Als Thor einmal abwesend war, schnitt ihr Loki im Übermut die Haare ab, um zu hören, was sie dann wohl sagen würde. Sif war unglücklich und beschwerte sich sogleich bei ihrem Gemahl. Der geriet in schreckliche Wut und schwor, er werde dem verschlagenen Loki alle Knochen im Leibe brechen, falls er nicht neue Haare beschaffen könne, die noch dazu aus Gold sein müßten.

»Ach, ach«, schrie Loki, »Großes verlangst du von mir, aber du weißt, ich bringe vieles fertig!« Sogleich machte sich Loki zu den Zwergen auf, und es waren dies Iwaldis Söhne, deren Geschicklichkeit berühmt war.

»Drei Kleinodien müßt ihr für mich schmieden!« sagte Loki. »Erstens brauche ich Goldhaare, zweitens ein Schiff und drittens einen Speer!« Der Speer erhielt später den Namen Gungnir und wurde Odins Waffe. Die Zwerge murrten erst, aber dann fertigten sie das Gewünschte. Als Loki alle Schätze in Empfang genommen hatte, überlegte er eine Weile. Dann ging er zu einem anderen nicht weniger bekannten Zwerg namens Brokk. Hinterlistig sprach Loki zu ihm: »Da wette ich, daß dein schlauer Bruder Sindri keineswegs solche Kunstwerke fertigbringt, wie ich sie hier habe! Meinen Kopf will ich sogar darum verwetten!«

»Je nun«, sagte Brokk, »gehen wir zu Sindri, ich wette, er kann's doch!« Also machten sie sich zu Sindris Schmiede auf den Weg, und dort warf Sindri gleich ein Schweinsfell in die Esse und rief über das Feuer hinweg dem Brokk zu: »Los, jetzt zieh den Blasebalg! Ich komme gleich wieder, und dann will ich das, was ich in die Esse hineingetan habe, wieder herausziehen.«

Als Sindri die Schmiede verlassen hatte, kam eine dicke Schmeißfliege und setzte sich auf Brokks Hand. Der aber ließ sich nicht beirren, sondern zog kräftig weiter. Auch als die Fliege ihm tüchtig ins Fleisch stach, hörte er nicht auf. Da kam der Schmiedezwerg Sindri zurück, guckte ins Feuer und sah, daß sein Werk vollendet war. Einen Eber hatte er geschmiedet, dessen Borsten in purem Golde strahlten. Gullinborsti war sein Namen.

Wieder legte Sindri etwas Gold in die Esse, rief Brokk zu, er solle auch diesmal kräftig den Blasebalg ziehen. Kaum war

Sindri hinausgegangen, kam die Stechfliege wieder, stach jetzt doppelt so heftig, und Brokks Hand schwoll an. Aber Brokk verbiß sich die Schmerzen und zog. Als der kunstfertige Zwerg diesmal sein Werk aus der Esse nahm, hatte er einen wunderbaren Ring gefertigt, und der hieß Draupnir. Aller guten Dinge sind drei. Meisterschmied Sindri legte nun bloß etwas Eisen in die Esse.

»Nun zieh aus Leibeskräften!« schrie er dem Brokk zu. »Wenn der Balg nur einen Augenblick steht, ist alle Arbeit verdorben, darum zieh immerzu!« Dann verschwand er. Gleich kam die Schmeißfliege wieder herbei, setzte sich diesmal Brokk mitten zwischen die Augen und stach so furchtbar zu, daß ihm das Blut herunterrann. Es troff ihm in die Augen, so daß er nichts mehr sehen konnte. Da ließ Brokk den Blasebalggriff fahren, strich die Fliege ab und das Blut. Und in dieser Zeit stand der Balg still. Die Fliege aber war niemand anders als Loki selbst. Doch es war nur ein kleiner Augenblick des Stillstands, dann kam Sindri hereingerannt und meinte: »Beinahe wäre alles verloren gewesen!« Einen Hammer holte er nun aus der Esse heraus, gab ihn – zusammen mit den anderen Dingen – seinem Bruder und sagte: »Jetzt geh hin nach Asgard! Hole den Richtspruch in dieser Wette ein! Ich meine, ich habe gewonnen!«

So machten sich Brokk und Loki mit ihren Schätzen auf zu den Göttern. Und sie baten darum, daß Odin, Thor und Frey als Schiedsrichter wirkten. Was sie bestimmten, solle Gültigkeit haben, sagten sie. Wortreich erklärte nun Loki die Vorzüge seiner Sachen: dem Odin pries er den Speer Gungnir, dem Thor die Goldhaare für Sif und dem Frey das Schiff. So sprach er: »Hört denn! Dieser Speer Gungnir geht durch alles hindurch, was es trifft, ohne sich aufhalten zu lassen! Diese Goldhaare wachsen fest, sobald sie auf Sifs Kopf kommen! Und dieses Schiff Skidbladnir hat allzeit besten Fahrtwind, sobald die Segel gehißt sind, wohin die Reise auch geht! Zusammenfalten kann man es wie ein Tuch und in einen Sack stecken, wenn man will!«

Die Götter wiegten ihre Häupter und überlegten.

Nun trat Brokk mit seinen Kleinodien vor und gab zunächst dem Odin den Ring Draupnir. Dann hub er an: »Höre, Odin, welche Bewandtnis es mit diesem Ring Draupnir hat! Wisse, daß jede neunte Nacht acht genauso schwere Ringe von ihm abtropfen!«

Dann wandte sich Brokk an Thor und sagte: »Dir gebe ich den Eber Gullinborsti, und der kann durch Luft und Meer laufen, besser als irgendein Pferd zu rennen vermag! Und aus seinen Borsten leuchtet es golden und hell, so daß es überall, wohin er auch kommt, sei es nach Dunkelheim oder in die schwarze Nacht, gleich Tag um ihn wird!«

Zuletzt gab er dem Thor den Hammer mit den Worten: »Dieser Hammer, o Thor, durchschlägt alles, worauf du zielst, und er verfehlt niemals sein Ziel, wenn er geworfen wird! Niemals fliegt er so weit, daß er nicht in deine Hand zurückfindet. Und wenn du es willst, ist er nicht größer als ein Werkzeug, das du in deiner Hand verbergen kannst! Einen Fehler aber hat er: sein Stiel ist zu kurz, und daran ist Loki schuld!« Damit trat Sindri, der Schmiedezwerg, zurück und überließ es den Göttern, den Richtspruch zu fällen.

»Ja«, sagten alle drei Götter, »dieser Hammer ist wohl das beste Stück von allen, und er kann auch eine große Wehr gegen die Reif-Thursen sein, falls sie kommen und uns angreifen!« Damit war entschieden, daß Sindri die Wette gewonnen hatte.

»Oh, oh«, schrie Loki da, »und ich habe meinen Kopf verwettet! Nun biete ich dir, lieber Sindri, Lösegeld an! Nimm doch Lösegeld und laß mir meinen Kopf!«

»Nein«, sprach der Zwerg voll Ernsthaftigkeit, »ich will haben, was mir gehört.« Scheel blickte Loki zu ihm hinüber. Jetzt mußte er sich auf seine Wunderschuhe verlassen.

»Dann nimm mich, wenn du kannst!« rief er höhnisch. Und als der Zwerg ihn fassen wollte, war Loki auf und davon. Er hatte ja solche Schuhe, die ihn durch Luft ebenso trugen wie durch Wasser. Voll Empörung ging da Sindri zu Thor und sagte: »Höre, Thor, ich gab dir den Hammer, und nun hilf mir, den flüchtigen Loki zu fangen! In meiner Schuld bist du, Thor, denke daran!«

»Ja, ja«, brummte Thor. »Du sollst den Loki kriegen! Ich tue, was du willst!« Schnell hatte der allgewaltige Thor den ängstlichen Loki eingefangen. Schon wollte ihm der Schmiedezwerg den Kopf abhauen, als Loki zu bedenken gab: »Es ist schon wahr, Sindri, daß dir mein Kopf gehört, aber den Hals hast du ja nicht verlangt, und den kriegst du auch nicht!«

»Das stimmt!« donnerte Thor erleichtert. Und so mußte der kunstfertige Zwerg einsehen, daß er auf Lokis Pfand zu verzichten hatte. Aber um dem gerissenen Loki einen Denkzettel zu geben, holte er ein Messer und eine Lederschnur hervor. Löcher wollte er in Lokis Lippen stechen und seinen Mund zunähen.

»Nie mehr sollst du freche Reden führen!« sagte der Zwerg. Doch soviel er sich auch mühte, das Messer wollte nicht stechen. Da sagte Sindri: »Soviel weiß ich: Die Ahle meines Bruders wird greifen!« Und kaum hatte er davon gesprochen, da hielt er auch schon die Ahle in der Hand und stach flugs ein paar Löcher in Lokis Lippen und nähte dessen vorlauten Mund zu.

»Es kostet mich nur ein paar Fransen und ein wenig zerrissene Haut an den Lippen«, lachte Loki, »und dann habe ich mein Mundwerk wieder im Gang.«

Die schöne Riesentochter Gerd

Es geschah eines Tages, daß sich Frey oben auf Odins Hochsitz Hlidskjalf setzte und auf die Welten hinunterblickte. Das war eigentlich verboten, aber Frey tat es doch. Da erkannte er in der Ferne den Bergriesen Gymir auf seinem Hof, und wie er noch so schaute, kam ein Mädchen zwischen den Gebäuden des Hofs hervor. Sie schob mit der einen Hand einen Türriegel auf, und dabei leuchteten ihre Arme so klar und herrlich, daß Luft und Meer, ja die ganze Erde, erglänzten.

»Was ist das für ein wunderschönes Mädchen!« sagte Frey. Und voller Gedanken verließ er Odins Aussichtsturm. So sehr war er in Sehnsucht nach ihr entflammt, daß er tagelang weder essen noch trinken konnte. Das bemerkte sein Vater Njörd und schickte dessen Diener Skirnir zu Frey. Der sollte ihn ausfragen und in Erfahrung bringen, warum Frey seit Tagen stumm und schlaflos dalag. Skirnir machte sich widerwillig auf, denn er hatte wirklich wenig Lust, als Bote zu gehen, wenn ihm als Lohn vielleicht nur böse Worte gegeben wurden. Schließlich erschien er vor Frey.

»Wer hat dir solchen Gram angetan, daß du mit keinem mehr reden willst«, fragte Skirnir. »Warum sitzt du so stumm und finster in der Halle?«

Da fand Frey endlich wieder Worte und sagte: »Wisse, mein Kummer ist so mächtig, daß ich gar nicht davon reden kann! Jeden Tag leuchtet die Sonne, aber über meine Sehnsucht leuchtet sie nicht.«

Skirnir erwiderte ihm: »So schwere Sehnsucht war dir nie eigen, daß du sie nicht aussprechen konntest! Von Jugend an sind wir Freunde und sollten einander vertrauen!«

»Gut«, sagte Frey, »weil du es bist, will ich dir sagen, was mich quält: Ein Mädchen sah ich auf Gymirs Burg in ihre

Kammer gehen. Und ihre Arme leuchteten so schön über Land und Meer, und seit ich sie erblickte, ist sie mir lieber als jeder Freund aus alter Zeit. Doch weder unter den Asen noch unter den Alben ist einer, der mir gönnt, daß ich ihr begegne! Lieber, bester Skirnir, reite du zum Hof des Riesen Gymir und wirb für mich um dieses Mädchen! Komme nicht ohne sie zurück, ganz gleich, ob du ein Ja oder ein Nein von ihrem Vater bekommst!«

»Bereit bin ich, nach Gymirs Behausung zu reiten«, sprach Skirnir, »denn ich bin dein Gefährte. Aber ein Roß brauche ich, das sich nicht aufbäumt vor der Waberlohe um den Jötenhof! Und ein Schwert brauche ich, das von selbst in Jötenfleisch beißt!«

»Alles gebe ich dir, wenn du nur reitest!« sagte Frey.

Da reiste nun Skirnir lange über eiskalte, nasse Berge und Höhen, bis er vor Gymirs Burgtor kam. Dort bellten die wilden Hunde des Jöten und zerrten an ihren Ketten. Auf dem Hügel, hoch oben, aber saß der Hüter des Hofs und hielt Ausschau nach allen Seiten.

»Holla, wie komme ich an Gymirs Hunden vorbei, damit ich mir das schöne Mädchen ansehen kann?« rief Skirnir.

»Bist du des Todes oder ein Wiedergänger, daß du dich herwagst?« fragte der Hüter. »Nie wirst du Gymirs Tochter sehen und auch niemals sprechen!«

»Oho«, sagte Skirnir, »einmal ist uns allen der Tod beschieden, und wer einen Auftrag hat, kommt nicht durch Nichtstun ans Ziel.« Den Wortwechsel vor der Tür aber hörte Gerd, die wunderschöne Tochter des Jöten, und sogleich kam sie heran, öffnete das Tor und fragte, was der Fremde wolle. Sie lud den Gast ins Haus, und dieser trat herein.

»Mit einem Geschenk, schöne Gerd, komme ich zu dir«, sagte Skirnir höflich, »mich schickt Frey mit diesen elf goldenen Äpfeln. Schenke ihm dafür dein Herz und laß durch mich ausrichten, daß du ihn liebhast!«

Erschrocken fuhr Gerd zurück. Dann faßte sie sich und sagte: »Nie, nie schenke ich einem Mann meine Liebe für goldene Äpfel! Solange wir leben, werden Frey und ich nie die Freuden der Liebe verspüren!«

»Ah«, sagte Skirnir, »du willst also nicht!« Darauf bot er ihr jenen kostbaren Ring an, der einst zusammen mit Balder aufs Feuer gelegt werden wird. Er bedrohte sie auch mit dem Schwert und sagte, er werde sie töten, falls sie seiner Bitte nicht nachkäme. Doch die Jötentochter warf hochmütig ihren Kopf in den Nacken und sagte: »Nicht fehlt es mir an Gold in diesem Haus und nicht an Männern, mich gegen solchen Liebeszwang zu schützen!«

Da hätte nun nicht viel gefehlt, und Skirnir hätte Hand an sie gelegt. Jedenfalls erging er sich in lauten Flüchen und Beschimpfungen. »Halte nur an deinem Übermut fest, Gerd!« schrie er. »Wie das elendste Jötenweib wirst du leben – ein Spott für alle! Warum läufst du einem widerwärtigen Thursen nach, wenn ein Gott um dich anhält? Warum bettelst du um dessen Gunst? Das wird dir nur Kummer statt Wonnen bereiten. Warum bist du nicht klüger? Ach, dein Essen soll zu Eklem werden in deinem Munde!«

So und ähnlich schmähte Skirnir das Mädchen. Und dann schrie er noch lauter: »So hört denn zu, ihr Jöten, ihr Reif-Thursen, ihr Söhne Suttungs! So hört auch, ihr Asen! In diesem Mädchen werde ich jegliche Freude an einem Mann abtöten! Runen voll Schmach und Qual will ich schnitzen für dich, aber ich kann sie wenden, wenn dein harter Sinn sich wendet!«

Da wurde Gerd unsicher. Und sie ging hin und brachte einen Becher. »Hier biete ich dir den Freundschaftstrunk!« sagte sie. Doch Skirnir schüttelte den Kopf und sprach: »Bevor ich ihn annehme und trinke, verlange ich deine Antwort, wann du Frey eine Liebesbegegnung gewährst!« Gerd dachte nach, und als sie ihr Herz nochmals befragt

hatte, erwiderte sie: »Einen kleinen Hain weiß ich vor Jötenheim. Da ist die Luft warm und steht fast unbeweglich. Barri
ist sein Name. Wenn neun Nächte vergangen sind, will ich
dort sein und Njörds Sohn zutraulich empfangen.«

»Endlich«, meinte Skirnir und ritt unverzüglich nach
Hause.

Kaum war er in Asgard angekommen, da begegnete ihm
Frey, der schon draußen ungeduldig wartete. Noch ehe Skirnir vom Pferd gestiegen war, wollte Frey schon dessen
Antwort: »Skirnir, sage mir auf der Stelle, bevor du dem Roß
den Sattel abnimmst, hast du für mich gewonnen, was du
und ich besprochen haben?«

Noch auf dem Pferderücken sitzend, berichtete Sknirnir,
was Gerd ihm mitgeteilt hatte. Und Frey sagte: »Schon eine
Nacht wird mir lang, zwei Nächte sind länger, wie soll ich
drei Nächte und mehr ertragen? Jetzt scheint mir ein ganzer
Monat kürzer als die Hälfte einer Sehnsuchtsnacht.«

»Wer warten kann, wird belohnt«, sagte Skirnir und
lachte.

So kam es, daß Frey schließlich die schöne Jötentochter
bekam. Aber seine Liebe hatte er erkauft mit seinem guten
Schwert, das nun Skirnir besaß. Hundertmal und mehr wird
er diese Waffe noch vermissen, zuletzt aber wird sie ihm
fehlen in dem großen Endkampf zwischen Göttern und
Riesen.

Der weiseste der Riesen

Eines Tages saß Odin wieder einmal auf seinem Hochsitz
Hlidskjalf und betrachtete die Welten zu seinen Füßen. Er
dachte daran, daß Nornen geweissagt hatten, von den Riesen
drohe Gefahr. Da sprach er zu Frigg, er habe nicht übel Lust,
einmal nach Jötenheim zum Riesen Wafthrudnir aufzubre-

chen. Erfahren wolle er, ob etwas daran sei, daß der Riese wirklich allwissend ist.

»Was meinst du dazu, liebe Frigg?« fragte Siegvater.

»Ich rate dir, Odin, lieber daheim zu bleiben!« sagte sie, »denn er ist der stärkste und klügste von allen.« Aber Odin meinte, er habe schon so viel erfahren, und nun wolle er einmal wissen, wie es in Wafthrudnirs Sälen aussehe und wie die Riesen wirklich beschaffen seien.

»Dann fahre!« erwiderte Frigg. »Mögest du heil zurückkehren! Hoffentlich bewährt sich dein Verstand, Weltenvater, wenn du mit dem Schlauen ins Wortgefecht kommst!« Da machte sich Odin auf, und es dauerte nicht lange, da kam er zur Halle des Jöten und begrüßte ihn höflich. Selber sei er zu ihm gekommen, um zu erfahren, ob der Riese wirklich so weise sei, wie man erzählte.

»He«, sprach Wafthrudnir, »wer ist der Mann, der in meinem Saal das Wort an mich richtet? Du kommst hier nie mehr heraus, wenn du nicht weiser bist als ich!« Odin erwiderte, er heiße Gangrad und sei ziemlich durstig. Er hoffe doch auf einen wohlwollenden Empfang. Der Riese lachte und sagte, der Fremde brauche wirklich nicht im Hausflur zu stehen. Nein, er solle sich einen Sitz im Saal suchen! Dann werde bald erkannt sein, wer kundiger sei. Aber Odin zierte sich und sagte, es schicke sich nicht für einen armen Mann hereinzukommen, denn er sehe ja, hier herrsche Überfluß. Der Riese aber meinte, wenn er nicht hereinkommen wolle, könne er sein Glück auch von der Diele aus versuchen. Schon fing er mit dem Ausfragen an.

»Sage mir«, fragte der Riese, »wie heißt der Hengst, der den Tag über die Menschen hinwegzieht?« Gangrad war sofort im Bilde.

»Leuchtmähne oder Skinfari«, sprach er, »heißt dieser Hengst. Und dieses Pferd gilt als das beste von allen!« Der Riese nickte beifällig und fand die Antwort richtig.

»Sage mir«, sprach der Riese weiter, »den Namen des Rosses, das die Nacht heranschleppt für alle lebenden Wesen!«

»Ach, das ist Reifmähre oder Hrimfaxi«, sagte Gangrad. »Schaum fällt dem Roß am Morgen vom Gebiß und füllt die Täler mit Tau.«

Der Riese wog bedächtig den Kopf, er war auch mit dieser Antwort zufrieden. Dann fragte er Gangrad nach dem Namen des Stroms, der zwischen den Riesen und Göttern fließt, und Gangrad sagte, der heiße Ising, nie enge Eis ihn ein. Wafthrudnir nickte und erkundigte sich nach dem Feld, auf dem der letzte Kampf zwischen Surt und den Göttern stattfinden werde. Wigrid, sagte Gangrad, und auch das war richtig.

»Oho, sehr klug bist du! So komm doch endlich herein!« sprach der Riese Wafthrudnir. »Geh zu den Riesenbänken, Gast! Laß uns im Sitzen weitersprechen!« Am Langfeuer in der Halle war Gangrad an der Reihe, dem Riesen Fragen vorzulegen. Und der Riese sagte, er wolle seinen Kopf verwetten, falls er eine Antwort nicht wisse. Da fragte Gangrad zuerst, woher Erde und Himmel gekommen seien, und der Riese wußte, daß die Erde aus Ymirs Fleisch, der Himmel aber aus seiner Hirnschale geschaffen wurde.

»Sage mir zweitens«, sprach Gangrad, »woher kamen Mond und Sonne, die über die Menschen hinfahren?«

»Mundilföri hieß ihr Vater«, sprach Wafthrudnir. »Dieser Riese hatte zwei so herrliche Kinder, daß er den Sohn Mani oder Mond und die Tochter Sol oder Sonne nannte. Über diese Anmaßung zürnten die Götter. Odin führte die Riesenkinder an den Himmel und befahl dem Jungen, die Rosse des Mondes zu lenken, und dem Mädchen, den Sonnenwagen zu fahren. Es gibt zwei Hengste, Arwaker und Alswinn, man nennt sie auch Frühwach und Allgeschwind. Die müssen den Sonnenwagen ziehen, aber damit es ihnen nicht zu

heiß wird, haben die Götter Blasebälge unter ihnen ange-
bracht, um ihre Beine zu kühlen. Swalin oder Eisenkühle
heißt der Schild, der vor der Sonne steht, vor der allgewalti-
gen, glänzenden Göttin. Sonst müßten Berge und Täler
verbrennen. Sköll heißt der Wolf, der der Sonne folgt und sie
antreibt in ihrem Lauf, denn er will sie verschlingen. Hati
heißt jener, der der Himmelsbraut vorauseilt.«

»Wer zeugte aber Tag und Nacht?«

»Delling hieß der Vater des Tags«, wußte Wafthrudnir,
»die Nacht ist von Narfi gezeugt. Den Mondwechsel aber
schufen die Götter, um den Menschen ein Zeitmaß zu geben.

»Viertens: Woher kamen Winter und Sommer?«

»Windswal ist der Urheber des Winters, Swasud der des
Sommers«, rief der Riese, und Gangrad nickte.

»Fünftens: wer ist der Ahn des Riesengeschlechts?«

»Das ist Bergelmir«, lachte der kluge Riese, und auch die
sechste, siebte und achte Frage des Gangrad beantwortete er
sofort. Als neuntes fragte Gangrad nach der Herkunft des
Windes. Und Wafthrudnir erwiderte, ein Riese in Adlergestalt sitze am Himmelsende, Hräswelg mit Namen; schlage
er mit seinen Flügeln, so fahre der Wind über alle Völker.«

Gangrad griff nach dem Wein auf dem Tisch, tat einen
tiefen Zug aus dem Becher, wischte sich den Bart ab und
nickte.

»Frage ruhig weiter!« rief der Riese. »Ich sehe, du bist
noch nicht zufrieden! Schließlich wette ich um meinen
Kopf!«

»Nun, so sage mir, wie zu den Asen Njörd kam, der so
viele Altäre bei den Menschen hat!« rief Gangrad. »Er
stammt ja nicht von Asenblut ab.«

»O nein«, meinte der Riese, »in Wanenheim zeugte man
ihn und gab ihn als Geisel zu den Asen. Aber am Ende der
Zeiten kehrt er zurück zu den Wanen.«

»Viel weißt du«, erwiderte Gangrad, »du scheinst alle Geheimnisse der Asen zu kennen, allkluger Jöte! Doch sage mir noch: Wer überlebt den Untergang der Götter und Menschen, wer bleibt, wenn der Schreckenswinter nach Ragnarök vorüber ist?«

»Die Menschen Lif und Lifthrasir werden es sein«, sprach der Jöte. »Sie verbergen sich im Stamm der Esche, von ihnen stammt das neue Menschengeschlecht ab.« Da wollte Gangrad schließlich noch wissen, wie Odin, wenn die Götter stürben, zu Tode käme. Und der Riese sprach: »Nichts ist leichter als das: Der Fenriswolf verschlingt den Weltenvater. Aber Odins Sohn Widar wird die Tat rächen und dem Wolf den Rachen zerbrechen!«

»Wahrhaftig«, rief Gangrad, »nichts ist dir verborgen! Viel schon erfuhr ich. Nun aber laß uns zu den schwierigsten Fragen kommen! Sage mir, wie kommt eine neue Sonne an den Himmel, wenn doch der Wolf die alte beim Weltuntergang verschlungen hat?«

»Weiß ich!« sprach der Riese. »Die Sonne gebar eine Tochter, ehe der Wolf sie schluckte. Sie fährt dann anstelle der Mutter über den Himmel.«

»Wafthrudnir, woher hast du nur all die Weisheit!« rief Gangrad. »Selbst die Zukunft der Götter scheinst du ja zu kennen!«

»Runen schneide ich und verstehe ihren Zauber, durch alle Welten fuhr ich, bis hinab ins Totenreich«, sagte der Riese. »Kein anderer weiß etwas aus den Zeiten, als Asgard und Midgard noch nicht errichtet waren. Ich war einer von Bergelmirs Gesinde, saß im ausgehöhlten Baumstamm und überlebte die Flut.«

»Dann will ich dich das Höchste und Letzte fragen, Riese!« sagte Gangrad. »Was wird Odin einst seinem Sohn Balder ins Ohr flüstern, wenn dieser Herrliche tot auf dem Scheiterhaufen liegen sollte?«

Da begann der Riese zu zittern. Er griff nach der größten Kanne Met und trank sie in einem Zuge leer. »Ach, meinen Kopf habe ich verwirkt!« schrie er. Argwöhnisch beäugte er jetzt den ärmlich gekleideten Fremden. »Du bist nicht Gangrad, du bist Odin selbst!« jammerte er. »Nur der weiß, was er seinem toten Sohn einst zuflüstern wird.« Der Riese schwieg.

»Woher weiß ich denn, daß mein Sohn Balder sterben wird? Wie könntest du es wissen? Ich fragte doch nur, um dir eine Falle zu stellen«, sagte der Ertappte, und Angst um seinen Lieblingssohn erfaßte ihn.

Wafthrudnir aber flüsterte: »Den Tod habe ich verdient, ich bin unterlegen, auch wenn ich viel wußte über den Untergang der Asen! Mit kluger Rede habe ich gegen dich, Odin, gekämpft. Nun weiß ich: Du wirst immer der Weiseste sein!«

Odin aber ließ Wafthrudnir ungeschoren und fuhr heim.

II

Zauberin Gullweig, Wanenkrieg und Kwasirs Tod

Schicksalsschwer waren die Begebenheiten, die sich zutrugen, nachdem die Asen ihre Wohnsitze auf Asgard errichtet hatten. Zunächst lebten sie herrlich und in Freuden. Geruhsam verflossen die Jahre in der Götterburg, wo alles in Gold leuchtete, wo wundersames Schnitzwerk das Leben verschönte, wo die mit Ringen und Geschmeide reich geschmückten Frauen spazierten und mit ihren lichten Haaren Glanz verbreiteten! Beim Brettspiel vergnügte man sich, reichlich und prächtig waren die Mahlzeiten, gut mundeten die Weine.

Aber dann hörte man von Streitigkeiten und Widersachern. Die Riesen waren neidisch auf die Asen. Je mehr Zeit verstrich, desto mehr kamen die Götter – und mit ihnen die Menschen – ihrem eigenen Untergang näher. Die Schuld trugen die Götter und Menschen selber, weil sie Eide nicht hielten, den Verlockungen nicht widerstanden und Rettung durch Listen und Zweideutigkeiten erhofften.

Jeder neue Eidbruch zog die Götter und Menschen tiefer in den Sumpf. Wer seine Eide bricht, wird früher oder später Blut vergießen. Am schlimmsten war, daß die Götter zuletzt nur noch dann gegen die Jöten und alle anderen Schädlinge auf der Welt ankamen, wenn sie selbst Lug und Trug anwandten. Zum Fluch aber wurde ihnen, daß sich die Sinne der Menschen gänzlich verwirrten, daß sich ihre heiligsten Familienbande auflösten, daß ihre unbezähmbare Gier nach Gold und Macht sie übermannte. In den späteren Zeiten nach der Entstehung von Asgard und Midgard kannten die Irdischen keinen großen Unterschied mehr zwischen jener Freude und Ehre, die den Wettstreit der Edlen begleitet, und der wilden Lust an Raub und Totschlag, Lüge und Verrat. Aber die Gier nach Gold hatte schon in Urzeiten angefangen. Damals führten die Asen einen ersten Krieg, den Wanenkrieg, und eigentlich war es die Goldgier, die ihn ausgelöst hatte.

Einmal kam eine zauberkundige Frau, Gullweig oder die Goldgierige mit Namen, nach Midgard und Asgard, und sie schickte wundersame Kräfte aus, wodurch sich die Sinne der Bewohner verwirrten, so daß sie ein verderbliches Verlangen nach Gold und Macht verspürten. Von Ort zu Ort ging Gullweig, und sie sagte die Zukunft voraus und verteilte goldene Ringe und Armreifen in großen Mengen. Alle sollten teilhaben an Wohlstand und Reichtum! Sie kam auch nach Asgard, und weil sie sich nicht vertreiben ließ, nahmen die Götter ihre Speere und töteten sie. Danach verbrannten sie sie auf dem Scheiterhaufen. Aber so groß war ihr Zauber, daß sie aufs neue geboren wurde, nachdem man sie umgebracht hatte.

Nach Midgard war Gullweig dreimal gezogen, von dort nach Asgard, und die Götter wußten nicht, wer sie war und von wem sie abstammte. Aber die Zauberkundige gehörte zu einem Geschlecht, das ihren Tod bei den Asen rächen wollte: es waren die Wanen.

»Sühne fordern wird, weil ihr unsere Gullweig umgebracht habt«, rief der Wortführer der Wanen den Asen zu. Und diese erschraken. Rat wollten sie halten, ob sie Buße zahlen oder aber sich mit den Wanen vergleichen sollten. Das aber hieß, fortan alles mit ihnen zu teilen.

»Nein«, sagte Odin, »nichts geben wir!« Und so blieb es dabei. Für die Zauberin wollte kein Ase büßen. Im Gegenteil! Odin ergriff einen Speer und schleuderte ihn mitten unter die Wanen. So kam der erste Krieg und Totschlag in die Welt, damals – als Gullweig erstochen und danach verbrannt wurde! Und die Kriege brachen aus, weil Häuptlinge und

Könige es Odin nachmachten: Speere warfen sie in die Schar ihrer Feinde. Und so entstand der Brauch, den Kampf mit dem Speerwurf zu beginnen und den Spruch an die Feinde anzuschließen: »Ich weihe euch Odin!«

Seinerzeit aber, als Odins Hand den Speer auf die Wanen schleuderte, wichen die Wanen nicht, sondern suchten Asgard, das damals nur mit einem Plankenzaun geschützt war, zu erstürmen. Mit Geschrei und Gesängen gingen die zwei Göttergeschlechter aufeinander los. Ja, durfte denn das sein? Götter gegen Götter? Die weisesten von ihnen traten endlich dazwischen und geboten Frieden.

Die Götter schworen Friedenseide und tauschten Geiseln aus. Und so geschah es, daß Hönir zu den Wanen, Njörd aber zu den Asen entsandt wurde. Njörd und seine Leute, vor allem Frey und Freya, leben seither dort und werden, wenn die Zeit der Ragnarök, des Weltuntergangs, kommt, auch zusammen auf dem großen Schlachtfeld Wigrid zusammen mit den Asen fallen.

Als der Streit zwischen Wanen und Asen vorüber war, meinten beide Göttergeschlechter, es sei nun Zeit für ein dauerndes Friedensbündnis. Asen und Wanen kamen eines Tages zu beiden Seiten eines großen Bottichs zusammen und sprachen die feierlichen Bundesworte. Um aber diesen Worten noch mehr Bekräftigung zu verleihen, spien sie kräftig in diesen Bottich. Und zum Zeichen der Aussöhnung wollten die Götter diesen Bottich auf ewig als Andenken verwahren. Sie hauchten ihm Leben ein, und so entstieg dem Gefäß ein Mann, der unmäßig weise war. Er bekam den Namen Kwasir. Was auch immer man ihn fragte, er wußte stets eine Antwort.

»Nun, ich will mich aufmachen, in die Welten fahren und die Menschen lehren, klug und scharfsinnig zu sein! Wer das kann, ist auch friedlich«, sagte Kwasir und war bald ein begehrter Mann bei den Gesprächen allüberall in Midgard.

Lange Zeit zog er unter den Menschen umher, da kehrte er eines Abends bei zwei bösen Zwergen ein, die ihn um seinen Scharfsinn beneideten. Der eine hieß Fjalar, der andere Galar. Mit schmeichelnden Worten lockten die beiden den weisen Kwasir in eine einsame Gegend. Angeblich hätten sie ihm etwas mitzuteilen, was kein anderer hören dürfe. Hinterrücks fielen sie über ihn her und brachten ihn um. Sie meinten, das Blut des Kwasir besitze Wunderkräfte, und darum fingen sie es in zwei Fässern, genannt Son und Bodn, auf. Und was diese beiden Gefäße nicht mehr fassen konnten, ließen sie in einen Kessel namens Odrerir strömen. Wild tanzten die Zwerge um das Blut herum.

»Wir mischen Honig und Kräuter darunter und machen daraus einen besonderen Met, und wenn jemand davon trinkt, wird er weise und bekommt die Gabe zu dichten!« frohlockten sie. »Aber wir werden geizig sein und keinem vom Weisheitsmet abgeben!«

Bald vermißten die Asen ihren klugen Kwasir und erkundigten sich überall, wo der Weise geblieben sein mochte. Niemand wußte darüber Bescheid. Die beiden heimtückischen Zwerge aber streuten aus, er sei an seiner eigenen Weisheit erstickt. Niemand sei so klug gewesen, ihn wirklich auszufragen. Und so habe er eben seine übergroße Klugheit nicht von sich geben können.

Eine lange Weile verging, da bekamen die Zwerge Besuch vom Jöten Gilling. Der war mit seiner treuen Frau gekommen. Die Zwerge aber argwöhnten, der Riese könne von ihrem Met erfahren haben, und beschlossen deshalb, ihn zu beseitigen. Sie luden ihn aufs Meer zum Fischfang ein, aber als sie heimwärts segelten, ließen sie das Boot auf eine schartige Schäre laufen, so daß es kenterte. Der Riese Gilling konnte nicht schwimmen und ertrank. Die Zwerge richteten das Boot wieder auf, machten es flott und gelangten wieder zu ihrer Behausung.

»Wo habt ihr meinen Mann?« fragte ängstlich die Jöten-frau.

»Ach, ein böser Unfall war's«, sagten die Zwerge, »ertrunken ist er vor einer Schäre. Wir konnten ihn nicht retten.« Da saß die Jötenfrau in der Halle und schluchzte bitterlich, einen Tag, eine Woche, einen Monat, ein Jahr. Die Zwerge fanden, es sei nachgerade eine Plage, sie immer noch auf dem Hals zu haben und heulen zu hören.

»Würde es deine Trauer nicht lindern, wenn du die Stelle selbst sehen könntest, wo dein Mann unterging?« fragte Fjalar scheinheilig, »dann kommst du einmal heraus!«

»Ja«, jammerte die treue Frau, »vielleicht ist es ein Trost, übers Meer zu blicken und in der Ferne die Stelle zu sehen, wo er ertrank!« Damit trat sie an die Hallentür, öffnete sie und ging vors Haus. Kaum war sie dort, ließ Galar, der oben auf dem First saß, einen Mühlstein auf ihren Kopf fallen, so daß sie tot umfiel.

Der Riese Gilling aber hatte einen Sohn namens Suttung. Dieser war auf Kriegsfahrt gewesen, kehrte nun zurück und erfuhr, daß Vater und Mutter bei den Zwergen getötet worden waren. Sofort machte er sich mit seinen Getreuen auf, um die Zwerge gefangenzusetzen und sie über den Hergang zu verhören. Doch beide waren verschlagen und schoben alles auf einen Unfall.

Da verlor Suttung die Geduld und fuhr mit ihnen aufs Meer hinaus, wo er sie auf einer Schäre aussetzte, die zur Flutzeit unter Wasser stehen würde.

»He, Hilfe!« schrien sie. »Laß uns unser Leben, wir haben dir auch etwas Kostbares zu geben: unseren Met, der weise macht!«

»Weisheitsmet? Den kann jeder gebrauchen«, sagte Suttung und ging auf ihr erbärmliches Gewinsel ein. Er nahm ihren Met mit heim und versteckte ihn in der Berghöhle Hnitbjorg. Seine Tochter Gunnlöd aber beauftragte er, den

Schatz sorfältig zu bewachen, wenn er selbst wieder einmal unterwegs sei.

Wie Odin Suttungs Dichtermet gewann

Bald wußte Odin von dem kostbaren Met, und er zog von Asgard los, um ihn zu suchen. Zuerst kam er zu einer Wiese, wo neun Riesen Heu mähten. Aber es ging ihnen langsam von der Hand, denn ihre Sensen waren stumpf.

»Hört einmal, ich dengle euch die Sensen mit meinem Wetzstein!« rief Odin. »Dann kommt ihr besser voran!« Als die Knechte merkten, wie leicht ihre Sensen nach dem Schärfen durchs Gras sausten, wollten sie unbedingt den Wetzstein besitzen.

»Wir kaufen ihn dir ab«, sagten sie. Odin lachte und erwiderte, der Wetzstein sei unverkäuflich, denn niemand könne einen so hohen Preis zahlen. »O doch, wir können es!« schrien die Schnitter. »Wir sind bereit, jeden Preis für den Wunderstein zu zahlen!«

Da warf Odin den Stein in die Höhe, und als die neun danach greifen wollten, verwirrte sich ihr Sinn, und sie töteten sich gegenseitig mit den Sensen im Gewühl. Und so zahlten sie denn, was der Stein wert war. Abends kam Odin an ein Gehöft, das Suttungs Bruder Baugi gehörte, und bat um ein Nachtlager.

»Wie heißt du, fremder Wanderer?« fragte Baugi.

»Bölwerk ist mein Name«, erwiderte Odin. Da klagte Baugi laut über die furchtbaren Dinge, die draußen mit seinen Jötknechten geschehen seien. Sie hätten sich gegenseitig umgebracht. Nun wisse er nicht, wo er noch Leute herbekommen solle, um das Heu einzubringen. Odin versprach, in seinen Dienst zu treten und für neun zu schuften. »Aber als Lohn begehre ich, vom Suttungs Met trinken zu dürfen!« sagte er.

»Je nun, über den Wundermet habe ich nicht zu verfügen«, sprach Baugi, »den verwahrt nämlich mein Bruder, aber wenn die Zeit da ist, will ich mit dir hingehen und ihn für dich fordern!«

So diente Odin den ganzen Sommer beim Jöten Baugi und schaffte für neun. Als aber der erste Wintertag herankam, ging er zu Baugi und erinnerte ihn an seinen Lohn. Und der machte sich auf zu seinem Bruder Suttung und fragte ihn, ob er für seinen Knecht Weisheitsmet bekommen könne.

»Davon«, schrie Suttung, »will ich überhaupt nichts hören! Keiner kriegt auch nur einen Schluck von meinem Met! Das ist kein Trunk für grobe Bauernkehlen!«

»Dann müssen wir eben mit List versuchen, den Met zu bekommen«, sagte Bölwerk zu Baugi. Und das konnte ihm dieser nicht verweigern. Aber wie sollten sie in die Höhle gelangen, wo die schöne Riesentochter Gunnlöd den Met bewachte? Da holte Bölwerk einen Bohrer aus der Tasche und sagte zu Baugi, er möge versuchen, ein Loch in den Felsen zu treiben, damit er durchschlüpfen könne.

Mißmutig machte sich Baugi an die Arbeit, eigentlich wollte er gar nicht, daß ein Fremder ins Berginnere vordrang. Aber nicht lange, da rief er: »He, Bölwerk! Der Fels ist durchbohrt!«

Der Knecht ging hin, pustete ins Loch und bekam alle Splitter in die Augen. Da wurde er wütend und sprach zu Baugi: »Mit Trug, Baugi, kannst du mir meinen Taglohn nicht zahlen! Lohnst du mir so die Treue? Bohre weiter, Baugi!« Da machte sich der Riese wieder an die Arbeit, und diesmal bohrte er lange. Schließlich blies Bölwerk ein zweites Mal ins Loch, und diesmal flogen die Splitter nach innen.

Da verwandelte er sich flugs in eine Schlange und schlüpfte blitzschnell ins Loch hinein. Wütend stieß der Riese mit dem Bohrer nach dem Wurm, aber er kam zu spät und verletzte ihn nicht. So gelangte Odin wohlbehalten ins Innere des Berges.

Nicht lange brauchte Odin zu suchen, da betrat er – in Gestalt des Bölwerk – eine Nische der Höhle und fand die drei Gefäße mit dem Weisheitsmet. Die schöne Tochter des Riesen aber stand davor und hütete das Wundergetränk. Schnell hatte sich Odin in einen schönen Jüngling verwandelt, trat zur Jungfrau heran und umschmeichelte sie mit süßen Worten. Sie war auch gleich ganz angetan von ihm, und so schlief Odin in ihrem Bett drei Nächte. Solche Freude hatte sie an ihm, daß sie ihm das Schönste und Beste auftischte, was der Haushalt des Riesen hergab. Aber Odin murrte und sprach: »Eines vermisse ich: den Met!«

»Den sollst du haben, lieber Mann!« flötete Gunnlöd zärtlich. Und sie ging hin und holte Suttungs Met.

»Was keiner bekommt, gebe ich dir«, sprach sie. »Drei Schlucke von meinem Met!« Odin war's zufrieden. Aber seine Schlucke waren wahrlich Götterschlucke. Mit dem ersten leerte er das Gefäß Odrerir, mit dem zweiten den Bottich Bodn und mit dem dritten das Gefäß Son. Da war nun kein Met mehr übrig, alle Flüssigkeit lag in Odins Magen. Schwerfällig drehte sich der Gott um und stülpte sich sein Adlergefieder über. Eilends schwang er sich in die Lüfte und flog heimwärts, ohne sich nach der Jungfrau umzuschauen, die weinend rief: »Jüngling, Jüngling! Vergiß mich nicht da draußen in der Ferne!« Doch darauf hörte man nur Odins Brummen.

Der Riese Suttung hörte den Flügelschlag des Adlers, sah ihn fortfliegen und witterte Unrat. Sofort warf auch er sich sein Adlergefieder über und flog hinterher, um ihn einzuholen. Doch schon war Odin in der Nähe von Asgard, und von weitem sahen ihn die Asen herankommen. Schnell trugen sie alles, was sie an Gefäßen besaßen, hinaus an die Umzäunung, und wie Odin darüber hinflog, spie er den Met in die

Kessel hinein. Doch Suttung war so dicht hinter ihm, daß er fast schon die Klauen in sein Gefieder geschlagen hätte. Da wurde Odin unruhig, und ein Teil des Mets lief hinten heraus, es war Aftermet.

Später übergab Odin den abgefüllten Met seinen Asen und auch solchen Menschen, die das Dichten verstehen wollen. Ja, von diesem Met wurden sie so geschickt, daß sie zierlich Worte aneinander zu fügen und Verse zu schmieden wußten. Und deswegen wird Odins Met auch Dichtermet genannt. Aber was geschah mit den Rest, der daneben und vorbeigelaufen war? Nun, darum kümmerte sich erst niemand, aber dann kamen einige Dummköpfe; die fingen auch etwas in ihren armseligen Schüsseln auf, tranken den verunreinigten Met und fingen ebenfalls an zu dichten. Und seither nennt man ihre Kunst Afterkunst.

Als die Reif-Thursen später nach Asgard kamen und fragten, ob die Götter einen gewissen Bölwerk gesehen hätten, sagten diese, sie wüßten von nichts. »Niemanden kennen wir hier in Asgard, der so heißt«, logen sie. »Und daher wissen wir nicht, was aus ihm geworden ist.« Damit mußten sich die Riesen wohl oder übel zufriedengeben. Aber es war doch so: Odin gewann den köstlichen Trank durch Tücke. Um ihn zu bekommen, mußte er teure Eide schwören und sie brechen; er betrog Suttung und enttäuschte Gunnlöds Liebe, gab ihr Tränen dafür. So steht's übel bis heute um Suttungs Met.

Vom Jöten, der die Mauer um Asgard baute

In den Zeiten, als Midgard gedieh und Asgard mit Walhall bereits vorhanden war, schien die Götterburg bedroht, weil lediglich ein Palisadenzaun die Götter vor dem Eindringen frecher Jöten und weiterer Unholde schützte. Da erschien eines Tages ein kräftiger Mann bei den Asen und erbot sich, eine feste, dicke Mauer um Asgard zu errichten. Nach drei Halbjahren sollte die Mauer fertig sein. Damit würde Asgard für Bergriesen und Reif-Thursen uneinnehmbar werden. Als Lohn forderte der fremde Baumeister Sonne und Mond, außerdem Freya als Zugabe, falls die Mauer ohne Verzug zur angegebenen Zeit vollständig errichtet sei.

Da berieten die Götter, ob sie auf den Vorschlag eingehen sollten. Thor war abwesend, er hielt sich im Osten auf, um Trolle zu bändigen. Man kam überein, der Baumeister solle den Lohn erhalten, wenn er die Mauer in einem Winter zustande brächte.

»Fehlt allerdings am ersten Sommertag auch nur ein einziger Stein«, sagten sie, »dann gilt der Vertrag als nicht erfüllt. Und als Bedingung setzen wir, daß keiner ihm bei der Arbeit helfen soll!«

Der Fremde ging darauf ein, verlangte jedoch, daß ihm wenigstens sein Pferd Swadilfari beim Steineschleppen behilflich sein dürfe, und auf Lokis Rat stimmten die Götter diesem Wunsch zu. Aber der Fremde hatte Angst, bei den Asen zu bleiben. Würde man den Vertrag auch noch einhalten, wenn Thor nach Hause käme? Daher verlangte er Zeugen für den Vertrag und heilige Eide der Götter, und die wurden ihm gegeben. Auch Tyr erhob die Rechte zum Schwur.

Am ersten Wintertag begann der Baumeister mit seiner Arbeit. Tagsüber baute er, nachts aber spannte er sein Pferd ein und holte die Steine zusammen. Sehr überrascht waren die Asen, als sie sahen, welche riesige Felsbrocken das Pferd ziehen konnte, so daß sie meinten, das Roß sei fast tüchtiger als der Baumeister. Der Winter schritt voran, und die Ringmauer wuchs rasch. Und sie war so hoch und stattlich, daß sie wohl allen Anstürmen standhalten würde. Drei Tage vor Sommerbeginn war sie soweit um Asgard herumgeführt, daß nur noch ein Tor fehlte.

Da bekamen es die Götter mit der Angst zu tun, und sie überlegten, wer denn den Rat gegeben hätte, die schöne Freya nach Jötenheim zu verheiraten und Sonne und Mond vom Himmel wegzugeben. Da würde ja die Welt öde und kalt werden! Bald wurde ihnen bewußt, daß nur einer hinter dieser ganzen Sache stecken konnte: der hinterhältige Loki. Da bedrängten sie ihn, drohten ihm die härtesten Strafen an, wenn er nicht einen Ausweg fände, wie man dem Baumeister den Lohn ablisten könne.

Und Loki war zu Tode erschrocken. Auch Odin und Heimdall hätten für den Vertrag gestimmt, sagte er. Doch Frigg meinte, Balder habe im Rat gefehlt. »Ja«, schrie Loki aufgebracht, »wer nichts tut und nichts entscheidet, bleibt immer unantastbar und rein!«

Diese Worte brachten die Asen noch mehr gegen ihn auf, so daß er schließlich hoch und heilig schwor, der Baumeister – koste es, was es wolle – solle seinen Lohn nicht empfangen.

Als es Abend wurde, fuhr der Fremde wieder mit seinem Hengst hinaus, Steine zu holen. Da kam auf einmal eine Stute aus dem Wald gesprungen und wieherte brünstig dem Hengst entgegen. Als dieser die Stute gesehen hatte, zerriß er Zaum und Zügel und rannte der Stute hinterher, weit hinein in den Forst.

»Ach, ach«, schrie der Baumeister, »komm zurück, komm zurück!« Wütend lief er hinterdrein, um sein Pferd wieder einzufangen. Aber soviel er auch diese Nacht suchte, er fand seinen Hengst nicht, und das ging auch so den folgenden Tag und die folgende Nacht, so daß die Mauer nicht zur rechten Zeit fertig wurde.

»Ihr habt mich betrogen!« schrie da der Mauerbauer in größter Wut und fing an, die Mauer wieder einzureißen. Da merkten die Götter, daß der Fremde ein wilder Bergriese war. Sie meinten, ihm brauche man kein Gelübde zu halten. Sie riefen Thor mit dem Hammer herbei, und der bezahlte dem Riesen einen anderen Lohn, daß er nie wieder bauen konnte. Aber Thor machte den Göttern Vorwürfe. Von den Eiden hätte er nichts gewußt, sagte er.

»So habe ich nun auch Schuld auf mich geladen«, jammerte er. »Ich bin eidbrüchig geworden wie ihr alle!« Die Götter aber meinten, dieser Preis habe bezahlt werden müssen. Wie anders hätte man Freya vor den Bergriesen retten und die großen Gestirne am Himmel bewahren können?

Unterdessen hatten Stute und Hengst im Wald ihr Spiel miteinander, und eines Tages erschien ein graues Füllen mit acht Beinen bei den Göttern, und nach und nach wurde daraus ein herrliches Pferd, wie es bisher nie wieder von Göttern oder Menschen erblickt worden ist. Odin nahm es sich, und er ritt darauf nicht nur übers Land, sondern auch durch die Luft und übers Meer, und dieses Pferde bekam von den Göttern den Namen Sleipnir. Viele wissen, daß die Stute, die Swadilfari verführt hatte, niemand anders als Loki selbst war. Der Schlaue hatte sich in die Stute verwandelt und höchstselbst Odins Streitroß geboren. Was konnte dieses Roß anderes sein als ein Zauberpferd!

Angrboda, die Riesin

In Jötenheim ist noch ein anderes Ungetüm zu Hause: Angrboda oder die Sorgenverheißende. Und dieses schreckliche Riesenweib hatte Loki zu sich gerufen, auf daß er mit ihr Kinder zeuge. Loki verließ die Asenheimat und zog zu Angrboda. Zwar hatte er bereits durch List eine eigene Frau, eine Asin namens Sygin, erworben. Aber die beiden Kinder von ihr genügten ihm nicht. Er hielt sich nun längere Zeit in Jötenheim auf, und schließlich brachte Angrboda drei Kinder zur Welt, die schlimmes Unheil unter Göttern und Menschen verursacht haben.

Das erste Kind Angrbodas ist der große Wolf Fenrir, der als Stammvater aller Wölfe dieser Welt gilt. Das zweite Kind ist die Midgardschlange, das dritte aber die Totengöttin Hel. Alle drei wuchsen bei ihrer Mutter auf. Als die Asen vernahmen, daß es bei den Riesen diese drei Schreckenswesen gab, fürchteten sie, daß von diesen drei furchtbares Unheil für die Welten ausgehen könnte.

»Wir müssen die drei Geschöpfe unschädlich machen«, rief Odin, »es ist geweissagt worden, daß sie uns Verderben bringen!« Er schickte nach ihnen und ließ sich zuerst die Midgardschlange, einen scheußlichen Lindwurm, bringen.

Eigenhändig wollte er das Untier ertränken. Aber als er den Wurm ins Meer warf, legte dieser sich auf den Grund und fing an zu wachsen. So groß wurde die Midgardschlange, daß sie sich wie ein Band um die ganze Erde legte. Einst wird sie mit Thor kämpfen und zu den furchtbarsten Gegnern zählen, die Menschen und Götter haben können. Die Schlange war bald dermaßen groß, daß sie sich in den Schwanz beißen konnte. In der Tiefe liegt sie da und ringelt sich um alles Land, das die Menschen bewohnen.

Als zweites ließ Odin Angrbodas Tochter Hel herbeiholen. Er wußte nicht recht, wohin er sie verbannen sollte. Schließlich stürzten die Götter sie nach Niflheim hinab, wo sie nun als Totenwächterin sitzt, aber vor allem über jene Gewalt hat, welche aus Krankheit umkamen oder einen schmählichen Tod erlitten. Hel hat sich in ihrer kalten Welt einen Saal errichtet, der rings von einem hohen Zaun umgeben ist, verschlossen mit einem starken Tor. Grausig ist diese Tochter Hel anzuschauen: wie eine faulende Leiche ist sie schwarz auf einer Körperseite, aber noch frisch und fleischfarben auf der anderen. Scheußlich wie sie selbst ist auch ihre Behausung: Siechbett heißt das Lager, das sie ihren

Gästen anbietet, schlimme Ahnungen sind die Vorhänge. Will man in die Halle, fällt man über ein Strauchelholz als Schwelle. Ihr Diener heißt Faulgang, ihre Dienerin Faulhaut, beide bringen schleppenden Schritts den Gästen die Schmachtschüssel und das Hungermesser.

So entstand eine erschreckende Welt in der Tiefe, wo Hel regiert. Das ist das verruchte Heim für Neidinge und Verbrecher. Da unten am Leichenstrand steht Hels riesige Halle, und die Türen sind nach dem dunklen, eiskalten Norden hin geöffnet. Es ist ein grausenerregender Bau mit einem Dach aus gewundenen Schlangenleibern, und zwischen den Sparren hängen Schlangenköpfe herab und speien Gift, das die Diele anfüllt. Darin waten die Toten, die durch Eidbruch oder Mord sich entehrten oder durch Liebeszauber und Trollkünste die Frau des Nachbarn verführten. Die Götter fesselten später auch Lokis dritten Sohn, den Fenriswolf, der dermaleinst, wenn er beim Weltuntergang seine Fesseln zerreißt, Gottvater selber verschlingen wird.

Von Wölfen, Neidingen und Schwarzelfen

Utgard ist bevölkert von weiteren Unholden, meist in Tiergestalt. Wölfe heulen in der baumlosen Einöde. Sie sind so gierig, daß sie so lange fressen, bis aller Fraß ihnen wieder zum Rachen herausquillt, und wenn sie großen Hunger leiden, reißen sie sich gegenseitig in Stücke. Die Wölfe sind jenen ähnlich, die es als Neidinge auch unter den Menschen gibt: tückische, falsche Leute, die keinen Unterschied zwischen Verwandten und Fremden, zwischen Ehre und Unehre machen.

Aber im Erzwald, der so undurchdringlich ist wie Erz, gebiert ein Jötenweib Wurf auf Wurf immer neue gefräßige Wölfe, graue Leichenverschlinger, und einige sind so gierig, daß sie bis in den Himmel hinauflaufen, um nach den hellen Sternen zu schnappen. Einer von diesen Wölfen ist Mondgarm, der das Licht der Nacht verfolgt, sich vom Aas toter Männer mästet und seine Kiefer einst über dem Mond zusammenklappt. Wenn das geschieht, verliert die Sonne ihren Glanz, und der Himmel wird schaurig rot von all dem Blut, das aus Mondgarms Rachen trieft. Von den wölfischen Sonnenverfolgern Sköll und Hati, die so wütend hinter der Sonne her sind, daß ihre Strahlen zuweilen erzittern, ist schon Kenntnis gegeben.

Und in Utgard, ganz weit im Norden, haust noch, wie erzählt wurde, der schaurige Hräswelg, der Leichenverschlinger, ein Jöte im Gefieder eines Adlers. Wenn er mit den Flügeln schlägt, fegen eiskalte Stürme über Midgard.

Da es nun so viele Jöten und andere Unholde gibt, ist es ein wahres Glück für die Menschen, daß sie sich in starken Familien und Sippen zusammengeschlossen haben, die darüber wachen, daß keiner in Unehren in den Tod geht. Ist einer von Feinden erschlagen worden, bemühen sie sich, seinen Tod zu rächen, damit er als edler, freier Mann ins Totenreich gelangt. Die Verwandten ehren ihn durch ein würdiges Grabbier, legen ihn mit Wegzehrung in den Hügel, damit er von dort zu seinen Stammesbrüdern gelangen kann, wo er in guter Gesellschaft ist. Vor dem Vergessen bewahren sie ihn, indem sie bei allen großen Festen seiner gedenken und auf sein Wohl trinken. Auf diese Weise kann der Tote auch jetzt noch stolz und froh sein. Wird er aber vergessen oder allein gelassen, weil sein Geschlecht ausstirbt, hat er keine Verbindung mehr zu dem, was über ihm im Licht der Sonne geschieht, so verfällt der Tote, sein Sinn verwirrt sich, und schließlich gleicht er sogar den Jöten an Niedertracht.

Doch schon auf Erden kann ein Mann ein Neiding sein, ein Einsamer, der ausgestoßen wurde, und sein Sinn kann tückisch und falsch werden. Gelangt ein solcher Mann ins Totenreich, wird aus ihm ein schadenfroher Geist oder ein giftiger Drache. Neidinge können nur hassen, sie sind blind vor Besitzgier, kennen nicht die Lust des Teilens und Schenkens, wissen nichts von Ehre und Worthalten, sind arglistig und verschlagen. Beispielsweise der Giftdrache in der Geschichte vom Beowulf! Man weiß, daß er ursprünglich ein vornehmer Mann aus gutem Geschlecht war. Aber alle seine Brüder sah er fallen, er blieb allein zurück, vergrub sein Erbe und lag freudlos darauf.

Ein böses Schicksal trifft auch diejenigen, welche durch ihr Neidingswerk die Ehre der Sippe verletzten, die sich trotzig ihren Verwandten entgegenstellten. Sie leben in der Verbannung wie die Jöten, und so kann man sagen, daß sie Wolfsköpfe bekommen. Ein schlimmes Los aber haben die, welche durch erbärmliche, elende Knechte ums Leben kamen. Diese Neidinge haben nicht genug Ehre, daß eine Rache an ihnen hinreichend Genugtuung brächte. Ganz anders ist es, wenn ein Mann mit vollen Ehren mitten unter den Verwandten stirbt.

So ging es dem Isländer Thorstein, der beim Fischen auf der Förde ertrank. Ein Hirte war in jener Nacht draußen und sah am heiligen Berg, dort wo das Heiligtum der Familie war, wie die Türen schon offenstanden, und hörte Stimmen, die Thorstein willkommen hießen. Einen Blick tat er durch eine Öffnung ins Innere, und da war alles wie in der Halle daheim: Langfeuer brannten vor den Bänken, man hörte den festlichen Klang der Trinkhörner und fröhliches Stimmengewirr.

Ähnlich wie die Jöten sind auch die Zwerge oder Schwarzelfen ein feindliches Geschlecht. Unter der Erde hausen sie, entstanden aus den Maden im Fleisch Ymirs, aus dem die Götter Midgard schufen. Aber die Zwerge sind nicht faul und träge wie manche Jöten. Unzählbar sind ihre Schätze aus

Gold und Erz. Herrliche Waffen können sie schmieden, und die Menschen sind sehr begierig darauf, solche Kleinode der Zwerge in ihren Besitz zu bringen. Viele berühmte Erbschätze haben sie den Zwergen geraubt.

Um den ganzen schönen Erdkreis des Midgard herum wohnen bösartige Riesen, Zwerge und Unholde. Utgard ist überall da, wo keine Menschen sind, und auch das Reich der Hel gehört dazu. Hel kommt jede Nacht, wölbt sich als Finsternis über Midgard, und deshalb ist es auch unsicher, in der Dunkelheit unterwegs zu sein. Dann schleichen sich Neidinge, Bösewichte und Tote bis an die Türen der Menschen, aber sie weichen zurück vor den brennenden Strahlen der Sonne. Beständig liegen die Jöten und Ungeheuer auf der Lauer, wollen das Werk der Menschen zerstören und sie zu sich in ihr grausiges Reich holen. Und Midgard, das Reich der Menschen, wäre längst nicht mehr da, gäbe es nicht die mächtigen Götter, vor allem den starken Thor, der es mit seinem Hammer vor der falschen Brut der Unholde beschützt. Deshalb erzählen sich die Menschen viele Geschichten von Thor, dem starken Gott.

Wie Thor nach der Midgardschlange fischte

Einst machte sich Thor ohne seinen Wagen und seine Böcke, gänzlich ohne Begleiter, auf den Weg ins Jötenreich. Wie ein junger Bursche sah er aus, lange wanderte er den Weg hinauf, bis er am Abend bei einem anklopfte, der Hymir hieß.

»Ein Nachtlager erbitte ich«, sagte Thor, und das bekam er.

Als der Tag graute, machte sich Hymir auf zum Fischfang, aber Thor war schon wach, zog sich die Kleider an und fragte, ob er mitfahren dürfe. Solch ein Grünschnabel bringt nicht viel Nutzen, dachte sich Hymir, und so erwiderte er: »Weit fahre ich stets hinaus, und ich fürchte, sehr frieren wirst du da draußen!«

Aber Thor meinte: »Rudere nur gern hinauf aufs Meer, denn ich glaube kaum, daß ich es sein werde, der zuerst bittet, wieder an Land zu kommen!« Und schon schien den Asen der Zorn zu packen, so daß er dem Hymir beinahe den Hammer an den Kopf geworfen hätte, doch überlegte er sich, wie er dem Hymir bei anderer Gelegenheit seine Kräfte beweisen könne.

»Was für einen Köder wollen wir nehmen?« fragte Thor statt dessen. Nun sagte Hymir ärgerlich, er möge selbst eine Lockspeise suchen. Da ging Thor hinüber zu der Herde, die Hymir besaß, drehte dem größten Ochsen den Hals um und trug dessen Kopf zum Strand. Unterdessen hatte Hymir sein Boot zu Wasser gebracht, und Thor sprang hinein und ruderte hinten, so daß das Boot nur so voranschoß. Hymir saß vorn mit den Rudern und meinte, es ginge ja wirklich sehr ordentlich.

Als man zu den Fischgründen kam, wo Hymir seine Flundern angelte, wollte jener die Ruder einziehen, aber Thor rief: »Weiter hinaus wollen wir fahren!«

Und wieder legten sich die beiden tüchtig ins Zeug, und man ruderte sehr weit aufs offene Meer. Endlich wurde Hymir ängstlich und meinte: »Nicht geraten ist's, noch weiter zu fahren, sonst kommen wir zu dicht an die Midgardschlange heran.« Aber Thor hörte nicht auf ihn und trieb das Boot noch heftiger voran. Hymir saß voller Bangen. Endlich zog der Ase die Ruder hoch und machte die Angelschnur fertig, und die war sehr dick und stark und hatte genau den Haken, der zu ihr paßte. Thor steckte den Ochsenkopf auf den Haken und ließ ihn über Bord gleiten. Gleich ging der Kopf auf den Grund, wo die Midgardschlange döste. Aber sie wurde sofort wach und schlug ihre

Zähne in den Köder, so daß der Haken in ihrem Gaumen steckte. Als die den Bissen verspürte, riß sie an der Schnur, und gleich so heftig, daß Thors Knöchel gegen die Bootswand prallte. Da stemmte er die Füße gegen die Planken, daß sie zerbrachen und er auf dem Meeresboden zu stehen kam. Und nun zog er die Midgardschlange bis an den Bordrand empor.

Es war ein grausiger Anblick, als Thor die Schlange grimmig ansah und sie von da unten stechenden Blicks zurückstarrte, wobei eine giftige Wolke aus ihren Nüstern entwich. Hymir wurde bleich wie eine Leiche. Das Meerwasser umschlug seine Schenkel, und er bekam es noch mehr mit der Angst, als er merkte daß Thor schon mit seinem Hammer zum Schlag ausholte, der Schlange den Schädel zu spalten.

»Nein!« rief Hymir. Und er tastete nach seinem Ködermesser in der Tasche, bekam es im letzten Moment zu fassen und durchschnitt die Angelleine auf der Bordkante, so daß die Schlange augenblicklich in der Tiefe versank. Trotzdem warf Thor den Hammer nach ihr, aber ob er ihren Kopf traf, ist nicht gewiß.

»Hier dein Lohn für deine Hinterlist!« schrie Thor und setzte Hymir die Faust ans Ohr, daß dieser kopfüber über Bord fiel. Aber der Ase watete an Land.

Die Geschichte von Hymirs Braukessel

Manche wissen mehr über Thor und den Riesen Hymir und erzählen die folgende Geschichte: Einmal wollten die Götter ein großes Biergelage abhalten, und sie meinten, Ägir müsse das Fest ausrichten. Er solle das Bier brauen und die Götter bewirten. Da ging Thor zu Ägir und erklärte ihm: »In Bälde kommen die Götter als Gäste zu dir, und wir hoffen doch, daß du uns gut und ehrlich bewirtest! Am besten, du setzt gleich den Kessel aufs Feuer und fängst schon mit dem Brauen an!«

Ägir war nicht gerade erfreut über die Aufdringlichkeit der Götter und sann hin und her, wie er die Götter für ihre Frechheit büßen lassen könne. So antwortete er dem Thor: »Hör mal, ich habe gar nicht solch einen großen Kessel, der für euch alle ausreicht! Am besten, du beschaffst selbst das Gefäß, dann will ich auch gerne brauen!«

Da war guter Rat teuer. Lange standen die Götter da, waren ob des Bescheids enttäuscht und überlegten, was zu tun wäre. Woher einen so mächtigen Bottich nehmen? Endlich zupfte Tyr den Thor am Ärmel und meinte: »Ja, mein Lieber, östlich von Eliwagar, wo sich Himmel und Erde begegnen, wohnt der tückische Hymir. Du warst ja schon dort. Er ist der Vater meiner Mutter, wie du weißt! Und ich weiß, daß er einen genügend großen Kessel besitzt, der für alle ausreicht, denn er ist wohl eine Meile tief.«

»Na schön«, sagte Thor, »und glaubst du denn, daß wir den kriegen können?«

»Mit Gewalt nicht«, erwiderte Tyr, »aber mit List.«

Am nächsten Morgen spannte Thor seine Böcke vor den Wagen, und sie fuhren von Asgard los, und abends waren sie schon Gäste auf Hymirs gewaltigem Anwesen. Da traf nun Tyr auch seine Großmutter, und die war nicht gerade freundlich anzuschauen, denn sie hatte neunhundert Köpfe. Seine Mutter aber war adrett und hellhaarig, goldgeschmückt trat sie hervor und hieß ihren Sohn willkommen.

»Trink, mein Sohn, mit mir den Willkommenstrank!« sagte sie freundlich und fragte, was sein Begehr sei. Tyr erklärte ihr, man sei gekommen, um von dem alten Jöten Hymir den Kessel zu borgen. Aber seine Mutter erwiderte: »Da mag es das beste sein, ich verstecke euch hinterm Kessel, denn Hymir ist nicht bloß knausrig, wenn's ums Borgen geht, sondern auch noch unhöflich zu seinen Gästen!«

Lange saßen die Asen hinter dem gewaltigen Gefäß, und es passierte nichts. Endlich kam der Jöte nach Hause, und richtige Gletscher hingen in seinem Bart, und die konnte man klirren hören, wenn er ging. Gleich trat ihm seine Tochter entgegen und teilte mit, sie habe gute Neuigkeiten.

»Denk dir«, sagte sie, »mein Sohn ist gekommen! Und er wohnt ja so weit entfernt, daß wir uns nur selten sehen. Einen Gefährten hat er mitgebracht, der Weor heißt. Er ist mit den Menschen wohl mehr befreundet als mit uns, aber diesmal ist er hier.«

»Wo sind die beiden?« fragte Hymir mürrisch.

»Am Giebel sitzen sie, hinter dem Kessel am Tragebalken!«

Der Blick, den der alte Jöte nun zu dem Balken hinübersandte, war so böse, daß das Holz zerbarst. Aber die Götter machten sich nichts daraus, traten hervor und begrüßten den Jöten voll Freundlichkeit. Der Jöte aber starrte die Fremden feindselig an, als ahnte er nichts Gutes.

Für das Abendessen wurden drei Ochsen geschlachtet und in den Kessel gelegt. Thor hatte wieder einmal einen mächtigen Appetit, verschlang allein fast zwei Stiere, ehe man zur Ruhe ging.

»Nicht leicht ist es«, sagte Hymir da, »einen wie dich in Kost zu haben. Wenn wir morgen abend wieder etwas zu essen haben wollen, müssen wir aufs Meer hinausfahren und Fisch holen.«

Thor nickte verbindlich und meinte, er sei gern bereit, wieder auf die See zu rudern, wenn Hymir eine Lockspeise für den Fischfang herbeischaffen würde. Aber der Jöte erwiderte: »Geh doch selber zum Vieh und such dir einen Köder aus, irgendwo wirst du wohl ein Stückchen Ochsenfleisch finden!«

Frühmorgens schon ging Thor in den Wald, drehte wieder

einem kohlschwarzen Ochsen den Hals um und kam mit dem als Lockspeise zurück. Der Jöte, als er sah, daß seine Ochsen so abnahmen, rief: »Schlimm war deine erste Tat, noch schlimmer ist diese! Aber geschehen ist geschehen! Gehen wir zum Meeresstrand und lassen wir unser Boot zu Wasser!«

Diesmal fingen sie eine Menge, aber Thor suchte nur nach der Midgardschlange und kümmerte sich nicht um die Fische. Und darüber war Hymir ärgerlich, weil Thor ihn alles allein machen ließ. Als sie heimruderten, war Hymir so grimmig und wütend, daß er kein Wort sprach, bis sie den Strand erreichten.

»Jetzt teilen wir uns die Arbeit«, sagte er. »Willst du das Boot nehmen oder den Fang nach Hause tragen?«

Wortlos packte Thor das Boot, schwang es sich auf die Achsel und beförderte es nach Hause, daß das Bodenwasser darin nur so plätscherte. Als man zu Hause bei Hymir in der Halle saß, fing dieser gleich wieder Händel mit Thor an.

»Lächerlich ist's«, sagte er zu Thor, »wenn ein Mann nichts weiter kann als rudern, nichts fängt, aber Schlangen angreifen will. Wie beim letzten Mal! In meinen Augen bist du erst wirklich ein Kerl, wenn du meinen stählernen Becher zermalmen kannst. Versuch es!«

»Nicht zweimal lass' ich mir das sagen«, meinte Thor und griff nach dem Gefäß. Dann bog er sich weit zurück und schleuderte den Becher mit aller Kraft gegen einen steinernen Pfeiler der Halle, so daß er querdurch fuhr. Aber der Becher blieb heil. Da flüsterte Tyrs Mutter ihm zu: »Versuch es an der Hirnschale des Jöten! Die ist härter als sein Becher!« Da stand Thor von seinem Sitz auf, legte seinen Asengürtel an und zielte mit dem Becher auf Hymirs Schädel. Wie ein Blitz fuhr das Gefäß los, prallte an und zerschellte. Der Schädel blieb ganz. Hymir aber hatte Kopfschmerzen und klagte: »Arm bin ich jetzt, mein schöner

Becher zersprang. Nie mehr werde ich ihn mit meinen Händen umschließen. Nie mehr werde ich – wie die Alten – sagen können: Du süßes Bier, wie bist du warm!«

»Wie steht es mit dem Kessel?« fragte Tyr.

»Ach, geht nur und nehmt ihn mit, vorausgesetzt, ihr kriegt ihn aus der Halle!« sagte Hymir, schon ganz besänftigt. Nun zerrte Tyr wie wild daran, einmal, zweimal, aber er konnte ihn nicht von der Stelle bringen. Da packte Thor den Rand des Kessels, stemmte die Füße durch den Fußboden, setzte sich das große Stück auf den Kopf und lief damit los, daß die Ringe um seine Fersen klirrten. Tyr folgte ihm, aber sie waren noch nicht weit gekommen, da sahen sie, daß der Berghang hinter ihnen voller vielköpfiger Jöten war, die alle laut schreiend ihnen nachrannten. Auch Hymir war unter ihnen.

»Jetzt muß ich meinen Kessel abstellen«, sagte Thor, tat es und zückte seinen Hammer. Und verheerend waren die Hammerschläge unter den Jöten, bis diese ihre Verfolgung aufgaben. Thor kam nun richtig mit Hymirs Kessel zu Hause an. Das Bier wurde gebraut, und fröhlich versammelten sich die Asen beim Gelage in Ägirs Halle, und sie tranken und tranken, mehrere Tage, bis alles Bier aus dem Kessel geschöpft war.

Der freche Riese Hrungnir

Mit seinen Böcken machte Thor eines Tages eine Ausfahrt und hatte Loki hinten im Wagen. Gegen Abend gelangten sie an einen Hof und begehrten Einlaß. Der Hausherr begrüßte sie freundlich, hatte aber wenig, um die Gäste zu bewirten. Da schlachtete Thor kurzerhand seine Böcke und ließ das Fleisch aufs Feuer setzen. Als es gekocht war, lud er den Hofbesitzer samt Frau und Kindern zum Schmaus ein. Doch ehe es losging, breitete er die Bocksfelle vor dem Feuer aus: da sollten sie die Knochen hineinlegen!

Beim Essen spaltete Thjalfi, der Sohn des Hofbesitzers, den Schenkelknochen eines Bockes, um ans Mark zu gelangen.

Am andern Morgen stand Thor früh auf, schwang seinen Hammer über den Bocksfellen, und siehe da: gleich standen die Böcke wieder lebendig vor ihm. Aber sofort bemerkte Thor, daß ein Bock am Bein lahmte, er fühlte am Schenkel nach und erkannte, jemand hatte hier zuviel abgenagt. Da zog er die Brauen zusammen und preßte die Knöchel um den Hammer vor Wut.

Der Besitzer und sein Weib versanken vor Angst fast in die Erde, als sie Thors Augen so funkeln sahen. Sie baten um Schonung und boten ihm ihren ganzen Besitz an. Thor wollte nicht ihre Habe, ließ sich besänftigen, forderte aber, daß Thjalfi, der Sohn des Hofbesitzers, und Röskwa, die Tochter, als Bediente in sein Gefolge kämen. Und das geschah.

Als Thor wieder einmal im Osten unterwegs war, um böse Trolle zu züchtigen, ritt Odin auf seinem Roß Sleipnir nach Jötenheim, um sich die Gegend zu besehen. Bald kam er zu einem mächtigen Riesen, der den Namen Hrungnir hatte. Und dieser rief ihm bereits von weitem zu: »He, was bist du für ein Kerl, daß du hier im Goldhelm durch die Luft und übers Meer galoppierst? Ist ja wahrhaftig ein hübsches Roß, das du dein eigen nennst!«

»Ja«, erwiderte Odin, »dieses Pferd hat in ganz Jötenheim nicht seinesgleichen.«

»Dein Roß mag recht herrlich sein«, gab Hrungnir zu, »aber ich habe da einen noch schnelleren Renner, und mein Pferd heißt Goldmähne.«

Um diesen Satz zu beweisen, setzte er sich flugs in den Sattel und ritt auf Goldmähne dem schnellen Odin nach. Jetzt, so dachte er, wird Odin für seine Prahlerei büßen. Aber

Odin ritt so scharf, daß er immer einen Hügelkamm weiter als Hrungnir war. Der aber war inzwischen so fuchsteufelswild geworden, daß er, ehe er es richtig merkte, bereits zum Tor hereinritt, das nach Asgard führte. Die Asen waren freundlich zu ihm, luden ihm zum Trunk ein, damit er seinen Durst nach dem schnellen Ritt löschen konnte. Hrungnir war geschmeichelt und nahm die Einladung an.

»Ja, bringt mir etwas Gutes zu trinken, bringt mir Äl!« rief er.

Da kamen sie mit dem Getränk, und sie reichten ihm sogar Thors eigene Humpen, die der Riese so schnell leerte, daß sie gar nicht so flott nachgefüllt werden konnten. Bald stieg ihm das Bier zu Kopfe, und er fing an, große Worte zu machen.

»Hört mal«, sagte er, »ich nehme ganz Walhall mit und setze es nach Jötenheim hinein! Jawohl!«

»He, he!« lachten die Asen. »So schnell geht's nicht.«

»Doch, ich versenke Asgard einfach im Meer! Ich schlage die Asen tot und greife mir nur zwei Frauen, die ich am Leben lasse: Sif und Freya. Die müssen mit mir kommen!« Da wurden die Asen ängstlich, und keiner wollte dem Betrunkenen mehr etwas einschenken. Nur Freya, die Männertolle, ging an ihn heran und füllte den Becher nach. Hrungnir aber trank und trank und sagte, er werde nicht eher aufhören, als bis er das ganze Bier der Asen weggetrunken habe.

Allmählich waren es die Götter überdrüssig, das Prahlen des Riesen mitanzuhören. Sie schickten zu Thor, und der ließ auch nicht lange auf sich warten. Als er sah, was vorging, wurde er zornig und fragte, wer es denn erlaubt hätte, daß dieser Hrungnir nach Walhall kommen dürfe, warum ihm Freya einschenke wie auf den Festen der Götter.

»Das will ich dir sagen!« grölte Hrungnir. »Odin selbst hat mich eingeladen, und der steht auch dafür ein, daß sein Gast in Frieden gelassen wird.«

»Dieses dein Hiersein als Gast sollst du bereuen, sobald du draußen vor der Halle bist!« rief Thor. Aber Hrungnir war auch nicht faul und sprach: »Es bringt dir wenig Ehre, Asa-Thor, wenn du hier in der Halle einen Waffenlosen angreifst. Du kannst ja deinen Mut beweisen, wenn du das Herz hast, mit mir an der Landesgrenze auf Grjotuna-Gard einen Holmgang zu bestehen. Töricht war ich, daß ich meinen Schild und meinen Wetzstein zu Hause ließ. Hätte ich meine Waffen hier, könnten wir unseren Zweikampf gleich hier versuchen. Aber jetzt nenne ich dich einen Neiding, wenn du mich als Waffenlosen tötest!« Thor sah ein, daß er nichts ausrichten konnte, aber er nahm den Zweikampf an, denn das hatte ihm noch keiner angeboten.

Triumphierend zog Hrungnir davon, ließ sein Roß munter springen. Und alle Jöten lobten ihn und fanden, daß es einmal an der Zeit war, daß einer von ihnen diesen frechen Thor zum Waffengang forderte. Es ging fast schon um Leben und Tod für die Jöten, denn immer dreister wurde Thor, immer mehr von ihnen hatte er schon umgebracht. Hrungnir war zwar ihr stärkster Riese, aber würde er den Tod finden, dann war vielleicht für alle Jöten das Schlimmste zu befürchten. Man müsse sich wappnen, sagten sie sich.

So bauten die Jöten auf Grjotuna-Gard einen furchterregenden Kerl aus Lehm auf, neun Meilen hoch und drei breit in der Brust. Aber dann konnten sie kein Herz finden, das für ihn groß genug war. Schließlich nahmen sie eins von einer Stute und setzten es dem Lehmkerl ein. Es bebte und schlug wild, als Thor eintraf. Hrungnir stand bereit, und sein Herz war aus Stein und hatte drei Zacken. Danach nennt man noch heute ein solches Zeichen ›Hrungnirs Herz‹. Steinhart war auch der Kopf, und der Schild des Riesen war ungeheuer breit und mächtig. Hrungnir hielt den Schild vor sich, als er auf Grjotunga-Gard Thor erwartete. Nicht gerade sanft sah er aus, wie er so dastand mit seiner furchtbaren Waffe, dem

Wetzstein, den er über der Schulter im Anschlag hatte. Der Lehmkerl, den sie gemacht hatten, Mökkurkalfi mit Namen, ragte neben ihm auf, und man sagt, daß er vor Angst sein Wasser ließ, als er Thor zu Gesicht bekam.

In Thors Begleitung befand sich auch Thjalfi, und der lief voraus und rief dem Jöten zu: »He, tollkühn ist's von dir, Riese, da hinter deinem Schild zu stehen! Thor hat dich längst gesehen, unterirdisch kommt er und wird auf dich losgehen!« Da schob Hrungnir sofort den Schild unter seine Füße und faßte den Schleifstein mit beiden Händen. Nun sah man Blitze, hörte Donnergetöse, und Thor schritt heran in seiner Asenstärke. Von weitem schon schwang er den Hammer Mjöllnir gegen Hrungnir. Dieser aber, nicht müßig, schleuderte den Schleifstein so geschickt, daß sich beide Waffen in der Luft trafen; aber der Schleifstein zersprang. Teile davon fielen auf die Erde und wurden zu Sandsteinfelsen. Doch ein Stück davon flog dem Thor in die Stirn, daß er betäubt vornüber stürzte. Aber Mjöllnir traf den Jöten am Schädel, so daß dieser platzte und der Jöte tot über Thor hinfiel, wobei ein Bein direkt über dem Hals des Asen zu liegen kam.

Nun griff Thjalfi den Lehmriesen Mökkurkalfi an, und schon bald sank dieser ruhmlos zu Boden. Da eilte Thjalfi dem Thor zu Hilfe und versuchte, das schwere Bein des Jöten von Thors Hals zu heben. Doch es rückte und rührte sich nicht. Bald versammelten sich die ratlosen Asen um den gestürzten Thor. Alle versuchten, das Bein des Riesen fortzuziehen, aber keinem gelang es. Da kam auch Magni dazu, ein Knabe, den Thor mit dem Trollweib Jarnsaxa vor nicht mehr als drei Nächten gezeugt hatte. Das Kind war schon so stark, daß er das Riesenbein einfach wegnahm und Thor befreite.

»Schade, Vater, daß ich so spät gekommen bin, sonst hätte ich den Jöten mit der bloßen Faust hingestreckt«, sagte

Magni. Thor stand auf, begrüßte seinen Sohn zuvorkommend und sprach:

»Ein Kerl wirst du wie keiner, wenn du erst herangewachsen bist! Du sollst Goldmähne haben, das Pferd, das dem starken Hrungnir gehört hat!«

»Na«, meinte Odin da, »ich finde es nicht freundlich, daß du solch ein wunderbares Pferd diesem Trollbengel und nicht mir vermachst!« Thor aber blieb dabei, und der Trolljunge Magni freute sich.

Der zufriedene Thor fuhr nun wieder nach Thrudwang, aber der Schleifstein des Hrungnir saß ihm immer noch im Kopf. Da sagten die Asen, es gebe da eine zauberkundige Frau namens Groa, zu der solle er gehen und sich besprechen lassen. Thor fuhr zu ihr und erfuhr, daß sie mit einem gewissen Riesen Aurwandil verheiratet sei.

Lange sang Groa ihre Zauberlieder über Thor, ehe sich der Stein lockerte. Als Thor merkte, daß der Stein lose war, freute er sich, wollte Groa auch eine kleine Gefälligkeit bereiten und erzählte ihr, er sei neulich über Eliwagar südwärts gewatet und habe in einem Korb ihren Gatten aus Jötenheim herausgetragen.

»Ich rede die Wahrheit«, sprach er, »denn ich habe eine Zehe, die aus dem Korb herausguckte und verfroren war, abgebrochen und an den Himmel geworfen.«

Und wirklich, noch heute kann man den Stern ›Aurwandils Zeh‹ da oben betrachten.

Groa aber schien sehr froh über die Nachricht. Sie war so beglückt, daß sie es vergaß, weitere Zauberlieder zu singen, und deshalb steckt das Stück vom Schleifstein noch immer in Thors Stirn.

Merkt es euch: Will einer, daß man ihm einen Schleifstein reiche, so werfe man nicht, sondern gebe ihn fein ordentlich dem andern in die Hand, denn sonst zuckt es in Thors Kopf!

Der Handschuh des Riesen Skrymir

Einmal ließ Thor seine Böcke stehen und zog zu Fuß ostwärts nach Jötenheim, und Loki, Thjalfi und Röskwa waren dabei. Mit Thor durchwateten sie das tiefe Meer, bis sie auf der anderen Seite wieder herauskamen. Nicht lange, da gerieten sie in einen großen Wald, und den ganzen Tag schritten sie voran, ohne daß die Heide ein Ende nahm. Spärlich nur war die Wegzehrung, die Thjalfi trug. Als es dunkel geworden war, suchten sie sich ein Nachtquartier, und da sahen sie ein riesiges Haus vor sich, dessen Tür allein schon so breit war wie ein ganzer Giebel. Dort bekamen sie Obdach.

Doch mitten in der Nacht fing auf einmal die Erde an zu beben, die ganze Gegend wogte auf und nieder. Das Haus schwankte gefährlich. Thor sprang vom Lager auf, tastete im Dunkeln vorwärts bis zu einer Kammer im Riesenhaus, und da fand er seine drei Gefolgsleute in der Reihe sitzend, zitternd wie Espenlaub.

»Vor der Tür stehe ich mit meinem Hammer Mjöllnir, um euch zu beschützen«, rief Thor. Und draußen dröhnte und toste es die ganze Nacht. Am nächsten Morgen, als es eben hell geworden war, trat Thor vor die Tür und sah vor sich im Wald einen Riesenkerl liegen, der war wirklich von gewaltigen Ausmaßen und schnarchte und schnarchte.

Da wurde dem Thor klar, was das für ein Getöse in der Nacht gewesen war, und er gedachte es dem Kerl heimzuzahlen. Er spannte seinen Kraftgürtel an, um dem Riesen einen Hieb mit dem Hammer zu versetzen. Aber gerade in dem Augenblick erwachte der Schnarcher und sprang beiseite. Thor zuckte zusammen, und sein Schlag fuhr ins Leere.

Der Mann tat, als sei nichts passiert, und sagte: »He! Skrymir heiße ich! Aber dich brauche ich wohl nicht nach dem Namen zu fragen, denn ich sehe ja, daß Asa-Thor vor mir steht!«

»Ja, der bin ich«, sagte Thor, und er mußte zu Skrymir aufschauen, so groß war der Kerl.

»He, hoffentlich hast du mir nicht meinen Fausthandschuh entwendet«, sagte Skrymir und lachte, daß die Felsen dröhnten.

Skrymir langte hin und ergriff seinen Handschuh. Der aber war selbst so groß wie ein richtiges Haus. Da erst merkte Thor, daß sie hier bei dem Jöten in dessen Handschuh genächtigt hatten. Skrymir aber meinte, es wäre angenehm, wenn sie zusammen weitergingen, da könnten sie unterwegs viel Kurzweil haben.

»Ja, natürlich«, sagte Thor, »aber zuerst sollten wir frühstücken!« Skrymir war's zufrieden, band seinen Brotsack auf und verschlang daraus riesengroße Happen, Thors karge Kost war gar nichts dagegen.

»Na, ihr könnt ruhig mitessen!« rief Skrymir. Das ließen sich die Gefährten nicht zweimal sagen, und sie bekamen noch etwas ab, wurden aber wohl nicht richtig satt.

»Jetzt geht's munter voran«, meinte Skrymir und machte den ganzen Tag solche Riesenschritte, daß sie kaum nachkommen konnten und bald völlig erschöpft waren. Es war schon fast dunkel, als Skrymir endlich sein Nachtlager unter einer großen Eiche aufschlug.

»Ich bin noch satt, da will ich mich gleich schlafenlegen«, sagte Skrymir. »Ihr könnt euch unterdessen aus meinem Brotsack bedienen!«

Damit legte er sich nieder und schlief ein. Thor nahm den Sack und freute sich auf die Mahlzeit. Als er aber versuchte, ihn aufzubinden, konnte er – so unglaublich es klingt – nicht einen Knoten lösen, so fest war der Sack verschnürt. Und Skrymir schnarchte, daß man kein Wort mehr verstehen konnte.

»Büßen sollst du das!« rief Thor, nahm seinen Hammer und schlug damit dem schlafenden Skrymir an den Schädel, daß es krachte. Skrymir wachte auf und fragte schlaftrunken: »He, war das ein Blatt, das mir auf den Kopf gefallen ist? Ihr habt hoffentlich gegessen und wollt nun auch schlafen!«

»Ja, jetzt wollen wir uns schlafenlegen«, war Thors Antwort, und wirklich, da legte er sich mit seinen Leuten hin, die wie er hungrig waren. Aber ihr Schlaf wurde bald gestört, denn Skrymir schnarchte wieder so laut, daß der ganze Wald bebte. Wütend ging Thor hin und schlug dem Jöten erneut eins auf den Schädel, diesmal noch heftiger als zuvor. Skrymir erwachte wieder und sagte:

»He, was nun? War das eine Eichel, die mir auf den Kopf gefallen ist? – Schlaf doch, Thor, mein Lieber!«

Thor ging auch schleunigst zurück, entschuldigte sich, er sei gerade aufgewacht, Mitternacht sei zwar vorüber, aber er würde schon wieder einschlafen. Doch Thor lag wach und dachte: ›Könne er dem Jöten nochmals einen Schlag versetzen, so würde er diesmal nicht mehr erwachen!‹ Als er sah, daß Skrymir wieder fest schlief, stand er auf, schwang den Hammer mit aller Kraft und donnerte ihn an den Schädel des Riesen, daß es im ganzen Walde widerhallte.

Skrymir setzte sich auf: »Oh, oben sitzen wohl Vögel, ich glaube, mir ist Reisig auf den Kopf gefallen. Aber warum bist du auf, Thor?«

Thor murmelte entschuldigende Worte und ging zu seinem Platz.

»Nun, jetzt ist es Zeit zum Aufstehen!« rief Skrymir. »Ich bin hellwach. Nun ist es nicht mehr weit nach Utgard! Ich habe gehört, daß ihr geflüstert habt, ich sei nicht gerade klein von Wuchs, haha! Kommt mit nach Utgard, dort werdet ihr Riesenkerle sehen!«

»Darauf sind wir gespannt«, sagte Thor.

»Na ja, hör meinen Rat: seid nicht so hochmütig!« sprach Skrymir. »Bei Utgard-Loki sind Gefolgsmannen, die das Prahlen von euch jungen Burschen nicht leiden mögen. Oder ihr geht lieber wieder dahin zurück, wo ihr hergekommen seid! Ich muß jetzt nordwärts in die Berge!« Damit schwang er sich den Brotsack auf den Rücken und verschwand. Thor und seine Leute waren nicht gerade traurig darüber.

Wie Utgard-Loki wettete und gewann

Nun begaben sich Thor und seine Gefährten bis zum Mittag auf den Weg. Da sahen sie mitten auf der Ebene einen Plankenzaun, so fest und so hoch, daß sie die Köpfe weit zurücklegen mußten, um den oberen Rand zu erkennen. Am Tor war kein Durchkommen, so fest war alles verriegelt. Thor riß schließlich mit viel Mühe eine Planke heraus, und so kamen sie ins Innere. Da stand eine Halle mit offener Tür. Sie traten ein und sahen eine Riege von Riesen auf den Bänken längsseits der Wände sitzen. Schaurig waren sie anzuschauen und hatten gewaltige Ausmaße.

Auf dem Hochsitz saß der Riesenhäuptling, und sein Name war Utgard-Loki. Sie traten vor und grüßten, aber er konnte sie erst gar nicht finden, so klein waren sie. Utgard-Loki verzog spöttisch den Mund, als er Thor musterte. Dann sprach er: »Neuigkeiten von weither brauchen oft lange Zeit! Ich wußte nicht, daß Asa-Thor ein so kleiner Wicht ist! Aber vielleicht vermag er mehr, als es den Anschein hat. Was für Spiele versteht ihr, Burschen?«

Der letzte in Thors Gefolge, es war Loki, erwiderte: »Eine Kunst beherrsche ich: Viel schneller als jeder andere vermag ich Essen zu verschlingen!«

»Das läßt sich hören«, sagte Utgard-Loki. »Wir wollen's

probieren!« Er rief einen Mann heran, der sich Logi nannte. Schwerfällig stand dieser von seiner Bank auf und stellte sich neben Loki in der Halle auf. Ein Fleischtrog wurde hereingebracht. Loki setzte sich an das eine Ende des Trogs, Logi ans andere, und beide aßen aus Leibeskräften. Sie trafen sich in der Trogmitte. Da hatte Loki alles Fleisch von den Knochen abgenagt, Logi aber hatte auch die Knochen und den Trog dazu verschlungen. Niemand konnte etwas anderes sagen: Loki hatte den kürzeren gezogen!

»Was kann der andere Jüngling?« fragte Utgard-Loki. Thjalfi meinte, er könne mit jedem, den der Häuptling bestimme, um die Wette rennen.

»Ist eine schöne Fertigkeit«, sagte Utgard-Loki. »Sicher hast du flinke Beine, wir werden sehen!«

Draußen vor der Halle wurde eine lange Laufstrecke abgesteckt. Der Häuptling holte einen kleinen Burschen, der Hugi hieß, und ließ ihn mit Thjalfi um die Wette rennen. Und Hugi war so weit vorn, so daß er sich am Ziel noch umdrehen konnte, ehe Thjalfi eintraf.

»Wirst dich mehr anstrengen müssen«, sagte Utgard-Loki, »wenn ich auch noch keinen Gast hatte, der schneller lief!« Wieder rannten sie, und diesmal war Thjalfi einen ganzen Bogenschuß zurück.

»Er läuft nicht schlecht, aber ich glaube nicht, daß er gewinnen kann. Sehen wir, wer beim drittenmal gewinnt!« lachte Utgard-Loki. Als Hugi sich am Ziel umdrehte, war Thjalfi erst die Hälfte gerannt. Da war nun klar, daß Thjalfi den Wettbewerb verloren hatte.

Da sprach der Häuptling zu Thor: »Was für Fertigkeiten kannst du selbst, lieber Thor? Viel hört man von deinen Taten!«

»Im Trinken will ich mich mit dir messen!« schlug Thor vor.

»Recht!« sagte Utgard-Loki, schritt zur Halle und rief

seinem Mundschenk zu, er solle das Horn, aus dem die Mannen sonst tränken, herbeibringen. Als das Horn gebracht war, meinte er zu Thor: »Wohlgetan ist's, wenn du es in einem Zug leerst! Etliche schaffen's nur in zwei Zügen, aber so zugschwach ist keiner, daß er's nicht in dreien zwingt.« Thor betrachtete das Horn, fand es nicht groß, nur etwas lang. Er steckte die Nase hinein und trank lange und in großen Schlucken. Endlich ging ihm der Atem aus, und er setzte ab. Als er nachsah, wie's mit dem Bier stand, fand er, daß es fast nicht gesunken war.

»Gut getrunken!« rief Utgard-Loki. »Aber doch nicht gut genug! Ich hätte es nicht geglaubt, wenn mir einer zuvor gesagt hätte: Asa-Thor kann mehr nicht trinken! Na, ich weiß natürlich: den Rest schluckst du nun in einem Zug!« Thor sagte nichts, setzte wieder an und schluckte, solange die Luft reichte. Aber die Hornspitze ließ sich auch jetzt nicht leicht anheben, und als er nachsah, war noch weniger Bier verschwunden als beim erstenmal.

»Was ist das, Thor? Hebst du dir für den letzten Schluck nicht ein bißchen zuviel auf, mehr als du schaffst? Nimmst du das Horn zum drittenmal, bleibt dir jetzt ein sehr großer Schluck. Wirst keinen großen Namen bekommen bei uns! Bei Wettkämpfen muß man einfach besser seinen Mann stehen, Thor, mein Lieber!«

Ärgerlich setzte Thor das Horn an, trank mächtig und zog aus aller Kraft, aber wieder war nur wenig Bier verschwunden. Da gab er das Horn ab und wollte es nicht öfter versuchen.

»Deine Macht ist nicht so groß, wie wir dachten!« meinte der Riese. »Aber vielleicht kannst du mit anderen Proben mehr ausrichten. Mit dieser hast du wenig Ehre eingelegt!«

»Wohl will ich noch ein paar Spiele probieren«, sagte Thor wütend. »Als ich daheim bei den Asen war, hätte ich dem nicht geglaubt, der meine Schlucke klein genannt hätte! Alsdann, welches ist dein nächstes Spiel?«

»Unsere Knäblein haben ein Spiel, wovon wir nicht sehr viel halten: Es gilt, meine Katze vom Boden abzuheben. Nie schlüge ich dem Asa-Thor diese Probe vor, wenn ich nicht gesehen hätte, daß du doch nicht ganz so groß bist, wie ich dachte!«

Sofort sprang eine Graukatze herbei und stellte sich mitten auf den Boden der Halle. Thor schob ihr die Hand unter den Bauch und fing an, sie hochzuheben. Aber sie krümmte ihren Rücken ebenso stark, und wie sehr Thor den Arm auch hochreckte, er konnte von ihr nur ein Bein vom Boden abheben, mehr erreichte er nicht.

»Habe ich mir's doch gedacht!« lachte Utgard-Loki. »Nun ja, die Katze ist recht groß, Thor aber ziemlich kurzstämmig unter solchen Riesen, wie wir sie hier haben!«

»Klein und kurz könnt ihr mich meinetwegen nennen«, schrie Thor aufgebracht, »aber jetzt soll einer mit mir ringen! Ich bin nämlich richtig wütend geworden!« Da ließ Utgard-Loki seinen Blick über die Bänke gleiten und meinte: »Keinen kann ich hier finden, dem ich einen Ringkampf mit dir zumuten kann. Laß sehen: Die alte Elli ruft herein! Sie war meine Pflegemutter und mag mit Thor ringen, wenn er Lust dazu verspürt! Sie hat schon Leute in die Knie gezwungen, die ebensoviel Kraft besaßen wie Thor!« Jetzt kam ein Weiblein in die Halle, und Utgard-Loki schlug ihr vor, mit Thor zu ringen. Kurz gesagt: je mehr Thor sich mühte, desto fester stand sie. Und als sie zuletzt ein paar Kunstgriffe anwandte, schwankte er und sank zuletzt in die Knie.

Da ging der Riese dazwischen und sagte, es sei wohl besser aufzuhören. Thor und seine Mannen brauchten sich nicht mehr weiter mit seinen Gefolgsleuten zu messen! Außerdem sei es spät geworden. Utgard-Loki wies Thor und seinem Anhang Plätze am Langtisch an, und man zechte bis weit in die Nacht.

Bei Tagesanbruch standen Thor und seine Leute hurtig

auf und kleideten sich an. Der Riese aber ließ wieder soviel auftragen, daß ihnen auch nicht das kleinste bißchen an Speisen und Getränken fehlte. Endlich waren alle gut satt geworden, und da mahnte Thor zum Aufbruch. Alle verabschiedeten sich, und Utgard-Loki begleitete sie noch bis zum Plankenzaun.

»Na, Asa-Thor, bist du mit deiner Reise zufrieden? Hast du gar deinen Meister gefunden?« fragte Utgard-Loki, als sie sich trennten.

Thor erwiderte ärgerlich: »Ich kann nicht behaupten, ich hätte bei euch Ehre gewonnen! Jetzt werdet ihr mich für einen Versager halten, darüber bin ich furchtbar zornig!«

»Nun gut, da ihr glücklich außerhalb unseres Gebiets angelangt seid, kann ich's sagen!« rief der Riese. »Nie wärst du hereingekommen, hätte ich geahnt, welche Macht du hast! Um ein Haar hättest du uns ins Unglück gestürzt. Alle Kunst brauchte ich, deinen Blick zu verwirren – schon vom ersten Augenblick an, als ich dich im Walde traf! Mit Zauberknoten verschloß ich den Brotsack. Dann schlugst du dreimal mit dem Hammer nach mir. Schon der erste Hieb, hätte er mich getroffen, wäre mein Ende gewesen. Sieh den Felsen hier mit den drei tiefen Einkerbungen, eine tiefer als die andere! Spuren deines Hammers! Unbemerkt hielt ich den Felsen zwischen mich und den Hammer. So war's mit allen Mannesproben. Loki aß wirklich viel, aber Logi war kein anderer als die flammende Lohe: kein Wunder, daß er Fleisch und Trog verzehrte! Hugi war kein anderer als mein Gedanke: kein Wunder, daß er schneller als Thjalfi war! Du trankst aus dem Horn und meintest, es ging nur mäßig: doch es endete im Meer, und kommst du an den Strand, könntest du sehen, wieviel Meer du leergetrunken hast! Die Katze zu heben war keine geringe Tat: Alle entsetzten sich, als du ein Bein hochhobst, denn es war keine Katze, sondern die Midgardschlange, die sich um die Erde schlingt! So hoch hast du sie gereckt, daß es nicht mehr weit bis zum Himmel war! Ein Wunder war's auch, wie lange du im Ringkampf standhieltest: du kämpftest ja mit Elli – und das ist das Lebensalter. Nie wird ein Mensch leben, den das Alter nicht zu Boden drückt! Aber scheiden wir in Frieden! Für uns beide wäre es am besten, du kommst nie wieder her! Doch solltest du's versuchen, würde ich mein Utgard mit ähnlichen Künsten schützen, auf daß du keine Macht über mich bekommst!«

Damit verschwand der Riese. Und als Thor nun wütend den Hammer hob, um nach ihm zu werfen, konnte er Utgard-Loki nirgendwo mehr finden. Als er dessen Burg suchte, war auch sie fort. Überall dehnten sich liebliche Felder. Da ging Thor seines Wegs, bis er zurück nach Thrudwang gelangte.

Loki lockt Thor waffenlos zum Riesen Geirröd

Es geschah einmal, daß Loki Friggs Falkengefieder entwendete und damit zu den Jöten flog, um nachzusehen, wie es denen ging. Er kam auch zu dem Hof des Riesen Geirröd, fand ein Guckloch oben in dem Dach der Halle und spähte hindurch. Aber Geirröd hatte den Vogel schon entdeckt und schickte einen Gefolgsmann hinauf, ihn zu fangen. Lange plagte sich dieser, die hohe Wand emporzuklettern. Loki hatte seinen Spaß. Er wollte losfliegen, sobald der Häscher in seine Nähe kam. Aber als dieser am Dachfirst die Hand nach dem Gefieder ausstreckte, kam Loki nicht los, weil seine Füße festklebten. So wurde er gefangen und zu Geirröd gebracht.

Der Riese merkte gleich, daß hier kein Vogel vor ihm saß, sondern ein Mensch.

»He, Vogel, wer bist du wirklich?« röhrte Geirröd. Doch

Loki sagte kein Sterbenswörtchen. Auch gut, dachte der Riese, ging zu seiner großen Truhe und sperrte Loki ein. Drei Monate mußte Loki im Kasten sitzen, ohne Speise und Trank. Als sich das Schloß endlich auftat, war Loki bereit zu reden.

»Ich laß dich nicht mehr los«, sagte Geirröd, »außer du lockst Thor zu mir her, aber ohne Hammer und Handschuhe! Ich will ihn züchtigen!«

»Ja, ich verspreche es dir«, sagte Loki. Wieder zu Hause, erfand der Verschlagene eine List, so daß sich Asa-Thor auf den Weg nach Jötenheim machte, und zwar waffenlos. Unterwegs rasteten sie bei einem Riesenweib, das sich Grid nannte und die Mutter des schweigsamen Asen Widar war.

»Heimtückisch und grob im Umgang ist Geirröd«, sagte Grid und fügte hinzu: »Am besten, du nimmst dir meinen Zaubergürtel, meine Eisenhandschuhe und meinen Zauberstab Gridarwöl mit, mein Guter!«

»Danke, Mutter«, sagte Thor und verabschiedete sich artig.

Da zogen Thor und Loki weiter und kamen an einen breiten, reißenden Fluß, der hieß Wimur. Thor schnallte sich gleich Grids Zaubergürtel um und watete ins Wasser, wobei er sich mit dem Zauberstab gegen die Strömung stemmte. Loki war hinter ihm und hielt sich an seinem Gürtel fest. Aber als die beiden mitten im Fluß waren, schwoll dieser so stark an, daß ihnen das Wasser bis über die Schulter reichte. Thor schaute nach vorn und sah in der Ferne Geirröds Tochter Gjalp, die ihre Beine über den Fluß gespreizt hatte. Da begriff er, woher das viele Wasser kam! Er faßte einen Felsbrocken, warf ihn nach ihr und rief: »Einen Strom soll man an der Quelle aufstauen!«

Da Thor immer trifft, worauf er zielt, dauerte es nicht lange, und der Wasserstand fiel. Bald konnte Thor eine Eberesche am Ufer fassen und sich mit ihrer Hilfe an Land ziehen. Seither heißt die Eberesche ›Thors Rettung‹. Endlich gelangte Thor auf das Anwesen des Riesen Geirröd. Aber da erwies man ihm wenig Ehre. Statt in die Halle, lud man ihn in einen Stall. Und dort durfte er sich auf einen Stuhl setzen. Kaum aber hatte er auf dem Sitz Platz genommen, da setzte sich dieser nach oben in Bewegung. Schnell nahm Thor den Zauberstab und stemmte ihn gegen die Dachbalken. Da gab es ein furchtbares Krachen und Getöse. Unter dem Sitz hatten nämlich Geirröds Riesentöchter Gjalp und Greip gehockt, denen Thor nun die Glieder gebrochen hatte.

Da ließ Geirröd Asa-Thor endlich in die Halle bitten.

»Wettkämpfe wollen wir austragen!« rief er.

Zum festlichen Kampf brannten die Feuer in der Halle. Und da kam auch schon Geirröd, trat vor Thor hin und fischte mit einer Zange einen glühenden Eisenbolzen. Geschickt schwang er ihn in Thors Richtung. Doch dieser, nicht faul, fing ihn mit Grids Eisenhandschuhen auf.

Das hatte Geirröd nicht erwartet. Ängstlich kroch er hinter einen riesigen Pfeiler, um sich zu verstecken. Thor aber warf den Bolzen quer durch den Pfeiler, daß er Geirröd und sogar noch die Hauswand durchbohrte. Das war das Ende der Begegnung des Riesen Geirröd mit Thor. Aber es war hier wieder die Bosheit Lokis zutage getreten, der Thor ohne eigene Waffen nach Jötenheim und damit fast ins Verderben gelockt hatte.

Der Hammer Mjöllnir ist verschwunden

An einem freundlichen Morgen wachte Thor auf und merkte: sein Hammer war spurlos verschwunden. Seinen Bart schüttelte er, sein Haar zerzauste er sich, mit den Händen fuchtelte er herum, aber der Hammer blieb fort. Da bekam er einen Wutanfall, rief Loki und erzählt ihm von seinem Pech: »Jetzt sage ich dir etwas, was keiner weiß und wissen darf: mein Hammer Mjöllnir ist fort!«

Sofort begriff Loki, worum es ging. Er fand immer Rat, wenn die Götter keinen mehr wußten. Von Freya borgte er sich das Federkleid aus und flog nach Jötenheim, um den Hammer zu suchen.

Auf einem Hügel vor seinem Anwesen saß der Riese Thrym und flocht zum Zeitvertreib Goldhalsbänder für seine Hunde. Er rief: »Sieh an, Loki ist gekommen! Wie geht's dir so bei den Asen und Alben? Warum bist du allein unterwegs in Jötenheim?«

»Nicht gut, nicht gut!« sagte Loki. »Aber hör einmal: hast du vielleicht Thors Hammer versteckt?«

Da lachte Thrym schadenfroh und erwiderte: »Gewiß, und er liegt acht Meilen unter der Erde, und ihr kriegt ihn nur wieder, wenn ihr Freya als meine Braut herbringt!«

»Sieh an«, sagte Loki, »du warst das also! Warte, bis ich wiederkomme!« Sofort machte sich Loki auf den Heimweg, und sobald er bei den Asen angekommen war, fragte ihn Thor, ob er gefunden habe, wonach er suchte. Noch im Anflug sollte er es dem Hammerlosen unbedingt mitteilen.

»Wonach ich suchte, fand ich«, sprach Loki. »Thrym, der wilde Jöte, hat ihn. Er will ihn nur herausgeben, wenn du Freya im Brautstaat zu ihm bringst!«

»Na, warum nicht!« rief Thor da, lief sofort zu Freya und sprach zu ihr: »Hör mal, binde dir doch gleich den Brautschleier um, meine Liebe! Wir beide fahren zur Hochzeit nach Jötenheim!«

»Aber was soll das?« rief Freya, und sie wurde so wütend, daß ihr Brisingenschmuck am Busen ins Beben geriet. »So mannstoll bin ich nicht, daß ich eine Brautfahrt brauche! Dummkopf! Nie heirate ich einen Jöten, daß du's nur weißt!« Betreten und kleinlaut mußte Thor von dannen ziehen. Und nun klagte er im Rat der Götter seine Not. Man versammelte sich, um herauszufinden, wie man Thors Hammer aus Jötenheim zurückholen könnte.

Da riet Heimdall, man könne ja Thor selber mit weißen Linnen schmücken und ihm bei Thrym auf die Brautbank setzen. Danach würde er schon eine List finden, wie er den Hammer wiederbekäme.

Aber Thor fand das Ganze widerwärtig und rief: »Sähen mich die Götter im Brautstaat nach Jötenheim aufbrechen, würden sie in Gelächter ausbrechen und ›Weibsbild‹ hinter mir herrufen, und so etwas kränkt mich!«

»Ach was«, schnitt ihm Loki das Wort ab, »sei bloß still, Thor! Bald haben die Jöten ganz Asgard in ihren Händen, wenn du deinen Hammer nicht mehr hast!« Darauf vermochten weder Thor noch die anderen Götter etwas Vernünftiges zu entgegnen. Man verabredete, Thor solle als Braut verkleidet nach Jötenheim fahren. Nun banden sie seine rotblonden Haare zu einem Schopf hoch, flochten Brautlinnen hinein, hingen den Brisingenschmuck an seine Brust und Freyas klirrenden Schlüsselbund an seinen Gürtel.

»Laßt uns«, sagte Loki, als Thor fertig ausstaffiert war, »nun zu Thrym reisen: du als Braut, ich als Brautjungfer!«

Sie holten Thors Böcke, spannten sie vor den Wagen und jagten los. Thor fuhr so wild, daß die Felsen zerbarsten und hier und da Feuer aus der Erde schlug. Von weitem schon hörte der Riese das Wagengerassel. Erfreut rief er seinen Leuten zu: »He, Jötenbrüder! Legt frisches Stroh auf die Bänke! Da kommst wahrhaftig Freya als Braut auf meine Burg! Ach, alles habe ich auf meinem Anwesen: goldgehörnte Kühe, kohlschwarze Stiere, Kleinodien in den Truhen – nichts fehlt mir, nur noch eine Frau wie Freya!«

Als der Abend noch jung war, kam das große Brautgefolge, und man erhielt Plätze ganz oben in der Riesenhalle zugewiesen. Die Jöten aber saßen weiter hinten an den Langtischen zu beiden Seiten. Nun ging der Schmaus los. Bier wurde in Mengen aufgetragen, dazu gab es gebratenes Ochsenfleisch, Lachse und andere Leckereien. Und alle waren verwundert, denn die Braut verspeiste einen ganzen Ochsen allein, dazu noch acht Lachse und drei Tonnen Met.

»Da muß ich mich wundern«, sagte Thrym, »daß die Braut so stark im Essen, ja geradezu gefräßig ist! Nie zuvor sah ich eine züchtige Jungfrau solche Bissen verschlucken und solche Humpen leeren!«

Indessen, die Jungfer, die die Braut begleitete, wußte sogleich die rechte Antwort: »Acht Tage hat Freya nichts gegessen, so sehr hat sie sich nach Jötenheim gesehnt.«

Das fand nun Thrym ausnehmend sympathisch, und er kam und bückte sich zur Braut hinunter, schlug den Schleier zurück und wollte sie küssen. Doch als er Thors wildem Blick begegnete, prallte er zurück und ging quer rückwärts durch den Saal.

»Wieso ist Freyas Blick so voll Grimm? Funken entsprühen ihren Augen, scheint mir«, sagte Thrym ängstlich. Aber auch diesmal hielt Loki die rechte Antwort bereit.

»Acht Nächte lang, merk es wohl, hat Freya kein Auge zugetan, so groß, lieber Thrym, war ihr Verlangen, nach Jötenheim zu kommen!«

Nun kam die Zeit, da man ins Brautbett steigen sollte, und da kam die Schwester des Jöten, die nicht gerade ergötzlich anzusehen war, zur Braut und sprach: »Ach, schenk mir doch rote Ringe von deinem Arm! Dann will ich's fügen, daß du stets meine Gunst in diesem Hause hast!«

»O nein«, mischte sich Thrym ein, »etwas Besseres weiß ich: hole Thors Hammer! Wir wollen Freya feierlich zur Hausherrin weihen!« Ein Jötenknecht wurde losgeschickt, und schon bald kehrte dieser mit Mjöllnir zurück. Eigenhändig legte ihn der Riese in Thors Schoß. Das Herz lachte Thor im Leibe, als er sah, daß er seine Waffe zurückhatte. Nun fackelte er nicht lange, sondern schwang ihn hoch durch die Luft, und die Jöten purzelten nur so unter seinen Schlägen. Auch Thrym kriegte seinen Teil. Und als das alles vollbracht war, machten sich Asa-Thor und sein frecher Begleiter Loki wieder auf den Weg heimwärts ins Midgard-Reich.

III

Vom Fenriswolf und wie er gefesselt wurde

Im Erzwald lebte, wie berichtet, das schreckliche Jötenweib Angrboda, das drei Ungetüme in die Welt gesetzt hatte: die Midgardschlange, Hel und den Fenriswolf. Diesen Wolf wollten die Götter selbst auf ihrer Burg aufziehen, um ihn stets unter Aufsicht zu haben. Aber der Fenriswolf wurde allmählich so wild, daß niemand mehr außer Tyr ihm Futter zu bringen wagte. Mit Schrecken erkannten die Götter, daß das Wolfswesen täglich größer und furchtbarer wurde, und da war ihnen klar, daß es sie wohl eines Tages ins Verderben stürzen würde.

Lange überlegten sie, wie sie den Fenriswolf bändigen könnten, und einer sagte, sie sollten ihm eine starke Fessel anlegen, so fest, daß selbst die reißende Bestie sie nicht sprengen könne. Gesagt, getan! Man drehte ein Seil, wie es fester noch nie gefertigt worden war, und legte diese Fessel dem Wolf an.

»Wir wollen doch sehen, ob du diesen Strick zerreißen kannst!« sagten die Götter. Und der Wolf ließ zunächst alles mit sich geschehen. Dann aber spannte er all seine Kräfte an, und das Seil zerriß wie ein Bindfaden. Da versuchten es die Götter mit einer Kette, und die war doppelt so haltbar wie das stärkste Seil.

»Laß dir diese Kette anlegen!« sagten sie zutraulich zu ihm. »Wenn du sie zerreißt, wird man deine gewaltigen Kräfte rühmen bis in alle Zeiten!« Und der Unhold ging darauf ein. Aber auf ein Zeichen der Asen begann er sich zu schütteln und zu winden. Er strengte sich übermächtig an, und schon flog die Kette in Stücke, zerstreut in alle Winde.

»Was sollen wir tun?« flüsterten die Götter. »Er kann ja

nicht gebunden werden!« Und sie begriffen, daß man dem Fenriswolf nur durch eine List beikommen konnte.

»Boten wollen wir schicken zu den Zwergen in die Tiefe!« sagte einer. »Sie sollen ihre Kunst walten lassen!« Die Zwerge waren sogleich bereit, den Asen eine Fessel zu fertigen. Und die war so dünn und geschmeidig wie eine Seidenschnur, aber doch härter und fester als der beste Stahl. Als Material für die Fessel nahmen sie all das, was niemand finden und niemand überwinden kann: Den Lauf der Katzenpfoten, die Wurzeln der Berge, einen Frauenbart, den Atem der Fische, den Speichel der Vögel. Und daraus wanden sie nun die Zauberschnur. Als die Asen das kunstvolle Seil in ihren Händen hielten, lockten sie den Fenriswolf auf eine Insel hinaus, zeigten ihm das Wunderwerk und ließen es von Hand zu Hand gehen. Alle versuchten, das Seil zu zerreißen, aber keinem gelang es.

»He, Wolf, versuch auch du, diese Fessel zu zerreißen!« spornten sie den Ehrgeiz des Untiers an. »Wir wissen, daß du mehr Kräfte hast als alle anderen, und es wird dir zur Ehre gereichen, wenn du auch diese Bande sprengst!«

Der Wolf ahnte, daß hier nicht alles mit rechten Dingen zuging, und sagte: »Dieses Seil sieht nicht nach viel aus, und viel Ehre scheint nicht dabei zu sein, das Band zu zersprengen, aber wenn List und Tücke im Spiel sind, kommt die Schnur, so dünn sie auch sei, nie auf meinen Rücken!«

»Ach, solch ein zartes, seidenes Bändchen kann doch niemals den festhalten, der Eisenketten sprengte!« meinten die Götter. »Und sieh einmal: kannst du es nicht zerreißen, dann brauchen wir auch keine Furcht mehr vor dir zu haben, und dann kommen wir, und lösen das Bändchen selbst!«

Der Wolf blickte sie mißtrauisch an und erwiderte: »Nun ja, habt ihr mich gebunden und kann ich mich selbst nicht befreien, dann werde ich wohl lange auf eure Hilfe warten müssen! Eigentlich verspüre ich keine Lust, das Bändchen zu probieren. Aber ihr sollt doch sehen: feige bin ich nicht! Keiner von euch soll mich je so nennen dürfen! Also, legt mir die Schnur an! Aber einer von euch muß unterdessen seine Hand in meinen Rachen legen als Pfand, damit ihr mich nicht betrügt!«

Da blickten sich die Götter schuldbewußt gegenseitig an und meinten, der eine Schaden sei kaum kleiner als der andere. Aber die Hand wollte doch keiner hergeben. Zuletzt wurde Tyr ungeduldig und schob seine Rechte ärgerlich in den Wolfsrachen. Jetzt spannte sich der Wolf an, und dabei wurde die Sehne hart, so daß sie sich immer tiefer einschnürte. Da fingen die Götter herzlich an zu lachen, als sie sahen, daß der Wolf nicht mehr loskam. Nur einer lachte nicht, und das war Tyr, denn seine rechte Hand, seine Schwurhand, war abgebissen und steckte im Wolfsrachen.

Nun nahmen die Asen das eine Ende des Seils, schoben es durch eine Felsenhöhle und machten es in der Tiefe der Erde fest. Einen Felsen warfen sie hinunter und befestigten daran das andere Ende der Fessel. Da riß der Wolf seinen Rachen auf, warf sich wütend hin und her und versuchte, nach den Göttern zu schnappen. Doch sie steckten ein Schwert in den Rachen, so daß der Knauf im Unterkiefer, die Spitze aber im Gaumen stak.

So steht nun der Wolf festgebunden und heult gräßlich, tagein, tagaus, jahrein, jahraus. Bis die Zeit von Ragnarök, bis das Weltende kommt, wird er dort heulen, und aus seinem Maul ergießt sich der Geifer wie ein Strom.

Der Raub der lieblichen Idun

Einst wanderten die drei Asen Odin, Hönir und Loki weit über die Ödmark, bis ihnen die Wegzehrung ausging. Da stiegen sie von den Bergen in ein Tal hinab, wo Ochsen weideten. Sie griffen einen, schlachteten ihn und zündeten ein Feuer an, um das Fleisch darauf zu braten. Steine wurden erhitzt, Fleischstücke daraufgelegt und zugedeckt, damit sie gar wurden. Als man eine Zeitlang gewartet hatte, schaute Loki nach und fand das Fleisch noch immer roh. Sie versuchten es nochmals, aber wieder waren die Stücke roh wie zuvor.

»Na, das geht doch nicht mit rechten Dingen zu!« meinte Odin.

Und die beiden anderen schüttelten die Köpfe. Da hörten sie über sich in einer Eiche eine Stimme.

»Ich bin es, der verhindert, daß euer Fleisch mürbe wird«, rief da jemand. Als sie hinaufschauten, sahen sie einen Adler, der riesengroß und schwarz dasaß und sie anstarrte. »Gebt mir alles, was ich wegfressen kann, dann wird euer Fleisch gar werden!« rief der Adler.

»Gut«, sagten die Götter, »darauf gehen wir ein.« Da schwebte der Adler von der Eiche herab, setzte sich ans Feuer und würgte auf einen Schlag beide Schenkel und beide Vorderkeulen hinunter. Dann verschluckte er den Rest.

»Da bleibt ja nichts für uns«, sagte Loki wütend, griff nach einem langen Ast, der an der Feuerstelle lag und schlug nach dem Adler. Der aber flog auf, als der Hieb traf, und nun blieb die Stange in den Federn hängen, und auch Loki konnte seine Hände nicht vom Ast lösen. In rasender Fahrt flog der Adler dicht über den Boden, so daß Lokis Füße beständig gegen Felsbrocken oder Baumstümpfe stießen. Kaum atmen konnte Loki, und ihm war, als würden ihm beide Arme zugleich ausgerissen.

»Lieber Adler«, schrie Loki, »laß mich herunter! Laß mich los!«

»Niemals mehr«, sagte der Adler, »kommst du los, wenn du mir nicht unter Eid versprichst, Idun mit den Äpfeln zu mir zu bringen!« In seiner Not ging Loki auf alles ein, was der Adler von ihm forderte. Da ließ ihn der Adler herunter, und er kehrte zu den beiden Göttern zurück. Alle drei machten sich auf den Heimweg.

Bald kam der Tag, den Loki mit dem Adler verabredet hatte. Loki erschien bei Idun und sagte, er habe ein paar schöne Äpfel im Wald gefunden, die sehr köstlich seien.

»Ach, wie schön«, sagte Idun. »Äpfel mag ich sehr.«

»Komm doch mit deinen Äpfeln dorthin, dann können wir sie mit den dort wachsenden vergleichen!« sagte der Verschlagene. Idun schien nichts Böses zu vermuten, ging bereitwillig auf den Vorschlag Lokis ein und begab sich mit ihm in den Wald in der Nähe von Asgard, wo der angebliche Apfelbaum stehen sollte. Aber da war kein Baum. Statt dessen bemerkte sie einen großen Schatten, wurde von Krallen gepackt und durch die Luft fortgetragen. Der Adler war niemand anders als der Jöte Thjazi, der sich in diesen Vogel verwandelt hatte. Idun mochte noch soviel jammern, der Adler schleppte sie davon und flog mit ihr nach Thrymheim, wo er seinen Hof hatte.

Wer sollte nun den Göttern die Äpfel der ewigen Jugend reichen? Es kam, wie es kommen mußte: bald ging es den Asen schlecht, sie alterten, bekamen graue Haare und Falten. Nun hielten die Götter Rat und fragten, wer Idun zuletzt gesehen habe. Und da wurde bald klar, daß sie zusammen mit Loki Asgard verlassen hatte, um in den wilden Wald zu gehen.

»Loki, was weißt du über die Sache?« sagten drohend die Götter und stellten ihn zum Verhör in ihre Mitte. »Dein Leben hast du verwirkt, wenn du nicht augenblicklich sagst, wo Idun ist!« rief ein Ase empört. Und da wurde Loki ganz bange zumute, und er versprach, nach Jötenheim aufzubrechen, um Idun zu suchen.

»Ich finde sie«, prahlte Loki, »aber eine Bedingung habe ich: ich brauche dazu Freyas Falkengefieder!«

»Na, dann nimm dir schon das Federkleid!« sagte Freya versöhnlich. Und kaum hatte Loki es übergestülpt, sauste er auch schon los in Richtung Jötenheim. Und er flog direkt zu Thjazis Gehöft.

Dort betrat er den Saal und erkannte, daß Idun allein zu Hause war.

»Ja, Thjazi ist unterwegs auf dem Wasser, um zu fischen«, sagte Idun. Flugs verwandelte Loki die Göttin Idun in eine Nuß, damit sie in den Klauen des Falken liegen konnte, und flog heimwärts, so schnell er konnte. Aber er war noch nicht weit gekommen, da kehrte Thjazi zurück, sah, daß Idun fort war, stürzte sich in das Adlerkleid und flog den beiden hinterher.

Oh, wie schnell konnte dieser Adler fliegen! Laut rauschend schlugen die Adlerflügel die Luft, und Thjazi, nun ein riesengroßer Raubvogel, holte den Loki mit der Nuß in den Klauen bald ein. Das war aber dicht vor Asgard. Die Götter sahen, wie beide Vögel näherkamen, und zündeten an der Asgard-Mauer einen Riesenhaufen Holzspäne an. Da erschien auch schon der Falke, stürzte sich jählings im Steilflug über die Mauer und duckte sich.

Der Adler, dicht hinter ihm, verfehlte ihn um weniges, landete aber im brennenden Spänehaufen, weil er so viel Fahrt hatte, daß er nicht halten konnte. Die Flammen erfaßten seine Flügel, so daß er zu Boden stürzte und nun von den Asen leicht umgebracht werden konnte. Wegen dieser Tat wurden die Asen lange sehr gerühmt.

Die Götterbraut Skadi

Wenige nur trauerten um den Jöten Thjazi. Aber eine war da, die Thjazis Tod nicht verwand: das war seine Tochter Skadi.

»Ich muß meinen Vater rächen«, sagte Skadi voller Entschlossenheit. »Und wenn ich selbst dabei mein Leben verliere!« Helm und Brünne holte sie und gürtete sich zum Kampf. Als sie auf Asgard erschien, boten ihr die Asen einen Vergleich an und sagten sogar, sie würden für den dummen Totschlag eine große Buße leisten.

»Gib doch, liebe Skadi, deinen Zorn auf! Wir wollen nichts Böses von dir«, sagten sie.

»Gut, ich lasse mich besänftigen«, erwiderte Skadi, »aber ich verlange einen Asen als Ehemann, den ich mir selbst wählen kann. Sonst wird nichts daraus!«

»Den sollst du haben!« riefen die Asen. »Aber eine Bedingung müssen wir stellen: Du darfst zwar unter allen wählen, aber du wirst nicht mehr von ihnen zu sehen bekommen als die Füße!«

»Bitte, wie ihr wollt!« rief Skadi. Da stellten sich alle männlichen Asen der Reihe nach auf, verhüllten Gesicht und Körper mit Tüchern und setzten nur den Fuß vor. Skadi aber schlenderte vor ihnen herum und suchte lange. Da sah sie einen Fuß, der ihr von vollkommener Schönheit zu sein schien.

»Den Mann mit dem Fuß will ich haben!« rief sie froh. »Denn ich weiß ja, daß nur einer ohne Fehl und Tadel ist: Balder!« Als aber die Götter ihre Tücher zurückschlugen, merkte Skadi, daß sie statt Balder den Njörd ausgesucht hatte.

»Das verdrießt mich über die Maßen!« rief Skadi ärgerlich. »Und ich gebe nicht nach. Jetzt stelle ich eine andere Bedingung: »Um mein Leid vergessen zu machen, müßt ihr mich zum Lachen bringen! Sonst wird nichts daraus!« Sie vermeinte, kein Ase wäre imstande, sie soweit abzulenken, daß sie ihren Vater vergessen könne.

»Nur einer kann die Bedingung erfüllen«, murmelten die Götter, »das ist Loki.« Und in ihrer Ratlosigkeit suchten sie ihn. Sogleich sprang Loki herbei, holte einen Ziegenbock, band eine dünne Schnur um seinen Bart und befestigte das andere Ende bei sich dort, wo er selbst am empfindlichsten war. Nun begannen beide zu ziehen. Und das Ganze geschah mit soviel Geschrei und Gewimmer bei jedem Ruck, daß sich Skadi nur mit Mühe das Lachen verbeißen konte. Als die beiden beim Tauziehen dicht in ihre Nähe kamen, ließ sich Loki einfach in ihren Schoß fallen, so daß sie laut auflachte. Da mußte sie sich also mit den Asen aussöhnen.

Um sie wegen Thjazis Tod ein wenig zu trösten, nahm Odin die Augen des Riesen, warf sie an die Himmelsschale und sorgte dafür, daß sie dort oben zwei leuchtende Sterne wurden. Außerdem hatte Skadi nun einen Ehemann, nämlich Njörd. Aber beide vertrugen sich nicht recht. Skadi hoffte, er würde losziehen und mit ihr auf der Burg ihres Vaters wohnen, weit oben in den Bergen. Sie hatte stets Freude daran, Ski zu laufen und mit Pfeil und Bogen zu jagen. Aber Njörd wollte lieber am Meer wohnen bleiben, auf seinem Schiffshof Noatum, denn er hatte die größte Freude an Schiffen und Handelsfahrten. Aber sie wurden sich doch einig: Abwechselnd wollte man neun Nächte im Gebirge und neun am Meeresstrand leben. Kam jedoch Njörd aus dem Gebirge zurück, sagte er: »Ach, es ekelt mich vor dem Gebirge! Neun Tag da oben kommen mir wie eine Ewigkeit vor. Häßliches Wolfsgeheul tönt mir dort in den Ohren, da ich doch den Gesang der Schwäne liebe!«

Kam jedoch Skadi in ihre Berge zurück, dann sagte sie: »Das Geschrei der Seevögel am Strand ist so furchtbar, daß ich nicht einschlafen kann. Jeden Morgen wecken mich Möwen mit ihren widerwärtigen Lauten, und ich bin nicht froh.«

Zwerg Allwiß auf Freiersfüßen

Unter der Erde, in steinernen Häusern und wohlausgebauten Höhlen, hausen die Zwerge. Und viele verwalten reiche Schätze an Gold und Kleinodien, verfertigen selbst Kostbares aus Silber und anderen edlen Metallen. Die ärgste Feindin der meisten Zwerge ist Sunna, die Sonnengöttin. Denn sobald ein Sonnenstrahl auf die Zwerge fällt, verlieren viele ihr Leben und erstarren zu Stein. Deshalb steigen sie auch nur nachts an die Oberwelt, und gegen Morgen, wenn die Dämmerung kommt, huschen sie wieder hinab in ihr dunkles Reich, das von Tausenden künstlichen Lichtern, Laternen und Kienspanleuchten taghell wird.

Als den Asen – noch in alten Zeiten – der drohende Untergang bewußt geworden war, saßen sie auf ihren Richterstühlen und dachten nach, wie sie ein Geschlecht schaffen könnten, das ihnen Helfer sein könnte gegen den eigenen Fall. Da dachten sie daran, daß damals die Zwerge aus den Maden in Ymirs Fleisch entstanden waren. Und so wollten sie, daß den Zwergen Sinn und Verstand gegeben werde und menschliche Gestalt. Und im Gestein der Erde sollten sie hausen. Mutsauger hieß der erste, Durin der zweite. Danach kamen zweiundfünfzig menschengleiche, und aus dem Geschlecht des Dwalin ebenfalls noch mehr als zwanzig, und einer war darunter, der hieß Allwiß, weil er sich rühmte, alles zu wissen.

Der kleine Zwerg Allwiß, der die Sonne fürchtete, war verliebt in Thrud, die liebliche Tochter des Asa-Thor, und er wollte sie herzlich gern zu seiner Gemahlin bekommen. Und das Mädchen war ihm auch hold, und so verlobte sie sich heimlich mit ihm.

Da machte sich Allwiß eines Nachts auf und betrat Asgard, um seine schöne Braut heimzuholen in sein steinernes, unterirdisches Haus. Thor war wieder einmal nicht daheim, und daher beeilten sich die Gespielinnen der reizenden Thrud, alles zusammenzupacken, um möglichst schon fort zu sein, wenn Thor zurückkehrte. Aber die Braut, wie das so ist, wollte noch dieses und jenes mitnehmen. Da trat unverhofft der Brautvater in den künstlich erleuchteten Saal. Und nun fuhr jäher Schrecken allen Anwesenden ins Herz, und jedem erstarb das Wort auf der Zunge.

Verwundert überblickte Thor die Zurüstungen zur Abreise. Da bemerkte er den bleichnasigen Zwerg und brüllte: »Was tut dieser Wicht bei uns? Ich ahne, er gehört zu den Thursen. Er will doch nicht etwa Bräutigam sein? Der sieht ja aus, als hätte er bei Leichen gelegen!«

Allwiß trat keck vor den Donnerer hin und piepste: »Allwiß heiße ich und bin gekommen, meine Braut Thrud heimzuholen. Ich kenne dich nicht. Wer du auch sein magst, du wirst es mir nicht verwehren können!«

»Naseweiser Bursche!« rief Asa-Thor ärgerlich. »Durchaus werde ich es dir verwehren können! Denn wisse: Ich bin Thor, der Vater dieser Jungfrau, und jetzt glaube ich nicht mehr, daß du meinen Worten trotzt!« Als der Zwerg das hörte, erschrak er und wurde kleinlaut.

»Aber«, stotterte er, »du möchtest doch wohl nicht, daß ich mein Verlöbnis breche? Keiner darf das ungestraft tun!«

»Wer hat euch erlaubt, diesen Bund zu schließen!« schimpfte Thor ungehalten. Ich meine, nur der Vater hat das Recht, seine Tochter zu vergeben, und du, Wicht, hast mich nicht gefragt!«

»Hab Erbarmen und gib mir das Mädchen!« wimmerte der Zwerg. »Ich will ohne sie nicht leben. Wisse, mein Haus ist reich und schön, meine Kammern sind voller Schätze, Gold und Edelsteine habe ich in Menge!«

Da brummte Thor besänftigt, dieser Ton stehe dem Zwerg schon eher an, und er sagte: »Allwiß heißt du? Ist deine

Weisheit wirklich so groß, wie du dich rühmst, so magst du Thrud haben! Aber erst gib mir Antwort auf alle meine Fragen!« Der Zwerg hüpfte vor Freude. Das schien ihm keine schwierige Aufgabe zu sein. Nun fand er, daß das Mädchen ihm gehörte. Er sprach: »Höre, Asa-Thor, alle neun Welten durchwanderte ich, alle Wesen lernte ich kennen. Über alles weiß ich dir Kunde zu geben!«

»Gut, gut«, meinte Thor. »Dann sage mir zum ersten: Wie nennt man die Erde, die allesernährende, in all diesen Welten?«

»Ach!« sprach der Zwerg. »Das ist ein leichtes für mich!« Und sogleich fing er an, alle Namen aufzuzählen: »Die Menschen nennen sie Jörd, die Asen Feld, die Wanen indessen Weg, die Jöten sprechen von Allgrün, die Lichtalben von Bewuchs, und höhere Mächte, auch wir Zwerge, reden von Lehm.«

Thor nickte bedächtig. Er schien nichts anderes erwartet zu haben. Denn sogleich sagte er: »Nenne mir, o Allwiß, zum zweiten die Namen des Himmels bei allen lebenden Wesen!« Der Zwerg erwiderte fröhlich, Himin oder Himmel sagten die Menschen, Dach die Asen, Windweber die Wanen, Überwelt die Riesen, Glanzhelm die Alfen und Träufeltor die Zwerge.

»Sie an, du kluger Zwerg!« wunderte sich Thor. »Doch sag an: Wie heißt der Mond?«

»Mane oder Mond bei den Sterblichen, Scheibe bei den Göttern, Rollrad bei Hel, Sputer bei den Jöten, Schein bei den Zwergen, Jahrzähler bei den Alben!« sprudelte Allwiß hervor.

»Das mag richtig sein! Nun sage mir, wie heißt die Sonne?« wollte Thor wissen. Auch das wußte Allwiß: »Sunna, auch Sol, bei den Menschen, Gestirn bei den Seligen, Lichtauge bei den Jöten, Glanzkreis bei den Alben, Allklar bei den Freunden der Asen.«

»Und die Wolken?«

»Wolken bei den Menschen, Wässerer bei den Göttern, Windschiffe bei den Wanen, Regenbringer bei den Jöten, Raschwetter bei den Alben und Nebelheim bei Hel.«

Thor schien unermüdlich, immer weiter wollte er den klugen Zwerg aushorchen. Vielleicht konnte er ihn doch zu Fall bringen? So fragte er ihn nach der Luft, dem Meer, dem Feuer, dem Wald, der Nacht und der Saat. Zuletzt gar nach dem Bier. Und auch das wußte Allwiß ohne Stocken:

»Äl heißt es bei den Menschen, Bier bei den Asen, Saft bei den Wanen, Met bei Hel, Hellflut bei den Jöten, Geschlürf bei Suttungs Söhnen!«

Triumphierend gab der Zwerg seine Antworten. Aber als er das letzte gesagt hatte, fiel der erste Morgenstrahl auf sein Haupt, und da er zu den Empfindlichen gehörte, verwandelte er sich augenblicklich in einen Stein.

Da lachte Thor und rief: »Du, der du alles wußtest, konntest dir selber nur schlecht raten! Mit Schlauheit sorgte ich dafür, daß du die Wette verlorst. Ach, der Tag hat dich verzaubert, Zwerg! Seht, die Sonne scheint in meinen Saal!«

Freyas Halsschmuck und die lüsternen Zwerge

In einem Felsen vor dem hohen Tor von Asgard wohnten vier schmiedekundige Zwerge, und sie waren wohl in vielem gewandter als andere. Alberich, Dwalin, Berling und Grer hießen sie, und ihre Kunstfertigkeit wurde überall hochgerühmt. Eines Tages kam Freya an den Felsen vorbei, und wie sie so dahinschlenderte, sah sie die Tür zur unterirdischen Behausung offenstehen.

»Sehen will ich doch, was drinnen vorgeht«, sagte sie. Bald erkannte sie, daß die Zwerge mit der Herstellung eines wunderbaren Halsschmucks, ganz aus rotschimmerndem Gold, voll Eifer beschäftigt waren. Nie sah sie fleißigere Burschen als diese vier. Und sogleich erwachte die Gier in ihr: diesen Schmuck mußte sie haben, koste es, was es wolle! Sie ging in das Zwergengemach und sprach: »Gefallen habe ich gefunden an diesem roten Gold! Gebt es mir, ihr Zwerge! Es soll euer Schaden nicht sein!« Die vier Zwerge blickten auf und sahen eine wunderschöne Frau vor sich.

»Was für ein holdes Geschöpf!« flüsterten sie.

»Ich will handeln mit euch um dieses Goldgeschmeide«, sprach die Göttin. »Viel Gold und Silber gebe ich euch dafür, wenn ihr mir diesen Brisingen-Schmuck überlaßt!«

»Hach«, erwiderten die Zwerge, von Liebesglut entbrannt, »uns mangelt es gar nicht an Gold und Silber in unserem Lande. Aber uns fehlt etwas anderes: wir vermissen es schmerzlich. Es ist der Leib einer schönen Frau. Willst du nur vier Tage hier bei uns sein als unser Weib, dann wollen wir dir dieses lichte Goldgeschmeide geben, zum Lohn für deine Liebe!«

»Gebt ihr den Schmuck nur unter der Bedingung?« fragte ernsthaft die schöne Göttin. Die Zwerge nickten eifrig, und da half auch kein weiteres Handeln. Die Zwerge wollten nun einmal weder im Guten noch im Bösen einen anderen Preis nennen. Und so ging die Schöne auf das Angebot ein, und nach Verlauf von vier Tagen und Nächten brachte sie das erworbene Kleinod, so schnell sie konnte, in ihre Götterwohnung. Es kümmerte sie gar nicht, daß die übrigen Götter über sie die Nase rümpften, sie tat einfach, als sei nichts vorgefallen.

Aber Loki wollte die Sache nicht auf sich beruhen lassen. Freya hat den Goldschmuck, dachte er, und einen reichen Minnesold hat sie dafür bezahlt! Wie immer, wenn es galt, neue Märe zu verkünden, ging er auch diesmal zu Odin und trug ihm die Geschichte zu. Odin selbst entbrannte nun in

Lust und Gier nach dem Geschmeide. Und so befahl er seinem unterwürfigen Gesellen: »Loki, mach dich auf und stiehl der Göttin das Kleinod, so schnell du kannst!«

Loki schüttelte den Kopf und erwiderte: »Odin, schier unmöglich scheint es mir, daß jemand ohne Zustimmung der Holden in ihr Schlafgemach gelangt!«

»Nichts da!« unterbrach ihn Siegvater, »geh nur hin, du schlauer Bursche! Du wirst schon einen Weg finden!« Und als Loki immer noch zögerte und Ausflüchte machte, schrie er ihn an: »O du Gauner! Du sollst nicht früher wiederkommen, bis du das teure Kleinod in meine Hände legst! Ich, der Göttervater, habe gesprochen!«

Da war nun guter Rat teuer, und seufzend machte sich Loki auf den Weg zum Saal der Freya, während der Asengott sich beruhigt in seinen Sessel zurücklehnte, der Dinge harrend, die mit Lokis Hilfe kommen sollten.

Als Loki vor Folkwang, Freyas Wohnsitz, stand, fand er diesen fest verschlossen. Mächtig und fest gefügt waren die Wände, und vergebens spähte Loki nach einem Loch oder einer Spalte in der Mauer. Draußen herrschte grimmige Kälte, und Loki glaubte gar, er müsse erfrieren, wenn er hier noch lange stünde. Aber er wußte Rat. Sogleich verwandelte er sich in eine Fliege, und in dieser Gestalt kroch er flugs hinein in Löcher und Ritzen, krabbelte vorwärts und gelangte bald in Freyas Kammer. Lange blickte er sich um, ob nicht irgendwo Hüter oder Wachen aufgestellt seien. Doch alles lag in tiefem Schlaf. Auf ihrer goldenen Lagerstatt sah er die Schöne im Schlummer liegen. Die goldene Kette hatte sie fest um ihren Nacken gewunden, und ihre Brust ruhte auf dem Halsschild. Voll Entzücken beschaute Loki dieses Bild, und erneut verwandelte er sich durch starken Zauber, diesmal in einen winzigen Floh. Der hüpfte auf die Wange der Göttin und stach zu. Ärgerlich erwachte die zierliche Göttin, kratzte an der Stelle, wo der Floh sie gebissen hatte, drehte sich um und entschlummerte erneut. Loki aber, listig wie er war, warf die schwarze Flohgestalt sogleich ab, löste behutsam den Halsschmuck von ihrem Nacken, schloß alle Türen und Tore von innen auf und eilte in hastigem Lauf mit der Beute zu Odin.

Der Allvater lachte, als er Loki mit dem Schmuck ankommen sah. Aber lange konnte er sich dessen nicht freuen. Kaum war Freya am Morgen erwacht, bemerkte sie den Diebstahl. Sie sah, daß alle Türen offenstanden, aber keine beschädigt war, und wußte sofort: das konnte nur Loki gewesen sein! Schnell kleidete sie sich an, schminkte sich die Wangen rot und erschien so in strahlender Schönheit vor Odin. In der großen Halle lief sie mit kleinen Schritten auf den Alten zu, stampfte mit dem Fuß auf und rief: »Gar übel, Odin, hast du gehandelt an mir! Wie konntest du mir mein allerliebstes Kleinod rauben, noch dazu durch dein Werkzeug, diesen verschlagenen Gesellen! Pfui, schäme dich!« Odin strich sich verlegen über den Bart, und gerade wollte er zu einer Entgegnung anheben, da fuhr sie auf ihn los: »Auf der Stelle, du Goldgieriger, befiehlst du deinem Handlanger Loki, mir den Schmuck zurückzustellen, sonst kannst du etwas erleben!« Wunderschön war Freya in ihrem göttlichen Zorn, und Allvater wurde noch verlegener. Schließlich raffte er sich zum Widerspruch auf: »Hör zu, du Herrliche! So wahr ich lebe, will ich dir dieses Kleinod nicht mehr herausgeben! Es sei denn, du erfüllst eine Bedingung. Merke sie dir gut!«

»So sprich, du Mächtiger, ich verlange ja nur, was ich durch Liebeskunst erwarb!«

»Ja, mit Liebeskunst und Ränken, mit Verführung und Verheißung sollst du mir die Männer reizen, daß sie mit hohem Mut und blind vor Lust streiten um Macht und Besitz in der männermordenden Schlacht! Und erleiden sie dort den Tod, so sollst du sie zu mir bringen! Ich brauche ein

Geschlecht kühner kampftoter Helden. Diese auf der Walstatt gefallenen Krieger, diese Einherjer, sollen mir helfen
gegen die Riesen, einst, wenn die Zeit der Ragnarök an-
bricht, wenn sich unsere Schicksale erfüllen und die letzte
Schlacht geschlagen wird!«

Listig sprach die Göttin, daß ihr kühne, freche Männer
immer willkommen gewesen seien, und würden sie sich
ebenso mutig bei ihr erweisen wie draußen auf dem Feld, so
wolle sie einwilligen.

»Aber nur eine Hälfte, Allvater, gebe ich dir! Die andere
aber sollst du mir überlassen! Führe nur diese Hälfte der
Helden in deinen Saal, aber die andere sei mir – nach meiner
Wahl auf dem Kampfplatz – ewig zugestellt, bis ans Ende der
Zeiten, bis zum Untergang der Welt!«

»Eigentlich«, sprach Odin, »brauche ich alle; aber nun
gut: Unser Streit sei damit beigelegt! Nimm dir die Hälfte
der Männer, ich weiß ja, daß du sie schlecht entbehren
kannst!«

Odin befahl einer Walküre, den Brustschmuck hervorzu-
holen. Mit heißer Freude nahm Freya ihn wieder in Empfang
und entschwand in ihre Gemächer.

Harbard, der Fährmann

Eines Morgens kam Thor von einer Fahrt gen Osten zurück
an einen Sund, der recht breit war. Drüben stand Odin, als
Fährmann verkleidet, mit einem Schiff. Thor rief den Fährmann an und bat, er möge ihn übersetzen. Er wolle ihm auch
frühmorgens eine gute Mahlzeit aus seinem Korbe geben,
den er auf den Rücken trage, Hering und Habermus habe er
genug. Der Fährmann indessen entgegnete gelassen: »Fremder, allzu laut rühmst du dein Frühmahl! Wer bist du denn?
Nichts weiter als ein armer, mutterloser Kerl! Siehst auch

nicht aus, als habest du drei gute Höfe! Wirkst eher wie ein Bettler, Barbeiniger, der du bist! Nicht einmal Hosen hast du an!«

Thor wurde ungeduldig und rief ihm zu, nun möge er das Eichenboot ohne Verzug hersteuern. Der Fährmann aber erwiderte, es sei das Schiff eines gewissen Hildolf, eines ratklugen Recken, und der habe ihm widerraten, allerlei Strauchräuber und Roßdiebe zu fahren, nur ehrliche Leute, die er lange kenne! Der Fremde möge wenigstens zuerst seinen Namen nennen.

»Den sag ich frei«, schrie Thor hinüber, »hier bin ich zwar fremd und friedlos. Aber mein Name ist Thor, ich bin Odins Sohn, Magnis Vater. Wie aber heißt du?«

»Harbard«, versetzte der Fährmann, »und vor einem wie dir weiß ich mich zu schützen! Wer bist du schon, daß du es wagst, hier großmäulig nach dem Fährmann zu schreien?«

Thor war ob der frechen Rede des Fährmanns vollends in Wut geraten. Er konnte ja nicht ahnen, daß der Schiffer drüben niemand anders als Gottvater Odin selbst war, der so seinen Sohn aushorchen wollte. So schrie Thor denn hinüber: »Beschwerlich dünkt's mich, zu dir hinüberzuwaten, Lotterbube, ich mag nicht, daß mein Gewand naß wird! Aber sonst stünde ich drüben bei dir und wollte den Holmgang nicht scheuen!«

»Haha«, lachte Harbard, »komm nur her, ich erwarte dich gern zum Zweikampf! Keinen härteren Gegner wirst du finden, seit du Hrungnir überwunden hast!« Thor brummte, es sei doch merkwürdig, daß der Fährmann gar von seiner Großtat wußte, und besänftigt fuhr er fort: »Na ja, richtig erinnerst du an meinen Streit mit Hrungnir, mit diesem starkherzigen Riesen! Wie du weißt, war sein Haupt aus Stein, aber ich ließ ihn doch stürzen und in den Staub sinken. Paß nur auf, daß dir nicht dasselbe geschieht! Doch sage mir zuvor, was hast du derweil getrieben?«

Geschmeichelt schien Harbard, und gern erzählte er Thor von seinen Abenteuern bei Fjölwar, wo er fünf volle Winter – da auf der immergrünen Insel – gehaust habe. Und das schönste, was er da getrieben habe – er habe zusammen mit anderen um Mädchen gefreit!

Verdutzt lauschte Thor. Wie war das?

»Sage mir«, rief Thor lüstern, »wie war das mit euren Mädchen?«

Harbard wollte Thor offenbar beweisen, daß es Besseres gab, als Riesen zu fällen, und so schwärmte er von den zierlichen Jungfrauen, die – wären sie noch zahmer gewesen – gar nicht länger zu ertragen gewesen wären. Er allein habe, weil er mit List vorgegangen sei, allein bei sieben Schwestern gelegen und ihren Scherz und ihre Gunst genossen.

»Und ich«, rief Thor, »tötete derweil den übermütigen Riesen Thjazi, und seine Augen sind jetzt am Himmel, ein Wahrzeichen meiner Macht, allen Menschenwesen sichtbar!«

»Nun, weißt du«, erwiderte Harbard, »viel Besseres widerfuhr mir: Allerlei Liebeskünste übte ich bei den Nachtreiterinnen, lockte sie mit List von ihren Männern fort, und dann entwand ich dem Riesen Lebard noch seine Wünschelrute, raubte ihm den Witz!«

»Ach, diese gute Gabe vergaltest du ihm so übel?« sprach Thor, der sich immer noch darüber ärgerte, daß er keine Liebesabenteuer aufzuweisen hatte.

»Nun ja, eine Eiche muß fallen«, erwiderte Harbard, »sonst kann man nämlich kein Boot fertigen!« Thor wies nun darauf hin, daß er im Osten gewesen sei, er habe sich um das Wohlergehen aller gesorgt, habe allerlei Riesen und böswillige Riesenweiber überwunden, denn mit Midgard wäre es längst vorbei, stünde er nicht uneigennützig als Riesenschreck bereit.

Harbard aber konnte nun keinen Gefallen mehr an seiner

Verkleidung finden. Wenn Thor sich so aufspielte, dann hatte er ihm zu sagen, wer der eigentliche Herr in Asgard war. Und so rief er: »Odin bin ich, wie du vielleicht schon bemerkt hast! Zu mir, nicht zu dir, kommen die Fürsten, die im Krieg fallen. Du, Thor, kriegst bloß die Knechte! Und oft genug war auch ich auf der Walstatt und nicht bloß in Frauenhänden.«

»Aha«, sagte Thor, »du bist es also! Na ja, sehr gerecht geht's nicht zu bei dir! Sehr ungleich hast du die Menschen eingeteilt. Ginge es immer nach dir, wär's womöglich noch schlechter.« Nun fing Odin an, sich zu ärgern. Thor, so meinte er, besitze genug Macht, aber er sei nicht immer mutig. Aus Feigheit habe er sich gar in den Handschuh eines Riesen geflüchtet und nicht einmal mehr zu niesen und zu furzen gewagt, haha!

»O du Schändlicher!« rief Thor. »Wirfst du mir das wieder vor! Ich wollte dich zu Hel schicken für deine frechen Reden! Odin, du weißt doch genau, was ich alles im Osten geleistet habe, als Swarangs Söhne mich angriffen, die Hagelkörner!«

»Schon gut, Thor«, sagte Odin besänftigt. »Deine Hilfe hätte ich schon mitunter gebraucht, damals, als ich im Osten mit einer koste, mit jener Schneeweißen, die ich gern geraubt hätte, diese Goldschöne. Aber du warst nicht da!«

»Die Hilfe«, brummte Thor, »hätte ich dir gewährt, wäre Zeit gewesen.«

»Ich hätte dir vertraut«, sagte Odin, »oder hättest du mich betrogen?«

»Ja, bin ich denn ein Fersenzwicker wie ein alter Schuh im Frühjahr?« brüllte Thor empört. »Du weißt: immer kannst du dich auf mich verlassen!« Ärgerlich trat Thor von einem Bein auf das andere. Er erinnerte Odin daran, daß es wirklich bösartige Riesenweiber gegeben habe, und er, Thor, habe sie seinerzeit auf Hlesey gebändigt, weil sie die Menschen betrogen hatten. Nicht leicht sei das gewesen. Wie Wölfinnen hätten sie sich gebärdet, und sie hätten auch sein Schiff zerstört, das er auf Pfähle gesetzt hatte, mit Eisenkeulen wären sie auf ihn losgegangen, dazu hätten sie noch seinen Gesellen Thjalfi vertrieben.

Odin fand, jetzt seien genug Vorwürfe gemacht. Er sei ja doch, sagte er, meistens beim Heer, wenn es seine Kriegsfahnen hebe. Aber er bereue auch, daß er die Menschen so oft zu Streit und Kampf gereizt habe, gern wolle er dafür Buße tun und manchen rotgoldenen Handring geben. »Ach Thor«, seufzte er, »manchmal wünschte ich mir den Schiedsrichterspruch, der uns alle versöhnte!«

Aber da ärgerte Thor sich gleich wieder über Odin, der nicht selten schlechten Dingen, Krieg und Mißgunst, Gemeinheit und Berserkertum so hehre Namen gegeben habe. »Woher«, sprach Thor aufgebracht, »hast du bloß all diese verlogenen Reden? Warum gibst du Gräbern solche hohen Namen? Nennst sie edle Waldwohnungen gar! Warum verführst du die Menschen?«

»So, Thor, denke ich eben von den Dingen!« erwiderte Harbard, »man muß Göttern und Menschen stets etwas Großes vorstellen, auf daß sie etwas haben, zu dem sie aufblicken können!«

»Odin, deine Wortklugheit wird dir noch übel bekommen!« brummte Thor und strich sich durch seinen roten Bart. »Und manchmal meine ich, ich sollte doch hinüberwaten und dir einen Schlag mit Mjöllnir versetzen, daß du lauter jaulst als ein Wolf!« Das aber wollte Harbard nun erst recht nicht hören, denn welcher Vater läßt sich schon gern von seinem Sohn tadeln? Und so suchte er nach einer Stichelei, wie er Thor doch noch verwunden könne.

»Hör einmal, Thor, dein liebes Weib Sif hat einen Geliebten!« schrie Odin hinüber. »Und wenn du schon einen schlagen willst, so mag der deine Kraft erfahren, nicht ich, haha!«

»Verworfener Wicht! Das lügst du doch!« jammerte Thor. »Nur kränken willst du mich!«

Odin sah ein: heute gab es kein Einvernehmen mehr mit Thor. Er aber bestand darauf: Sif habe einen Buhlen! Alles Gerede sei unnütz. Thor möge sich lieber wieder verwandeln und losfahren. Vielleicht könne er den Kerl noch erwischen.

Thor aber blieb eigensinnig. Er warte, sagte er, auf die Fähre. Aber aller Hader zwischen ihnen möge nun ein Ende haben.

»Nun gut«, sagte Fährmann Odin, »wie du willst! Ich weigere mich jedenfalls, dich überzusetzen! Aber wenn ich dir den Landweg zeigen soll: eine Stunde brauchst du bis zum Stockwald, zum Steinwald noch eine, wähle dann den linken Weg zum Werland, da triffst du Fjörgyn! Und sie wird dir den Weg zeigen zu Odins Land!«

»Ach, ach«, zeterte Thor, »komme ich denn wenigstens heute noch hin?« Odin meinte, wenn er die nötige Eile an den Tag lege, sei es noch vor Sonnenuntergang zu schaffen. Da mußte sich Thor wohl oder übel zu Fuß auf den Weg machen. Aber, so brummte er, die verweigerte Überfahrt wolle er dem falschen Fährmann Harbard ein andermal lohnen.

»Lauf nur, lauf!« rief ihm Odin lachend nach. »Fahr dahin! Diesmal in der Gewalt übler Geister!«

Woher Knechte, Bauern und Edle kamen

Der vielwissende Ase Heimdall, der Wächter Asgards, wanderte oft in Menschengestalt durch Midgard. Freundlich kümmerte er sich um das Wohlergehen der Menschen. Er half ihnen und lehrte sie viele nützliche Dinge. Im Rat der Götter war schon mehrfach vorgeschlagen worden, eine Art

Einteilung der Menschen vorzunehmen. Odin selbst wollte zu den Menschen fahren, um das zu erledigen. Aber Frigg mißtraute ihrem Gemahl. Wahrscheinlich würde er sich bei ihnen nur Vergnügen und Lust verschaffen. Deshalb war sie dafür, daß Heimdall diese Aufgabe übernehmen solle. Letztlich ist nicht genau bekannt, ob wirklich Heimdall bei den Menschen war oder doch Odin selbst – vielleicht in Heimdalls Gestalt?

Einmal ging der Ase am Meeresstrand entlang und kam nach einer Weile an eine sehr armselige Hütte. Er öffnete die verfallene Tür und gelangte in einen einzigen Raum. Sieh: da saßen auf harter Holzbank zwei Menschen am Feuer in zerrissenen Gewändern, Ai und Edda genannt. Sogleich räumten sie dem Gast einen Platz ein und fragten ihn aus über seine Wanderschaft. Heimdall erzählte allerlei. Da stand Ai, der Ahn, auf und scharrte ein Brot aus der Asche, und es war schwarz wie Torf. Ai reichte es dem Fremden, und der verzehrte es. Die Frau aber stellte zwei irdene Schüsseln auf den Tisch, und in der einen war Mehlbrei, in der andern aber Kalbfleisch, und Heimdall aß von allem und begab sich mit dem Paar zur Ruhe. Drei Tage und Nächte blieb er bei ihnen auf der Lagerstatt, dann machte er sich wieder auf den Weg.

Und Edda gebar einen Knaben, der erhielt den Namen Thräl oder Knecht, wurde groß und stark, aber nicht sehr hübsch. Dick war sein Schädel, die Stirn breit, schwarz das Gesicht, der Hals kurz.

An seinen Händen saßen kurze, knotige Finger, und die Beine waren nicht sonderlich gerade gewachsen. Thräl ging seinen Eltern zu Hand, band Besen, flocht Körbe und sammelte Reisig im Wald. Dann nahm er ein Mädchen zur Frau, und das hieß Thyra oder Magd, und sie bestellten ihr Hauswesen und bekamen viele Söhne und Töchter. Und die düngten die Äcker, säten, pflanzten Hecken und hüteten

Ziegen und Schweine. Sie gruben auch nach Torf. Und von ihnen stammt das Geschlecht der Thräle ab.

Weiter war Heimdall unterwegs, nannte sich Rig, und bald kam er an ein kleines, reinliches Haus, trat durch die offene Pforte in die Stube. Schmucklos und einfach war hier alles, aber trotzdem behaglich. Am Herdfeuer stand ein Mann, Afi mit Namen, der einen Webbaum glättete. Er trug ein enganliegendes Gewand, hatte sein Haar kurzgeschoren und seinen Bart zierlich gestutzt. Neben ihm saß seine Frau Amma und drehte fleißig die Spindel. Sie trug ein sauberes Tuch um den Kopf, und ihre Jacke wies hübsche Verzierungen auf. Freundlich empfing das Paar den Fremden, und der belehrte sie, wie man noch feiner und schöner spinnen und weben könne. Wohlschmeckende Speise und reichlichen Trank erhielt er, und er blieb drei Tage und Nächte auf der Bettstatt der beiden, und der Mann lag zur Rechten und die Frau zur Linken. Dann wanderte Heimdall seines Wegs.

Und Afi und Amma bekamen einen schönen, kräftigen Knaben, benetzten ihn mit Wasser und gaben ihm den Namen Karl oder Bauer, und bald sprang das Kind auf Feld und Anger herum, und als es groß war, erwarb es Hof und Haus, baute Scheuern und Ställe und bestellte das Feld, das ihm nun vererbt worden war. Es währte nicht lange, da brachte Karl eine Braut ins Haus, Snör oder Schnur geheißen, und sie saßen zusammen und wechselten die Ringe. Und sie kam auf den Hof gefahren in einem Kleid aus Ziegenfell, und ein Bund blinkender Schlüssel hing an ihrem Gürtel. Karl und Snör hatten zahlreiche Nachkommen, und von ihnen stammt das Geschlecht der Bauern auf Midgard ab.

Weiter ging Rig seines Weges und kam an das südliche Tor eines Hochsaales, und an der Pforte glänzte ein goldener Ring. Drinnen in der Halle war der Boden mit grünen Zweigen bestreut, und ein Paar saß da auf geschnitzten

Sesseln. Der große, starke Mann hielt einen Bogen in der Hand und prüfte die Sehne. Die Frau trug ein blaues Kleid mit einer Schleppe, und am Halse trug sie ein blitzendes Geschmeide. Schön war sie von Angesicht, und ihre Haut leuchtete so weiß wie frischgefallener Schnee. Als Heimdall eingetreten war, kam ihm der Hausherr entgegen und begrüßte ihn höflich. Far oder Vater nannte er sich, und sie wurde Mor oder Mutter geheißen. Rig wurde gebeten, neben ihnen auf der gepolsterten Bank zu sitzen, und artig plauderten sie eine lange Weile. Als sie Heimdalls große Klugheit bemerkten, fragten sie ihn nach mancherlei, und er gab ihnen Ratschläge in allen Dingen. Mor erhob sich, holte aus dem Schrank buntes Linnen, breitete es über den Tisch und stellte Kuchen und süßes Backwerk darauf. In blinkenden Gläsern glänzte edler Wein. Sie rückte die Sessel zurecht und lud die Männer ein zur Tafel. Da saßen sie nun und aßen und tranken, bis der Abend sank. Dann stand Rig auf, das Bett war schon bereitet, und er blieb bei ihnen drei Nächte lang.

Nach neun Monden gebar Mor einen Sohn und barg ihn in Seide. Das Kind wurde mit Wasser benetzt und erhielt den Namen Jarl oder Herr, und es trug helle, blonde Locken und wurde bildschön. Seine Augen blickten so scharf, wie Schlangen sehen. Und Jarl wuchs auf in der Halle, lernte den Schild schütteln, die Sehne auf den Bogen spannen, Pfeile schäften, Spieße werfen und Lanzen schießen. Er wußte Hunde zu hetzen und Hengste zu reiten, Schwerter zu handhaben und den Sund zu durchschwimmen.

Eines Tages kam Rig aus dem Wald zurück und lehrte ihn, die Runen zu lesen, und er nannte ihn gar seinen eigenen Sohn.

»Du sollst alles zu Erb und Eigen besitzen, diese Burg und dies Schloß!« sagte Rig. »Und noch mehr mußt du dir erobern!« Da ritt Jarl von dannen und gelangte auf dunklen

Pfaden über feuchte Berge in eine fremde Burg. Keck sprang er vor der Halle ab, schwang seine Lanze und zog das Schwert.

Da erhob sich Kampf auf der Wiese, die rot wurde von Menschenblut. Jarl aber schlug alle Bewohner in die Flucht, und nun herrschte er über achtzehn Höfe, war freigebig, verschenkte die eroberten Schätze.

Da fuhr eines Tages ein anderer Edler vor, kam zur Halle, wo Jarl wohnte und führte ihm Erna, die Gürtelschlanke, zu, und artig führten beide ihr Brautgespräch. Er freite sie, und sie ging in Linnen, herrlich und weiß. Sie wohnten zusammen und waren sich hold. Bald bekamen sie Söhne, und Barn oder Kind hieß einer, ein anderer Adal oder Edler. Swein oder Jungmann hieß ein dritter. Und auch sie zähmten Hengste, zierten Schilde, schliffen Pfeile und schälten den Eschenschaft.

Und Konur, der jüngste, kannte auch die Runen, Zeitrunen und Zukunftsrunen gar, und er vermochte die Menschen zu beschützen, die Sprache der Vögel verstand er und wußte die Sinne der Menschen zu beschwichtigen, ihre Sorgen zu heilen. Auch hatte er die Stärke von acht Männern. Und mit Rig stritt er im Wettkampf um das Wissen der Runen, und da wurde ihm gestattet, sich selber Rig oder König zu nennen, weil er so klug und runenkundig war.

Und der junge Konur ritt durch den Föhrenwald und durch Rohrdickicht, und da kam er an einem Baum vorbei, darauf saß eine Krähe – oder war es Odins Rabe? – und sang:

»Warum willst du, Fürstensohn, nur Vögel beizen? Hengste sollst du reiten und Heere fällen! Weißt du nicht, daß König Dan so reich ist? Auf, besiege ihn! Werde selbst König von Dänemark!«

Konur baute stolze Schiffe, die auf den Wellen ritten, prüfte die Schwerter all seiner Getreuen und tat, was die Krähe ihm eingab.

Wie Frigg ihren Gemahl überlistete

Auf seinem Sitz Hlidskjalf auf Asgard saß Odin eines Tages und schaute, weintrinkend, weit über Midgard hin. Es war die Zeit, als die Menschen viel auf ihn gaben. Aus den Tälern stieg Opferrauch auf. ›Ja, dort wohnen gläubige Menschen, die meiner Majestät huldigen‹, sann er. Nach einer Weile bemerkte er, daß eine Sippe, und sie nannte sich Wandalen, ganz besonders viel opferte. Erfreut darüber schickte er die Raben aus, sie sollten in Erfahrung bringen, worum sie flehten. Zurückgekehrt flüsterten ihm Hugin und Munin ins Ohr:

»Gegen die Winniler, o Himmelsfürst, führen sie Krieg. Sie bitten dich, gewähre ihnen den Sieg. Dann wollen sie auch weiter deine Burg und dein Heiligtum verehren!«

Odin strich sich den Bart und brummte: »Gern gönne ich diesen Helden den Siegespreis, ich weiß ja, daß es die besten und wackersten sind. Sie sollen beruhigt und wohlgemut sein! Morgen, bei Tagesgrauen, werden die den Sieg erfechten, die ich zuerst erblicke, und das sind, wie ich weiß, die Wandalen!«

Da kam auch Frigg, seine schöne Hausfrau, und schaute von Asgard hinab auf die Menschen. Odin brüstete sich ihr gegenüber und sprach: »Ich sehe mit Vergnügen, daß diese Wandalen da unten mir Rauch- und Tieropfer, Rosse gar, darbringen! Deswegen schenke ich ihnen auch morgen den Sieg, weißt du!«

Da begann Frigg mit ihm zu streiten. Ihr dünkte, daß die Winniler mehr seines Schutzes wert wären. Diese Braven hätten ihr selbst gar viele Opfer dargeboten, Feldfrüchte und manch anderes. Zuletzt fing die hochgemute Frau sogar zu weinen an, so daß der Tau ihrer heißen Tränen den Busen benetzte. Sie sprach auch davon, daß die Winnilerfrauen gerade erst mit lauter Stimme um ihre Gunst gefleht hätten. Der Abendwind habe ganz deutlich ihre Gebete an ihr Ohr getragen. Die Wandalen seien nämlich ziemlich roh, sie hätten unverschämt Zoll und Zins von ihren Brüdern, den Winnilern, gefordert. Aber das sei ein unbilliges Verlangen. So stehe sie denn ganz auf seiten der Winniler. Sie wolle alles tun, um diese vor dem Übermut der Wandalen zu bewahren, wenn es morgen zur Feldschlacht komme.

Dröhnend lachte Odin und wischte ihre Einwände fort. Eigensinnig beharrte er auf seinen Spruch:

»Die Wandalen waren immer als erste auf der Walstatt! Ich schwor, wen mein Auge zuerst erblickt, der erhält den Sieg!«

›Ah‹, dachte Frigg, ›steht es so, dann weiß ich, was ich zu tun habe!‹ Sie befahl heimlich dem Nachtwind, den Winnilerfrauen die folgende Botschaft zu senden: »Geht ostwärts mit euren Männern, ehe der erste Sonnenstrahl aufsteigt! Laßt eure Haare um Kinn und Wangen wallen, als seien es Männerbärte! So werdet ihr im Kampf gegen die Wandalen bestehen, denn der Schreck wird sie schlagen beim Anblick so vieler bärtiger Recken!«

Ehe am Himmel der erste Sonnenstrahl sichtbar wurde, standen die Wandalen wirklich schon im Tal zum Kampf bereit, aber im Dämmerschatten. Die Winnilerfrauen indessen wandten sich zum Bergrücken ostwärts, wie Frigg es ihnen gesagt hatte, und als mit rosigen Wolken das erste Frührot kam, waren sie in Sonnenlicht getaucht. Frigg, früh erwacht, dreht auf Walzen eilig Odins Lagerstatt nach Osten und weckte sodann den Siegvater mit sanfter Gewalt.

Als der, schläfrig noch, zur Erde niedersah, erblickte er tatsächlich zuerst die Winniler, und lange Bärte flossen ihnen von Wange und Kinn bis zur Brust. Da sprach Odin, sich die Augen reibend ob des seltsamen Schauspiels, zu seiner Gemahlin:

»Sieh da, lange Bärte! Seit wann wächst den Wandalen das Haar bis zur Brust herab? Davon war mir zuvor nichts bekannt! Ich denke doch, das ist neu!« Doch nun lächelte die listige Frigg, und sie beruhigte ihn, indem sie freundlich sprach:

»Hier im Frührot siehst du zuerst die Winniler mitsamt ihren Frauen! Langbärte nennst du sie? Das nehmen sie gern an, da sie als die zuerst Erschauten nun den Sieg von dir erhalten! Ja, ich meine: Langbärte – Langobarden – werden sie sich nennen immerdar! Sieh nur: schon wenden sich die Scharen der Wandalen ob der gewaltigen bärtigen Kriegermenge zur Flucht!«

Da mochte nun Odin zürnen, soviel er wollte. Gegen den kecken Liebreiz der hehren, listigen Frigg kam er nicht an. Tunlichst vermied er weiteren Streit. So schenkte er den Langobarden den Sieg jenes Tages.

Besänftigt wandte er sich an Frigg: »So war es, so ist es: das Weib behält recht. Gegen Frauenlist vermag selbst Odin nichts!«

Utgard wird von den Menschen erkundet

In Midgard vermehrten sich die Menschen bald sehr, schon gab es überall Sippen und Stämme von ihnen, sie schossen wie die Pilze aus dem Boden. Aber ganz weit hinten, jenseits der Menschenwelt, in Utgard, vermehrten sich auch die Riesen, und immer dichter kam die Brut der Riesen an die Wohnsitze der Menschen heran. Midgard erkennt man daran, daß es hier liebliche Hügel, Wiesen und üppige Äcker gibt, wo das Korn in goldenen Ähren steht. Vieh weidet in fruchtbaren Tälern, man findet lichte Haine und schöne Laubwälder. Aber furchtbar nahe schon ist Utgard an die Behausungen der Menschen herangekommen. Gefährlich sind dort die Berge, unwegsam die von Steinen übersäten, gestrüppreichen Wälder. Dort wechselt ödes Gestein ab mit zerklüfteten Berghängen, eiskalte Wildbäche reißen das Erdreich nach unten. Manchmal sind die Hütten der Menschen geradezu von solchen wüsten Wäldern und Bergen eingeschlossen, und dann gehört Mut dazu, sich dort hineinzuwagen. Noch viel mehr Kühnheit aber ist erforderlich, wieder heil aus Utgard herauszukommen. Mühselig bahnt sich der einsame Wanderer den Weg durch das Unterholz, wo faule Baumstümpfe oder Dornen seinen Lauf behindern. Da sind unter dem Laubdach tückische Sümpfe, seichte Moräste oder Tümpel mit faulenden Farnen.

Alle diese Einöden sind die Wohnungen von Riesen und anderen Unholden. Meist erscheinen sie in Menschengestalt. Sie sind ungeschlacht und häßlich, so daß man schon allein deswegen in Furcht geraten muß. Ist man im Gebirge, so kann man im dichten Schneegestöber ein Jötenweib zu Gesicht bekommen. Schwarzgrau sind die Gesichter der Riesen und Trolle. Da wo Menschen die Haare haben, ist alles kahl. Riesig sind die herabhängenden Ohren, statt der Hände entdeckt man Krallen. Von diesen Jöten geht Verderben aus, sonderbare Krankheiten bei Mensch und Vieh können diese Wesen verursachen. Es gab auch Mutige, die sich nach Jötenheim hineinwagten, um später zu Hause davon berichten zu können.

Einst lebte ein Dänenkönig namens Gorm, der mit eigenen Augen die Jöten sehen wollte und sich deshalb nach Utgard begab. Eines Tages kam ein weitgereister Mann namens Thorkel, der aus Island stammte, zu diesem Dänenkönig und bot sich ihm als Wegführer ins Land der Jöten an.

»Ich nehme aber ein paar Männer mit«, sagte der König, »denn allein mit Thorkel ist mir die Sache zu gefährlich, falls wir wirklich in Streit geraten sollten mit diesen Riesen.«

Thorkel ging voran, und bald kamen sie in immer wüstere Gegenden, nordwärts gingen sie, bis sie zu den reißenden Wildbächen gelangten, die sich donnernd von riesigen Steinblöcken herabstürzten. Da wußte Thorkel, daß es zu den Jöten nicht mehr weit sein konnte.

»Nun seid alle auf der Hut«, sagte Thorkel, »denn euer Leben wird davon abhängen, ob ihr euch richtig oder falsch verhaltet!«

»He«, sagte der Dänenkönig, »was sollen wir denn machen, wenn wir auf Jöten stoßen?«

»Wenn wir jemanden von den Jöten treffen«, riet Thorkel, »dürfen wir ihn nicht anreden, sonst kommen die Jöten an uns heran, fangen uns und nutzen uns für sich aus. Wenn sie uns Essen vorsetzen, müssen wir uns hüten, davon zu kosten, denn sonst werden wir von Geistern besessen oder verlieren unseren Verstand.«

Schließlich schärfte Thorkel den Leuten des Königs noch ein, sie sollten nicht glauben, was ihnen begegne. Niemals sei irgend etwas wirklich das, wonach es aussehe! Es sei deshalb unklug, nach Dingen, die sie unterwegs anträfen, mit den Händen zu greifen. Es könne nämlich geschehen, daß sie mit den Fingern daran hängenblieben.

Als sie noch weiter ins Ödland vordrangen, trafen sie plötzlich einen riesigen Kerl, der die ganze Schar mit Namen begrüßte und sie einlud, mit in sein Haus zu kommen.

»Gudmund bin ich, ein Bruder des Jöten Geirröd«, sagte der Kerl und lachte. Die Leute des Dänenkönigs aber blieben stumm und trotteten nur ängstlich hinter ihm her. Bald kamen sie in Gudmunds Halle, und er ließ sie höflich auf der Bank Platz nehmen. Der Dänenkönig Gorm und seine Mannen setzten sich etwas seitwärts, ein Stück von den Hausleuten entfernt.

»Warum sind deine Begleiter so schweigsam?« fragte Gudmund lärmend, und Thorkel erwiderte: »Sie schämen sich, weil sie die Sprache dieses Landes nicht sprechen können, weißt du.«

»Na, auch gut«, sagte der Riese. Dann bemerkte er, daß die Fremden ihre Wegzehrung hervorholten und das Essen, das ihnen auf den Tisch gestellt worden war, gar nicht anrührten.

»Ich muß mich doch sehr über diese Unhöflichkeit beklagen«, meinte Gudmund zu Thorkel, »einfach meine Speisen nicht zu essen!« Aber dieser erwiderte, der fremde König sei wirklich sehr erfreut über die erwiesene Gastfreundschaft, und wenn er jetzt von seiner eigenen Kost äße, so tue er dies nur mit Rücksicht auf seine Gesundheit, denn er wisse ja, wie leicht man krank werden könne, wenn man ungewohntes Essen zu sich nehme.

Nun kam die Nacht heran, und die Mannen blieben bei Gudmund. Dieser aber ging bald daran, sie mit seinen hübschen Töchtern und Dienstweibern zu verlocken, und es fiel ihnen sehr schwer, dem Riesen nicht ins Netz zu gehen. Vier von den Kriegern des Königs widerstanden nicht, gerieten ganz von Sinnen, vergaßen, wo sie waren und schließlich sogar, wer sie waren.

Am folgenden Morgen machte sich Dänenkönig Gorm mit seinen Leuten auf, weiter ins Land der Jöten vorzudringen, und sie überschritten den Fluß, der die Welt der Menschen von der Riesenwelt trennt. Da gingen sie nun lange und kamen endlich an eine gewaltige Höhle, und das war die Behausung Geirröds.

Vor dem Gatter standen geifernde Hunde und bellten wie wahnsinnig, aber Thorkel beruhigte sie, indem er ihnen ein mit Fett eingeriebenes Horn hinwarf. Nun kamen sie ans eigentliche Tor der Höhle. Das aber war hoch oben im Fels, so daß sie auf langen Leitern hinaufklettern mußten. Als sie endlich hereingekommen waren, sahen sie, daß die Decke der steinernen Halle ganz aus Speeren zusammengesetzt war, am Fußboden aber wanden sich Schlangen und Würmer, und die Wände waren verrußt und voller Schmutz.

Ganz hinten in der Halle erblickten sie einen riesengroßen Jöten, der einen langen Eisenbolzen in der Brust hatte, am Boden lagen mehrere Jötenweiber mit gebrochenem Rückgrat.

»Die hier so zugerichtet sind, können die Kraft Thors bezeugen«, raunte Thorkel dem Dänenkönig ins Ohr. Und der nickte. Nun kamen sie an eine Stelle, wo lauter goldene Ringe und andere Kostbarkeiten auf der Erde lagen. Ein Krieger griff danach, faßte einen Ring, aber dieser wurde sogleich zu einer Natter, die ihn mit ihrem Giftzahn tötete. Da bekamen alle Furcht.

Noch einer aus der Schar des Dänenkönigs wollte ein prächtiges Horn mitnehmen, aber als er es anfaßte, verwandelte es sich augenblicklich in einen großen Drachen, der sich um ihn schlang und ihn erstickte. Da zitterten die Krieger vor Angst und fingen an davonzulaufen, zurück zum Ausgang. Thorkel allerdings meinte, er könne vielleicht doch einen kostbaren Mantel, der in einer Ecke lag, mitnehmen. Und als die anderen das sahen, drehten sie um und begannen die ganze Jötenhöhle zu plündern. Da brach im ganzen Bau ein entsetzlicher Lärm aus, Kobolde, Riesen und andere Unholde kamen aus allen Ecken hervor und warfen sich auf die Eindringlinge. Die wehrten sich mit ihren guten Waffen, die sie zum Glück mitgebracht hatten. Aber dennoch gelang es schließlich nur noch zwanzig Mannen des Königs, heil wieder aus der Jötenhöhle herauszukommen. Die andern hörte man jammern und wehklagen, als sie von den furchtbaren Jöten zerrissen wurden.

So traurig endete der Zug des Königs ins Jötenland. Als er wieder zu Hause war, hat er oftmals von seinen Abenteuern berichtet. Schließlich hörten es einige Sänger oder Skalden, die alles aufgezeichnet haben.

IV

Frodis Mühle, die Gold mahlte

Skjöld hieß ein Sohn Odins, und er herrschte in den Landen, die später Gotland oder Dänemark genannt wurden. Nach ihm ist das Geschlecht der Skjöldunge benannt. Dieser König Skjöld hatte zahlreiche Nachkommen, und von ihm stammte auch Halfdan ab, ein guter und milder Fürst, der in Hleidra auf Seeland regierte, und er hatte die Söhne Hjörgar, Hroar und Helgi und die Tochter Signy.

Zur selben Zeit herrschte ein König namens Frodi über die Hadubaren. Er fiel in Seeland ein und tötete König Halfdan, und das war zu der Zeit, als Augustus in Rom herrschte, vielleicht aber war es auch zu einer anderen Zeit.

König Frodi wurde in den Nordlanden ob seines Friedens lange gefeiert. Niemand befehdete den anderen, keiner übte Rache, keiner war ein Räuber oder Dieb, so daß ein Goldring schon drei Winter und Sommer lang auf der Heide von Jellinge, dort in Jütland, liegenblieb, ohne daß ihn jemand fortnahm. Frodi verbot sogar, daß man Schlösser vor die Truhen legte. Aber Frodis Friede war nicht von Dauer.

In Dänemark hatten sie dazumal zwei große Mühlsteine, so mächtig und schwer, daß keiner imstande war, sie zu drehen. Es waren aber Wundersteine, die alles mahlen konnten, was derjenige, der sie bewegte, beim Mahlen sagte oder sang.

Einst hatte ein Mann diese Mühle, die man Grotte nannte, dem König Frodi gesandt, aber die Mühle stand nun still, weil keiner so kräftig war, die Steine zum Mahlen zu bringen. Deswegen schickte Frodi einen Boten zu einem befreundeten König in Schweden, Fjölnir mit Namen, und das war der Sohn Ingos und eben der, welcher – wie andere gesungen haben – später in Frodis Metfaß ertrunken ist. Der Bote sollte anfragen, ob Fjölnir ihm die beiden Riesenmädchen Fenja und Menja verkaufen würde, die so stark und mächtig waren, daß sie die Mühlsteine drehen konnten.

Fjölnir lachte und sagte: »König Frodi ist mein Freund, billig soll er sie haben!« So kam es, daß die zwei Jötenmädchen schon bald vor der Wundermühle standen, und König Frodi sprach zu ihnen streng: »Mahlt mir Gold! Mahlt mir Frieden und Segen! Gönnt euch nie Rast und Weile, gönnt euch weder Schlaf noch Ruhe! Ausruhen dürft ihr nur, solange man ein Lied singt, mehr nicht!«

»Ach, ach«, jammerten Fenja und Menja, »jetzt sind wir zu einem gekommen, der uns wirklich wie Mägde hält, der uns seine Mühle ständig drehen läßt, auf daß wir ihm den Gries schroten; aber auch uns fällt es schwer, diese Steine zu drehen!« Und als die beiden müde waren, hielten sie inne und wollten schlafen. König Frodi aber sprang herzu und herrschte sie an: »Mahlt weiter, mahlt!« Und da schreckten sie hoch und drehten wieder den schweren Stein, indessen Frodis Mannen längst in erquickendem Schlafe lagen. Da sprach die hehre Menja den Mühlensang:

»Gut mahlen wir dem Frodi, viel Segen dazu. Wir mahlen auf der Mühle, ohne Rast und Ruh. So mag er schlummern und schlafen auf Daunen! Wir sind ihm noch zu Willen. Es muß gemahlen sein! Keiner soll den andern befehden in diesem Land und Böses tun, zum Mord die Hand nicht heben!« Frodi hörte diesen Gesang und freute sich.

»Ja«, sagte er, »das ist gut! Aber schlaft nicht länger, als man ein Lied singt oder der Hahn am Morgen schläft!«

Da unterhielten sich die Mädchen über Frodi, und die eine sagte: »Jetzt haben wir aber bald genug gemahlen für Frodi!«

Und wieder ließen sie die Mühle stehen. Da lief Frodi herzu und forderte wütend, jetzt sollten sie nur noch Gold mahlen, dabei nicht länger schlafen, als der Kuckuck im Walde ruft. Und die Riesenweiber mahlten, bis ihnen die Arme schmerzten. Schließlich warfen sie die Mahlstange hin.

»Klug warst du, Frodi, daß du uns gekauft hast!« rief Menja. »Stark sind wir, aber du hast nicht gefragt, woher wir diese Stärke haben! Dem harten Geschlecht der Bergjöten gehören wir an, neun Jahre spielten wir unter der Erde, warfen den Mühlstein unter die Menschen. In Schweden halfen wir eisgrauen Kriegern, wenn ihre Panzerhemden barsten oder ihre Schilde unter Schwerthieben zersprangen. Dem einen gaben wir den Sieg, dem anderen den Tod. Schildjungfrauen waren wir, nun sind wir Fronmägde, hören nur grobe Worte, und die Kälte schüttelt uns. Jetzt ist Zeit zum Ausruhen. Die Mühle stehe still!«

Aber da wurde Frodi ganz wild vor Zorn. »Ich will«, schrie er, »daß ihr weitermahlt! Ich selbst sage, wann ich genug habe!«

Da packten die Riesenweiber die Mühlstange und sangen: »Wach auf, Frodi! Höre unsern Gesang! Ein Heer mahlen wir, das wird heraufziehen gegen dich, deinen Tod in der Halle mahlen wir, du hartherziger König!« Und sie warfen die Mühle um, daß die Steine barsten.

Als Halfdan starb, waren seine Söhne noch Knaben. Sie wurden vor den Nachstellungen Frodis auf eine kleine Insel gebracht, wo Wifil, ein treuer Freund Halfdans, lebte. Der baute ihnen eine Hütte unter der Erde, wo sie sich verstecken konnten, sobald Gefahr drohte. Frodi rief eine weise Frau, eine Wölwa, und verlangte von ihr, sie solle mit ihrem Seherblick sagen, wo sich Halfdans Söhne versteckt hielten. Sie vermochte es aber nicht. Da schloß er drei zauberkundige Männer ein, und die fielen in einen bleiernen Schlaf. Als sie erwachten, sagten sie, Nebel liege über Wifils Insel, dort könnten die Jünglinge sein. Frodi machte sich auf zur Insel und fand Wifil.

»Fylgien sind gekommen«, sagte Wifil, als ihn der König ergreifen ließ. »O König«, sprach er weiter, »laßt mich in den Wald rufen, wo mein Vieh ist, sonst frißt es der Wolf!«

Und er wandte sich zum Hain und rief: »He, hopp, ho! Paßt auf die Kühe auf!«

»Was brüllst du da?« fragte Frodi.

»Ich rufe nur meine Hunde, denn du hältst mich ja hier fest!« erwiderte Wifil.

Bei seinem Rufen aber waren Halfdans Söhne in das unterirdische Verlies gesprungen, und vergebens suchte Frodi die ganze Insel ab. Als er weggesegelt war, wollte Wifil die Jungen nicht länger dabehalten, sondern schickte sie zu dem Jarl Sävil, der mit Signy verheiratet war.

Frodi aber hegte den Verdacht, daß die Söhne beim Jarl sein könnten und lud ihn mit Signy zum Gastmahl ein. Verkleidet befanden sich auch die Söhne in des Jarls Gefolge. Frodi ließ wieder eine Seherin kommen. Die legte nasses Holz ins Feuer, so daß der Rauch die Halle verfinsterte und murmelte: »Zwei sind hier drinnen, denen traue ich nicht!«

»Sind es Halfdans Söhne oder sind es nur Hehler?« schrie Frodi. Da ließ Signy einen kostbaren Ring in den Schoß der Seherin gleiten, und die Wölwa verbesserte sich: »Was sage ich! Alles ist dunkel, gar nichts sehe ich!«

Signy aber lief heimlich hinaus und ließ die Söhne warnen. Als sie zur Tür hinaussprangen, bemerkte es Frodi und rief sogleich seine Mannen auf, sie zu verfolgen.

Aber viele waren unter ihnen, die kannten die Söhne und wollten sie lieber wohlbehalten auf der Insel im Walde sehen als von Frodi gefangen. So drängten sie sich mächtig am Ausgang zusammen, als wollten sie hinaus.

Und nun kamen die Häscher nicht schnell genug durch, und die Jünglinge konnten entfliehen. Und sie verbargen sich an einer anderen Stelle. Nur Regin, der ihr Ziehvater war, wußte, wo sie sich aufhielten. Und eines Tages ging er hin zu ihnen und führte mit ihnen eine Unterredung. Am Ende sagte er: »Wenn ich Vaterbuße von Frodi zu verlangen hätte wie ihr, dann wüßte ich, was ich jetzt täte: Ich ginge hin und legte Feuer an Frodis schöne Halle!«

Die Jünglinge überlegten nicht lange, sondern folgten dem Wink ihres Ziehvaters Regin. Sie schlichen sich heimlich zum Königshof und schichteten Holz und Brennbares rings um Frodis Königshalle. Regin aber holte heimlich alle Freunde aus dem Saal. Als er zu Sävil kam, meinte der, es gebe nun keine Verwandtschaft mehr mit Frodi. Er entfernte sich aus dem Innern und half sogar selbst noch mit, Feuer zu legen.

König Frodi merkte viel zu spät, daß seine Halle brannte. Er eilte zur Tür und sah, daß eine Schar Krieger draußen stand und ihn nicht herauslassen wollte.

»Wer befehligt denn diese Mannen?« schrie er.

»Halfdans Söhne!« war die Antwort. Da bot der König ihnen ein großes Sühnegeld an und warb um einen Vergleich. Ja, sagte er, sie selbst dürften nun bestimmen, wie groß die Vaterbuße sein sollte. Doch die Söhne gingen nicht darauf ein.

»So versöhnlich warst du nicht jene Nacht«, sagte Helgi, »als du unseren Vater überfallen und getötet hast!« – Da verbrannte also König Frodi mit seiner ganzen Gefolgschaft. Die Riesinnen Fenja und Menja hatten das Schicksal Frodis gemahlen.

Yrsas Geschick

Helgi und sein Bruder Hroar waren nun Könige in Hleidra auf Seeland. Nie hielt es Helgi lange daheim auf dem Königshof aus; stets war er auf Seefahrten unterwegs. Da traf es

sich, daß er auch bei der Königin Olova von Saxland vorbei-
fuhr, die eine schöne, hochgemute Frau war. Er hatte gehört,
sie schicke alle Freier kopfüber wieder dahin zurück, wo sie
hergekommen waren. Da meinte Helgi, es sei eine Ehre, die
Jungfrau zu zähmen. Er stieg an Land und betrat ihren
Königshof uneingeladen, hatte aber ein reiches Gefolge bei
sich. Sie aber fand keine Zeit für ein treffliches Mahl, doch
abends durfte er beim Trunk neben ihrem Hochsitz einen
Platz suchen.

Da sagte Helgi zu ihr: »Nun dachte ich, wir beide könnten
noch diese Nacht Hochzeit halten. Mannschaft habe ich
genug hier, das Hochzeitsbier könnte gebührlich getrunken
werden! Ich hörte, nie hast du eine so stattliche Hochzeit
haben können, wie sie dir zukäme. Nun aber wäre alles da
und die Zeit, ins Brautbett zu kommen!«

»Gern«, sprach Olova, »hätte ich mehr Freunde um mich
gehabt. Doch du kamst so schnell, daß ich keine Zeit hatte,
sie einzuladen. Aber wenn du's willst, soll alles so geschehen!«

Da hielten sie nun Hochzeit, und man merkte es der Königin an, daß sie wohl den Gemahl bekommen hatte, den sie
sich wünschte. In der Brautkammer aber war Helgi so trunken, daß er auf der Stelle einschlief. Da ergrimmte Olova
sehr, stand auf, schnitt ihm alle Haare ab, beschmierte seinen
Kopf mit Teer und schickte ihn in einem Sack zurück auf sein
Schiff. Dann ging sie in die Halle, weckte seine Mannen und
sagte, Helgi sei schon auf dem Schiff, er wolle segeln, denn es
sei guter Fahrtwind. Wie nun Helgi wach wurde, war er
wenig zufrieden mit seiner Hochzeit; vielleicht sollte er
warten, bis Olova wirklich mehr Gäste einlud. So ließ er es
mit der Freierei genug sein und stach in See.

Hochmütig war die Sächsin geworden und prahlte damit,
daß sie einen Seekönig wie Helgi gedemütigt hatte. Eines
Abends trat ein Bettler in ihren Königshof und erzählte,

einen Schatz habe er im Wald gefunden. Dann führte er sogar einen Knecht dorthin und zeigte ihm zwei Kisten mit Gold und Silber. Am Folgetag ging der Knecht zu Olova und erzählte vom Schatz, der in ihrem Wald liege. Da wurde sie gierig und ging mit dem Knecht allein zu diesem Hort, damit niemand anders davon erfahren sollte. Wie sie aber ankam, traf sie statt des Bettlers König Helgi an, der sie zum Gastmahl auf sein Schiff lud.

Olova sagte, übel hätte sie an ihm gehandelt und sie bereue es jetzt. Da nahm er nicht nur die Geldkisten, sondern auch die Sächsin an Bord, und sie blieb dort etliche Nächte bei ihm. Als er meinte, er habe ihre Gastfreundschaft und gute Behandlung vom letztenmal genug abgegolten, setzte er sie an Land und segelte davon.

Übers Jahr gebar Olova eine Tochter und nannte sie Yrsa nach ihrem Hündchen. Sie ließ sie auch nicht als Königstochter, sondern als Bauernmagd aufziehen. Jahre vergingen, da geschah es, daß Helgis Schiff wieder einmal an der sächsischen Küste vorbeizog. Er ging an Land, um sich umzusehen. Da erblickte er eine Schafhirtin und fand, er habe nie eine lieblichere Jungfrau gesehen. Er fragte sie nach ihrem Namen und erfuhr, daß sie Yrsa heiße und eines Bauern Tochter sei. Er beschloß, sie auf sein Schiff zu nehmen, und sie folgte ihm stumm. Doch nach der Hochzeit in Hleidra begegnete sie ihm mit Herzlichkeit. Sie bekam einen Sohn von ihm, den sie Hrolf nannte. Olova, neidisch auf das Glück Yrsas, fuhr nach Hleidra, um zu sehen, ob Helgi wirklich so glücklich sei mit Yrsa. Unten an der Burg wartete sie auf die schöne Yrsa, die nicht wußte, daß sie ihre Mutter war.

»Wenig Ehre«, sprach Yrsa, »genoß ich in Saxland, ehe mich Helgi holte. Doch du scheinst zu wissen, woher ich stamme. Ich ahne, daß ich kein Bauernkind bin.«

»Wie bist du mit deiner Heirat zufrieden?« fragte Olova lauernd.

»Größeres Glück wünsche ich mir nicht«, sprach Yrsa. »Keinen besseren Mann gibt es!«

»So wisse: dein Glück ist nicht so groß, wie du denkst!« sprach Olova. »Willst du deine Herkunft wissen – nun gut, ich bin deine Mutter, Helgi ist dein Vater!«

»Schlimmeres konnte nicht geschehen!« jammerte Yrsa. »Das kann nie geheilt werden.«

»Das verdankst du meinem und Helgis Jähzorn! Nun will ich dich mitnehmen und wie eine Tochter halten!« sagte Olova besänftigend. Doch Yrsa erwiderte, sie wisse nicht, ob sie das wolle, dableiben könne sie auch nicht. In ihrer Not lief sie zu Helgi und erzählte ihm alles.

»Eine böse Mutter hast du«, sagte Helgi, »aber ich will nicht, daß wir uns trennen!«

»Nein, nein!« schrie Yrsa. »Wir beide können nicht mehr leben wie Frau und Mann!«

Dann lief sie hinaus und folgte ihrer Mutter ins Saxland, wo Olova nicht mehr verbarg, daß Yrsa ihre Tochter war, und sie in hohen Ehren hielt, wie es sich geziemte. Nicht lange danach schickte König Adils aus Uppsala Brautwerber und hielt wenig später Hochzeit mit ihr.

Helgi aber blieb tage- und wochenlang auf seinem Lager daheim in Hleidra und wollte mit niemandem mehr sprechen. Dann nahm er sein Schiff und fuhr auf Raubfahrt, um nie wiederzukehren.

Hroars Halle und Beowulfs Kampf mit dem Meertroll

Nach Helgis Verschwinden baute sein Bruder Hroar, der nun als König allein in Hleidra herrschte, eine wunderbare, prächtig geschmückte Halle. Nie zuvor hatten Menschen in Midgard etwas Ähnliches errichtet. Am Giebel saßen goldene Hörner, die weit in den Himmel ragten. Daher nannte man das Bauwerk ›den Hirsch‹. Da saß nun König Hroar in hohen Ehren; aber dennoch lastete ein Fluch über allem: Hroar war ein Sproß der Skjöldunge; einer seiner Vorfahren, König Hermod, hatte schlimme Verfehlungen begangen, war wegen seiner Habgier verstoßen worden und in die Hände böser Trolle gefallen. Und nun wagten sich diese Unholde auch an die goldglänzende Halle Hroars heran. Eines Nachts kam ein riesiger Troll oder Jöte namens Grendel, raubte einige von Hroars besten Mannen und richtete in der Halle blutige Verwüstungen an. Grendels Spur führte durch den ganzen Saal und hörte erst am Hochsitz auf. Nun wagten es die meisten nicht mehr, auf ihren Langbänken in der Halle zu schlafen. Einige, die mutig dem Ungeheuer trotzen wollten, verschwanden zur Nachtzeit, zurück blieben Blutlachen. Bald hörte man kein Sterbenswort mehr in dem Haus, wo früher sooft beim Trinkgelage übermütiger Jubel geherrscht hatte.

Von dem Meertroll Grendel hörte ein Jüngling namens Beowulf aus götischem Geschlecht, ein naher Verwandter des dortigen Königs Hugleik. An der See war er aufgewachsen und vertraut mit den Unholden der Tiefe. Einmal schon hatte ihn ein Meertroll fast bis auf den Grund herabgezogen mit seinen Krallen. Doch hatte er ihn schließlich besiegt und war wieder aufgetaucht. Beowulf sammelte Jungmannen und kam nach Hleidra, um König Hroar seine Hilfe anzubieten. Als er mit seinem Schiff landete, fragte ihn der Strandwächter nach seinem Namen und Begehr.

»Gehe hin zu deinem König Hroar und melde ihm, ein götischer Häuptlingssohn ist gekommen, ihm gegen das Meerungeheuer beizustehen!« rief Beowulf. Und er war dem König mehr als lieb. Alte Freundschaft herrschte zwischen Beowulfs Vater Edger und König Hroar.

»Mein gutes Schwert will ich versuchen an diesem Jötenunhold Grendel!« sprach Beowulf. Und das erfreute das

Herz des geplagten Dänenkönigs. Ganz oben am Langtisch in der Halle ließ er Beowulfs klirrende Schar sitzen und Speis und Trank in Fülle auftragen. Für kurze Zeit klangen wieder frohe Stimmen durch den Saal. Doch ein dänischer Kämpe mit Namen Egleifsson konnte es nicht vertragen, daß Beowulf so geehrt wurde: »He«, rief er, »schon immer hast du, Beowulf, viel geprahlt! Aber damals beim Wettschwimmen wärst du fast nicht mehr an Land gekommen und elendiglich ertrunken! Der Kampf mit Grendel wird härter, als du glaubst!«

»Wenig Wahres ist in deiner Rede!« sprach Beowulf. »Doch weiß ich wohl, daß du einmal einen deiner Gefährten beim Holmgang betrogen und so seinen Tod verursacht hast. Besäßest du Mannesmut, hättest du längst selbst den Unhold getötet und Hroar so von seiner Not befreit! Nun wirst du sehen, ob ich mich verkrieche, wenn Grendel kommt!«

Da trat Hroars Gemahlin vor, reichte Beowulf ein Trinkhorn und dankte ihm für sein Kommen. Und Beowulf sprach laut und für alle vernehmbar, er wolle Grendel entweder töten oder selbst im ›Hirsch‹ umkommen. Als die Nachtzeit kam, verließen Hoars Mannen den Saal, Beowulf aber legte sich mit den Seinen auf die Lauer, um den ›Hirsch‹ zu verteidigen.

Um Mitternacht stieg Grendel aus dem Sumpf, wo er hauste, und erschien in der Hallentür. Tellergroße Augen hatte er, darin flackerte es wie Feuer. Gierig griff er nach einem Göten, der auf der Bank lag, und riß ihn in Stücke. Da packte ihn Beowulf mit festem Griff am Arm. Heulend versuchte der Troll loszukommen, aber Beowulf stemmte den Fuß gegen einen Pfosten, daß der ganze Bau erzitterte. Seine Gefährten schlugen mit ihren Schwertern auf den Troll ein, doch der war gefeit gegen Eisen, und sie konnten ihn nicht verletzen. Nun rangen beide, Beowulf und der Jöte, daß die Bänke herausgerissen wurden. Da riß ihm Beowulf den Arm ab, und der Troll stieß einen furchtbaren Schrei aus. Dann floh er hinaus ins Dunkel.

Anderntags drängten sich Hroars Mannen um den abgerissenen Arm; staunend sahen sie die Spuren der Krallen in Wand und Pfosten. Bald saßen alle auf ihren Bänken, Gelächter ertönte, und Methörner gingen reihum. Hroar ließ Schätze hereintragen, Helme, Schwerter und rote Ringe. Auch der Schmuck der Brosingen war darunter, der einst Jörmunrek geraubt worden war, dazu eine kostbare Brünne, die Hroars Bruder Hjörgar zuletzt vor seinem Tode trug. Ein Skalde trat auf und berichtete von kühnen Helden, von Drachentötern und davon, wie ein Wurm durch sein eigenes Gift verzehrt wurde. Andächtig lauschte man den Worten, und Hroars Königin ging selbst herum und schenkte nach.

»Heil dir, Beowulf!« sagte sie. »Nun ist der Unhold vertrieben!« Und sie löste eine schwere Kette von ihrem Hals und überreichte sie dem götischen Häuptling. Dann wandte sie sich an den Brudersohn des Königs, an Hrolf, der an dessen Seite saß, und meinte, er könnte sich glücklich schätzen, daß er hier am Königshof von Kindheit an erzogen worden sei. Hroar aber ließ weitere Geschenke herbeiholen und verteilte sie unter Beowulfs Mannen.

In später Nacht legte man sich trunken auf den Hallenbänken zur Ruhe, Beowulf aber bekam als Ehrengast eine Kammer im Königshof. Da vernahm man weit nach Mitternacht schreckliches Getöse. Ein riesiges Jötenweib tauchte auf, zerriß mit seinen Krallen Beowulfs Gefährten Asger und schleppte die Leiche mit sich fort. Als Beowulf am anderen Morgen die Halle betrat, herrschte tiefe Trauer, und die andern erzählten vom Unglück, von dem sie alle betroffen seien.

»Verfolgen will ich das Ungetüm, wo es sich auch verbirgt!« rief Beowulf. »Laßt das Klagen und folgt mir!« Und man konnte nun die Fußspuren der Trollin deutlich sehen.

Sie führten in einen weglosen Wald; meilenweit gingen die Gefährten. Da kamen sie an ein sumpfiges Gewässer, über das am Steilufer dichte Erlen ihren Schatten warfen. Allerlei Ungetüme und Schlangen wälzten sich in den Pfuhl, als Beowulf mit den Seinen herangekommen war. Auf dem Wasser aber trieben Blasen aus rotem Schaum.

»Sorge für meine Mannen als rechter Häuptling, Hroar, falls ich nicht wiederkomme!« Mit diesen Worten spannte Beowulf die Brünne fest, nahm sein Schwert in die Hand und sprang in das grausige Gewässer, dessen Grund er bald erreichte. Da unten packte ihn das Jötenweib mit den scharfen Krallen, und nur der harten Brünne war es zu danken, daß sie nicht in seine Brust eindrangen. Sie trug ihn in eine Grotte, die vom Wasser geschützt war. Da sah er einen Saal, in dem ein Licht wie von einer blassen Sonne leuchtete. Vergeblich schlug er mit seinem Schwert auf die Unholdin ein, aber die Klinge verbog sich. Da rang er mit ihr, und bald lag er oben, bald unten. Schließlich erblickte er an der Wand ein Schwert, riß es zuletzt herunter und versetzte der Trollin damit den Todesstreich. Gegen diese Waffe war sie nicht gefeit. Beowulf sah sich in der Grotte um, die mit Kostbarkeiten gefüllt war, und entdeckte schließlich in einer Ecke Grendels Leiche. Seinen Kopf hieb er ab, sprang damit aus der Grotte wieder ins Wasser und ließ sich nach oben tragen.

Die Gefährten hatten schon geglaubt, er sei getötet worden, weil sich das Wasser das Pfuhls rot gefärbt hatte. Um so froher waren sie, als er endlich wohlbehalten mit Grendels Kopf als Siegesbeweis aufgetaucht war. Nicht lange, da saßen die Kämpen erneut auf ihren Langbänken, und die Trinkhörner gingen im Kreis herum. Wieder und wieder dankte König Hroar dem kühnen Jüngling, der jetzt sagte, es sei Zeit heimzusegeln. Hroar wünschte ihm Heil und Glück auf die Reise. Beim Abschied gelobten sie, einander beizustehen, falls das Geschlecht der Skjöldunge oder der Göten einmal in Not geraten sollte.

Nun schritt Beowulf, gefolgt von seinen Kämpen, zum Strand hinunter, wo sein Drachenschiff aufgezogen stand. Um den Mast herum türmte er all die Kostbarkeiten auf, die man ihnen mitgegeben hatte. Mit frischem Fahrtwind gelangte Beowulf bald nach Götland, und König Hugleik begrüßte ihn mit großer Freude in seiner Halle. Der Recke übergab ihm die Brünne, die König Hroar mitgeschickt hatte, und einen kostbaren Halsring. Beides trug Hugleik in seinem letzten Kampf gegen den Franken Theudebert. Beowulf vergaß auch nicht die Königin. Ihr schenkte er die schwere Halskette, die ihm Hroars Gemahlin gegeben hatte. So froh aber war Hugleik, daß er Beowulf von nun an einen Ehrenplatz als ersten unter all seinen Großen einräumte. Als Hugleik später im Kampf gegen die Franken erschlagen wurde, war dessen Sohn noch klein. Da verwaltete Beowulf in Treue das Götenreich.

Ingjald will seinen Vater Frodi rächen

Zufrieden saß König Hroar weiter in seiner schönen Halle, genannt ›der Hirsch‹, in Hleidra auf Seeland. Aber noch gab es die alte Fehde zwischen seinem Geschlecht und der der Hadubaren, wo jetzt Ingjald, der Sohn des alten Königs Frodi, regierte. Der hatte nicht vergessen, daß damals Hroar zusammen mit seinem Bruder Helgi seinen Vater, den König Frodi, in seinem Haus verbrannt hatten. Hroar aber wollte die Fehde zwischen Skjöldungen und Hadubaren endlich begraben. Deshalb schickte er Boten zu Ingjald und schlug vor, dieser solle sich mit seiner Tochter Freywör verloben. Als Ingjald die schöne Jungfrau gesehen hatte, faßte er eine große Zuneigung zu ihr. Schließlich holte er sie zu sich ins

Hadubarenland und feierte mit ihr Hochzeit. Viele Gefolgs-leute aus Seeland waren zum Fest erschienen und saßen nun in Ingjalds Halle ganz oben neben dessen Hochsitz.

Aber viele alte Hadubaren, die noch gut wußten, wie Frodi umgekommen war, sahen das mit Haß und Zorn. »Wie können diese Skjöldunge es wagen, uns noch unter die Augen zu treten! Es sind Hroars Leute. Und Hroar ist Frodis Mörder!« sagten sie. Und am folgenden Tag ging ein alter Kämpe zu König Ingjald hinein und fing an, ihm allzu große Nachgiebigkeit vorzuwerfen.

»Ja, hast du denn alles vergessen? Weißt du nicht mehr, wie dein Vater Frodi so elendiglich durch Hroar verbrannt wurde?« sagte der Alte. Doch Ingjalds Gemahlin wollte ihn beruhigen, streifte einen roten Ring vom Arm und reichte ihn dem Aufgebrachten. Das aber brachte den alten Kämpen noch mehr gegen König Ingjald auf.

Laut und für viele Mannen vernehmbar sagte er: »Als König Frodi noch lebte, war es hier nicht Brauch, daß Söhne auf derselben Bank mit den Mördern ihrer Väter sitzen! Du aber schaust ruhig zu, wie diese Dänen aus Seeland frech Waffen und Ringe tragen, die dein Vater in seinem letzten Kampf verloren hat!«

Noch lange führten einige Hadubaren solche aufreizen-den Reden. Schließlich sprang einer von ihnen auf und schlug einen Seeländer nieder.

»Solche Kränkung«, rief da Ingjalds Gemahlin Freywör, »haben wir nicht verdient. Wir sind hier, um durch diesen Heiratsbund endlich Frieden zu schließen. Jetzt verlange ich von dir, daß du den Tod des seeländischen Kämpen rächst und mir selbst Genugtuung gibst!«

»Jaja«, erwiderte Ingjald, »alles zu seiner Zeit! Gerade jetzt wäre das nicht passend.«

»Wann wäre es denn passend?« fragte Freywör höhnisch. Und Ingjald wußte darauf keine klare Antwort. Aber insgeheim kühlte sich seine Zuneigung zu ihr merklich ab. Und keinesfalls verfolgte er den Totschläger, nein, er hielt sogar schützend die Hand über ihn, so daß dieser fliehen konnte. Täglich aber drangen seine Gefolgsleute in ihn: er habe die Pflicht, seinen Vater zu rächen.

Keine Ruhe gaben ihm die Hadubaren mehr, so daß er endlich eine große Mannenschar ausrüstete und mit ihr vor Hroars Königsburg in Hleidra zog.

»Höre, Hroar«, schrie er seinem Schwiegervater zu, »gekommen bin ich jetzt, mich an dir für den Tod meines Vaters Frodi zu rächen! Du warst dabei, als er in den Flammen seines Königshofes umkam!«

»Schließt schnell alle Tore! Laßt die Hadubaren nicht herein!« rief Hroar in höchster Not seinen Mannen zu. Und es dauerte lange, bis sie alle gewappnet genug waren, um den Angriff Ingjalds standhalten zu können. Der belagerte unterdes den Königshof Hroars, doch ohne Erfolg. Schließlich machte Hroar mit seinen Leuten einen unverhofften Ausfall. Da fielen Ingjald und mit ihm viele Vornehme in Hroars Hände, der sie von seinen Mannen erschlagen ließ. Das war auch das Ende der Hadubaren, die sich nie wieder gegen die Dänen auf Seeland erhoben.

König Hrolf Kraki

Schon war König Hroar alt geworden, da bekam er noch eine Sohn namens Hrörek, der bald heranwuchs. Doch Hroar verließ sich meist auf seinen Brudersohn Hrolf, der ihm stets in allen Fährnissen treu gedient hatte. Als aber Hroar starb, nahmen die Dänen nicht ihn, sondern seinen Sohn Hrörek als König. Da konnte Hrolf nicht mehr in Hleidra bleiben, und so unternahm er weite Fahrten als Wikinger. Hrörek aber war geldgierig und von niederer

Gesinnung. Nicht lange dauerte es, da murrten seine Mannen über ihn und seine Herrschaft. Viele bestiegen ein Schiff und schlossen sich Hrolf an, der nicht nur freigebig war, sondern sich auch als Herrscher der See bewährte. Zuletzt war fast das ganze Dänenheer von Hrörek abgefallen und zu Hrolf übergelaufen.

»Werde du jetzt unser König!« sagten seine Mannen. Und da beschloß Hrolf, heimzusegeln und nachzusehen, wie es um Hröreks Herrschaft bestellt sei. Als dieser erfuhr, daß sein Vetter vor der Königsburg angelangt war, nahm er alle seine Truhen und Kisten, öffnete sie und breitete sein Gold vor ihm aus.

»Das alles, Hrolf gebe ich dir, wenn du dies als Lösegeld annimmst und mich als König anerkennst!« sagte er verzagt. Aber Hrolf verspottete ihn und sprach, Männern gezieme es, mit Waffen und nicht mit Gold zu kämpfen. Hrörek solle lieber die Herrschaft aufgeben, wenn er sie nicht halten könne. Da ließ Hrörek flugs alles Gold wieder einpacken. Schnell zog er sich auf seinen schützenden Königshof zurück, wo er nun betriebsam seine Gefolgschaft um sich scharen wollte.

Doch jetzt erwies es sich, daß nicht selten ein König arm an Männern ist, der reich an Gold sein will. Seine besten Kämpen waren fort, und geringe saßen an ihren Plätzen. Trotzdem wagte schließlich Hrörek den Kampf gegen seinen Vetter Hrolf. Aber das Treffen vor den Toren Hleidras endete unglücklich für Hrörek. Er wurde erschlagen, und all das Gold, das er zusammengerafft hatte, verteilte Hrolf nun unter seinen Mannen.

Den haben alle gern, der sich freigebig, kühn und leutselig erzeigt. Als der König Hrolf noch jung an Jahren war, kam eines Tages ein armer Bursche namens Wögg in die Langhalle des Königs. Er erblickte den noch nicht Ausgewachsenen auf seinem Hochsitz und schüttelte den Kopf.

Da rief ihn Hrolf heran und fragte: »Warum starrst du mich an? Was führst du im Schilde?«

»Ach, nichts«, erwiderte Wögg, »ich hörte nur, König Hrolf sei ein großmächtiger Mann und sein Königssitz in Hleidra sei der größte in den Nordlanden. Und nun sehe ich: auf dem Hochsitz hockt einer, der wie ein Kraki, eine kleine Zaunlatte, aussieht. Dich nennen sie also König?«

»Sieh an, nun hast du mir einen Namen gegeben!« rief Hrolf. »Von nun an will ich mich Hrolf Kraki nennen! Es ist Brauch, daß der, welcher einen Namen gibt, auch ein Geschenk mitbringt. Da ich aber sehe, daß du arm bist und kein Geschenk hast, will ich dir statt dessen ein Geschenk machen!«

Nun zog König Hrolf einen kostbaren Goldring vom Finger und reichte ihn dem Burschen. Nicht wenig staunte dieser, daß der Dänenkönig so freigebig war, und er rief aus: »Ja, wirklich, du giltst als der beste aller Könige! Nun gelobe ich dir: sollte jemand dich umbringen, will ich nicht eher ruhen, bis ich den zur Strecke bringe, der diese Tat vollführt hat!«

Der König lachte laut, bedachte sich aber und meinte dann, das sei ein seltsames Gelübde. Er wisse nicht, ob es ihn froh mache.

Damals herrschte in Uppsala noch König Adils, der Hrolf Krakis Mutter Yrsa zur Frau genommen hatte. Nun geschah es, daß Adils in einen schweren Streit mit dem Norwegerkönig Wali geriet. Und Wali war mit einer großen Streitmacht gekommen und wollte auf dem Eis des Sees, der später Vänersee hieß, die Mannen des Schwedenkönigs treffen. Darüber erschrak Adils und schickte zu Hrolf Kraki, er möge seinem Stiefvater beistehen. Dem ganzen Heer versprach er Sold, solange die Kriegsfahrt dauerte. Hrolf sollte außerdem drei Kleinode erhalten, die er sich selbst wählen könnte. Aber da Hrolf Krieg mit den Sachsen führte, konnte er nicht selbst nach Schweden kommen. So schickte er seine zwölf Berserker, die mit Zauberkräften begabt waren und ungestüm und voller Wildheit gegen das Heer der Norweger kämpften. Bald war die Schlacht entschieden. Der norwegische König Wali kam um, dazu ein großer Teil seiner Mannen. Da nahm sich König Adils als Beute dessen Helm Hildeswein und das gute Pferd Hrafn.

Nun verlangten Hrolf Krakis Berserker ihren Lohn, und der sollte drei Pfund Gold sein für jeden, dazu forderten sie noch drei Kleinodien: ein Zauberschwert, eine Brünne, die kein Stahl durchdrang, und einen Goldring, den Adils von seinen Vorfahren geerbt hatte. Als Adils von diesem Verlangen der Berserker hörte, schüttelte er den Kopf. Nein, so hatte er sich das nicht gedacht. Als er die dänischen Mannen in Reih und Glied vor seiner Halle stehen sah, ärgerte er sich noch mehr, daß er sie überhaupt hatte herbeiholen lassen.

»Nichts bezahle ich euch!« schrie Adils, als sie ihre Forderungen immer lauter stellten. »Ich hätte gegen die Eindringlinge auch selbst gesiegt! Auch ohne euch Berserker! Fahrt heim, ihr Unholde!«

Da erhoben die Fremden einen Heidenlärm. Und es hätte nicht viel gefehlt, und sie wären in Adils Langhaus eingedrungen, um dort alles entzweizuschlagen. Aber Adils hatte vorgesorgt. Von allen seinen Mannen war er umgeben, und das waren so viele, daß selbst die Berserker nichts auszurichten vermochten. Wütend machten sie sich auf den Heimweg und berichteten zu Hause alles ihrem König Hrolf Kraki. Der geriet in Zorn über den Wortbruch des Schweden, der noch dazu sein Stiefvater war. Er rüstete sofort zum Kriegszug. Mit hundert Mannen, dazu mit seinen zwölf wilden Kämpen, fuhr er mit Schiffen übers Meer gen Uppsala. Unterwegs aber wollte er Rast machen und gelangte zu einem alten Bonden namens Hrani, der am Meeresufer wohnte.

»Kannst du uns aufnehmen zur Nacht?« fragte Hrolf.

»Weit mehr schon, als ihr's seid, nahm ich in meiner Halle auf. Aber nicht hier, sondern dort, wo ich wirklich daheim bin!« lachte der Bauer, der nur ein Auge hatte. Er war freundlich zu ihnen allen und erzählte ihnen am Langfeuer allerlei Weisheiten. Aber der Schlafraum Hranis war so kalt, daß alle Gäste – außer Hrolf Kraki und seinen zwölf – gar nicht warm werden konnten. Da riet Hrani dem König am nächsten Morgen: »Laß nur die Hälfte deiner Schar bei mir zurück! Größere Gefahren, als du denkst, sind in Uppsala zu bestehen!«

Am zweiten Abend steuerte Hrolf Kraki mit seinen Leuten wieder einen Hof am Ufer an, und er meinte denselben Bonden zu erkennen, der sie schon die Nacht zuvor beherbergt hatte. Oder war er gar kein Bauer, sondern ein ganz anderer? Sollte ihm gar Odin selbst in Bondengestalt hier begegnen? Diesmal prüfte der Alte Hrolf Kraki und seine Gefährten durch Bierentzug. Im ganzen Hause fanden sie nichts Trinkbares, auch keinen Brunnen, so daß die Mannen schrecklichen Durst litten. Und wieder riet der einäugige Bonde dem König, einige Gefährten dazulassen, denn es sei gar gefährlich, nach Uppsala zu gehen. Hrolf Kraki befolgte seinen Rat und fuhr weiter.

In der dritten Nacht gelangten sie an eine Herberge, wo soviel Herdfeuer im Langhaus brannten, daß man es vor Hitze nicht aushielt. »Laß die Mannen zurück! Erhitzt sind sie zu sehr! Sie können nicht mehr kämpfen!« sprach der Bonde, der wiederum Hrani der vorige zu sein schien. Da merkten sie denn, daß sie allesamt wieder auf die Probe gestellt wurden.

Nur König Hrolf Kraki selbst und seine zwölf Berserker-Kämpen hielten schließlich die Probe aus, und so empfahl Hrani dem König schließlich, allein mit diesen die Fahrt zu Adils fortzusetzen.

Als er mit seinem Schiff – die Berserker waren an Bord – in den Fluß Fyris einfuhr und vor Uppsala anlangte, kam ihm seine Mutter Yrsa beschwichtigend entgegen.

»Gute Herberge habe ich für dich, mein Sohn!« sagte sie.

»Aber führe mich nicht in die Königshalle!« sagte Hrolf Kraki.

»Nein, nein!« rief Yrsa. »Gut sollt ihr alle bewirtet sein! Aber ich bitte euch: kämpft nicht gegen meinen Gemahl Adils!«

Da zog nun Hrolf Kraki mit seinen Berserkern in eine Halle, in der große Feuer brannten, und viel Äl wurde gereicht beim Festmahl, und schöne Mägde gingen herum und schenkten nach. Aber sie alle wußten nicht recht, ob es der Königssaal oder ein anderes Langhaus war, in dem sie zechten.

Plötzlich stürmten König Adils Mannen herein, warfen riesige Scheite in die Feuer, so daß sie bei Hrolf Krakis Kämpen gleich die Kleidung anbrannten.

»He, ist es etwa nicht wahr, daß deine Leute, Hrolf Kraki, gefeit sind gegen Feuer und Eisen?« lachten die Eindringlinge und versperrten ihnen den Weg. Da sprangen Hrolf und seine Leute von ihren Sitzen auf. Solche Gluthitze war entstanden im Saal, daß man's nicht mehr aushielt. So suchten sie nach einem Ausgang.

»So laßt uns die Glut auch mehren!« rief Hrolf Kraki.

Er faßte seinen schweren Schild und warf ihn – ebenso wie die anderen es taten – gleichsam als Brücke über die Glut. Sogleich brannten die Schilde an, aber furchtlos liefen Hrolf Krakis Berserker darüber hin, indem sie riefen: »Der fürchtet das Feuer nicht, der mutig hindurchschreitet!«

So kamen alle Berserker, einer nach dem anderen, aus dem Feuerkreis heraus.

Und nun rächten sie den Verrat. Diejenigen von Adils Leuten, die das Feuer geschürt hatten, wurden von ihnen gepackt und in die Glut geworfen. Jammernd bat Yrsa um Schonung für die anderen.

»Hier«, rief sie, »ein Trinkhorn voller Goldkörner gebe ich euch, dazu den wertvollen Armring, den mein Gemahl geerbt hat, wenn ihr jetzt da unten die bereitgestellten Pferde nehmt und fortreitet! Ja, reitet so schnell ihr könnt! Denn Adils holt Verstärkung und läßt euch sterben und verderben!«

Zuerst hatte Hrolf Kraki nicht übel Lust, mit seinem Stiefvater einen Holmgang auszumachen. Im Zweikampf würde er ihn besiegen. Aber schließlich gab er sich angesichts der Übermacht zufrieden. Da bestiegen alle Yrsas Pferde und ritten davon, zurück über die weite Fyrisheide.

Noch nicht sehr weit waren sie gekommen, da sahen sie, daß König Adils ihnen bewaffnet mit Hunderten Reitern folgte. Er hatte seine ganze Mannenschar dabei, und es würde ein ungleicher Kampf werden: Hrolf Krakis kleine Schar gegen Adils ganze Streitmacht! Da griff Hrolf Kraki zu einer List. Mit der Rechten holte er die Goldkörner aus dem Horn und streute sie auf den Weg. Als die schwedischen Krieger das sahen, hielten sie in der Verfolgung inne, sprangen von ihren Pferden und suchten am Erdboden voller Gier nach den Goldstücken.

»Reitet!« krächzte Adils. »Reitet! Verfolgt und schlagt sie! Wir sind stärker als sie!«

Nun führte König Adils die Reiterschar selbst an und flog auf seinem schnellen Pferd Slungnir, das den Vergleich mit Odins Roß nicht zu scheuen brauchte, vor den Seinen her, den fliehenden Dänen nach.

Aber als Hrolf Kraki sah, daß Adils ihn fast eingeholt hatte, warf er den Ring, den er von der Mutter erhalten hatte, auf den Erdboden und schrie höhnisch: »So nimm ihn zurück, als Gabe von mir!« König Adils sprengte heran, zügelte das Roß, sprang ab, hob den Ring mit der Speerspitze vom Boden auf und ließ ihn am Schaft niedergleiten. Dabei bückte er sich tief zur Erde. Da lachte König Hrolf Kraki: »So habe ich denn«, sprach er, »denjenigen wie ein Schwein gebeugt, der der Mächtigste in Schweden war!«

Beschämt ließ König Adils von der Verfolgung ab. Kraki aber wandte sich um und ritt stumm zu den Seinen. Seither heißen Goldkörner ›Krakis Saat‹ oder ›Samenkörner vom Fyrisfeld‹.

Auf der Rückfahrt gelangte Hrolf mit den Seinen an einen großen Hof, vor dessen Tor ein Alter stand, der wiederum aussah, als sei er Hrani: »Schild, Schwert und Brünne will ich dir schenken, guter König!« rief der Alte.

Doch Hrolf meinte, es sei nicht recht, solch teures Geschenk könne er nicht annehmen. Da wurde der alte Bauer zornig und schrie: »Nicht immer bist du so weise, wie du dir einbildest!«

Nun war an Nachtherberge bei ihm nicht mehr zu denken, und ohne Abschied ritten Hrolf Kraki und die Seinen in die Nacht hinaus. Sie waren nicht weit gekommen, da hielt Hrolfs Gefährte Bödwar Bjarki sein Roß an und sprach: »Zu spät besinnt sich der Unkluge: ich meine, wir haben sehr unweise gehandelt, daß wir sein Geschenk ausschlugen!«

»Das ahne ich auch«, sagte Hrolf Kraki, »dieser Mann ist also doch Odin gewesen! Sahst du nicht: er war einäugig!«

»Reiten wir zurück!« schlug Bödwar Bjarki vor. Doch als sie zurückkamen, waren Hof und Bauer verschwunden.

»Jetzt ziehe vorerst nicht in den Kampf!« sprach Bjarki zu Hrolf Kraki, »ich meine, Odin grollt dir!«

König Hrolf Kraki lebte nun zurückgezogen. In Hleidra war auch ein Sohn von König Hroars ältestem Bruder Hjörgar aufgewachsen, Hjörvard genannt. Da Hjörgar nicht mehr lebte, vertrat Hroar ihn zuerst als Vater, aber er setzte den jungen Edlen stets ein wenig zurück; und nach Hroars Tod verließ Hjörvard verbittert Hleidra und zog nach

Schweden. Hrolf Kraki hatte dort eine Stiefschwester mit Namen Skuld. Die hatte sein Vater Helgi mit einer Elfenfrau gezeugt. Sie nahm in Schweden den landesflüchtigen Hjörvard zur Ehe.

Und Skuld konnte es nicht ertragen, daß sie und ihr Gemahl dem Hrolf Kraki Schatz und Zins zahlen mußten. Eines Tages sprach sie zu Hjörvard: »Bist du nicht auch ein Sproß des Skjöldungengeschlechts? Warum hat dir dein Großvater nicht ein größeres Erbe hinterlassen? Wir wollen hinfahren nach Hleidra und uns holen, was uns zusteht! Aber klug wollen wir es anstellen! Bald wird uns Hrolf Kraki zu einem Gastmahl einladen. Dann wollen wir ihn überfallen!«

Und Hjörvard sammelte in aller Stille Mannen um sich und rüstete sie gut aus, damit sie später zur Hand wären, wenn sie nach Hleidra zu fahren hätten. Bald gab Hrolf Kraki sein lange angekündigtes Gastmahl. Hjörvard erschien am Königshof mit kleinem Gefolge. Aber unten am Hafen, bei den Schiffen, hatte er viel mehr Männer und Waffen versteckt. Mit Freude begrüßte Hrolf seine Verwandten. Viel wurde getrunken. Als man endlich zur Ruhe ging, schlich Hjörvard zum Strand hinunter und holte seine Mannen heraus, die sich auf Deck unter Fellen verborgen hatten.

Hrolf Krakis zweiter treuer Gefährte Hjalti Hugprudi aber legte sich nicht in die Halle zum Schlafen, sondern wollte seiner Kebse einen Besuch abstatten. Nicht weit hatte er sich vom Königshof entfernt, da vernahm er Klirren und Stampfen wie von Waffen und Pferden. Und er meinte, er könne in der Dunkelheit viele Männer ausmachen, mehr als Hrolf Krakis Verwandte aus Schweden je mitgebracht hatten. Erst als er von seiner Geliebten zurückkam, meldete er das Gehörte dem König. Und das war verhängnisvoll.

»Unfriede«, rief er, »ist im Hof! Wach auf, Hrolf, und laß uns unsere Gefolgsleute holen!«

Als die Mannen sich versammelten, spornte Hjalti sie an und sprach: »Jetzt ist die Zeit gekommen, daß ihr's Hrolf Kraki entgeltet, daß ihr zeigt, daß eure großen Gelübde nicht loses Gerede waren!«

Viele waren beim Schein der Kienspanfackeln unter Waffen. Da hörte man auf der anderen Seite, wie die Schweden unter ihrem Anführer Hjörvard heranrückten. Noch einmal rief Hjalti, daß es laut und vernehmlich über den Köpfen der Gefolgsleute Krakis klang: »Die Stunde ist da, unserem König beizustehen! Zeigt, was ihr mit seinem Bier im Bart in seiner Halle geschworen habt: ihm zu folgen, sei's zum Sieg oder Tod! Dem trefflichsten König unter der Sonne dienen wir; nach Ehre, nicht nach Gold zählte er seine Jahre! Lachend saß er mit uns beim Bier, lachend streute er Adils Gold vor ihm aus, ließ er Sköfnung, sein treues Schwert, singen! Am schönsten erschienen ihm Ringe, wenn sie am Arm seiner Mannen leuchteten! Der weiß von Glück zu reden, der ihm, dem Skjöldungensproß, gedient hat! Wer an seiner Seite stirbt, gewinnt unsterblichen Ruhm!«

»Ja, ja!« erscholl es ringsum. »Brust gegen Brust, so wie Adler hacken, wollen wir, Hrolfs Mannen, nun kämpfen!«

Während des Kampfes bemerkte man einen Bären, der dem König Hrolf stets am nächsten war und eine breite Bresche in die Schar der Feinde schlug. Alle Speere prallten an seinem Fell ab. Im Frührot schaute sich Hjalti nach seinem treuen Gefährten Bödwar Bjarki um. Nirgends konnte er ihn erblicken. Da sprang er aus dem Schlachtgetümmel und lief zur Halle. Da lag Bödwar Bjarki auf seinem Sitz und schlief.

Nicht Zeit ist's, jetzt zu schlafen, Bjarki, wenn alle für den König kämpfen!« rief er. »O Bjarki, Bjarki, komm heraus!« Dreimal mußte er rufen, so bleiern und schwer war Bjarkis Schlaf. Doch als Bjarki endlich in den Kampf eingriff mit seinen Berserkerkräften, da war auf einmal der Bär verschwunden, und keiner sah ihn je wieder. Nun wandte sich das Schlachtenglück gegen Hrolf Kraki. Im Halbdunkel fielen die Königsmannen reihenweise. Aber die Krieger in Hjörvards Heerschar schienen, waren sie gefallen, gleich wieder aufzustehen. Bald war die Walstatt mit Leichen bedeckt. Skuld saß auf ihrem Zaubersessel und rief die Toten durch Zauberlieder ins Leben zurück, damit sie weiter gegen Hrolf Kraki kämpfen konnten.

Die ganze Zeit focht nun Bödwar Bjarki wie ein Rasender vor dem König und schützte ihn. Dann schrie er: »Tritt vor, Hjörvard! Wagen wir den Zweikampf!« Doch man hörte nur das dumpfe Stampfen der Krieger und das Klirren der Schwerter und Schilde.

»Auch Odin selbst fordere ich heraus!« rief Bjarki schließlich in höchster Wut. »Wo ist er in seinem weiten Mantel? Wo ist der Einäugige, der Streitschrecker? Mag er noch so hoch sitzen auf seinem Roß, ich hole ihn herab! Ah, du treuloser Wicht, betrogen hast du meinen König!«

Da erschrak Hjalti, und dicht drängte er sich an Bjarki heran und zischte ihm ins Ohr: »Wende deine Waffe gegen Menschen! Ein Held schilt nicht das Schicksal! Ach, Bjarki, Bjarki!« Und erneut stürzten sich die beiden ins Gewimmel der Kämpfenden. Die Reihen um den König waren sehr gelichtet. Nur noch einige Berserker fochten. Bis in das Morgengrauen hinein, als schon die Sonne blutrot aufging, stritten sie unerbittlich.

»Was nützt es«, rief Hrolf Krakis Gefährte nochmals, »wenn wir hier Mannen erschlagen! Ich kann nicht soviel Hiebe vergelten, wie ich empfange. Die Feinde sind in der Übermacht. Es wunderte mich nicht, wenn wir noch heute Gäste in Odins Walhall sind!«

»Ja, zu viele gewaltige Kämpen sind gegen uns!« erwiderte Bjarki. »Unser Kampf gegen sie ist gleich zu Ende. Odin kann ich unter ihnen nicht sehen. Aber ich meine, er kämpft gegen uns! Sähe ich ihn, ich würgte ihn wie eine Maus!« Mit diesen Worten hielt er sich schützend den Arm vor das Gesicht. Da sah er Odin durch die Armbeuge. Er ritt auf einem weißen Roß und trug einen weißen Schild inmitten der gegnerischen Schar. Ja, er dürstete nach den Seelen der Erschlagenen, ihm war es gleich, auf welcher Seite sie fielen! So brachte er Verderben auch denen, die vorher seine Freunde waren. Als Hrolf Kraki gefallen war, fochten die Getreuen über seiner Leiche.

»Laßt Hrolfs Gold an unseren Armen leuchten!« schrien sie. »Die Leute sollen sehen, wie unser König seine Kämpen schmückte!« Bald war alles still. Bödwar Bjarki lag erschlagen vor Hrolfs Haupt, sein Gefährte Hjalti aber zu seinen Füßen.

Da wurde nun der Königshof Hrolf Krakis von seinem Widersacher Hjörvard lärmend in Besitz genommen. Und er ließ noch am selben Tag ein großes Siegesgelage abhalten. Matt und zufrieden saß er in Hrolfs Hochsitz, seine schwedischen Mannen in schimmernden Reihen an den Wänden der Halle vor den Langtischen. Und man trank des toten Königs Bier. Übermütig fragte Hjörvard, ob denn nicht wenigstens einer von Hrolfs Kämpen am Leben geblieben sei. »Gern gäb ich so einem einen Dienst in meinem Gefolge, wenn er ihn haben will!«

Doch aus den Reihen seiner Leute erscholl die Antwort: »Alle sind bei Odin!«

Da trat Wögg, der Hrolf einst den Beinamen gegeben hatte, aus der Ecke hervor und sprach: »Wisse, König, daß nicht alle tot sind, daß einer noch lebt! Einer noch von den Alten!«

Erfreut fragte Hjörvard, ob er nicht in seine Dienste treten wolle. Tapfere könne man immer gebrauchen. Und Wögg erwiderte, das wolle er gern tun. Da hielt ihm Hjörvard die Schwertspitze entgegen und sprach: »So schwöre mir bei diesem Schwert die Treue!«

»Sitte war's in Hrolfs Halle«, sprach da Wögg, »daß die Mannen den Knauf in die Hand nahmen und nicht die Schwertspitze, wenn sie ihren Eid schworen!«

Diese Ehre wollte Hjörvard dem toten König Hrolf Kraki erweisen, und lachend hielt er ihm nun den Schwertknauf hin. Der aber packte ihn und stieß die Schwertspitze tief in Hjörvards Brust: »Jetzt nenne ich meinen Tod besser als mein Leben!« rief Wögg. »Nun habe ich meinen König gerächt, wie ich's einst versprach!« Damit fiel er, von vielen Schwertern und Speeren durchbohrt. Zusammen mit den Mannen und Hrolf Kraki selbst wurde er in die Hügel gelegt.

So vermehrte sich der Ruhm, den Hrolf zu Lebzeiten genossen hatte, noch durch die Umstände seines Todes. Die Worte, die die Kämpen Hjalti und Bjarki vor ihrem Tod sprachen, wurden nie mehr vergessen, auch nicht die Worte des treuen Wögg. Skalden und Sänger formten daraus Lieder, die überall an den Königshöfen im Norden erklangen. Und einst war ein Skalde namens Thormod, der sang das Bjarki-Lied für König Olaf in der Nacht vor der Schlacht von Stiklestad, und alle Mannen, die Odin schon abgeschworen und das Kreuz angenommen hatten, lobten ihn dafür. Und König Olaf selbst ehrte ihn mit einem schweren Goldring.

Der Fluch des Halsrings der Ynglinge

Seit langem herrschte in Uppsala ein mächtiges Königsgeschlecht, genannt die Ynglinge, deren Stammvater Yngvi, ein Sohn von Frey, war, dem er stets große Opfer darbrachte. Visbur war einer seiner Nachfolger, der einen verwunschenen Halsring besaß. Ein Fluch lastete darauf: Stets der beste unter den Mannen der Ynglinge würde, trüge er ihn, bald sein Leben aushauchen auf schmähliche Weise. So geschah es auch mit einem, der Agni hieß. Im Lappenlande hatte er Skjalf, die schöne Tochter des dortigen Königs Frosti, geraubt; bei Stocksund sollte sie ihm in seinem Zelt zu Willen sein. Sie aber trauerte um den Tod des Vaters und sagte: »Erst wollen wir das Erbbier meines Vaters trinken, der durch dich getötet wurde!«

Agni fügte sich und veranstaltete ein großes Trinkgelage. Bald waren er und seine Mannen trunken. Da sprach Skjalf zu ihm: »Wo hast du deinen Halsring, Lieber? Hüte es wohl, das Erbstück! Lege es um für mich, wenn du auf mein Lager kommst!«

Und Agni umschloß seinen Hals fest mit dem verwunschenen Ring der Ynglinge und kam zu Skjalf ins Zelt. Ermattet schlief er bald ein. Da nahm sie einen Strick und knüpfte ihn an den Ring; dann befahl sie ihren Getreuen, das Seilende über einen Ast zu werfen und kräftig zu ziehen! Da hing nun Agni baumelnd am Strick und hauchte sein Leben aus. Sie aber nahm sein Schiff und segelte mit ihren Mannen fort.

Später erbten zwei Brüder das Reich der Ynglinge. Der eine, Yngvi mit Namen, war glücklich in allem, was er unternahm. Odin und Frey liebten ihn. Der andere, Alf, war wortkarg und barsch. Eine wunderschöne Königin hatte er sich gewonnen namens Bera. »Warum ist sie nicht meine Gemahlin«, fragte Yngvi oft, und aus Schmerz darüber fuhr er lange Wege als Wikinger übers Meer. Einmal, zurückgekehrt, fand er unter den Schätzen der Ynglinge den Halsring und legte ihn um. So geschmückt trat er in die Halle und setzte sich neben die schöne Bera. Vertraulich sprach er mit ihr den ganzen Abend am Hochsitz, und der verschlossene Alf war eingeschlafen.

»Wie glücklich«, sprach sie, »wäre ich geworden, hätte ich Yngvi statt Alf genommen!«

Yngvi aber meinte, die Nornen hätten ihr Schicksal anders gefügt; nun sei es einmal so gekommen, daß Alf ihr Gemahl geworden sei. Sie aber seufzte ein über das andere Mal und wiederholte den Spruch. Das hörte ein falscher Ratgeber und hinterbrachte es dem König Alf.

Eines Abends saßen Yngvi und Bera wieder vertraulich beieinander in der Halle am Hochsitz, da stürzte Alf, das Schwert unter seinem Mantel, herein und lief zum Hochsitz. Ohne ein Wort zückte er es und durchbohrte seinen Bruder Yngvi. Der aber war zuvor noch aufgesprungen und hieb, schon todgeweiht, nach Alfs Kopf. Beide fielen tot zur Erde. Bera aber löste Yngvis Halsring und bewahrte ihn unter den Schätzen auf.

Immer wieder flammte der Zwist unter den Ynglingen auf, und der Halsring vererbte sich von Geschlecht zu Geschlecht. Nach einer königslosen Zeit kam in Uppsala Adils auf den Thron, der besonders die Pferde liebte. Auch er trug den Halsring. Als er bei der Verfolgung des Dänenkönigs Hrolf Kraki das Gold mehr liebte als seine Ehre, wandten sich die Götter von ihm ab. Froh über Hrolfs Tod in Hleidra, ließ er ein großes Opferfest in Uppsala feiern. Schon im Rausch bestieg er sein edelstes Roß und tummelte es auf dem heiligen Ort. Da ließ Odin das Pferd straucheln, Adils stürzte vom Pferd und schlug mit dem Kopf gegen einen großen Stein; so war sein Tod besiegelt.

Der Fluch des Halsrings der Ynglinge verfolgte auch einen, den man später Ingjald den Arglistigen nannte. Mit Trug und List hatte er sein Reich vergrößert. Schon gehorchten ihm viele Könige ringsum; aber er war damit nicht zufrieden. Swipdag, sein Ziehvater, hatte ihm einst ein Wolfsherz zu essen gegeben, da war er grimmigen Sinns geworden. Eine Halle ließ er bei Uppsala errichten, so groß wie nirgends sonst in den Nordlanden. Darauf sandte er Boten, um seinen Verwandten, den König von Götland, und alle seine Gaukönige einzuladen zum großen Gelage. Da saßen die Mannen in blanken Reihen und zechten.

Als der Becher Bragis hereingetragen wurde, stand Ingjald auf und legte seinen Schwur ab, wie es Brauch war. Nicht eher wolle er ruhen, bis er sein Reich nach allen Seiten vergrößert habe. Damit trank er aus dem Horn und bestieg den Hochsitz seines Vaters. Mit Kraft wurde das Erbbier getrunken, bis alle Gäste berauscht waren. Da ließ Ingjald Feuer an die Halle legen und setzte Wachen ein, die alle töten sollten, die aus der brennenden Halle ausbrächen. Da verbrannten sechs Könige, und Ingjald unterwarf sich ihre Länder.

Einer, König Granmar von Södermanland, war nicht zum Gelage erschienen. Seine Tochter Hildigun gab er dem Dänenkönig Hjörward, um so einen Bund zu schließen gegen Ingjald. Und dieser rüstete sein Heer aus, um Granmar zu überfallen. Doch als man aufeinandertraf, erwies es sich, daß Granmars Heer viel größer war, als es Ingjald vermutet hatte.

»Laß uns Frieden schließen«, sprach Ingjald scheinheilig, »wir sind gleich stark!« Und Granmar hörte auf seine weisen Alten, die ihm rieten, darauf einzugehen. Doch ehe das Jahr vergangen war, überlistete Ingjald den Gutgläubigen und verbrannte ihn in seinem eigenen Königshof. Und nun war auch Södermanland seiner Herrschaft unterworfen.

Eine Tochter namens Asa besaß Ingjald, die verheiratete er mit König Gudröd von Schonen. Unfriede aber herrschte, wohin sie auch kam. Erst hetzte sie ihren Gemahl gegen seinen Bruder Halfdan auf, der durch dessen Hand fiel, dann fügte sie es mit Zauberkräften so, daß ihr Gemahl selbst den Tod fand. Da zog sie zurück zu ihrem Vater. Ein über das andere Mal wühlten Ingjald und Asa in den Schätzen der Ynglinge, mehrmals legten beide den verwunschenen Halsring um und erfreuten sich am Glanz des Goldes.

Da war Halfdans Sohn Ivar Weitfahe in Schonen herangewachsen. Nun wollte er an Asa Vaterrache nehmen. In

Rännige weilte Ingjald zusammen mit Asa, als er von Ivars Kommen hörte.

»Ach«, schrie Ingjald, »warum habe ich alle meine Mannen in Uppsala zurückgelassen? Wie soll ich mich verteidigen? Meine wenigen Diener können nichts ausrichten!«

Er erkannte, daß er verloren war. Flüchtete er, so mußte er fürchten, daß die Bauern der Umgegend ihn erschlugen. Da fügte er sich in sein Schicksal, ließ von seinen Dienern fleißig Bier in die kleine Halle bringen und hielt sein letztes Gelage mit den wenigen Anhängern. Asa befahl ihnen, diesmal alles auszutrinken! Dann legte sie Feuer an die Halle und ging mit ihrem Vater zusammen in den Tod. Da war der Fluch des Halsrings der Ynglinge erfüllt.

König Hedin und die Walküre

Es war einmal ein König namens Hedin, der fuhr hinaus auf Eroberungen und unterwarf manches Land. Als er einst auf der Jagd war, verirrte er sich und kam zuletzt aus dem Dickicht auf eine Lichtung, wo eine stattliche Frau saß, eine Walküre. Sie hieß Göndul und befragte ihn nach seinen Taten, und Hedin berichtete ihr alle seine Erlebnisse.

»Nur einen weiß ich, der sich messen kann mit dir: Högni in Dänemark«, sagte sie.

»Nicht lange, und wir erproben, wer der Bessere ist!« sagte Hedin, und er war ganz von Sinnen von der Schönheit und Anmut der Frau. Sie aber winkte und verschwand.

Als das Frühjahr kam, stach Hedin alsbald in See und gelangte nach Dänemark, wo er vor Högnis Königshof den Anker warf. Der hieß ihn willkommen und gab ihm einen Ehrenplatz in der Halle. Als Hedin ihm zugetrunken hatte, fragte Högni nach seinem Begehr.

»Viel, o König, vernahm ich von deinem Ruhm«, sagte

Hedin. »Ich bin gekommen zu erproben, wer der Bessere von uns ist.«

»Das soll geschehen!« rief Högni fröhlich. »Hier ist ein Platz für Wettspiele, da ist das Meer zum Wettschwimmen!«

Nun prüften die Könige tagein und tagaus ihre Künste und Leistungen, und beide standen so gleich, daß niemand einen Unterschied gewahrte. Als sie erkannten, daß sie ebenbürtig waren, tranken sie Blutsbrüderschaft und teilten ihre Habe. Hedin war jünger und ohne Gemahlin. Högni hatte eine Frau namens Herwör und eine Tochter namens Hilda.

Einmal, als Högni auf Heerfahrt war, geriet Hedin wieder in den Wald, wo er die Walküre getroffen hatte. Diesmal bot sie ihm Met aus einem Horn an, und er trank unmäßig viel. Dann fragte sie, ob er wisse, wer von beiden Königen mehr vermöge.

»Ach, wir sind einander völlig ebenbürtig«, erwiderte Hedin.

»Nein«, sagte die Walküre Göndul, »etwas hat Högni dir voraus: er besitzt eine schöne Gemahlin und eine liebliche Tochter!«

»Er gäbe mir die Tochter, bäte ich darum«, erwiderte Hedin.

»Ja, aber der kleinere bleibst du doch, da du um etwas bitten müßtest! Raube die Tochter und töte die Mutter, so bist du ihm gleich!«

Wie im Taumel ging Hedin heim. Die unheimliche Göndul hatte sein Herz so verwirrt, daß er tat, was sie sagte. Er ließ ein Schiff vom Stapel gehen und die Königin auf die Rollstöcke werfen, so daß es über sie hinglitt und sie tötete. Und ihrer Tochter Hilda tat er Gewalt an. Er wollte fliehen mit ihr und dem Schiff, aber zuvor zog es ihn wieder in den Wald zu Göndul. Wieder bot sie ihm Met aus einem goldenen Horn an, und er sank auf ihren Schoß.

Als er eingeschlummert war, rief sie: »So weihe ich dich und die Deinen dem Siegvater Odin! Nie mehr sollst du loskommen von ihm!«

Im selben Augenblick erwachte Hedin, und er erhaschte einen Blick von der holdseligen Walküre, aber ihm dünkte, daß es ein Trollblick war. Da bereute er seine unbesonnene Tat, und er nahm Hilda, ging auf sein Schiff, um dahin zu segeln, wo keine Menschen waren.

Högni aber, als er hörte, was geschehen war, setzte dem flüchtigen Hedin nach. Doch dieser war ihm stets um einen Ankerplatz voraus, so daß Högni ihn nicht einholen konnte.

Als Högni seinem Widersacher schon dicht auf den Fersen war, sprach Hedin zur lieblichen Hilda: »Jetzt gehe zu deinem Vater und bitte um Frieden! Gib ihm diesen Ring als Buße! Sag ihm, daß ich verblendet war, als ich deine Mutter tötete und dir Gewalt antat!«

Der Vater schloß die Tochter in die Arme, die weinend sprach: »Buße will dir Hedin geben, Friede möge herrschen! Diesen Ring schickt er dir! Tue es, lieber Vater, denn ich liebe Hedin!«

Doch Högni war stolz und sagte, wohl hätte er ihm verziehen, wenn nur die Tochter geraubt worden wäre. Aber der Mord an der Königin stehe nun zwischen ihnen, und so rief er: »Er soll sich lossagen von dir! Er soll alles aufgeben, das Reich und dich! Und er soll dorthin fliehen, wo niemand ihn kennt! Das ist mein Spruch!«

Weinend und wehklagend überbrachte Hilda diese Nachricht.

Da scharte Hedin alle seine Mannen um sich und empfing seinen ehemaligen Blutsbruder in offener Schlacht. Nochmals rief Hedin hinüber und bot Högni Buße an. Aber Högni schrie: »Zu spät! Mein gutes Schwert Dainsleif ist gezückt. Nie fährt es mehr in die Scheide ohne Blut!«

»Prahlst du mit deinem Schwert?« erwiderte Hedin. »Gedenke, daß auch mein Schwert gut ist!« Nun schlugen sie aufeinander ein, und sie stritten den ganzen Tag, und als es Abend wurde, schritten sie zu den Schiffen, dort zu ruhen. Da ging die unglückliche Hilda zur Nachtzeit zurück zur Walstatt und weckte mit starkem Zaubergesang die Toten.

Als die Sonne am nächsten Morgen hervorbrach, trafen die Könige erneut aufeinander, und sie schlugen sich wieder bis zum Tagesende. Das ging so Tag für Tag. Die toten Mannen wurden nachts zu Stein, ebenso ihre Waffen, aber am andern Tag scharten sie sich zum Kampf. So werden die Hedinge streiten, bis die Zeit der Ragnarök, bis das Weltende kommt.

Hamlet

Ein König war in Seeland, der hatte eine Gemahlin namens Gertrud und einen Sohn namens Hamlet. Und da lebte Fenge, der Bruder des Königs. Er war in Neid entbrannt, weil jener gütig und tapfer war und eine so schöne Gemahlin hatte. Er ermordete ihn schließlich und beschönigte die Untat, indem er verbreitete, der König habe übel gehandelt an seiner Gemahlin. Mit glatten Worten gewann er das Volk, das ihn zum König wählte, und so wurde er Gertruds neuer Mann.

Der Knabe Hamlet ging als Narr auf dem Königshof herum, hatte sein Gesicht mit Ruß bestrichen und führte dunkle Reden. Oft saß er am Feuer und schnitzte oder schmiedete.

»Hamlet, was tust du?« fragten ihn die Knechte.

»Speerspitzen schmiede ich, um meinen Vater zu rächen!«

Einige lachten, andere aber wunderten sich über seine Geschicklichkeit, sie meinten, der Knabe sei klüger, als er sich den Anschein gab. Eines Tages wollten sie Hamlet prüfen und nahmen ihn mit auf die Jagd. Da sahen sie einen Wolf.

»He, Hamlet!« riefen sie listig, »siehst du das Füllen da?«

»O ja, ich sehe es!« antwortete Hamlet. »Davon sind nicht genug in Fenges Pferch!«

›Sieh an, klug gesprochen‹, dachten die Knechte. Ein Stück weiter kamen sie an den Strand, wo ein Wrack an Land geworfen war. Sie zeigten auf das Ruder und sagten:

»He, Hamlet, ist das ein großes Messer!«

»Wohl wahr«, sagte der, »und es sollte einen großen Schinken schneiden!«

›Sieh an, klug gesprochen‹, dachten die Knechte. Dann ritten sie über den weißen Sand. Und wieder riefen sie: »He, Hamlet, hier ist viel Mehl!«

»O ja, es ist auch in einer großen Mühle gemahlen worden!« sprach der Knabe. Als sie in den Wald kamen, saß da ein junges Weib, aber die Gefolgsleute des Königs hockten hinter den Büschen, um zu sehen, was Hamlet mit ihr täte.

Als er das Mädchen streicheln wollte, bemerkte er eine Bremse, die einen Strohhalm mitführte. Da begriff Hamlet, daß dies ein Zeichen war von einem, der es gut mit ihm meinte. Ein Blutsbruder Hamlets hatte die Bremse gefangen, um ihn vor den Spähern zu warnen. Hamlet trug das Mädchen durchs Moor bis in den tiefsten Wald, so daß die Späher nichts sehen konnten. Als er zu Hause war, fragten sie: »Nun, Hamlet, schliefst du gut?«

»Guten Schlaf hatte ich«, sagte Hamlet.

»Und worauf hast du geschlafen?« schrien sie und stießen sich an.

»Auf einem Hahnenfuß, einem Storchenschnabel und einer Bärenklaue«, sagte der. Und die Knechte lachten. Sie wußten nicht, daß er Blumen und Kräuter nannte, die im Moor wuchsen.

»Sonderbares sah ich, einen Strohhalm mit Flügeln!« sprach Hamlet. Das war der Dank an seinen Blutsbruder.

König Fenge ersann eine neue List, um zu erfahren, ob Hamlet klug oder töricht sei. Er reiste fort und bestellte Hamlet ins Frauengemach seiner Mutter. Ein Diener aber war versteckt in der Kammer, der sollte belauschen, was Hamlet der Mutter sagte.

Hamlet kam ins Frauengemach, krähte wie ein Hahn und schlug mit den Flügeln. Er sprang herum und bemerkte hinter dem Vorhang etwas Lebendiges, stieß mit dem Schwert hinein und fand den Späher tot. Seine Mutter aber weinte, weil sie meinte, er benehme sich wie ein Narr. Hamlet sagte: »Schande über dich! Wie eine Stute warst du, die dem Hengst nachläuft! Weine lieber über dich als über meine Torheit! Mit der räche ich meinen Vater!«

König Fenge kam zurück und hörte, daß sein Späher tot war. ›Ich finde keinen Frieden‹, dachte er, ›solange Hamlet auf dem Hof ist.‹ Er ließ ein Schiff rüsten, mit welchem Hamlet zum König von England reisen sollte. Runen ließ er in einen Stab ritzen, den Hamlet überbringen sollte. Darauf stand, der König von England möge Hamlet – der alten Freundschaft eingedenk – umbringen lassen.

Aber während der Fahrt erforschte Hamlet den Stab, kratzte die Zeichen aus und schnitt neue Runen hinein: Der König von England solle ihm die eigene Tochter zur Frau geben und seine Begleitung umbringen.

Wirklich, der tat, was er las, knüpfte die zwei Begleiter auf und vermählte ihn mit der Tochter. Nach der Hochzeit ging Hamlet zum König.

»Zwei Mannen sind durch dich getötet!« rief er erzürnt. »Das Gastrecht hast du verletzt! Jetzt gib mir Buße!«

Der König von England bereute seine Tat und besänftigte

den Schwiegersohn, indem er ihm reichlich rote Goldringe schenkte, die dieser einschmolz. Bald kehrte Hamlet wohlbehalten nach Seeland zurück, wo man schon sein Grabbier trank.

Als er in die Halle trat, war König Fenges Verwunderung groß, ihn lebend zu sehen. Hamlet aber benahm sich weiter wie ein Tor und erschien ebenso einfältig wie vor der Fahrt.

»Da sitzen wir hier und trinken sein Grabbier, und er ist lebendig!« johlten die Mannen im Saal. König Fenge aber wurde nachdenklich. Hamlet tat unwissend, machte sich nützlich und half Bier herumtragen. So geschäftig gab er sich, daß er beständig über sein langes Gewand strauchelte. Da band er die Schöße hoch, wodurch sein Schwert schief hing und beständig aus der Scheide fuhr. Sobald er danach griff, schnitt er sich in den Finger. Ein Gast erbarmte sich und schlug einen Nagel durch das Schwertblatt und die Scheide. Man lärmte und sang, und zuletzt sanken alle trunken auf die Sitze.

Als alles still war, ging Hamlet zum Versteck, wo seine geschmiedeten Speerspitzen lagen. Die Vorhänge schnitt er von den Wänden, so daß sie über die Schlafenden fielen. Mit den Spitzen verband er das Tuch, mit dem der Saal ausgeschlagen war, so daß die Mannen darin verwickelt wurden und niemand herauskam. Dann legte er Feuer, lief zu König Fenges Kammer, griff dessen Schwert und hängte sein vernageltes an den Bettpfosten. Er weckte Fenge.

»Jetzt, o König«, rief er, »sind die Speerspitzen zu etwas nütze! Deine Gefolgschaft brennt! Ich weihe dich Odin!«

Hellwach sprang König Fenge auf vom Lager, griff nach seinem Schwert, brachte es aber nicht aus der Scheide. Hamlet durchbohrte ihn und nahm so Rache für seinen Vater.

Die Rache des Schmieds Wölund

Friedlich lebte der Riese Wadi auf seinen Höfen in Seeland. Er hatte von Mimer gehört, der als geschicktester aller Schmiede gepriesen wurde. Zu ihm schickte er Wölund, seinen Sohn, damit er die Schmiedekunst erlernte. Damals weilte Sigurd der Starke bei Mimir und tat den Schmiedegesellen manches Üble, so daß Wadi seinen Sohn wieder heimholte. Doch Wölund war drei Winter dagewesen und hatte vortrefflich Helme und Schwerter zu schmieden gelernt. Doch Wadi hatte auch von zwei Zwergen gehört, die im Berg Kallawa lebten und noch mehr Schmiedekünste beherrschten. Für eine Mark Goldes durfte Wölund zwölf Monate bei den Zwergen bleiben. Und Wölund wurde so geschickt, daß er jegliches schmiedete, was sie ihm vormachten. So unentbehrlich wurde er ihnen, daß sie ihn nach zwölf Monaten nicht fortlassen wollten, als der Riese Wadi ihn abholen kam. Noch ein Jahr sollte er dableiben.

»Gern erhältst du die Mark Goldes zurück, Wadi«, sagten sie, »wenn du deinen Sohn noch hier läßt!« Wadi war's zufrieden. »Kommst du aber nicht zur festgesetzten Frist, ist er uns mit Leib und Leben verfallen!« riefen sie.

Auch damit war Wadi einverstanden. Er nahm aber Wölund beiseite, ging mit ihm auf die Heide, stieß an einem Sumpf ein Schwert in die Erde und sprach: »Komme ich nicht pünktlich, es könnte ja sein, ich bin ernstlich verhindert, so nimm es und wehre dich männlich!« Wölund versprach es, ging zu den Zwergen und lernte eifriger als zuvor.

Als das Jahr vergangen war, ging Wadi früh los von daheim, wanderte Tag und Nacht und kam drei Tage zu früh an. Da legte er sich vor dem Eingang des Berges nieder und schlief ein. Es kam ein Unwetter, Geröll schoß herab, ein Felsbrocken traf und erschlug ihn.

Die Zwerge schlossen am festgesetzten Tag den Berg auf, aber nirgendwo konnte Wölund seinen Vater erblicken. Endlich entdeckte er den Erschlagenen. Vielleicht haben die tückischen Zwerge das Bergbeben verursacht, dachte er, ging zum Heidebusch und zog das Schwert aus der Erde hervor. Dann wehrte er sich mannhaft gegen die Zwerge, die auf ihn eindrangen, und erschlug beide.

Wölund holte aus dem Berg all sein Werkzeug, viel Silber und Gold und ritt nordwärts. Am Fluß Wisara konnte er nicht hinüber, und da höhlte er einen Baumstamm aus, setzte sich hinein und trieb achtzehn Tage und Nächte auf dem Wasser.

Fischer des Königs Nidud von Jütland fanden den Einbaum, in dem sich Wölund befand, und brachten ihn an Land. Nidud fand Gefallen an Wölund und ließ ihn bei sich wohnen. Der aber vergrub sein Werkzeug und seine Schätze. Regin, des Königs Späher, aber bemerkte es, und Wölund sah ihn auch, als er davoneilte, dachte aber nichts Böses. Er wurde nun zum Dienst bei der Hoftafel eingeteilt und verwaltete drei kostbare Messer des Königs, wenn dieser speiste. Aber einmal fiel ihm beim Säubern das schönste davon ins Meerwasser und blieb unauffindbar. Darüber grämte sich Wölund, und heimlich, als der Schmied des Königs nicht da war, schlich er sich zum Amboß in die Schmiede des Königs und fertigte ein neues, das dem verlorenen vollkommen glich. Bei Tisch, als der König es benutzte, fuhr es sogleich tief ins Holz, so scharf war es.

»Wie ist die Klinge plötzlich so scharf?« wunderte sich Nidud.

Er wollte wissen, wer dieses Messer gemacht hatte, und nach einigem Zaudern erzählte Wölund den Hergang.

»Dachte ich's doch«, sprach Nidud. »Nicht Amiljas, mein Schmied, sondern du warst es, der dies vollbracht hat!« Er ließ den Schmied rufen. Und nun wurde eine Wette verabredet, wer von beiden der Geschicktere sei.

»Aber ich habe keine Habe, die ich dagegensetzen könnte«, sagte Wölund.

»So setze dein Haupt daran, ich setze meines dagegen!« rief Amiljas. »Du machst das Schwert, ich aber Helm und Panzer! Zerschneidet es mein Geschmiede, gehört dir mein Kopf!«

Binnen Jahresfrist aber sollte die Prüfung sein, und Nidud selbst bürgte für Wölund. Eifrig ging Amiljas an die Arbeit, aber als ein halbes Jahr verstrichen war, hatte Wölund noch immer nicht angefangen.

»Warum schmiedest du nicht, Wölund?« fragte Nidud.

»Gib mir erst eine gute Schmiede, so will ich beginnen!« erwiderte Wölund. Er ging hin, um sein Werkzeug auszugraben, fand aber das Versteck ausgeraubt. Nidud zeigte sich höchst verdrossen. Da vernahm er, jemand aus dem Gefolge des Königs müsse es gewesen sein.

»Erkennst du den Mann wieder, der dich sah, als du das Werkzeug eingrubst?« fragte der König, und Wölund bejahte es. Da ließ er alle seine Mannen zu sich laden, und Wölund schaute sie sich lange an, fand den Übeltäter aber nicht. Zornig wurde Nidud und meinte, vielleicht sei alles Trug. Doch Wölund verfertigte eine Puppe, die dem Mann sehr ähnlich war, welchen er damals gesehen hatte. Er stellte sie vor der Kammer des Königs auf. Der sah sie am Abend, als Wölund ihn mit der Fackel zur Tür brachte, und rief:

»Ach, Regin! Wie erging es dir auf der Reise? Sag mir an, was du erreicht hast!« Doch die Puppe blieb stumm.

»O König«, sage Wölund, »so sieht der aus, welcher mich bestahl!«

»Ja, natürlich, nach Schwedenland schickte ich ihn«, entsann sich der König. »Daher konntest du ihn nicht finden!« Als Regin kam, gestand er die Tat ein, und Wölund erhielt sein Werkzeug zurück.

Erst als die Frist fast vorüber war, machte sich Wölund ans

Schmieden, und in sieben Tagen war das Schwert fertig. Nidud glaubte, nie ein besseres gesehen zu haben. Wölund aber ging mit dem König an den Strom, nahm eine Wollflocke, einen Fuß dick, und ließ sie im Wasser treiben. Dann setzte er die Klinge gegen die Strömung, und siehe: das Schwert zerschnitt die Flocke.

»Ein herrliches Schwert!« schwärmte Nidud. »Selber will ich's tragen!«

»Es soll noch besser werden«, sagte Wölund. Er machte Eisenspäne aus dem Schwert, mischte sie unter das Gänsefutter und gab es den Tieren. Den Gänsekot schmolz er ein und schied alles Ungehärtete aus. So entstand eine Klinge, noch schärfer als die vorige. Wieder ging er zum Strom, warf eine zwei Fuß dicke Flocke hinein, und das Schwert schnitt sie mitten entzwei.

»Nimmer wird man ein besseres Schwert finden«, sagte Nidud voll Bewunderung. Aber Wölung schmiedete auch dieses um in derselben Weise. Jetzt hatte er eine drei Fuß starke Wollflocke zur Hand, und die Waffe zerschnitt sie so leicht wie weiche Butter.

»Und wenn man in ganz Midgard suchte, nie fände man eine bessere Klinge! Gib mir dies Schwert, o Wölund!« rief Nidud hingerissen. Aber Wölund ging hin und machte noch ein zweites Schwert, dem ersten ganz ähnlich, aber nicht so gut. Er versteckte das erste, das er Mimung nannte, unter dem Blasebalg. »Wer weiß, wann ich deiner bedarf«, murmelte er düster.

Wölunds Werk war nun vollendet, und täglich ging er zum Tisch des Königs und bediente ihn. Als der Tag des Wettkampfs kam, schritt Amiljas stolz mit seiner Rüstung vor die Halle, und alle rühmten ihn als den geschicktesten Schmied, der jemals in den Nordlanden gelebt habe. Nach dem Frühmahl stülpte er die Brünne über, und alle meinten, diese sei die stärkste, die je einer geschmiedet hätte.

Der König nahm auf dem Hochsitz Platz, und die Probe begann. Wölund setzte seine Klinge auf den schweren Helm des Amiljas, dessen Spange wie Talg zerschnitten wurde.

»Spürst du etwas?« fragte Wölund. Aber Amiljas, siegesstolz und töricht, schrie: »Hau nur zu! Meine Brünne hält!«

Da schlug Wölund zu, so daß das Schwert bis zur Gürtelschnalle durch Helm und Panzer fuhr.

»Was ist das?« sagte Amiljas, »mir ist, als flösse Kaltwasser durch mich hindurch.« Er drehte sich und fiel tot um.

»Hochmut kommt vor den Fall«, sagte Nidud gleichgültig, aber nun begehrte er die Waffe von Wölund: »Gib sie mir, oder du bist des Todes!«

»Laß mich noch eine Scheide und ein Gehänge schmieden«, sagte Wölund, »dann sei sie dein!« Wölund warf in der Schmiede den Mimung unter den Balg, holte das andere Schwert und brachte es mit dem Zubehör zum König.

Wölund stand nun bei ihm in hohen Ehren, schmiedete allerlei Kleinode aus Erz, Silber und Gold, wurde berühmt in den Nordlanden als bester Schmied. Verstand einer etwas vom Handwerk, so sagten die Leute in Midgard: Kunstfertig wie Wölund!

Ein fremdes Heer brach ein in Niduds Reich, und der rüstete seine Mannen aus, es zu vertreiben. Bald sollte es zum Kampf auf der Schlachtheide kommen, vielleicht schon in wenigen Tagen. Da merkte Nidud erschrocken: er hatte seinen Siegstein daheim vergessen. Er ließ alsbald seine Getreuen zu sich kommen und sprach: »Demjenigen gebe ich die Hälfte des Reichs und meine Tochter Bödhild, der mir vor der Schlacht den Siegstein bringt!«

Wölund sah sich um unter den Mannen, und weil keiner sich meldete, übernahm er den Auftrag. Mit Skemming, seinem guten Hengst, ritt er über Berg und Tal, kam nach Nacht und Tag und neuer Nacht mit dem Stein zum Heerzelt des Königs zurück, gerade als die Sonne rot am Himmel aufstieg. Sieben Männer standen da, darunter der Truchseß des Königs, und forderten den Stein von ihm.

»Nein«, rief Wölund, »nur der König selbst soll ihn haben!« Da zogen die Männer ihre Waffen und drangen auf ihn ein, und er ergriff sein gutes Schwert Mimung und tötete den Truchseß. Vom Kampfgetümmel erwacht, trat Nidud aus dem Zelt. »Weh dir!« schrie er, »du hast meinen treuesten Dienstmann erschlagen! Geh mir aus den Augen, sonst hängst du wie ein Dieb!«

Wölund wurde rot vor Zorn und erwiderte: »Ein schlimmes Wort sprichst du, o König, gegen mich! Dich reut dein Versprechen; aber deine Untreue trägt böse Früchte!«

Mit finsterem Antlitz sprang er auf seinen Hengst und ritt davon, und keiner wußte, wohin. Nidud aber ließ das Heerhorn blasen, besiegte am selben Tag das feindliche Heer und fuhr heim in großen Ehren.

Zwei Brüder hatte Wölund, sie hießen Egil und Slagfinn und hausten in einer wüsten Gegend, Wolfstal genannt. Hütten hatten sie am See gebaut, und Wölund zog zu ihnen und lebte vom Fischfang. Eines Morgens sahen sie drei Frauen, die saßen am Ufer und spannen: Neben ihnen lag ihr Schwanengefieder, denn es waren Walküren. Die Brüder raubten ihnen das Gefieder, da mußten sie bleiben, und jeder nahm eine von ihnen zur Frau, und sieben Jahre lebten sie glücklich. Aber im achten bekamen die Walküren Sehnsucht, zurück nach Walhall zu fliegen, um Odin zu dienen. Und als die Brüder auf der Jagd waren, holten sie sich das Gefieder zurück und flogen davon.

Lange suchten die traurigen Brüder nach ihren Frauen, aber vergebens. Da zogen Egil und Slagfinn in die Welt hinaus, um Taten in der Fremde zu vollbringen. Wölund aber blieb, baute eine Schmiede und fertigte viele kostbare rote Ringe, zog sie auf ein Bastband und lauschte, ob nicht irgendwo Gefieder rauschte und sein liebes Weib zurückkehrte.

Nidud hörte davon, daß Wölund nun im Wolfstal saß und voller Traurigkeit rote Ringe schmiedete. Mit seinen Mannen ritt er hin, fand aber die Hütte leer. Da hingen siebenhundert Ringe, aufgereiht auf Schnüren. Gierig betastete Nidud sie, den köstlichsten zog er ab und streifte ihn auf seinen Arm. Dann legte er sich mit den Seinen in einen Hinterhalt.

Abends kam Wölund von der Jagd und briet ein Stück Fleisch. Während er wartete, bis das Fleisch gar war, ließ er die Ringe durch die Finger gleiten. Im Schein des Feuers merkte er: einer fehlte. Er meinte, seine Walküre wäre dagewesen und hätte ihn sich geholt.

Da brach Nidud ins Haus ein, ließ Wölund fesseln und fragte ungehalten: »Wie kam all dies Gold nach dem Wolfstal? Du hast es mir gestohlen, dafür wirst du büßen!«

Gebunden brachte er Wölund auf seinen Königshof, und da sah ihn die Königin und sprach: »Wenig froh sieht der aus, den du herschleppst vom Walde!«

Und die Tochter Bödhild bemitleidete ihn und warf ihm heimlich heiße Blicke zu. Nidud eignete sich Mimung, das scharfe Schwert, an und ließ nun Wölund für sich arbeiten. Heimlich sahen Königin und Tochter zu, wenn er am Amboß stand, und sie bewunderten ihn. Und die Königin sprach zu Nidud: »Sieh, wie sein Auge funkelt! Wölund sinnt darauf zu fliehen. Klug tätest du, wenn du ihn lähmtest, damit er nicht fortlaufen kann und uns ewig als Schmied erhalten bleibt!«

Da ließ Nidud die Kniekehlen des Schmieds durchschneiden und führte ihn auf eine Insel. Die wurde Sevarstad genannt. Und dort lebte nun Wölund und schmiedete dem König kostbares Geschmeide, tagaus, tagein.

»Machtlos sitze ich hier, mein gutes Schwert schlägt an Niduds Schenkel; Bödhild trägt den Ring, den köstlichsten, den ich fertigte; kein Trost bleibt mir«, sang traurig Wölund, und um seinen Schmerz zu betäuben, hämmerte er Tag und Nacht.

Eines Tages schauten die zwei jungen frechen Söhne Niduds zur Schmiede herein und forderten:

»Gib uns den Schlüssel zu deinen Truhen! Wir wollen Gold von dir, du reiche Natter!«

In Wölund brannte Wut. Nun kamen sie und wollten auch noch das letzte, das ihm geblieben war: sein Gold.

»Kommt morgen, da sollt ihr alles haben! Aber seht zu, daß niemand erfährt, daß ihr hier gewesen seid!« sagte er listig.

Die Jünglinge kamen zurück, beugten sich gierig über die geöffnete Goldtruhe. Da schlug Wölund den Deckel zu, so daß sie sich die Hälse brachen. Er begrub ihre Körper, aber aus den Hirnschalen, die er in Silber faßte, machte er Trinkgefäße.

Eines Tages spielte Niduds Tochter Bödhild mit Wölunds Ring, zerbrach ihn und erschrak. Was würde König Nidud sagen? Heimlich ruderte sie zur Insel, wo Wölund hauste, und bat ihn, den Ring wieder auszubessern.

»Geduld brauchst du«, sagte Wölund. »Warte hier, bis er fertig ist und trinke unterdessen meinen Met! Schöner wird der Ring werden, als er je war!«

Wölund schmiedete, und beide tranken den süßen Met, und davon entbrannte sie noch mehr in Liebe zu ihm, und sie blieb drei helle Nächte bei ihm.

»An Nidud habe ich mich gerächt«, sagte Wölund. »Aber eines ist noch ungesühnt: er zerschnitt meine Sehnen, so daß ich lahm bin.« Heimlich fing er Vögel und machte sich aus ihren Flügeln ein Federkleid. Und als es fertig war, zog er es über und flog davon, hin über Wasser und Land.

Abend war es, da kam Wölund herangebraust und setzte sich auf das Dach der Königshalle. Die Königin hatte ihn heranfliegen sehen und ging zu Nidud, müde setzte sie sich neben ihn.

»Schläfst du, Nidud?« fragte sie.

»Nein, meine Augen finden keinen Schlummer mehr, seit meine Söhne verschwunden sind«, klagte Nidud. »Die Ratschläge, die du gabst, waren so kalt, daß mir mein Blut erstarrt. Hingehen will ich und mit Wölund reden.«

»Nicht weit«, sprach sie, »mußt du gehen! Tritt nur hinaus vor die Halle!« Nidud trat hinaus in die abendstille Nacht. Da sah er Wölund auf dem Dach mit den Fittichen schlagen.

»O du Albenfürst«, schrie Nidud, »sage mir, wo meine Söhne sind!«

»Schwöre erst«, erwiderte Wölund, »daß du dich nicht rächst an meiner Braut!«

»Wer ist deine Braut?« frage Nidud.

»Nun, Nidud, deine eigene Tochter ist es! Dein einziges Kind, deine Erbin! Deine Söhne aber liegen auf Sevarstad begraben. Und ihre Schädel küßtest du, wenn du aus den Silberbechern trankst, die ich dir verfertigen mußte.«

Nidud schrie auf vor tiefem Schmerz. Nein, rächen wollte er sich nicht an Bödhild! Doch den Speer hob er, um nach Wölund zu werfen. Den Kopf in den Nacken geworfen, zielte er. Aber Wölund schwang sich hoch in die Luft.

Da wurde Nidud ruhiger. Und er sprach zu ihm: »Herbe Nachrichten brachtest du, o Wölund! Eine bittrer als die andere! Und büßen solltest du mir dafür, rittest du nicht so hoch!«

Mit Hohngelächter glitt Wölund über Niduds Königshalle hinweg, und der König blieb gebrochen zurück. Als er wieder Atem geschöpft und sich vollends beruhigt hatte, ließ er Bödhild kommen.

»Ist es denn wahr, daß du Wölunds Kind trägst?« fragte er müde.

»Wahr ist es, Vater. Ich war bei Wölund in jener Unglücksstunde, und ich vermochte nichts zu tun gegen meine Liebe.«

Von Gram und Groll wurde Nidud verzehrt. Ganz krank wurde er schließlich, und eines Tages war er tot. Das Reich erhielt Odwin, beliebt bei allen wegen seiner Milde und Gerechtigkeit. Bödhild aber gebar einen Knaben, den sie Widge nannte.

Daheim in Seeland vernahm Wölund davon, sandte Boten an König Odwin, die um Versöhnung baten. Odwin versprach sicheres Geleit. Da fuhr Wölund nach Jütland und wurde hier in Ehren aufgenommen. Eine große Hochzeit ließ Odwin ausrichten, und Wölund wurde feierlich mit Bödhild vermählt.

Es war nach dem Festmahl, als Wölund sagte, es dünke ihm angenehmer, in seiner Heimat auf dem Hof seines Riesenvaters Wadi zu bleiben, und König Odwin setzte dem keinen Widerspruch entgegen. So fuhr denn Wölund heim nach Seeland, seine Gemahlin und sein drei Jahre alter Sohn begleiteten ihn. Geld und Gut gab ihm Odwin mit auf die Reise, und sie schieden als Freunde. Wegen seiner Geschicklichkeit und Schmiedekunst hochgerühmt, lebte Wölund lange auf Seeland, sein Sohn Widge aber wurde ein großer Held, der Odin fleißig und oft Opfer darbrachte. In Liedern wurde er gepriesen.

Die Geschichte von Helgi Hjörvardson

Weit in Norwegens Bergen herrschte einst ein stolzer König, dessen Name Hjörvard war. Schon mit mehreren Frauen hatte er Söhne gezeugt. Von Alfhild stammte sein Sohn Hedin ab, von Säreid sein Sohn Humlung. Und eine dritte Gemahlin hatte ihm auch noch einen Sohn geboren.

Doch nun war König Hjörvard unruhig auf seiner steilen Burg Glasislund und suchte erneut eine schöne Gemahlin. Da hörte er, daß ein Nachbarkönig mit Namen Svafnir eine wunderschöne Tochter besaß, deren Vorzüge landauf, landab gepriesen wurden. Sie hieß Sigrlinn. Da schickte er den jungen Sohn seines treuen Jarls Idmund als Brautwerber ins Nachbarreich zu dessen Hof Munarheim. Und der junge Atli, so hieß der Jarlssohn, blieb einen ganzen Winter lang bei König Svafnir, ohne daß dieser sich entschloß, dem König Hjörvard seine Tochter zu geben.

»Ich rate dir«, sprach zuletzt Svafnirs Ratgeber Franmar, auf dessen Hof die schöne Sigrlinn zusammen mit dessen eigener Tochter Alov aufgezogen worden war, »dein Kind nicht diesem König Hjörvard zu geben. Noch bessere Freier kannst du erwarten!«

Da mußte nun der junge Atli unverrichteterdinge mit seinem Gefolge heimreiten. Unterwegs zwitscherte ein Vogel in einem Baum: »Jetzt hast du Sigrlinn gesehen, das schönste Mädchen in Munarheim! Doch gefielen Hjörvards Frauen auch den Leuten in Glasislund.«

»He, du weiser Vogel!« rief Atli. »Willst du noch mehr mit mir reden? Könntest du erwirken, daß Sigrlinn meines Königs Frau wird?«

»Ja, wenn du mir Opfer darbringst und ich mir das auswählen darf, was ich will auf des Königs Hof!« sprach der Vogel.

»Nun«, sagte Atli, dem der Vogel unheimlich vorkam, »dann wähle nicht Hjörvard und nicht des Königs Söhne! Auch nicht die schönen Frauen, die der König besitzt! Das mußt du als Freund versprechen!«

»Nein«, sagte der Vogel, der wohl ein Gott war und nur eines Vogels Gestalt angenommen hatte. »Ich will mir einen Götterhof auswählen, dazu zahlreiche Altäre und goldgehörnte Kühe aus dem Stall des Königs, wenn Sigrlinn in seinen Armen schläft, nachdem sie ohne Zwang zu ihm gekommen ist!«

Als nun Atli daheim angelangt war, fragte ihn König Hjörvard, welche Neuigkeiten er ihm zu vermelden habe.

»Nur Mühe hatten wir, o König«, sprach Atli. »Doch unser Ziel haben wir nicht erreicht. Wir mußten mit unseren Pferden über hohe Berge reiten und durch tiefe, weite Moore waten, und schließlich verweigerte man uns Svafnirs Tochter, dieses liebliche Mädchen, das mit so vielen Spangen und Ringen geschmückt war!«

»Noch einmal sollt ihr hinreiten!« sagte König Hjörvard, »aber diesmal will ich selbst dabeisein!«

Wie sie aber oben auf dem Bergkamm waren, sahen sie viele Gehöfte in Svafnirs Land brennen, und viel Staub wirbelte auf von zahlreichen Rossen. Da ritten sie ins Tal hinein und schlugen ihr Nachtlager an einem kleinen Fluß auf. Atli aber, der Wache hielt, fuhr hinüber und fand dort ein Gehöft. Da saß ein Riesenvogel als Wächter und war eingeschlafen. Atli tötete ihn mit seinem Speer und fand im Hause Sigrlinn und Alov. Beide nahm er mit zu König Hjörvard. Der Riesenvogel war aber niemand anders als Svafnirs Ratgeber Jarl Franmar. Er hatte Adlergestalt angenommen und die Jungfrauen durch Trollkunst vor dem fremden Heer beschützt, das Svafnirs Land verwüstet hatte. Hrodmar hieß der Heerkönig, der mit Gewalt ins Land gekommen war, um Svafnirs Tochter zu rauben. Da er sie nicht fand, hatte er ihren Vater Svafnir tückisch erschlagen und alle Gehöfte niedergebrannt.

Daheim aber heiratete König Hjörvard sogleich die schöne Sigrlinn mit großer Pracht. Atli aber bekam die Jarlstochter Alov zur Frau.

Nun geschah es, daß auch Sigrlinn einen Sohn gebar, und die Freude des Königs war groß. Doch nach Jahresfrist bemerkte man, daß er stumm geboren war. Kein Schrei, kein

Wort kam aus seinem Mund. Da erboste sich der König so sehr, daß er es nicht für notwendig hielt, ihm einen Namen zu geben. Nun wandte er sich erneut dem Sohn seiner ersten Frau, Hedin, zu. Aber der stumme Königssohn durchstreifte Wald und Feld, lag im dürren Waldlaub und verbrachte seine Tage mit Nichtstun. Doch beim Jagdgesinde des Königs und den Knechten erwarb er sich bald Achtung wegen seiner Körperkräfte. Bald warf er beim Ringen jeden in den Sand. Doch hatte er nicht die Art eines Edlen. Lieber trieb er sich in Ställen und Scheuern herum. Deshalb hielt ihn sein Vater für einen Dummkopf, mit dem nichts anzufangen war. Doch der Stumme hatte stets ein offenes Auge, lernte manches von den Jägern des Vaters, ritt die Hengste zur Schwemme und zog mit Pfeil und Bogen in den Wald, wo er manchen Eber erlegte.

Eines Tages saß er auf einem kleinen Hügel auf der Heide und blickte in die Wolken. Da sah er hoch in den Lüften neun Walküren auf weißen Rossen reiten, und eine von ihnen, die schönste, hielt inne, kam herunter und rief: »Heil dir, Hjörvards Sohn, du starker Baum in der Schlacht! Warum träumst du und schweigst? Glüht nicht Kampfesmut in deinen Adern? Früh schon schreit der junge Adler! Das bedenke, o Helgi! Einst wirst du herrschen über die Ebene von Rödul!«

Wie vom Schlag getroffen sprang er auf und antwortete ihr: »Dank für den Namen, den du mir gibst, du wunderschönes Mädchen! Was gibst du mir noch? Denke gut nach, was du sagst! Den Namen nehme ich nicht ohne dich!«

Da lächelte sie und sprach: »Ich weiß, daß in einer hohlen Eiche auf Sigarsholm um die fünfzig Schwerter liegen! Eines darunter, das goldbeschlagene, aber ist das beste! ›Der Schilde Verderben‹ heißt das Schwert, und am Knauf ist ein Ring, darin sitzt Mut. Die Spitze der Klinge versetzt den in Schrecken, der sie erblickt. Dort ist ein Lindwurm eingeritzt, aber auf dem Stichblatt ringelt sich der Schweif einer Natter. Dieses Schwert aber hole dir als Geschenk von mir!«

»Verkünde mir auch«, rief Helgi ihr zu, »gegen wen ich das Schwert schwingen soll!«

»Frage deine Mutter Sigrlinn!« erwiderte die Walküre. »Sie wird dir von Wehruf, loderndem Feuer, Rossegestampf und Überfall erzählen. Dein Großvater Svafnir wurde in seinem Land feige erschlagen. Ich aber heiße Svava, mein Vater ist König Eilimi. Ich will dich, schöner Jüngling aus Svafnirs altem Königsstamm, in der Racheschlacht beschützen! Nun nimm Vaterrache!«

Mit ihren hellen Augen sah sie ihn nochmals an, dann ritt sie mit verhängten Zügeln ihren Gefährtinnen nach, die allmählich in der Ferne verschwanden. Lange blickte Helgi dem Mädchen nach, die wie eine Schwanenjungfrau davonzog. Dann lief er zur Königsburg zurück und berichtete seiner Mutter Sigrlinn sein wunderbares Abenteuer, durch das er seine Stimme wiedergefunden hatte.

Freudig erstaunt war Sigrlinn über das Wunder, durch das die Götter ihrem stummen Sohn die Sprache verliehen hatten. Und sie berichtete ihm vom Tod seines Großvaters Svafnir, der von dem wilden König Hrodmar aus Rache erschlagen worden war. Voll Zorn hörte sich Helgi die Geschichte seiner Mutter an und schwor, er wolle sich an dem hinterlistigen Hrodmar rächen, der seither Svafnirs Land in Besitz hatte. Er ritt nach Sigarsholm und fand dort alles so, wie die Walküre es verkündet hatte. Im Stamm der Eiche fand er die vielen Schwerter, und darunter war auch das mit dem Lindwurm und der eingeritzten Natter. Sehr breit und lang war es, und der Ungeübte konnte es kaum schwingen. Er ging zum schwertkundigen Atli, der ihn in der Fechtkunst unterwies, bis er seinen Meister an Geschick übertroffen hatte.

Da trat Helgi eines Tages vor seinen Vater Hjörvard und

sprach: »Man rühmt dich als treuen Walter des Volksheeres. Doch warum läßt du ungesühnt, daß die Burgen desjenigen Königs verbrannt wurden, dessen Blut auch in meinen Adern fließt? König Hrodmar behielt straflos die goldenen Schätze, die mir gehören. Wenig fürchtet dieser Mann die Rache der Erben Svafnirs. Ruchlos behält er dessen Eigentum. Laß mich gegen ihn ziehen und Vaterrache üben!«

Hjörvard war über den erwachten Tatendrang seines Sohnes erfreut und sprach: »Möchtest du den Vater deiner Mutter Sigrlinn rächen, dann will ich dir dabei helfen und dir meine besten Kämpen, darunter deinen Lehrmeister Atli, mit auf die Heerfahrt geben!«

Da holte Helgi das Schwert, das ihm Svava geschenkt hatte, rüstete mit Atli flinke Segelschiffe aus und fuhr zu König Hrodmar. Nach langen Kämpfen erschlug er zuletzt den grausamen König in Svafnirs altem Reich. Hrodmar aber hatte einen Strandwächter gehabt; das war der Jöte Hati, ein ebenso wilder Gesell. Auch er fiel durch Helgis Hand. Wie nun Helgi und Atli in Hatis Fjord einliefen, kamen ihnen Hatis Jötenfrau und Jötentochter entgegen. Sie hatten sich wütend in Meeresungeheuer verwandelt und versuchten, die Einfahrt der Schiffe in den Hafen zu verhindern, indem sie die Fluten anstauten. Sie versenkten einige Schiffe. Aber als sie damit nicht vorankamen, kam die schöne Jötentochter Hrimgerd in ihrer wirklichen Gestalt zu Atli aufs Schiff und redete ihn an. »Sehr vertraut dir Helgi, wenn er dich, Atli, hier vorn im Steven stehen läßt!«

»Glaube ja nicht«, sagte Atli, »daß du uns verführen kannst. Am feuchten Steven stand ich schon immer und habe mancherlei Unholde umgebracht! Sage mir deinen Namen, du schöne Trollin!«

»Hrimgerd! Hati war mein Vater, dem ihr den Garaus gemacht habt! Aber ich kann dir schaden, denn schon haben meine Mutter und ich einige Schiffe versenkt und Mannen ertränkt! Betrittst du das Land, werde ich deine Rippen brechen, wenn wir miteinander ringen!«

»Hier gehe ich nicht fort, solange König und Mannen schlafen. Ich wußte nicht, daß ihr Trolle hier auftauchen würdet!«

Da rief Hrimgerd: »Wach endlich auf, Helgi! Entgelten sollst du mir, daß du meinen Vater Hati getötet hast! Darf ich eine einzige Nacht bei dir schlafen, so sei das Buße genug!«

»Soll dich ein anderer nehmen!« rief Helgi, »Lodin vielleicht! Er wohnt auf Tolley; einer der weisesten Riesen ist er. Er paßt besser als Mann für dich als ich!«

»Ja!« rief Hrimgerd voll Verdruß, »eine andere willst du lieber haben! Sie hat den Hafen besehen letzte Nacht, ein Mädchen, strahlend wie Gold! Hier stieg sie aus dem Meer an Land und beschirmte eure Flotte! Sie allein hat's verhindert, daß ich euch alle zur Strecke gebracht habe!«

Helgi nickte. Dann fragte er: »Sag, Hrimgerd, war sie allein, als sie unser Königsschiff rettete, oder waren mehrere dabei?«

»Drei Reihen, neun wohl«, sprach Hrimgerd, »aber sie, die eine, ritt voraus mit ihrem Helm. Und als die Pferde ihre Mähnen schüttelten, fiel Tau in tiefe Täler und Hagel auf hohe Wälder. Das bringt eine gute Ernte, doch mir war alles leid, was ich sah!«

»Sieh hinüber nach Osten, Hrimgerd!« rief Atli lachend. »Des Königs Flotte ist geborgen, und die Männer sind's nicht minder. Schon kommt der Tag herauf, Hrimgerd! Festgehalten habe ich dich hier bis zum Morgengrauen mit meiner Rede! Nun wirst du nur ein lächerliches Seezeichen am Hafeneingang sein, wenn du hier versteinert stehst!«

Bald verbreitete sich Helgis Ruhm unter den Nordleuten. Das Reich seines Großvaters Svafnir hatte er nun selbst in Besitz genommen. Nun wollte er zu König Eilimi fahren und um Svava, dessen Walküren-Tochter, anhalten. Sie empfing ihn mit Freuden und hob den Knienden auf. »Nicht sollst du vor mir knien, du Kühner, der du Anführer des Heeres bist und König genannt wirst! Immer will ich dich schirmen in der Schlacht, solange ich als Walküre von Odin dazu berufen bin, ihm Helden auf der Walstatt zu küren!«

Da faßte Helgi ihre Hand und sprach: »Als Walküre hast du lange genug gewaltet. Nun werde meine Frau und ziehe mit mir in Svafnirs Königsburg!« Da verlobten sich beide, und König Eilimi, Svavas Vater, hatte nichts dagegen. Doch ermahnte er sie, vor der Hochzeit erst eine weise Frau, die draußen im Wald lebte, um Rat zu fragen. Und es war dies eine Wölwa. Sie hauste an einem Eichenhain in einem versunkenen Steinhaus, da sang sie zur Harfe ihre uralten Zauberlieder, die niemand mehr verstand. Von unbestimmbarem Alter war sie, und sie wußte wohl selbst nicht, wie alt sie war. Zu ihr begab sich Svava und fragte sie um Rat wegen Helgi. Die Wölwa blickte sie lange an, und dann erwiderte sie: »Nicht jeder Schwertjungfrau gerät es zum Heil, wenn sie aus den Reihen der Walküren scheidet. Odin grollt nicht selten denen, die seinen Dienst ohne Genehmigung verlassen. Darum harre und spähe, bis eine Botschaft zu dir von Walhall kommt. Mehr kann ich dir nicht künden!« Mit diesem unsicheren Bescheid mußte Svava zurückkehren.

Svava wartete und wartete, aber von oben schien keine Botschaft zu kommen. Helgi war daher nach einiger Zeit wieder in die Burg des Großvaters zurückgekehrt, um nach Land und Leuten zu sehen, und darauf erst wurde das Verlöbnisfest mit großem Pomp gefeiert, weil alle glaubten, Odin grolle nicht mehr und habe dem liebenden Paar verziehen.

Gäste strömten von allen Seiten herbei, und die Harfner und Skalden dichteten viele Lieder auf Helgi und Svava; sie wurden in der Langhalle vorgetragen und mit viel Beifall aufgenommen. Eines fand besondere Zustimmung des Brautpaars. Es war von einem jungen Harfner zu Svavas Ehren und zum Lobe der Walküren verfaßt worden und wurde immer wieder angestimmt. Es lautete ungefähr:

»Wer reitet so hoch in den Wolken daher, es flattern die Mähne der Hengste wild. Walküren sind es auf schnaubenden Rössern! Ihre Brünnen und ihre Schilder klirren, heftig schütteln sie ihre Speere. Wie Wetterleuchten sieht es aus, wenn sie einherfahren, und Regen und Hagel fällt. Aber das ist nichts anderes als schäumendes Wasser aus den Roßmähnen und dem Zaumzeug der Pferde. Wild ergießt es sich auf Büsche und Bäume. Wie die rote Sonne schimmert unter dem Helm der Walküren ihr lockiges Haar. Ihre Augen strahlen wie das Blau des Himmels, und ihre Wangen leuchten wie Rosen im Tau. Wie das Gefieder von Schwänen zur Nachtzeit leuchten die schneeweißen Arme der Walküren. Wenn sich die Wolken zerteilen und der helle Tag erscheint, dann spähen sie hinab auf die Erde, helfen den Kämpfenden durch Stoß und Schlag, senden sie ihre Speere in die Kampfreihen. Von Odin sind die Walküren geschickt. In ihren Kriegergewändern stürmen sie heftig herab wie Sturmwind auf die Erde, hinein in die Männerschlacht. Hoch reiten sie hinweg über die Recken, und sie schirmen die Sieger und küren die Streiter, die sie Odin weihen. Bleich sinken dann die Kämpfer zurück, doch winkt ihnen Odin schon und neues Glück in Walhall. Die Walküren führen sie dann hin zu Odins hohem Saal, und dort reichen sie den Helden Met in goldenen Schalen, und es ist ein Trank, der ewige Jugend verheißt. Nimmer müde werden die Walküren, tagaus, tagein überwachen sie die Schlachtreihen allüberall, und sie fügen es, daß sich die scharfen Schwerter in die blitzenden Kampfreihen beißen, daß sich die Speere in Männerleiber bohren. Walküren aber sind auch hilfreich und mild, und mit ihren Brünnen aus Erz können sie die Herzen der Krieger erobern. So tat es auch Svava, die Schöne, die hier im Saale sitzt, mit Helgi. Heute, beim festlichen Mahl, erinnern sich alle daran, wie Svava den Helgi beschirmte und sein Heer schützte.«

So oder ähnlich klang es in rhythmischen Stabreimen durch den weiten Burgsaal. Und alle Anwesenden meinten, nie habe es ein schöneres Paar gegeben als Helgi und Svava.

Der Sommer verging, aber noch immer hatte es kein Zeichen vom Göttervater gegeben, obwohl der ungeduldige Helgi schon Svavas Gemächer in der Burg festlich hatte herrichten lassen. Schon war der Tag der Hochzeit festgesetzt, weil die Opferer und Seher, die man befragt hatte, aus den geworfenen Runenstäben und den anderen Opferzeichen keine ungünstigen Wahrnehmungen gemacht hatten. Da verbreitete sich plötzlich die Kunde, Alf, der Sohn des getöteten Königs Hrodmar, habe an den Grenzen ein gewaltiges Heer gesammelt und sei schon im Begriff, das Land zu erobern. Er werde aber sein Heer zurücklassen, wenn Helgi mit ihm den Holmgang beim nächsten Vollmond am Frekastein wagen wolle. Das war eine von Bäumen und Buschwerk bewachsene flache Felseninsel unweit des Königshofes, wo schon mancher Zweikampf ausgefochten worden war.

Zur gleichen Zeit war der ältere Halbbruder Helgis, Hedin, aus Norwegen zurückgekommen und hatte diesem im Vertrauen Böses mitgeteilt. Was war geschehen? An dem letzten Julabend ritt Hedin einsam durch den Wald heimwärts zu seinem Vater Hjörvard, dem König von Norwegen, als er an einem Kreuzweg einem Trollweib begegnete. Die ansehnliche Zauberfrau ritt auf einem Wolf und hatte statt der Zügel weiße Schlangen in den Händen. Als sie näherkam, blickte sie den schönen Jüngling aus brennenden Augen an und sprach:

»Geleit und Glück biete ich dir, schöner Held, wenn du mich annimmst als deine Fylgie!«

»Nein«, sprach Hedin. »Niemals will ich dir gehören, Unholdin!«

»Das sollst du mir entgelten!« erwiderte sie voll Zorn. »Beim Becher Bragis!«

Wie es Brauch war, wurden in Hjörvards Halle am selben Abend die Gelübde getan. Der Sühne-Eber des Gottes Frey wurde hereingebracht. Alle Kämpfer legten ihre Hände auf das Tier und schworen bei dem Becher des Sagengottes Bragi mancherlei Eide und Gelübde. Dabei aber wurde dem Met stark zugesprochen. Auch Hedin trat an den Eber heran. Von der Drohung der schönen Trollin verwirrt, hatte er Becher um Becher getrunken und leistete in sinnloser Verstrickung das unheilvolle Gelübde, er wolle Svava, die herrliche Braut Helgis, als Ehefrau besitzen und heimführen. Allgemeine Bestürzung brach in Hjörvards Halle aus, als man dieses Gelübde des trunkenen Königssohns gehört hatte. Der Becherschwur auf Freys Sühne-Eber war hochheilig und mußte gehalten werden. Seine Mannen hatten vergeblich versucht, ihn an der Rede zu hindern, waren ihm ins Wort gefallen. Doch umsonst; wild und aufgeregt hatte der besinnungslos scheinende Hedin seinen Eidschwur vollendet. Als er am nächsten Tag wieder bei Verstand war, befiel ihn eine solche Reue, daß er sich auf wilden Wegen in das südliche Nachbarland begab, wo er nun in schrecklichem Schuldbewußtsein seinem Bruder Helgi alles berichtete.

Erstaunt und erschüttert vernahm dieser Hedins unheilvolle Geschichte. Trübe Ahnungen hatte er schon seit Tagen. Das hing auch mit Alfs Aufforderung zusammen, sich mit ihm im Zweikampf zu messen. Nun sprach Helgi: »Klage dich nicht selbst an, Hedin! Alles ist mir jetzt klargeworden. Göttliche Fügung ist es. Odin zürnt mir, weil ich Svava aus den Reihen der Schwertjungfrauen herausholen wollte. Walvaters Botschaft ist gekommen! Dein Becherschwur wird sich wohl nun erfüllen! Mich hat Alf zum Holmgang auf Frekastein binnen dreier Nächte Frist entboten. Ich ahne schon: ich werde nicht wiederkehren! So soll geschehen, was der alte Heervater will! Dann kannst du um Svava werben! Sie ist mir, wie es scheint, von den Göttern nicht beschieden!«

Hedin bat ihn, diese trüben Gedanken zu verscheuchen und ihn selbst statt seiner zum Zweikampf reiten zu lassen, damit er sich von seiner Schuld vielleicht mit dem eigenen Tod befreien und Helgi sein wohlverdientes Glück genießen könne. Doch Helgi gab zu bedenken, daß ihm Alf dann Feigheit vorwerfen würde. Er gestattete Hedin nur, ihn zum Holmgang zu begleiten, damit er dann Svava, der er den bevorstehenden Zweikampf verschwiegen hatte, Nachricht von dessen Ausgang geben könne.

»Ja«, sagte Helgi, »eine Frau, die den Wolf reitet zur Abendstunde und sich noch dazu dem Bruder als Fylgie anbietet, bringt Unheil. Sie wußte wohl schon, daß ich, Sigrlinns Sohn, da beim Frekastein vor dem Sigarholm fallen werde!«

Am selben Abend ritten Helgi und Hedin sowie einige Gefährten, darunter Sigar, aus Svafnirs Burghof hinunter auf Sigarsholm zu und trafen auf Frekastein den jungen kühnen Alf, der schon schweigend auf sie wartete. Schrecklich war nun der Zweikampf, den beide ausfochten. Zwei harte Kämpfer waren hier zusammengekommen, wie bessere nie zuvor Schwerter getragen hatten. Funken stoben aus Helmen und Brünnen. Schon hatte Helgi seinen Gegner zurückgedrängt und wollte ihn mit einem mächtigen Schwerthieb zu Boden schmettern, als die mit dem Lindwurm und der geringelten Natter geschmückte Klinge wie von Geisterhand zersprang. Wehrlos stand er vor dem Feind, der ihm nun mit wilder Lust den Stahl durch die Brust stieß. Todwund lag Helgi auf Frekastein. Mit schwacher Stimme bat er seinen Gefolgsmann Sigar, zu Svava, Eilimis einziger Tochter, zu reiten: »Bitte sie, bald bei mir zu sein, wenn sie mich noch lebend hier finden will!«

Mit verhängten Zügeln sprengte der Bote los und verkündete auf Munarheim die traurige Botschaft. Er sprach zu Svava: »Helgi hat mich hergesandt. Noch einmal will er mit dir, Svava, sprechen. Er sehnt sich, dich zu schauen, ehe er den letzten Atemzug tut!«

Frührot glänzte über den Bergen, als Svava beim Frekastein eintraf und in bitterem Schmerz Helgis Haupt in ihren Schoß bettete. »Weh mir«, jammerte sie, »warum liegst du hier todwund, Helgi? Rächen will ich mich an dem, der dich durch das Schwert fällte!« Sie küßte seinen blassen Mund und suchte das Bluten der Wunde zu stillen.

»Gegrüßt seist du, Svava!« sprach Helgi mit schwacher Stimme. »Laß es sein, das Blut zu stillen! Dies ist unsere letzte Begegnung auf dieser Erde! Zu tief sitzt die Wunde, zu nahe kam meinem Herzen die Klinge des Feindes! Weine nicht, ich bitte dich! Höre, was ich dir zu sagen habe: Schenke meinem Bruder Hedin dein Herz und deine Hand! Er wird dir Heil und Schutz geben, wenn ich fort bin!«

»Auf Munarheim habe ich gelobt«, erwiderte weinend Svava, »als du mir die Ringe anbotest, daß ich nie einen anderen Mann in meinem Herzen hegen werde, solange ich lebe!«

Doch sterbend wies Helgi dies zurück. Und bevor er seine Augen schloß, zeigte er noch einmal mit der Hand auf den danebenstehenden Hedin, als wolle er seinen letzten Willen kundtun. ›Ihn sollst du nehmen statt meiner!‹ schien er sagen zu wollen.

Die ersten Sonnenstrahlen vergoldeten die Spitzen der umliegenden Berge, da lag Helgi tot in Svavas Armen. Hedin, der eine Zeitlang schweigend vor seinem zu Odin gegangenen Bruder gestanden hatte, ermannte sich. Er küßte Svava auf die Stirn und sprach: »Mich siehst du nicht eher wieder, als bis ich Helgi, Hjörvards Sohn, den edelsten der Helden unter der Sonne, gerächt habe! Dann aber will ich dich fragen, ob du meine Gemahlin sein willst!« Damit sprang er auf sein Roß und ritt davon, um niemals wiederzukehren, denn das Schwert des jungen Alf brachte auch ihn zur Strecke.

Svava ließ dem toten Helgi einen hohen Hügel errichten, und täglich ging sie zum Grab und verharrte hier lange in Zwiesprache mit dem Toten. Eines Abends aber fand man sie dort tot. Gram und Schmerz hatten ihr Herz gebrochen. Es geht aber die Sage, daß der grollende Walvater gerührt worden ist durch solche treue Liebe. Befohlen habe er, daß beide wiedergeboren werden sollten, und das war eine Gnade, die nur wenigen auf Midgard zuteil geworden ist.

Die Sage von Sigmund und Signy

Von Odin stammte ein König ab, und der hieß Sigi. Sein Sohn Rerir hatte eine schöne Gemahlin, aber die war lange kinderlos. Da rief Rerir Odin um Hilfe an, und der schickte eine Walküre mit einem Apfel. Als Rerir einmal draußen vor dem Königshof auf einem Hügel saß, kam die Walküre, die Tochter des Jöten Hrimnir, in Gestalt einer Krähe und ließ den Apfel in seinen Schoß fallen. Da aß Rerir die eine Hälfte, die andere gab er seiner Frau. Und sie gebar einen kräftigen Sohn, Wölsung mit Namen. Als er das Königreich erbte, schickte ihm der Riese Hrimnir seine Tochter Hljoda, und das war jene Walküre, die den Apfel gebracht hatte. Wölsung zeugte mit ihr elf Kinder. Die ältesten hießen Sigmund und Signy, und sie waren Zwillinge, und Wölsung liebte sie so sehr, daß er für sie eine schöne Halle um eine Eiche herum bauen ließ. ›Kinderbaum‹ hieß ihr Stamm. Signy wuchs heran und war ein schönes Mädchen. Da kam König Siggeir von Gautland und freite um sie. Wölsung hatte Bedenken, aber da Siggeir so mächtig war, konnte er nicht nein sagen, und die Hochzeit wurde gefeiert.

Als man beim Mahl saß, trat ein alter Mann mit einem blauen Mantel herein. Er hatte nur ein Auge. Er ging zum Eichenbaum und stieß sein Schwert hinein, daß es bis zum Knauf steckenblieb.

»Wer dieses Schwert herausziehen kann, soll es von mir als Geschenk erhalten!« sagte der Alte und verschwand.

Sogleich standen alle auf und versuchten es; aber niemandem glückte es. Da trat Sigmund heran und riß es los. König Siggeir, der Bräutigam, sagte, er wolle ihm das Schwert in Gold aufwiegen, wenn er es ihm überließe.

»Du hättest es herausziehen können wie ich! Nun behalte ich es, gibst du mir auch noch soviel Gold!« sagte Sigmund, und darüber war Siggeir unmäßig zornig. Doch verbarg er seinen Groll und tat freundlich. Sigmund liebte sein Schwert und nannte es Grim.

Als Siggeir am nächsten Tag heimsegeln wollte, ging Signy zu ihrem Vater und sagte: »Freudlos bin ich, daß ich Siggeirs Frau werden mußte. Eine Norne sagte mir, diese Ehe wird Unglück bringen.« Doch Wölsung beruhigte sie und sagte, es sei gut, einen so mächtigen König zum Schwiegersohn zu haben. Da zog Signy traurig mit ihrem Gemahl nach Gautland, und Wölsung versprach, sie zu besuchen, wenn ein Vierteljahr vergangen sei.

Als die drei Monate vorüber waren, fuhr Wölsung mit seinen Söhnen nach Gautland, und Signy kam sogleich auf Wölsungs Schiff.

»Kehrt um!« sprach sie. »Reisige hat Siggeir versammelt. Er ist euch nicht wohlgesinnt!« Doch Wölsung beruhigte sie, bat, sie möge zu ihrem Gemahl zurückkehren, übernachtete aber auf seinem Schiff. Am nächsten Morgen kam Siggeir mit Bewaffneten zum Strand und griff Wölsungs Mannen an. Hart war der Kampf. Zu übermächtig waren Siggeirs Leute, und obwohl Wölsung achtmal durch die Reihen eine breite Bahn schlug, wurde er doch zuletzt getötet. Seine Söhne aber schaffte man in den Wald, wo sie an einen großen Baum gebunden wurden. Jede Nacht kam eine Wölfin und fraß einen von ihnen, bis nur noch Sigmund übrig war. Dem schickte Signy heimlich Honig, mit dem er sein Gesicht einrieb. Als die Wölfin kam, fraß sie ihn nicht, sondern leckte sein Gesicht. Da konnte sich Sigmund befreien und das Untier umbringen. Man sagte aber, die Wölfin sei Siggeirs Mutter gewesen, die sich aus Bosheit in ein reißendes Tier verwandelt hatte. Sigmund lebte nun in einem Waldversteck, und jeden Tag schickte ihm seine Schwester Signy heimlich Nahrung.

Signy gebar dem grausamen Siggeir zwei Söhne, und als sie zehn Jahre alt waren, schickte sie sie dem Sigmund in den Wald. Sie hoffte, sie könnten zusammen mit ihm den Tod ihres Vaters Wölsung und ihrer Brüder rächen. Doch sie arteten ihrem Vater nach und waren heimtückisch. Da tötete Sigmund beide.

Bald darauf ließ Signy eine Zauberin kommen und bat sie, sie möge ihre Haut mit ihr wechseln. Da nahm die Trollin die Gestalt der Königin an, und Siggeir glaubte, daß er Signy vor sich habe. Diese aber schlüpfte in Haut und Kleider der Trollin und ging zu Sigmunds Waldversteck, wo sie drei Nächte mit ihm auf seinem Lager verbrachte, ehe sie zu Siggeir zurückkehrte und wieder ihre wahre Gestalt annahm.

»Anders warst du als sonst!« sprach Siggeir. »Nun bist du wieder die alte.« Nach geraumer Zeit gebar Signy wieder einen Sohn. Den nannte sie Sintfjötli. Als dieser zehn Jahre war, wollte ihm die Mutter einmal das Hemd am Ärmel zunähen und stach ihn tüchtig.

»Tut es weh?« fragte sie.

»Nicht mehr, als ein Wölsungkind verträgt«, sprach der Knabe. Da schickte sie ihn zu seinem Vater Sigmund in den Wald. Der stellte ihn auf die Probe und erkannte, daß er den

Wölsungen nachartete. Darüber wunderte sich Sigmund, denn er meinte, er müsse doch ein wenig wie sein vermeintlicher Vater Siggeir sein.

Einmal trafen Sigmund und Sintfjötli auf ihren Streifzügen in einer Waldhütte zwei Männer an; die schliefen fest. Über ihnen hingen zwei Wolfsbälge. Da sahen sie, daß die beiden verwunschen waren: neun Nächte mußten sie als Werwölfe herumlaufen, nur jede zehnte waren sie frei. Da stahlen Sigmund und Sintfjötli ihnen die Bälge, zogen sie über, wurden selbst zu Werwölfen und durchstreiften das Dickicht. Sie trennten sich und versprachen, um Hilfe zu heulen, wenn sie von mehr als sieben Mannen Siggeirs angegriffen würden.

Nach einiger Zeit traf Sigmund in seiner Wolfsgestalt auf acht Mannen des Gautenkönigs. Die hetzten ihn und wollten ihn töten. Da heulte er. Und Sintfjötli kam sogleich zu Hilfe und biß alle tot. Danach traf er nochmals elf Krieger und bereitete ihnen dasselbe Schicksal. Ermattet legte er sich unter eine Eiche, um auszuruhen.

Als Sigmund kam, spottete Sintfjötli: »Selbst brauchtest du Hilfe gegen acht. Als ich es mit elfen aufnehmen mußte, warst du nicht da!« Darüber geriet der andere Werwolf so in Wut, daß er seinem jungen Wolfsgefährten die Kehle durchbiß. Da merkte Sigmund erst, was er getan hatte: den ganzen Tag saß er voll Trauer und verfluchte sein Wolfskleid.

Am anderen Tag sah er, wie ein Wiesel heransprang und ein Blatt auf die Wunde eines zweiten getöteten Wiesels legte, so daß dieses wieder lebendig wurde. Erfreut sprang da Sigmund auf und suchte überall nach diesem heilenden Blatt, doch vergebens. Da flog ein Rabe vorbei, der aussah wie Odins Tier, und ließ ein Blatt fallen. Der Werwolf nahm es in die Schnauze und legte es dem toten Gefährten auf die Halswunde. Sogleich sprang dieser frisch und gesund wieder auf.

Derweil saß Signy seufzend und klagend in ihrer Halle und dachte an ihren Bruder und ihren Sohn, die da draußen friedlos wie wilde Wölfe leben mußten. Sie bejammerte ihre Einsamkeit und rief weinend: »So wie Inseln getrennt sind voneinander, bin ich geschieden von meinen lieben Verwandten. Sümpfe liegen dazwischen. Ringsum lauern grimmige Mannen und wollen den Wolf erjagen, den ich, als ich in seine Behausung kam, umarmte. O mein Wolf! Die Sehnsucht macht mich krank! Wann kommt die Zeit, da ich erlöst werde von dieser Qual an Siggeirs Seite!«

Nun kam die Zeit, da war Sintfjötli erwachsen und Sigmund entschlossen, den Vater- und Brudermord zu rächen. Und die Zeit ihres Wolfslebens war vorüber. Beide schlichen sich an Siggeirs Königshof und versteckten sich dort hinter den Bierfässern in der Vorhalle. Zwei Knaben Siggeirs spielten da, sahen die Bewaffneten und wollten zu ihrem Vater und die Versteckten verraten.

»Aber ich kann die Kinder meiner Schwester nicht töten«, sagte Sigmund, »auch wenn sie uns in Gefahr bringen!« Doch Sintfjötli dachte daran, wie die Brüder seines Vaters umgebracht worden waren, hieb sie nieder und warf sie in die Halle. Da stürzten Siggeirs Mannen in den Vorraum, fanden die beiden Versteckten und fesselten sie.

»Lebendig«, schrie Siggeir in höchstem Schmerz, »will ich euch begraben!« Am nächsten Tag ließ er einen Hügel mit zwei Steinkammern errichten, warf Sigmund in die eine und Sintfjötli in die andere und ließ sie zumauern. »Hören könnt ihr einander noch«, rief der König, »ehe ihr umkommt!«

Als die Bauknechte gerade die letzte Steinplatte auf das Todesverlies legen wollten, kam Signy und warf ein Bund Stroh in Sintfjötlis Steingrab.

In der Nacht rief dieser dem Sigmund zu: »Nicht gleich werden wir verhungern; Speck ist im Stroh!« Als er ihn anfaßte, fand er einen Schwertgriff und entdeckte, daß die Königin Sigmunds Schwert Gram in die Speckseite gesteckt hatte. Er schob die Klinge durch einen Riß und zerschnitt mit der Zauberwaffe leicht den Stein. Bald war das Loch groß genug, so daß sie beide ins Freie gelangen konnten. Sie liefen zu Siggeirs Halle, schichteten trockenes Holz und Reisig um sie herum und steckten es an. Hoch empor schlug bald das Feuer.

»Wer entfachte diese Glut!« schrie Siggeir ängstlich drinnen.

»Sigmund und Sintfjötli«, klang es dumpf von draußen. Sie standen an der Tür und ließen niemand heraus. »Nicht alle Wölsunge sind tot!« sprach Sigmund und rief nach Signy, sie möge herauskommen. Nun erhalte sie Buße für all ihr Leid!

Da erschien Signy an der Tür und sprach weinend: »Ich sage dir, wieviel ich tat, den Vater zu rächen: Ich brachte euch die Wolfsbälge! Sintfjötlis Vater bist du, ich bin seine Mutter! Daß meine Kinder starben, ließ ich geschehen! Nie kann ich diese Schuld abwerfen. Ungern lebte ich mit Siggeir. Nun will ich mit ihm sterben!«

Darauf küßte sie Sigmund und Sintfjötli und ging zu ihrem Gemahl zurück, hinein in das Feuer.

Helgi, der Hundingstöter

In uralten Zeiten, als Odins Macht noch groß war, als noch die Aare sangen und heilige Wasser vom Himmelsberg rannen, herrschte König Sigmund in den Nordlanden. Wölsung hieß sein Vater, Borghild seine Gemahlin. Und Sigmund bekam einen Sohn, der Helgi genannt wurde.

Eines Tages saßen auf hohem Aste vor der Königshalle zwei Raben.

»Ich weiß etwas«, sagte der erste. »Das Königskind drinnen wird ein mächtiger Kriegsmann werden! Er wird den Wölfen und uns reiche Nahrung geben auf der Walstatt!«

»Wahr sprichst du«, sagte der andere Rabe, »unser Tag ist nicht fern.«

Froh wuchs Helgi heran, jedermann sah ihn mit Wohlgefallen, er war schön und hatte lachende Augen. Sein Vater gab ihm den klugen Gefolgsmann Hagal zum Pflegevater, und mit dessen Sohn tummelte er sich in Wald und Feld. Manchmal gelangte er dabei ins Land des Königs Hunding, der über Jöten und andere Unholde herrschte.

Helgi sah eines Tages, wie König Hunding einen tötete, der wie sein lieber Gefährte aussah, und da ließ er dem Hunding ausrichten, er werde solche Missetat einstmals rächen. Der Jöte wurde darüber unmäßig zornig und schickte Riesenkrieger aus, die sollten Helgi fangen.

Der kluge Helgi aber bemerkte dies frühzeitig und schlüpfte in Mädchenkleider. Dann setzte er sich zu den anderen Dienstmägden an den Mahlstein und arbeitete.

Die Riesen umstellten das Haus Hagals und forderten, er solle Helgi herausgeben. Doch Hagal erwiderte, der sei nicht da. Grimmig durchsuchten nun die Häscher die Gemächer, und zuletzt kamen sie auch zur Mahlkammer. Da saß Helgi und drehte den Mahlstein.

Blind, ein Jöte, blieb vor ihm stehen und rief: »He, solch eine starke Magd sah ich nie! Augen wie ein Adler hat sie, und der Mahlkasten stöhnt unter der Kraft ihres Arms! Ist es vielleicht ein gefangener Recke? Anderes als Sklavenarbeit sollte er tun!«

»Je nun«, sprach Hagal, »eine Walküre ist's, die Helgi fing, als sie durch die Luft ritt. Seither muß sie mahlen in dieser Kammer!«

»So etwas ist hart für Walküren!« sagte Blind und ging

hinaus. Da die Jöten Helgi nicht fanden, bestiegen sie wieder ihre Rosse und ritten davon.

Helgi war fünfzehn Jahre alt und hatte gelernt, das Roß zu tummeln, den Spieß zu werfen und den Bogen zu spannen. Da hörte er, daß sein Vater Sigmund gegen König Hunding rüstete, um dessen Frevel zu rächen. Er ritt – die blonden Locken wehten – zur Burg des Vaters und bat, als Kriegsmann auch gegen Hunding ziehen zu dürfen. Und es wurde ihm gestattet. Stolz zu Pferde traf Helgi auf das Heeresaufgebot.

König Sigmund ordnete sein Heer, und in wilder Jagd ritten die Mannen gegen Hundings Jöten an. Speere sausten, Schilde barsten, starke Brünnen wurden zerhauen. In der Luft wieherten die Rosse der Walküren. Helgi suchte unablässig König Hunding, um sich mit ihm zu messen. Mit scharfer Klinge empfing ihn schließlich der Jötenkönig, und ein gewaltiges Ringen begann. Feurigen Schlangen gleich zuckten die Schwerter durch die Luft. Funken stoben aus Helmen und Schilden. Helgi traf König Hunding endlich hart. Der Kopf des Riesen sank vornüber; in schwerem Fall stürzte er tot in den Sand. Als das die Jöten sahen, fuhr Schrecken in ihre Glieder, und sie flohen. Helgi aber hatte sich hohen Ruhm erstritten. Nun hieß er Helgi, der Hundingstöter.

Am Meer rastete Helgi mit seinen Leuten, als Walküren durch die Luft geritten kamen, und die schönste rief Helgi zu: »Wer bist du, Held? Stehen deine Schiffe so stolz in der Bucht?«

»Hamal bin ich«, sprach Helgi, »Hagals Sohn. Wir harren auf günstigen Fahrtwind, gen Osten wollen wir segeln.«

»Wahr redest du nicht, Jüngling!« sprach die Walküre. »Denn ich sehe ja: blutbespritzt ist deine Brünne! Wo hast du Aare und Wölfe mit dem Fleisch der Krieger gefüttert? Wie hieß dein Feind?«

»So will ich die Wahrheit melden«, sprach Helgi. »Jöten erschlug ich, und Hunger hat man nach solchem Streite!«

»So bist du Helgi, der kühne Hundingstöter! Rot ist dein Schwert von Jötenblut!«

»Woher kennst du mich, Jungfrau?« fragte Helgi.

»Nah war ich dir im Schlachtgetümmel!« rief sie. »Ich lenkte manchen Speer ab von deinem Haupt. Und ich sah dich vorhin auch, als du auf dem Schiff am Mast standest, als dein Auge unverwandt in die kalte Flut starrte!«

Als sie diese Worte gesprochen hatte, verschwand die Fremde. Doch war sie niemand anders als Sigrun, König Högnis liebliche Tochter.

Bald danach erschienen wieder Jöten vor König Sigmunds fester Burg.

»Hundings Söhne fordern Sühnegeld und Vaterbuße!« ließen sie sagen. »Helgi hat ihren Vater erschlagen! Nun gib du, Sigmund, uns deine Schätze heraus, so dir dein Leben lieb ist!«

»Nicht gesonnen bin ich, Geld oder Schätze zu geben. Neuen Krieg schicke ich übers Jötenland, bis ich die Brut getilgt habe«, sprach Sigmund mit fester Stimme.

Es währte nicht lange, da kamen viele feindliche Jöten-schiffe übers Meer. Und wieder entbrannte der Kampf, und diesmal fielen auch König Hundings vier Söhne durch Helgis Hand. Und seine Mannen zerstreuten das riesige Jötenheer in alle Winde. Kampfmüde rastete Helgi erneut am Berghang, als wieder eine Schar Walküren durch die Luft geritten kam. Staunend betrachtete Helgi ihre kriegerische Pracht.

»Sitzt ab, ihr Jungfrauen Odins!« rief Helgi, »und labt einen streitmüden Mann!«

Aber die Walküren setzten ihren Weg fort. Allein Sigrun erschien nach einer Weile auf einem wilden Pferd, sprengte an Helgi heran und sprach klagend: »Traurigkeit erfüllt mich. Mein Vater will, daß ich Hödbrod, den Sohn Königs

Granmars, eheliche. Ich liebe ihn nicht, und daher schütze mich, Helgi!«

»Nie werden sie dich zwingen zu falschem Brautgang!« rief Helgi ihr zu. »Mir hast du dich anvertraut! Ich selber will mich mit Hödbrod und Granmar im heißen Kampf messen, daß ihnen die Lust vergeht zu solcher Werbung!«

Da gelobte ihm Sigrun Treue bis in den Tod.

Bald sandte König Helgi Boten in alle Lande des Reiches; die riefen zum Streit gegen König Granmar und dessen Söhne. Drachenschiffe sammelten sich in der Bucht, die rote Morgensonne schien auf goldschimmernde Schilde und Rüstungen. Mit rauhem Gesang schlugen die Mannen im Takt die Ruder in die grauen Wogen, pfeilschnell flogen die Schiffe dahin.

Aber schon kam die Nacht, und die Mächte der Finsternis erwachten. Der Sturmadler schlug mit den Flügeln, die schlimmen Töchter des Meergotts Ägir tauchten auf aus der tosenden Flut und suchten mit gierigen Händen die Schiffe hinabzuziehen in die schreckliche Tiefe. Da kam Sigrun mit den Walküren angesprengt, und sie schossen ihre Pfeile auf das wilde Meer. Da mußten Rans Töchter ablassen von den Mannen, und die restliche Fahrt verlief glücklich.

Auf dem Königshof an der Bucht stand Gudmund, König Granmars Sohn, und erblickte die Menge der Schiffe.

»Hinreiten will ich und erkunden, was die Fremdlinge hertreibt!« rief Gudmund. Und als er zu den ankernden Schiffen kam, fragte er einen Mann namens Sinfjötli, der einen roten Schild an den Mast nagelte:

»Wer ist der Häuptling, dem die Schiffe gehören? Weshalb kommt ihr mit so großer Kriegsmacht?«

Sinfjötli tat, als habe er nichts gehört, aber zuletzt sagte er: »Wölsungen-Schiffe sind gekommen, die Mannen rüsten zum Kampf gegen Granmar. Helgi will Schwerthiebe tauschen mit Hödbrod!«

»Nun, streitbereit, o Wölsung, wird er uns finden!« erwiderte Gudmund siegesstolz. »Auf dem Felde am Wolfstein wird Hödbrod den Helgi erwarten!«

Diese mutige Rede erzürnte Sinfjötli, und er rief Gudmund zu, er sei ein Schwätzer, der lieber mit der Haselgerte Geißen hüten als mit Helden Worte wechseln möge.

»Geringe Weisheit ist dir eigen«, erwiderte Gudmund. »Das Sprichwort weiß: Übel der, welcher mit Worten den Feind schmäht!«

»Sei still, du Krähe!« rief da wütend Sinfjötli.

»Am Wolfstein magst du deine Kraft zeigen«, sagte Gudmund, »aber fällst du in meine Hand, will ich Raben füttern mit deinem Fleisch!«

Helgi hatte diesen Wortstreit gehört und fragte, seit wann es Brauch sei, mit wüsten Worten aufeinander loszugehen. Der Tapfere ehre stets auch den Mut des Feindes, meinte er. Da ritt nun Gudmund zurück zu den Seinen. Am Tor stand Hödbrod, und als er dessen bleiches Gesicht sah, ahnte er Unheil.

»Schreckvolle Nachricht«, sagte Hödbrod, »höre ich! So ist es denn wahr, daß König Helgi mit zahllosen Schiffen im Hafen liegt, um uns zu bekriegen? Schnell, Boten sollen reiten in alle Lande, um unsere Mannen zum Abwehrkampf zu rufen!«

Auch König Högni, Sigruns Vater, stellte sich ein, dem künftigen Schwiegersohn zu helfen.

Schrecklich war die Schlacht am Wolfstein, und bald lagen alle Söhne König Granmars, dazu viele tapfere Mannen, erschlagen am Boden. Auch König Högni und dessen Sohn Bragi fielen durch Helgis Hand. Nur Högnis Sohn Dag wurde verschont, Helgi schenkte ihm Leben und Freiheit.

Wiehernde Rosse hörte Helgi über sich, da kam der blutrünstige Zug der Walküren. Und Sigrun, die Schöne, wünschte ihm Glück und reichte ihm die Hand zu ewiger

Treue. Aber Helgi sprach traurig: »Freud und Leid sind gemischt in einem Becher! Wohl schlug ich Hödbrod, doch wisse: Dein Vater und Bruder sind getötet durch mich!« Als Sigrun dieses hörte, bedeckte sie ihr Antlitz mit den Händen.

Helgi aber sprach: »Nicht länger beklage die Toten! In Walhall sind sie, trinken Odins Met als stolze Tischgenossen!«

Helgi holte nun Sigrun heim nach Sewafjöll, und bald tummelten sich auf dem Hof ihre Söhne und Töchter. Einer aber lebte, der Tag und Nacht auf Vaterrache sann: Sigruns Bruder Dag. Eines Tages brachte er Odin hohe Opfer, um ihn einzunehmen für diese Tat. Da erschien der Siegvater selbst und sprach zu ihm: »Diesen Speer, den nimmerfehlenden, nimm hin! Lege dich, o Dag, im Fesselwald in den Hinterhalt! Ich weiß, du mußt Helgi töten!«

Langsam ritt an diesem Tag Helgi durch die einsame Heide, lauschte dem Gesang der Vögel und erquickte sein Auge am Grün der Birken. Da zischte Odins Speer hervor aus dem Gebüsch und durchbohrte die ungeschützte Brust des Reiters.

Walküren kamen geritten und führten den toten Helgi nach Walhall. Die Himmelsbrücke dröhnte unter ihren Hufen, als sie einritten, und Odin, beim Wein, stand auf und schritt zum Eingang.

»Tritt her, Helgi!« sagte Odin mild. »Trink mit mir den köstlichen Wein! König warst du in Midgard, auch hier auf Asgard sollst du herrschen und mit mir teilen die Gewalt!«

Allvater reichte Helgi die Hand und führte ihn huldvoll in den Saal. Und da erhoben sich alle Einherjer zum ehrerbietigen Gruß. Auch König Hunding, der Riese, tat es. Und Helgi unterdrückte den Groll, den er gegen ihn einst verspürt hatte. Er setzte sich zu den Mannen, die auf den Bänken saßen und schmausten.

Doch Dag ritt nach Sewafjöll zu Helgis Königsburg; düster stand er vor der Schwester.

»Tot ist dein Helgi durch meine Hand!« sagte er.

»Weh dir«, schrie Sigrun, »was hast du getan!«

»O Högnis Tochter!« rief Dag erschüttert. »Nicht mehr hilft dein Klagen! Odin fügte es so. Zwistrunen warf er zwischen uns. Als Buße für den Tod des Gemahl will ich dir gern mein halbes Reich geben!«

Doch da sprang Sigrun auf, totenbleich war ihr Antlitz, und sie öffnete den Mund und sprach mit tonloser Stimme: »Der falsche Eid, den du Helgi gabst, zerfresse dein Herz, wie Nidhögg zerfrißt in Hels Land die Leiber der Neidinge! Es zerschelle dein Schiff in der tosenden Brandung! Nicht renne dein Hengst, der dich retten soll aus der Gewalt grimmiger Feinde! Oh, wie ein Wolf sollst du sein, der vor Hunger heult! Gehaßt von Mensch und Tier! Geh fort von hier, du Mörder Helgis!«

Da ging Dag hinaus wie einer, der sein Todesurteil vernahm. Aber Sigrun saß in der dämmrigen Kammer und beklagte Helgis Tod. »Ach, läge ich doch in tiefstem Erdengrund, wo niemals scheint das Licht der Sonne!« weinte sie. »Was nützt mir noch mein Leben, da Helgi tot ist? Mein Glück ist aus, endlose Trauer harrt. Ach, daß der Herrliche sinken mußte durch meines Bruders Hand!«

Sigruns Klagen hörten nicht auf, nicht bei Tag und nicht bei Nacht. Einen geräumigen Grabhügel ließ sie errichten. Am Abend vor der Bestattung ging ihre Magd zum Grab, um zu sehen, ob alles gerüstet sei. Da sah sie den erschlagenen Helgi mit großem Gefolge zum Hügel reiten.

»Nicht Sinnentrug ist's«, sprach Helgi zur Magd, »was du schaust! Mir ist von Odin Heimfahrt gegönnt, Aufschub für kurze Zeit! Hole mir Sigrun herbei!«

Da lief die Magd zur Herrin und verkündete ihr die wundersame Nachricht. Sogleich eilte Sigrun zum offenen

Grabhügel und fand wirklich ihren Gemahl, den toten Helgi.

»Ach, froh bin ich!« rief sie. »Froh wie Odins Raben, wenn sie, triefend vor Tau, das Morgenlicht schauen. Küssen will ich dich, du Herztrauter!« Aber so schrecklich eiskalt waren seine Lippen und Hände, daß sie wie im Fieber zurückfuhr.

»Wie kalt, Helgi«, stöhnte sie, »ist dein Antlitz vom Tau dieser Nacht! Wie ist dein Leib mit Blut bedeckt!«

Mit leiser Stimme erwiderte Helgi: »Ach, die Blutstropfen, das sind deine Tränen, Sigrun! Kalt fiel jede auf meine Brust, und nimmer findet mein Leib Ruhe im Grab, wenn du nicht aufhörst, mich zu beklagen! Stimme kein Sterbelied mehr an! Köstlichen Feuertrank laß uns trinken wie dereinst beim Hochzeitsmahl!«

Da bereitete Sigrun ihrem Liebsten das ewige Lager im Grabhügel, und sie reichte ihm das Trinkhorn und sagte, hier wolle sie treulich verweilen, wie sie es stets bei dem lebenden König tat.

Doch als der Morgen dämmerte, wurde König Helgi unruhig, er richtete sich auf und sprach: »Zeit ist es, mein Roß westlich über die Brücke Bifröst zu lenken, ehe der Haushahn die Einherjer weckt! So laß mich fahren für immer!«

Vergebens waren all ihre Tränen, vergebens auch all ihre Bitten. Den Wolkenpfad ritt König Helgi mit seinen Mannen, und er erreichte Walhall zu guter Stunde.

Sigrun aber ging heim und hoffte auf Helgis Wiederkehr. Am folgenden Abend mußte ihre Magd am Hügel Wache halten. Als es Nacht geworden war und sie von ihr keine Nachricht hatte, verließ sie ihre Königsburg und ging selbst zum Hügel.

»Sage mir, ist gekommen der Held aus der Halle Odins?« fragte sie weinend. »Geh heim, ich will allein auf ihn warten!«

Die Magd aber bat sie inständig, nicht allein am Grabhügel zu bleiben. Sigrun in ihrem Gram hörte nicht auf ihre
Worte. Am andern Morgen, als der erste helle Sonnenstrahl
das Nachtdunkel durchbrach, war sie tot. Bleich lag sie da,
das Antlitz nach Osten gekehrt.

V

Die Geschichte vom Schwert Tyrfing

Es lebte einst ein König namens Svaflami, und er war ein Abkömmling Odins. Wie er einmal auf Jagd war, wurde er von seinen Mannen getrennt, und als die Sonne unterging, kam er an einer Grotte vorüber, vor der zwei Zwerge saßen. Bevor sie ihn bemerkten, hatte er sein Schwert mit Zauberrunen über sie geschwungen, so daß sie nicht entwischen konnten.

»Wie heißt ihr?« fragte der König. Und sie sagten, sie hießen Dwalin und Dulin und baten flehentlich um ihr Leben.

»Euer Leben«, sprach Svaflami, »will ich euch gern schenken, wenn ihr mir versprecht, mir ein so gutes Schwert zu schmieden, daß ich kein besseres mehr bekommen kann. Der Knauf soll aus Gold sein, und es soll Eisen schneiden so gut als Tuch und nie rosten. Und wer es trägt, dem soll der Sieg beschieden sein!«

Keine große Wahl hatten die Zwerge, und so gingen sie auf Svaflamis Forderung ein. Ehe er fortritt, setzte er ihnen eine Frist. Binnen einer Woche wolle er kommen und das Schwert abholen. Zur festgesetzten Zeit standen die Zwerge schon vor der Grotte und übergaben ihm das Schwert. Als aber der König es in der Hand hielt, liefen sie, so schnell sie konnten, in die Grotte hinein.

Doch als Dwalin an der Tür war, drehte er sich um und schrie: »Jedesmal, wenn dies Schwert gezückt wird, bringt es einem den Tod. Drei üble Taten, drei Neidingswerke werden mit ihm vollbracht. Und auch du, o König Svaflami, wirst durch dieses Schwert umkommen!«

Wütend hieb der König nach ihm, als er diese Fluchworte

hörte, aber im selben Augenblick sprangen die Zwerge durch die Grottentür, die sich hinter ihnen schloß. Das Schwert traf nur noch das Felsgestein, aber es schnitt so tief ein, daß die Klinge darin gänzlich verschwand. Da zog es der König heraus und nannte es von nun an Tyrfing. Wenn man es zückte, leuchtete es wie weißer Mondschein über der Klinge. Es wollte nicht in die Scheide, ehe es nicht einen tödlich getroffen hatte, vorausgesetzt, jemand befand sich in der Nähe. So beißend scharf war es, daß der durch Tyrfing Verwundete den Tag nicht überlebte. König Svaflami trug es in vielen Kämpfen, und stets blieb er siegreich.

Nun wohnte auf dem Hofe Bolm weit in Norwegens Halogaland ein Jöte mit Namen Arngrim. Halb Mensch, halb Riese war er, und oft zog er mit seinen Gesellen aus, um fremde Landstriche zu verwüsten. Einst kam er auch in das Reich Königs Svaflamis, und der begegnete ihm an der Grenze mit starker Heeresmacht. Als er nahe genug an Arngrim herangekommen war, hieb er mit dem Schwert Tyrfing nach ihm. Aber der setzte seinen Zauberschild dagegen, so daß das Schwert abglitt und nur die untere Schildkante streifte. Doch der König hatte mit soviel Kraft zugeschlagen, daß Tyrfing bis zum Heft in der Erde steckenblieb. Da war nun der König waffenlos, und der Riese sprang herzu, schlug ihm auf die Hand, riß dann Tyrfing aus der Erde und tötete Svaflami mit seiner eigenen Waffe.

Als er diesen Sieg erfochten hatte, plünderte Arngrim Svaflamis Königshof und nahm dessen Tochter, die schöne Eyfura, mit auf seinen Jötenhof. Zwölf Söhne zeugte er mit ihr, und das waren alles wilde Berserker, die ständig auf Raubzügen unterwegs waren. Und manchmal geschah es, wenn unterwegs auf See die Wildheit sie überkam, daß sie schleunigst an Land gehen mußten, um ihre Wut zu kühlen. Dann rissen sie dort große Bäume aus und wälzten riesige Steine hin und her, denn sonst konnte es geschehen, daß sie ihre eigenen Mannen auf dem Schiff anfielen und töteten. Der älteste der Söhne aber hieß Angantyr und erbte Tyrfing von seinem Vater.

Einmal saßen sie und tranken beim Feuerschein in ihrer Halle, und es war gerade Jul, draußen stürmte und schneite es. Da legte Angantyr über dem Schwurbecher Bragis ein wildes Gelübde ab. Hinfahren wolle er zum Schwedenkönig Yngvi und dort dessen schlanke Tochter Ingibjörg zur Frau nehmen. Bald kam das Frühjahr, und als der Fjord eisfrei war, segelte Angantyr nach Schweden. Dort trat er vor König Yngvi hin und sagte: »Geschworen habe ich beim Bragi-Becher, Yngvi, daß ich deine Tochter nehme, sei es im Guten oder im Bösen!«

Nach diesen Worten des Berserkers wurde es still in der Halle, und lange saß Yngvi schweigend und gab keine Antwort. Schließlich wurde Angantyr ungeduldig und rief: »Jetzt will ich nicht mehr warten: Gib mir jetzt Bescheid!«

Da sprang einer der Gefolgsleute des Königs Yngvi, Hjalmar mit Namen, von seiner Bank am Langtisch auf, rief den König beiseite und flüsterte ihm ins Ohr: »Du erinnerst dich doch, König, was ich alles für dich getan habe, seit ich in deinem Gefolge bin! Stets habe ich mein Leben für dich eingesetzt, und du hast mir deine Tochter halb versprochen. Jetzt bitte ich dich, gib mir deine Tochter. Belohne mich und nicht diesen Berserker, von dem alle Übles sagen!«

Da war guter Rat teuer. Lange noch saß der alte König und grübelte. Zuletzt aber sprach er laut, daß alles es hören konnten: »Ingibjörg soll sich selber den Mann wählen, den sie haben will!«

Da wurde die Jungfrau hereingerufen, aber als sie hörte, was sie tun sollte, sprach sie ohne zu zögern: »Wenn du mich schon verheiraten willst, Vater, dann will ich lieber den Mann haben, von dem ich viel Gutes weiß, als einen, von dem ich nur weiß, daß er sehr gewaltsam ist!«

Angantyr hatte alles mitangehört. Er bezähmte aber seinen Zorn und sprach zum König: »Nicht streiten will ich mit dir, o König! Aber ich will Hjalmar, deinen Kämpen, zum Holmgang auffordern auf Samsö zum Mittsommertag! Und wenn du nicht kommst, Hjalmar, dann nenne ich dich einen Feigling und Neiding vor jedermann!«

»Nicht vergebens wirst du warten!« rief Hjalmar. Und nun zogen die Söhne Arngrims zurück nach Norwegen und saßen den Winter über still auf ihrem Jötenhof. Als aber das Frühjahr kam, da setzten sie ihren Kiel ins Wasser und fuhren südwärts. Weil aber noch viel Zeit bis Mittsommer war, kehrten sie unterwegs erst bei einem Jarl namens Bjartmar ein. Da luden sie sich selbst zu Gast, lärmten und tranken, so daß alle Bewohner am Jarlshof in Angst und Schrecken gerieten. Und am Abend wollte Angantyr auf der Stelle mit der Jarltochter Hochzeit halten. Und er bekam seinen Willen, denn niemand war da, der es wagte, den Arngrimssöhnen zu widersprechen. Nach diesem Abenteuer machte sich Angantyr auf und plünderte zahlreiche Bewohner auf den umliegenden Inseln aus. Bald nahte die Zeit des Mittsommers.

Als erster traf Hjalmar auf Samsö ein, und er hatte seinen klugen Freund Örvar-Odd mitgenommen. Beide betraten das Ufer, um zu sehen, ob Angantyr schon gekommen sei. Aber noch waren sie nicht da. Dann aber sahen sie, wie ihr Drachenschiff heranfuhr. Ehe es aber anlegte, griffen die Arngrimssöhne noch ein anderes friedliches Schiff an, das in der Nähe war. Im Berserkergang erklommen sie es und rannten, wild mit den Waffen fuchtelnd, darauf umher, bis kein lebendes Wesen mehr an Bord war. Erst darauf gingen sie auf Samsö an Land und sahen Hjalmar auf einer kleinen Anhöhe stehen und auf sie warten.

Wie die Berserker nun eintrafen, legten sie zuerst die Bedingungen für den Holmgang fest. Hjalmar sollte sich mit

Angantyr schlagen. Örvar-Odd aber sollte versuchen, die Brüder, einen nach dem anderen, anzugreifen. Sie versprachen, daß derjenige, der schließlich Sieger sein würde, seinen Gegner in den Hügel legen und ihm alle seine Waffen mitgeben solle.

Danach begann der Holmgang. Jeder kämpfte an seiner Stelle. Odd hatte viel Mühe mit den Berserkern, aber nach langem Kampf streckte er geschickt alle elf nieder, da sie ungelenk und ungeschickt beim Streit waren. Müde blickte er sich um, da sah er, daß Hjalmar ein Stück weiter auf einem Grashügel saß und aus schweren Wunden blutete. Angantyr aber war gefallen.

»Übel ist es mir ergangen«, sprach Hjalmar zu Odd. »Angantyrs Schwert verfehlte mich zuletzt nicht. Nun bitte ich dich, mich gut zu begraben!« Als er seinen letzten Hauch getan hatte, warf Odd später mit einigen Getreuen große Hügel auf und legte die Arngrimssöhne mit ihren Waffen hinein. Seinen toten Freund Hjalmar aber führte er mit sich nach Schweden, wo Ingibjörg so in Gram und Trauer geriet, daß auch sie starb. Beide wurden im selben Hügel beigesetzt.

Nach Angantyrs Ende dauerte es nicht lange, da wurde ihm bei Jarl Bjatmar eine Tochter geboren. Die Mannen rieten dem Jarl, das Jötenkind auszusetzen; es würde doch nur seinem Vater nachgeraten und ihm niemals als wirkliches Enkelkind vorkommen. Doch der Jarl war anderer Meinung: »Zwar ist sie von Arngrims Geschlecht«, sprach er, »aber sie ist auch das Kind meiner Tochter!« Und deshalb ließ er sie mit Wasser besprengen und nannte sie Hervör.

Als das Mädchen herangewachsen war, fand man, daß es ein liebliches Wesen geworden sei. Doch steckte in ihm auch Wildheit und Unbändigkeit. Am liebsten spielte das Kind mit Waffen. Schließlich, erwachsen, ging es zum Jarl und sprach: »Fort will ich von hier. Hier kann ich nicht leben!«

Eines Tages war Hervör in Männerkleidern auf ein Drachenschiff gestiegen und hatte sich mit fremden Wikingern weit auf Heerfahrten begeben. Nun nannte sich das Mädchen Hervard und wurde schließlich sogar deren Häuptling. Einmal legte sie auch bei der Insel Samsö an. Am Strand traf sie einen Viehhirten und befragte ihn nach dem Weg zu den Hügeln.

»Hören kann man«, sprach der Hirte, »daß du fremd bist auf dieser Insel. Keiner wagt sich hier zu den Hügeln, nicht geheuer ist's dort! In der Nacht will dort erst recht niemand sein!«

Als die Sonne unterging, hörte Hervör Dröhnen und Donnern aus den Hügeln. Flammen schlugen heraus. Da ging sie noch näher heran und rief: »Wach auf, Angantyr! Deine Tochter ruft nach dir! Reich mir aus deinem Hügel das Schwert, das die Zwerge einst für Svaflami geschmiedet hatten! Warum brauchen Tote so wertvolle Waffen?«

Wie sie das sagte, leuchteten die Hügel auf, als stünden sie in Flammen. Hervör aber ließ sich nicht beirren, sondern schritt durch die Lohe hindurch. Da sah sie ihren toten Vater am Hügeleingang stehen. Er rief ihr zu: »Geh zurück, Tochter, zu deinem Schiff! Das Schwert kannst du nicht haben! Es liegt im Feuer! Keine Frau auf Erden könnte es dort herausgreifen!«

»Und wenn es auch im Feuer lodert, so will ich es doch herausholen!« rief Hervör. Da beruhigte sich Angantyr und sprach milde, indem er ihr das Schwert reichte: »Dann nimm Tyrfing! Und mit dem Schwert verheiße ich dir Heil und Stärke von zwölf Männern! Du wirst auch einen Sohn gebären, der es von dir erhalten soll! Wie kein anderer König wird er berühmt werden in Midgard! Doch hüte dich: die unheilvolle Kraft des Schwertes vernichtet deine Sippe!«

Sobald Hervör das Schwert Tyrfing in ihrer Hand hielt, schrie sie vor Freude laut auf und rief ihrem Vater zu:

»Frohen Sinns gehe ich jetzt als Königstochter zum Schiff zurück! Größer ist mein Glück als je zuvor! Mehr wert ist dies Schwert als der Besitz von ganz Norwegen!«

Nun fuhr Hervör mit ihrem Gefolge hinauf zu König Gudmund, der auf dem Glasirfeld seine Burg hatte. Weit oben in Norwegen wohnte er, nördlich vom Halogaland. Da wurde sie gut empfangen und saß mit den Mannen in der Halle und nannte sich Hervard. Einmal aber war sie hinaus in die Vorhalle gegangen und hatte ihr Schwert an die Bank hinter sich gelehnt. Da zog einer von König Gudmunds Mannen es neugierig aus der Scheide, um es zu prüfen. Wie von einem Zwang beherrscht kehrte Hervör sogleich zurück, riß es ihm aus der Hand und erschlug ihn. Sie erschrak über die Tat. Doch es war zu spät. Schon drangen Gudmunds Kämpen auf sie ein, um ihren Gefährten zu rächen. Doch Gudmund hatte längst gesehen, daß Hervard ein Mädchen war.

»Bemüht euch nicht mehr! Bleibt sitzen! Ihr wißt nicht, wer der Fremde wirklich ist!« sprach er. »Es würde euch teuer zu stehen kommen, wenn ihr dieser Frau das Leben nehmt!« Da verstanden die Kämpen, daß es eine Frau war, die sie verfolgen wollten, und so entkam Hervör.

Nun gab sie das Wikingerleben auf und fuhr heim zu ihrem Muttervater, dem Jarl Bjartmar. Ihre Waffen legte sie ab und zog wieder Mädchenkleider an. Dann setzte sie sich hin und nähte und webte wie andere Frauen am Jarlshof. Gudmund vom Glasirfeld aber hatte auch einen Sohn, Höfund mit Namen. Er war klug und gerecht, so daß viele Mannen zu ihm kamen und ihn um Schlichtung ihrer Streitigkeiten baten. Als Höfund hörte, daß Hervör zu ihrem Großvater zurückgekehrt war, ließ er das Segel setzen und fuhr zum Jarlshof, denn er wollte um Hervör freien.

»Haben sollst du Hervör!« sprach der Jarl zu ihm. »Doch achte darauf: sie ist etwas wild!«

»Gerade das aber gefällt mir!« erwiderte Gudmunds Sohn. »Deshalb will ich sie!«

Hervör war mit der Heirat einverstanden, und nicht lange, da bekam sie einen Sohn, den nannte sie Angantyr wie ihren Vater. Im Jahr darauf aber gebar sie einen zweiten Sohn, und der bekam den Namen Heidrek. Der ältere Bruder aber war ganz wie sein Großvater Angantyr, berserkerhaft und wild, dazu streitlustig und lärmend. Doch sein Vater Höfund mochte ihn lieber als seinen jüngeren Sohn Heidrek, der der Liebling seiner Mutter war.

Heidrek

Einst saßen die jungen Brüder, fast schon zu Kämpen herangewachsen, bei einem großen Gelage in der Halle Höfunds. Da ärgerte sich Heidrek darüber, daß sein älterer Bruder Angantyr einen viel ehrenvolleren Platz am Langtisch bekommen hatte, während er ganz hinten unter dem Gesinde sitzen mußte. Heidrek ging den Gang entlang zum Hochsitz. Da hielt ihn Angantyr an und bot ihm einen Platz neben sich an. Heidrek war's zufrieden. Doch er konnte nicht anders: Als es Abend geworden war, hetzte er die Umsitzenden durch Spottreden aufeinander. Angantyr schlichtete. Als er einmal hinausgegangen war, fing Heidrek aufs neue mit Sticheleien an:

»Merkwürdig ist's«, sprach er zu einem anderen Kämpen neben sich, »daß du dir von deinem Gesellen alles gefallen läßt, was er auch an Frechem vorbringt! Schlag doch zurück!«

Da geriet der Kämpe in Wut und gab seinem Gefährten einen Backenstreich. Angantyr aber schlichtete sogleich. Am andern Morgen traf Heidrek denselben Kämpen, der die Beleidigung erfahren hatte, wieder und sagte:

»He! Schon unglaublich ist's, daß du dich schlagen läßt, ohne dich zu wehren! Wagst du's vielleicht nicht, eine erlittene Kränkung mannhaft zu rächen?«

Da sprang der Gefolgsmann auf und schlug seinen Widersacher nieder. König Höfund aber hatte den ganzen Streit mitangehört. Zornig wurde er über die grundlose Bosheit seines Sohnes Heidrek. Er wollte ihn nicht mehr am Hofe sehen: »Nimm deine Habe«, schrie er ihn an, »und mach dich davon! Nie mehr sollst du mir unter die Augen treten!«

Heidrek war schon am Tor, da holte ihn seine Mutter Hervör ein, überreichte ihm das Schwert Tyrfing und sprach: »Hier, nimm dieses Erbe meines Geschlechts als Geschenk mit auf den Weg! Denke stets an die, welche das Schwert schon in Besitz hatten! Immer hat dies Schwert seinem Besitzer den Sieg verschafft!«

»Viel hab ich Vater und Mutter zu verdanken«, sprach Heidrek, »doch jetzt jagt mich mein Vater davon. Meine Mutter aber gibt mir dies Schwert. Das ist köstlicher als das ganze Reich meines Vaters!« Mit diesen Worten zog er Tyrfing aus der Scheide, und die Schneide funkelte unheimlich in der Sonne. Da wurde Heidrek wie ein Berserker so wild. Und weil niemand weiter in der Nähe war als sein Bruder Angantyr, der sich von ihm verabschieden wollte, schlug er diesen zuerst nieder und erstach ihn dann mit seinem Schwert Tyrfing.

Kaum hatte Heidrek diese Unglückstat vollbracht, da kam er wieder zur Besinnung. Nun fiel er in schwere Trauer über den Tod seines Bruders, und er floh in die Wälder und irrte dort einige Tage herum. Dann aber ging er zum Königshof zurück, wo gerade das Totenbier für seinen Bruder getrunken wurde. Er bat den Türhüter, die Mutter herauszurufen.

Als sie zu ihm gekommen war und ihm schwere Vorwürfe

machte, erwiderte Heidrek: »Mich reut die Tat. Aber ich bin auch ergrimmt darüber, daß ich wie ein sippenloser Mann durch die Welt fahren muß. Von nun an will ich Tyrfing so gebrauchen, daß ich Ruhm und Ehre erlange.« Seine Mutter aber hatte Mitleid mit ihm und ging zu Höfund hinein.

»Draußen steht«, sprach sie, »unser Sohn Heidrek. Er bereut seine Tat. Hierbleiben kann er nicht, das weiß ich. Aber vielleicht kannst du ihm Ratschläge auf den Weg geben, so daß er Ehren erwirbt.«

»Nicht glaube ich«, sprach Höfund voll Grimm, »daß ihm mein Rat nützen wird. Aber er ist mein Sohn. So will ich tun, worum du bittest. Erstens rate ich ihm: Einem, der seinen Herrn betrog, soll er nie Frieden geben! Zweitens: Nie soll er das Kind eines Mächtigeren aufziehen. Drittens: Nie soll er einer Kebse ein Geheimnis verraten! Viertens: Nie soll er sein Schwert Tyrfing zu seinen Füßen ablegen oder an sein Knie stellen!«

Als Hervör herauskam und ihm mitteilte, was sein Vater gesagt hatte, erwiderte Heidrek bitter: »Ja, mein Vater hat wohl recht, aber seine Ratschläge werden mir wenig nützen. Er hat sie nicht aus gutem Herzen gegeben.« Dann verabschiedete er sich von der Mutter, und sie sagte ihm noch, immer solle er daran denken, wie gut das Schwert sei, das er nun geerbt hätte, auch wenn er damit den Tod seines Bruders verschuldet habe. Darüber sei sie sehr traurig.

Eine weite Wegstrecke hatte Heidrek zurückgelegt. Da traf er einige Krieger, die zogen zwei Gefangene in Fesseln hinter sich her. Da fragte er sie: »Was wollt ihr tun mit ihnen, was haben sie getan?«

»Zum Galgen bringen wir sie! Sie haben ihren König betrogen!« war die Antwort.

Da bot er ihnen Gold als Lösegeld für die Gefangenen an. Und sie nahmen es. Da trugen ihm alle ihre Dienste an. »Aus Dankbarkeit«, wie sie sagten. Doch er antwortete ihnen:

»Wenn ihr eure eigenen Herren betrogen habt, dann ist wohl auch nicht viel Treue von euch zu erwarten, wenn es um mich, einen neuen fremden Herrn, geht! Macht euch davon, ehe ich wütend werde!«

Da machten sie sich aus dem Staub, und er selbst zog weiter, bis er ins Reidgotenland gelangte, wo er von dem dortigen König Harald wohl aufgenommen wurde. Alt war Harald und nicht mehr kräftig genug, um sich und sein Reich zu schützen. In jüngster Zeit hatte er sich seine Gegner nur noch dadurch vom Leibe halten können, daß er sich freikaufte. Aber nun ging auch all sein Gold zur Neige.

Da bot Heidrek dem König an, er selbst wolle den Zins zahlen, doch nicht mit Gold, sondern mit Waffen. Als Lohn aber verlange er des Königs Tochter. Damit war König Harald mehr als einverstanden und sprach: »Meine Tochter Helga will ich dir gern geben, wenn du mich und mein Reich beschützt!«

Nun fuhr Heidrek mit den Mannen des Königs auf Kriegsfahrt gegen die Feinde der Reidgoten. Und dabei gebrauchte er sein Schwert Tyrfing so gut, daß er dem König Harald mehr Ehre und Ansehen verschaffte, als dieser je besessen hatte. Und schließlich kehrte er mit reicher Beute zurück und heiratete Haralds Tochter Helga. Nach einem Jahr bekam sie einen Sohn. Und Heidrek bestand darauf, daß man ihn Angantyr wie seinen versehentlich erschlagenen Bruder nennen solle.

Nicht lange danach kam eine Hungersnot über das Reidgotenland. Und als die Mißernte so groß war, daß es schon so aussah, als ob nichts Lebendiges den strengen Winter überleben würde, da hielt das Volk ein großes Blotfest ab. Und man warf die Lose und las die Runen. Und die Wahrzeichen verkündeten: Nicht eher würden wieder gute Jahre ins Land kommen, als bis man den trefflichsten Jüngling des ganzen Reiches den Göttern geopfert hätte.

»Der trefflichste von allen«, sprach Heidrek, »ist König Haralds eigener Sohn!«

Da erschrak der König und erwiderte: »Nein, ich meine, der trefflichste, der allen an Wert vorangeht, ist Angantyr, dein Sohn! Es ist ja der Sproß meiner Tochter Helga!«

Aber Heidrek wollte sich darüber mit dem König nicht einigen. Und so legten sie die Sache dem alten König Höfund vor. Der galt beiden als gerecht und weise.

»Fahr hin zu deinem Vater«, sprach König Harald, »und befrage ihn, wer geopfert werden soll: dein oder mein Sohn!«

Schweren Herzens zog Heidrek an Höfunds Hof und bat, er solle den Zwist entscheiden, er selbst wolle sich fügen, wie das Urteil auch ausfallen würde. Nun sah Höfund eine Gelegenheit, sich für die Tötung seines Lieblingssohnes Angantyr zu rächen. Und schnell sagte er seinen Richtspruch: »Freilich ist dein Sohn Angantyr der trefflichste Jüngling im Reidgotenreich!«

»Damit verurteilst du meinen Sohn, deinen Enkel, dazu, den Göttern auf dem Blotfest geopfert zu werden?« fragte Heidrek zitternd. Und Höfund erwiderte: »Ja, aber als Buße für die Sohnesopferung sollst du fordern, daß du jeden zweiten Mann aus Haralds Gefolgschaft bekommst! Weitere Ratschläge braucht ein Kämpe wie du ja nicht!« Mit diesen Worten entließ er Heidrek.

Als dieser wieder ins Land der Reidgoten zurückgekommen war, da teilte er dem König und dem Volk den Richtspruch Höfunds mit. Er habe, so sagte er traurig, seinen Sohn als den würdigsten befunden, den Göttern geopfert zu werden. Aber als Sohnesbuße solle er, das habe Höfund auch gesagt, jeden zweiten Mann in König Haralds Gefolgschaft bekommen.

Da ließ nun Heidrek alle einen Eidschwur ablegen, daß sie nach dem Willen des weisen Königs Höfund handeln wollten. Und so geschah es denn. Heidrek scharte denjenigen Teil des Heeres um sich, der ihm nach den Richtspruch zugefallen war. Und als er die Mannen beisammen hatte, ließ er sie nochmals einen Eid schwören, daß sie ihm unbedingt, wo es auch sei, als ihrem rechtmäßigen Herrn Folge leisten würden.

Als das vollbracht war, ließ er zum Angriff in die Luren blasen und schrie: »Nun weihe ich König Harald und seinen Sohn samt seinem ganzen Heer Odin! Und das ist nämlich ein viel größeres Opfer, als einen schwachen Knaben darzubringen, und sei er auch der trefflichste von allen!« Nun folgte ein heftiges Gefecht, und in dem Treffen starben König Harald und sein Sohn und viele seiner Anhänger. Die andern aber schlugen sich schließlich auf Heidreks Seite, der nun selbst König wurde im Reidgotenland. Heidreks Gemahlin Helga aber tötete sich selbst aus Trauer über den Tod ihres Vaters und Bruders.

In den folgenden Jahren war Heidrek als Reidgotenkönig auch im Hunnenland, wo er Beute machte. Schließlich gelangte er sogar an den Hof des dortigen Königs Humle. Er zwang ihn, alles Gold herauszugeben, und raubte ihm schließlich noch seine schwarzhaarige Tochter Sifka, die er als Kebse heimbrachte. Bald erwartete Sifka ein Kind. Da schickte Heidrek sie wieder heim ins Hunnenland, wo sie ihren Sohn Hlöd gebar. Doch bald hatte Sifka Sehnsucht nach Heidrek, und heimlich fuhr sie zu ihm zurück, jedoch ohne ihren Sohn, der nun vom Großvater aufgezogen wurde.

»Ich will doch Sendboten schicken zu dem mächtigen König Hrollaug im Gardareich«, sprach Heidrek eines Tages. »Es wird gut sein, wenn ich mit ihm auf freundschaftlichem Fuße stehe. Daher soll er mir seinen Sohn Herlaug schicken. Ich will ihm ein guter Ziehvater sein und ihn in allen fürstlichen Künsten unterweisen!«

Sogleich wurden einige Ratgeber Heidreks mit Geschenken ins Gardareich geschickt, um diesen Vorschlag zu unterbreiten. Dem König Hrollaug gefiel das Anerbieten nicht sonderlich, denn er hatte von Heidreks Betrug gegen Harald gehört.

»Ach was«, sprach da seine Königin, »du kannst diese Pflegschaft schon gutheißen! Denke doch auch daran, wie stark und siegreich König Heidrek jetzt ist! Nur gut ist's, wenn wir wissen, daß Heidrek unser Freund ist.« Da schickte nun Hrollaug auf ihren Rat hin seinen Sohn Herlaug ins Reidgotenland. Und Heidrek empfing ihn wohl und war ganz vernarrt in den Knaben.

Da kamen eines Tages Geschenke aus dem Gardareich. König Hrollaug lud Heidrek mit seiner Kebse Sifka zu Besuch. Auch Herlaug sollte mitkommen, denn er wollte gern wissen, wie groß sein Sohn im fernen Reidgotenlande schon geworden sei. Als sich die beiden Könige eines Tages auf der Jagd vergnügten, verirrten sich Heidrek und sein Ziehsohn ein wenig und standen plötzlich allein auf einer Lichtung. Heidrek trug sein Schwert Tyrfing in der Scheide. Doch er hatte Angst um Herlaug, und deshalb befahl er ihm: »Geh hinüber in das alte Gehöft! Dort versteck dich, bis ich nach dir schicke!« Der Jüngling aber hatte keine Lust, in dem verfallenen Haus allein zu bleiben, sondern ging gleich seinem Ziehvater nach, um zu sehen, was dieser noch erjagen würde.

Spät und allein kam Heidrek zurück an König Hrollaugs Hof. Er fragte, nachdem er sich zum Trinken in die Halle gesetzt hatte, beständig nach Herlaug. Viele Mannen liefen hinaus, um nach ihm zu suchen. Dann kamen sie zurück und meldeten, sie hätten ihn nirgends finden können. König Heidrek war verschlossen an diesem Abend, und bald begab er sich mit Sifka in seine Schlafkammer. Als sie beide allein waren, fragte ihn Sifka, warum er so schweigsam sei.

»Nicht reden kann ich darüber«, sagte Heidrek, »denn wenn es Hrollaugs Leute wüßten, wäre ich des Todes!« Sifka aber drang in ihn, wurde immer zärtlicher und freundlicher zu ihm.

»Sag mir doch, mein Lieber«, sprach sie, »was dich so schwer bedrückt!«

Da erzählte ihr Heidrek schließlich von seinem bösen Geschick während der Jagd. Ein wilder Eber habe ihn angegriffen. Als er ihn mit dem Speer abwehren wollte, sei der Speerschaft zerbrochen. Da habe er Tyrfing ziehen müssen, um sich zu verteidigen. Aber es liege ein Fluch auf dem Schwert. Es lasse sich nur in die Scheide stecken, wenn es von Menschenblut gerötet sei. In seiner Verwirrung habe er sich umgesehen. Niemand anders sei in seiner Nähe gewesen als sein Ziehsohn. Da habe er ihn in seiner Verblendung getötet. Jetzt sei niemand unglücklicher als er darüber. Sifka tröstete ihn und meinte, es würde ja niemand erfahren.

Am nächsten Morgen fragte die Königin, warum König Heidrek so verstört sei und nichts essen wolle. Sifka meinte, sie wüßte es wohl, aber sie dürfe nicht darüber reden. Es könne Heidrek das Leben kosten. Da verwunderte sich die Königin sehr und nahm sie mit in ihre Gemächer, wo sie ihr Wein und andere Köstlichkeiten brachte, um sie zum Reden zu bringen.

»Verschwiegen bin ich«, sprach sie zu Sifka, »mir kannst du alles erzählen!«

Nach längerem Zögern verriet Sifka das Geheimnis. Aber sie bat die Königin, doch daran zu denken, daß Heidrek selbst keine Schuld habe. Schuld sei das verwunschene Schwert, gegen das er nichts vermocht habe. Die Königin brach in Weinen aus und schickte Sifka weg. Mägde meldeten dem König Hrollaug, daß die Königin außer sich sei vor Schmerz. Da trat er bei ihr ein und fragte nach der Ursache.

»Heidrek hat unseren Sohn getötet!« rief sie jammernd.

»Aber es soll gegen seinen Willen durch ein Zauberschwert geschehen sein! Er selber ist am unglücklichsten darüber!«

»Dein Ratschlag war es«, sagte der König, »daß ich diesem Heidrek meinen eigenen Sohn in Pflege geben sollte. Nichts Gutes habe ich geahnt. Und nun ist das eingetreten, was ich immer befürchtet habe!«

Sogleich lief er hinaus und befahl, man solle König Heidrek ergreifen und hängen lassen. Aber von seinen Mannen war keiner gewillt, ihn anzufassen. So beliebt hatte er sich bei allen gemacht. Schließlich sprangen zwei hervor und fesselten ihn, und als er aufsah, erkannte er sie: Es waren die beiden, die er einst für Gold im Walde vom Galgen losgekauft hatte.

»Führt ihn auf die Heide und hängt ihn an den Galgen! Er hat meinen Sohn getötet!« sprach Hrollaug. Und nun fügten sich seine Mannen, als sie hörten, Heidrek habe ein Verbrechen begangen. Wie sie aber in der Nähe des Galgens kamen, da fand Heidrek Zeit, nach seinem Ziehsohn zu schicken, der in Wirklichkeit gar nicht tot, sondern nur von Heidrek versteckt worden war. Er kam zu seinem Vater gelaufen und rief: »Niemals sollst du meinen lieben Ziehvater hängen!«

Da war nun eitel Freude. Der König ließ Heidrek aus den Fesseln befreien. Auch entschuldigte er sich mit vielen Worten. Doch Heidrek sprach: »Jetzt ist Zeit zur Heimfahrt. Nicht länger will ich in deinem Reich bleiben!«

Da ging Hrollaug in seine Königshalle zurück und setzte sich ächzend auf seinen Hochsitz, und um ihn her nahmen auch die Mannen an den Langtischen Platz. Er wartete darauf, daß Heidrek sich von ihm verabschieden würde. Der aber wollte nicht mehr in die Halle treten, solange auch Hrollaug wartete.

Als die Königin den Fremden aus dem Reidgotenland abreisefertig draußen mit seinen Mannen stehen sah, lief sie zu Hrollaug hinein und flüsterte ihm ins Ohr: »Wenn wir jetzt König Heidrek im Zorn ziehen lassen, können wir gewiß allerlei Böses von ihm erwarten. Er ist ein so mächtiger Mann, jetzt, da alle wieder für ihn sind! Besser tust du daran, ihn zu besänftigen! Geh hinaus und biete ihm Geschenke an!«

Hrollaug verließ seinen Hochsitz und kam vor die Hallentür: »Große Bußgaben will ich dir schicken. Damit will ich all das Unrecht gutmachen, daß du bei mir erlitten hast!«

Doch Heidrek erwiderte kurz angebunden, daheim habe er Güter genug. Er brauche keine Geschenke. Da blickte Hrollaug zur Königin hinüber, die neben ihm stand. Sie schüttelte den Kopf und wisperte: »Biete ihm deine Tochter!«

»Das hätte ich nie geglaubt«, sprach Hrollaug leise, »daß es soweit kommen würde, einem aus dem Reidgotenland meine Tochter anbieten zu müssen!« Danach wandte er sich wieder an den abseits stehenden Heidrek und sprach laut und vernehmlich: »Statt daß wir uns als Widersacher trennen, will ich dir meine Tochter zur Gemahlin geben! Und ich will sie mit soviel Land und Ehren ausstatten, wie du es verlangst!«

Nun ließ sich Heidrek besänftigen. Er sagte, er wolle die Tochter sehen, und fand sie schön. Nun verlobte er sich mit ihr, feierte kurz darauf die Hochzeit und nahm sie als Königin mit in sein Reich. Bald bekam sie dort ein Mädchen, und dieses Kind wurde nach ihrer Großmutter Hervör genannt. Je mehr sie heranwuchs, desto mehr nahm sie auch die Eigenschaften ihrer Namensschwester an, wurde groß und stark und hatte ihre Lust an Waffenspielen.

Heidrek aber saß ruhig in seinem Reich und opferte oft dem Frey. Beim großen Blotfest wurde der größte und schönste Eber, der zu finden war, zu Ehren des Gottes hereingetragen. Und das war an einem Julabend. Nun sprach man beim Sühne-Eber die Gelübde. Als die Mannen durch Hand-auflegen ihre Eide gesprochen hatten, trat auch Heidrek an das geopferte Tier heran und sprach mit aufgelegter Hand seinen Eidschwur. Niemals wolle er in eigener Sache einen Richtspruch fällen. Selbst wer sich am schlimmsten gegen den König vergangen habe, solle Recht genießen. Die Weise-sten am Königshof sollen entscheiden, falls er sich in des Königs Gewalt geben und seine Feindschaft beenden wolle. Diesem großen Gelübde fügte er noch einen kleinen Schwur hinzu: Könne ein Gegner ihn durch Scharfsinn überwinden, so solle er frei sein von jeglicher Anklage! Wisse wer Fragen zu stellen, die er, der König, nicht beantworten könne, so finde er Gnade für alle Vergehen!

Gestumblindi

Nun gab es im Reidgotenland einen reichen und mächtigen Bauern, der den Namen Gestumblindi trug. Lange Zeit schon war er mit Heidrek verfeindet, denn er wollte sich ihm nicht unterordnen. Da schickte nun Heidrek Boten zu ihm und lud ihn auf seinen Königshof. Ein Gelübde habe er getan. Nicht er, sondern weise Männer sollten den Spruch in beider Sache fällen, ließ er ausrichten. Aber wenn Gestum-blindi nicht zum König kommen wolle, dann werde er, Heidrek, selbst zu seinem Widersacher fahren, um in einem Wissensstreit die Sache zu entscheiden, drohte er.

Übel war dem reichen Gestumblindi zumute, als er dies vernommen hatte. Wie würde er denn soviel Wissen auf-bringen können, um gegen Heidrek zu bestehen? In seiner Not brachte er Odin höchste Opfer dar und flehte ihn an, Hilfe zu schicken.

Da stand eines Abends ein alter Mann an der Tür des Bauern. Als er in die Gesindestube eintrat, merkten alle, daß er dem Bauern in allem so ähnlich sah, daß niemand mehr recht sagen konnte, wer der richtige und wer der falsche sei.

»Tauschen wir unsere Kleidung!« sagte der Fremde. »Selbst will ich dann hingehen zu König Heidrek und mich mit ihm vergleichen!«

Anderntags machte er sich auf den Weg. Bald schon trat er vor Heidreks Hochsitz und begrüßte ihn höflich. Doch der schien in Gedanken versunken und erwiderte seinen Gruß gar nicht.

»He«, sprach Gestumblindi, »jetzt bin ich endlich gekommen, um unsere Streitigkeiten zu schlichten!« Der König schreckte hoch und sah einen einäugigen Mann in einem blauen Mantel mit Schlapphut. ›Vermutlich war der Bauer ein Schlaukopf‹, dachte der König.

»Wie wäre es«, sagte Heidrek, »wenn wir das Thing zwischen uns richten lassen? Vorausgesetzt, du beugst dich dann dem gefällten Urteil!«

»Hart«, sprach Gestumblindi, »scheinen mir solche Bedingungen zu sein! Weißt du nichts anderes?«

»Nun, wenn du anderes lieber willst, dann wollen wir uns in Scharfsinn und Wissen messen«, sagte Heidrek. »Vielleicht kannst du mir Rätsel und Fragen aufgeben, die ich nicht lösen und beantworten kann? Frei bist du von allen Verpflichtungen, wenn du's fertigbringst!«

»Ja«, sagte Gestumblindi, »diese Bedingung ist vielleicht nicht besser als die andere. Aber laß uns das letzte versuchen!«

Da fing der Alte nun an, dem König Heidrek allerlei Rätsel zu nennen, für die es nur eine Lösung gab. Und eines war schwerer als das andere. Nach den tiefen Dingen der Welt, nach Göttern und Menschen, nach Asgard und Midgard, Riesen und Zwergen fragte Gestumblindi. Und auf jede Frage wußte Heidrek sogleich die Antwort. Als nun der Gast sah, daß er nichts fragen konnte, worüber Heidrek nicht Bescheid wußte, erinnerte er sich an die Frage, die er einst einem weisen Riesen gestellt hatte. Er räusperte sich und sagte: »Hör, Heidrek, jetzt will ich dir meine letzte Frage stellen, ehe wir uns trennen, denn wirklich weise bist du, wie ich sehe! Doch sage mir, was Odin seinem toten Sohn Balder ins Ohr flüstert, wenn dieser auf dem Scheiterhaufen liegt?«

Wie vom Schlag getroffen, sprang Heidrek von seinem Hochsitz auf: »Böser Geist! Betrogen hast du mich! Du bist nicht der Bauer, mit dem ich im Streit liege! Diese Worte, wonach du fragst, kennt nur Odin selbst!« Dann griff er nach seinem Schwert Tyrfing, das zu seinen Füßen stand. In ohnmächtiger Wut riß er es aus der Scheide, um Gestumblindi damit zu töten. Doch mitten im Hieb verwandelte sich Gestumblindi in einen Falken und flog durch das Windauge am Dachfirst davon. Tyrfing traf nur noch das Schwanzende und hieb dem Falken die hinteren Federn ab, was man noch heute daran ersehen kann, daß der Falke nur gestutzte Schwanzfedern hat. Doch jetzt hatte König Heidrek Odins Zorn auf sein Haupt geladen. Zum Windfang herein klangen dumpfe Worte, die seinen nahen Tod ankündigten.

An König Heidreks Burg lebten einige Männer von hoher Geburt als Knechte. Einst hatte Heidrek sie auf seinen Ostfahrten geraubt und sie zu Sklaven gemacht. In der Nacht nach Odins Besuch drangen sie in seine Schlafkammer ein und stachen ihn mit ihren Speeren tot. Sie fanden sein Schwert Tyrfing und andere Kleinodien, brachten alles an sich und flüchteten in die öde Heide.

König Heidreks Sohn Angantyr wurde auf dem Thing zum König ausgerufen. Er schwor vor seinen Mannen, daß er den Hochsitz seines Vaters nicht eher in Besitz nehmen wolle, als bis er dessen Mörder zur Strecke gebracht hätte. Bald darauf machte er sich allein auf den Weg, um die vogelfreien Männer, die Heidrek getötet hatten, in der Wildnis zu suchen. Lange Tage ritt er durch das Dickicht. Da sah er eines Abends einige Männer an einem kleinen Fluß sitzen und angeln. Einer von ihnen zog einen großen Hecht heraus.

»Gib mir das Ködermesser, ich will diesem Fisch den Garaus machen!« rief er seinem Gefährten zu. Doch der war mit einem anderen Fisch beschäftigt und brauchte es selbst. »Dann«, sprach der Fischer, »muß ich das große Schwert nehmen! Gib es mir, es liegt im Achtersteven!«

Als das Schwert hervorgeholt wurde, erkannte der junge Angantyr sogleich, daß es Tyrfing war, die einstige Zauberwaffe seines Vaters Heidrek, die dessen Mörder mitgenommen hatten. Da wartete der Jüngling, bis die Männer allesamt an Land gegangen und sich in ihren Zelten schlafen gelegt hatten. Dann schlich er heran, riß das Zelt ein und tötete sie allesamt im Dunkeln, als sie mühsam aus dem zusammengefallenen Zelt herauskriechen wollten. Dann faßte er Tyrfing und kehrte auf die väterliche Burg zurück. Hier wies er seinen Mannen das Wunderschwert zum Zeichen der erfolgreichen Vaterrache vor.

Unterdessen hatte König Heidreks Sohn Hlöd, den er mit seiner Kebse Sifka gezeugt hatte und der bei seinem Muttervater im Hunnenland aufwuchs, Kunde bekommen, daß sein Vater tot war. Da sprachen seine Verwandten zu ihm: »Hör, Hlöd, warum gehst du nicht zu Heidreks Nachkommen und forderst dein Vatererbe? Schließlich bist du sein Sohn!«

Nicht zweimal ließ sich Hlöd dies sagen. Sogleich bestieg er ein Pferd und ritt Tag und Nacht, bis er vor die Burg des toten Königs Heidrek kam. Draußen brannten Fackeln, und drinnen im Hochsaal hörte man laute Stimmen. Ein Gelage wurde abgehalten; ein Jahr war nun König Heidrek tot, und im Gedenken an ihn tranken Angantyr und die treuesten Gefährten des Königs erneut das Erbbier. Da brachten die Bediensten die Botschaft in die Halle, Angantyrs Bruder sei gekommen und wolle mit ihm sprechen. Sogleich ging Angantyr hinaus und hieß seinen Halbbruder freundlich willkommen.

»Eingeladen bist du«, sprach Angantyr, »mit uns in Frieden das Erbbier zu trinken! Komm nur herein und setz dich neben mich auf den Ehrenplatz!«

»Nein«, sprach Hlöd, »keineswegs bin ich gekommen, mir hier meinen Wanst zu mästen! Dank für deine Einladung, Bruder! Aber ich will eigentlich nur die Hälfte vom Heidrekserbe: Land, Vieh, Zins und Mannen! Dann kehre ich zurück zu meinem Muttervater Humle!«

»Gemach«, sprach da Angantyr, »viel Schilde müssen wohl erst durchlöchert werden, ehe ich alles mit dir teile, denn Tyrfing gehört mir! Ich habe mir das Schwert eigenhändig zurückgeholt. Über alles andere können wir brüderlich reden. Soviel biete ich dir an vom Erbe unseres Vaters, daß du zufrieden sein kannst!«

Als Heidreks altem Ziehvater Gissur zu Ohren kam, daß Angantyr seinem Bruder gar die Hälfte vom Vatererbe übergeben wollte, wurde er sehr zornig. »Viel zuviel ist's, was du diesem Sprößling einer Kebse zuwerfen willst! Tu es nicht!« rief er. »Gib ihm ein kleines Erbteil, dann aber schicke ihn zurück ins Hunnenland!«

Acht Tage wartete Hlöd noch. Aber soviel ihm Angantyr auch an Schätzen anbot, es konnte die Kränkungen nicht wettmachen, die er durch Gissurs freche Reden erlitten zu haben glaubte. Und Tyrfing würde er ohnehin nicht bekommen! Da sattelte er sein Pferd und ritt geradenwegs heim zu seinem Großvater.

»Sprößling einer Kebse und Knechtssohn bin ich bei Heidreks Leuten genannt worden!« sprach er zu Humle. »Dabei wollte ich das mir zugedachte Erbe, das mir zu klein schien, nicht annehmen. So kehre ich denn unverrichteterdinge zurück, aber ich will, daß wir ein Heer zusammenbringen und uns für die erlittene Schmach rächen!«

Nun rüsteten die Hunnenfürsten mehrere Winter lang für den Heerzug gegen die Heidreksleute. Und als im vierten Jahr der Frühling anbrach, zogen sie durch den großen Wald Myrkvid, der das Land der Hunnen vom Gotenland trennte. Als sie endlich aus Heide und Dickicht herauskamen, fanden sie ein schönes, weites Land vor. Darin lagen befestigte Bauernhöfe inmitten fetter Wiesen und Weiden. Das war das Gebiet von Angantyrs Schwester Hervör. Am Morgen stand sie auf dem Aussichtsturm ihres Königshofes und schaute zum fernen Waldrand hinüber. Da sah sie, daß ein großes Heer heranrückte und so viel Staub aufwirbelte, daß sich die Sonne gänzlich verdunkelte.

»Ormar, Ormar!« rief sie voll Zorn. »Jetzt müssen wir uns hart verteidigen!«

Ormar war der Name ihres alten, treuen Ziehvaters. Der erbot sich, vor dem Hunnenheer im Zweikampf gegen Hlöd zu streiten. Aber der Hunne lehnte das ab. Schon standen die Feinde dicht vor den Wällen und Holzplanken des befestigten Königshofs. Da zog Hervör selbst ihre Brünne über, faßte Speer und Schild und warf sich dem feindlichen Heer entgegen. Lange verteidigten sich Hervörs Krieger und Schildmädchen gegen die große Übermacht. Schließlich wurden alle von Feinden umringt und niedergehauen. Und die kampftüchtige Hervör fiel inmitten ihrer Mannen.

Es gelang Ormar, mit wenigen Getreuen zu Angantyr zu fliehen.

228

»Das Hunnenheer ist im Lande!« sprach er zu ihm. »Und deine Schwester Hervör ist tot.«

Als Angantyr das hörte, stieg Zornesröte in sein Gesicht. Lange dauerte es, ehe er wieder laut sprechen konnte. Er blickte sich in seiner Halle um und rief: »Hunnen kommen mit Mord und Brand. Sie haben meine liebe Schwester getötet und werden bald hier sein! Beim Trinken waren stets Mannen genug bei mir. Odin mag uns helfen, daß wir nicht unterliegen. Wenn ich mich recht umsehe, sind wir weniger, als wir sein sollten! Blicken wir mutig auf das, was uns bevorsteht!«

Dann überlegte er eine Weile und fragte leise, wo er wohl jetzt einen mutigen Mann finden könne, der für Gold zu den Hunnen reite und sie zum Kampf einlade.

»Nicht lange«, sprach da Gissur, »mußt du suchen! Hier stehe ich. Sage mir, wohin ich sie laden soll zum Streit, dann reite ich!«

Dankbar schaute Angantyr seinen alten Gefährten an. »Sage ihnen, auf der Dunheide wollen wir sie erwarten. Da haben die Goten oft gekämpft und gesiegt.«

Nun ritt Gissur den ganzen Tag, bis er das Hunnenheer vor sich sah. Da reckte er sich hoch auf und warf einen Speer über die Gegner. Dabei rief er: »Schrecken fahre in eure Reihen! Des Todes soll euer Anführer sein! Odin gebe diesem meinem Speer die Kraft, siegreich zu bleiben! Angantyr lädt euch ein zum blutigen Streit! Auf zur Dunheide! Zum wilden Tanz der Speere und Schwerter! Hierzulande ist es Brauch, daß diejenigen als Feiglinge und Neidinge gelten, die das Land verwüsten, bevor Allvater zwischen den Heeren auf der Walstatt entschieden hat!«

Danach ritt er scharf davon und ließ die Hunnen ihre Antworten in den Wind rufen.

Eilig sammelte der junge Angantyr alle seine Mannen, die waffenfähig waren. Überall schickte er hin und bat um

Heerfolge. Und viele Bauernkrieger kamen von weither. Aber als er sein Heer musterte, da schien es ihm, als seien seine Leute nur halb so viele wie die des Hunnenkönigs Humle.

»Reiten wir trotzdem zur Dunheide!« sprach er dumpf.

Und dort auf der Walstatt bekämpften sich Goten und Hunnen wohl acht Tage lang, und viele tapfere Mannen fielen auf beiden Seiten. Jeden Tag kam neue Mannschaft an. Und es waren solche, die Angantyrs Reihen auffüllten. Die Kämpferscharen Humles jedoch nahmen immer mehr ab. Viele zogen die schmähliche Flucht vor. Da drangen die Goten am achten Tag durch Humles Schlachtreihen bis zur Schildburg vor, hinter der sich Humle und Hlöd verschanzt hatten, nur noch beschützt von wenigen Getreuen. Angantyr riß sein Schwert Tyrfing aus der Scheide und schwang es solange, bis beide Hunnenfürsten am Boden lagen. Schwer verwundet war Hlöd.

Als die Hunnen vom Eindringen der Goten in die Schildburg erfahren hatte, wandten sie sich alle zur Flucht. Nicht länger wollten sie den ungleichen Kampf fortsetzen. Angantyr aber kniete neben seinem Halbbruder Hlöd und klagte über ihrer beider Schicksal: »Bot ich dir nicht genug Schätze Bruder? Warum sahst du nicht, daß ich dir nicht mehr geben konnte?«

Und leise erwiderte Hlöd: »Jetzt habe ich weder Schätze noch mein Land, noch mein Leben. Hart ist Odins Richterspruch für mich. Auf Wiedersehen, Bruder, in Odins Reich!«

»Ja, großes Unglück hat uns beide betroffen«, wiederholte Angantyr traurig. »So weit mußte es kommen, daß ich der Töter meines eigenen Bruders geworden bin! Grausam waltete über uns der Wille der Nornen. So schrecklich ist unser Tun, daß es wohl nie in Vergessenheit geraten wird unter den Menschen von Midgard!«

Noch lange herrschte König Angantyr über das Reidgotenland. Mächtige Häuptlinge stammen von seinem Geschlecht ab, auch König Hildezahn gehörte dazu, der in der Brawallaschlacht durch Odin selbst zu Tode kam. Aber schließlich fiel auch Angantyr dem Fluch zum Opfer, der mit dem Schwert Tyrfing verbunden war.

Doch die große Schlacht auf der Dunheide blieb den Menschen von Midgard wohl ebenso im Gedächtnis wie die von Brawalla.

VI

Sigurd und der Goldschatz Andwaris

Drei Wanderer betraten einst das Haus des reichen Hreidmar, eines berühmten zauberkundigen Bauern, und begehrten ein Nachtlager. Die drei waren niemand anderes als Odin, Hönir und Loki.

Hreidmar sprach: »Herberge will ich euch gern gewähren, aber mit der Nachtkost steht es übel; es fällt mir schon schwer, meine Söhne Fafnir, Otter und Regin zu ernähren.«

»Ach, sorge dich nicht um dergleichen!« rief Loki. »Sieh her: Wir haben eine gute Beute gemacht.« Mit diesen Worten holte Loki einen Fischotter hervor und erzählte, am Wasser habe er ihn blinzelnd einen Fisch verzehren sehen. Da habe er ihn mit einem Steinwurf erlegt.

Kaum hatte Loki das gesagt, da schrie Hreidmar auf vor Entsetzen: »Fafner und Regin! Her zu mir! Sie haben euren Bruder Otter erschlagen! Eine Axt her! Diese Freveltat sollt ihr mir büßen!«

Und Fafnir kam mit der Axt, und die drei Götter durchzuckte tödlicher Schrecken. Loki faßte sich als erster und bot sogleich soviel Lösegeld an, wie Hreidmar verlangen würde.

Fafnir wollte schon zuschlagen, da besann sich Hreidmar. Er dachte an das viele Gold und den Reichtum, den er auf diese Weise von den Göttern erlangen konnte, und machte diesen Vorschlag: »Nun gut, so will ich meinem Sohn Otter den Balg abziehen. Ihr sollt ihn füllen mit blankem Golde! Und auch außen sollt ihr ihn so mit Gold bedecken, daß kein Haar mehr von dem Pelz zu sehen ist!«

Die Götter berieten und stimmten zu. Da sagte Hreidmar:

»So gelobt mir heilige Eide! Einen von euch will ich laufen lassen, den Schatz herbeizuholen! Die beiden anderen bleiben als Pfand in meiner Hand, bis das Gold herbeigeschafft ist!«

Da leisteten die Götter den Schwur, und Loki wurde losgeschickt, das Gold herbeizuholen. Als er an den Wohnstätten der Zwerge vorüberkam, gewahrte er im Wasser einen gewaltigen Hecht. Er holte ein Netz und fing den Fisch mit vieler Mühe. Aber es war kein gewöhnlicher Fisch, sondern der reiche Zwerg Andwari, der die Hechtgestalt angenommen hatte, um sich im Wasser tummeln zu können.

Loki schien geahnt zu haben, wo er sein Netz auslegen mußte. Denn nun fuhr er den Zwerg an: »Andwari! Du mußt mir Gold beschaffen, oder ich schlage dich tot auf der Stelle!«

»Jaja«, jammerte Andwari in höchster Not, »all mein Gold sollst du háben! Wenn du mich bloß am Leben läßt! Erschlage mich nicht mit deiner schrecklichen Faust!«

Da ließ Loki ihn los, Andwari aber nahm wieder seine Zwergsgestalt an und führte seinen Häscher in die Schatzkammer. Da gab er ihm Gold in Hülle und Fülle. Und viele Kleinodien waren darunter und kostbares Geschmeide. Aber einen Ring wollte Andwari vor Loki verbergen. Doch Loki, der listige, hatte es längst bemerkt und schrie ihn an:

»Gib auch diesen Ring, Gauner! Alle deine Schätze sind mein!«

»Ach, nur diesen Ring laß mir!« wimmerte der reiche Zwerg. »Damit könnte ich mir neuen Reichtum erwerben. Sonst muß ich elend Hungers sterben!«

Doch Loki stieß den Zwerg zurück und beachtete nicht dessen inständiges Flehen. Da trat der Zwerg mit dem Fuß auf in höchster Wut und schrie diese Verwünschung: »Fluch dem, der Andwara-Naut, meinen herrlichen Goldring, je an sich bringt und besitzt! Sterben und verderben soll der Ringeigner, sei es Mensch oder Gott!«

Loki jedoch brach in schallendes Gelächter aus. Er zuckte mit den Schultern und erwiderte leichthin, als er mit all den Zwergenschätzen davonzog: »Dein bitterböser Fluch, du habgieriger Zwerg, mag andere treffen! Mir wird er wahrscheinlich nicht schaden! Ich bin gegen Flüche gefeit!«

Indessen, nach einer Weile wurde er nachdenklich, und so brachte er, so schnell er konnte, alle Schätze zu Odin. Vor allem aber übergab er ihm Andwara-Naut, diesen unheimlichen Goldring. Odins Auge strahlte, als er diesen Ring erschaute, und sogleich stieg in ihm die Gier hoch, dieses Kleinod selbst zu besitzen. Odin nahm nun das Gold und füllte alles hinein in den Otterbalg, während Hreidmar argwöhnisch zuschaute. Auch von außen umhüllte er das Otterfell mit Gold. Aber Hreidmar war noch nicht zufrieden. Genau untersuchte er die Umhüllung und fand, daß ein Barthaar des Otters nicht von Kostbarkeiten bedeckt war.

»Oho, hier fehlt noch etwas!« rief er laut.

Widerwillig nahm da Odin den Ring Andwara-Naut und bedeckte damit das noch herausragende Otterhaar, und Hreidmar schien jetzt nichts mehr auszusetzen zu haben. Da waren die Asen frei, und sie machten sich schleunigst und mißmutig auf den Weg heim nach Asgard. An der Schwelle aber drehte sich Loki noch einmal um und rief Hreidmar hämisch zu:

»Denke daran! Ewig verflucht ist, wer Andwara-Naut besitzt! Sterben und verderben wird der Ringeigner, sei es Mensch oder Gott! Und noch übler ist, was ich schon ahne: Um eine schöne Frau auch wird der Kampf gehen! Hassen und töten werden sich viele Helden um des Goldschatzes willen!«

Tage und Wochen vergingen. Da trat eines Morgens Regin, der von zwerghaftem Wuchs war, zusammen mit seinem Bruder Fafnir vor seinen Vater Hreidmar. Er blickte ihn verschlagen an und sprach mit leiser Stimme: »Meinen Teil des Schatzes fordere ich! Gib ihn mir, denn ich habe ein Anrecht darauf!«

Da geriet der alte Zauberer Hreidmar in seiner Zwergennatur in einen furchtbaren Zorn und brüllte, daß es durch das ganze Langhaus hallte: »Mein ist alles Gold! Wehe dem, der es wagt, die Hand danach auszustrecken! Nie sollen meine Söhne Regin und Fafnir etwas davon bekommen, solange ich noch lebe!«

Da mußten die beiden Brüder unverrichteterdinge wieder gehen, aber danach gingen sie beide heimlich zu Rate; sie ließen sich von den Drohungen des Alten nicht schrecken, sondern sannen darauf, wie sie dennoch an das Gold gelangen könnten. Da im Frieden nichts zu erreichen war, beschlossen sie endlich, ihren Vater umzubringen und den Goldschatz zu teilen. Gar nicht lange säumten sie, und als der Vater auf seinem Lager eingeschlafen war, stürzten sie herein, und Fafnir erschlug ihn mit dem Schwert.

Dabei fiel Fafnir Oegis, der Schreckenshelm, in die Hände, bei dessen Anblick sich alles Lebende zu Tode entsetzt. Er ergriff Rausching, das scharfe Schwert seines Vaters, und ging auf Regin los, der sich nur dadurch retten konnte, daß er fluchtartig das väterliche Haus verließ und weit fortzog, betrogen um den Anteil am Schatz. Regin lebte nun als gewaltiger, mißgestalteter Schmiedemeister im tiefsten Waldickicht. Und auch der Rat, den er bei seiner Schwester Lyngheid gesucht hatte, wie er sein Vatererbe erlangen sollte, brachte ihm keinen Erfolg. Denn sie hatte ihm nur gesagt: »Bitte deinen Bruder um das Gold! Mit dem Schwerte wirst und kannst du selber nie von Fafnir dein Gut einfordern!«

Fafnir aber, vom Glanz des Goldes geblendet, meinte daheim nicht mehr sicher zu sein. Und so zog er damit auf die einsame Gnitaheide, wo er sich in der Erde eine Burg aus

Eisen errichtete. Darin barg er seinen Schatz. Sich selbst verwandelte er in einen scheußlichen Drachen, der sich nun über den Goldschatz legte, um ihn zu hüten. Nur einmal an jedem Tag verließ Fafnir sein Lager, wälzte sich mit grauenhaftem Schnauben, Feuerströme ausspeiend, über das Feld, um an einer Quelle seinen Durst zu stillen.

Der verschlagene Regin aber wartete auf den Tag, an dem er seinen Bruder umbringen lassen konnte, um selbst in den Besitz des Goldes zu gelangen.

Am Hofe des Königs Hjalprek, wo er nun als Meisterschmied arbeitete, bekam er bald einen Zögling, den mutigen Sigurd, der mit seiner Mutter Hjördis bei Hjalprek lebte. Sigurds Vater war niemand anderes als König Sigmund. Helläugig und kräftig war Sigurd wie eine junge Eiche im Walde, und bald sollte ihn Regin zu einer folgenreichen Tat überreden.

Einst saßen Regin und Sigurd beisammen, und Regin fing an, ihn zu fragen, warum er, der stolze Sohn König Sigmunds, herumgehe als Hjalpreks Stallknecht.

»Du lügst«, sagte Sigurd, »von Hjalprek kann ich alles erbitten!«

»Nun gut, so bitte ihn wenigstens um ein Pferd«, sagte der verschlagene Regin. So ging Sigurd zum König und sagte, er habe die Bitte, sich ein stolzes Roß aussuchen zu dürfen. Und das gestattete ihm der König.

Sehr bald machten sich Regin und Sigurd auf den Weg in die Heide, und da begegnete ihnen ein alter Mann in blauem Mantel mit wallendem Bart. Es war Odin. Er fragte Sigurd, was er hier draußen wolle.

»Zur Pferdekoppel will ich«, sprach Sigurd, »denn ich suche ein gutes Roß. Kannst du mir einen Rat geben?« Da empfahl Odin, alle Pferde in den Fluß zu treiben, dort, wo er am tiefsten sei. Gesagt, getan! Aber als die Rosse merkten, daß sie in sehr tiefes Wasser kamen, kehrten sie schnell um und wollten wieder ans Ufer. Nur ein graues, junges Pferd schwamm weiter in die Strommitte hinaus. Diesen Hengst wählte sich Sigurd.

»Gut war deine Wahl«, sagte Odin, der sich als Greis verkleidet hatte, »dieses Pferd ist ein Abkömmling von meinem eigenen Roß Sleipnir! Sorge, daß es stets gut gefüttert und gepflegt wird! Nimmer wirst du ein besseres finden!«

Dann verschwand Siegvater mit seinem blauen Mantel, und Sigurd nannte sein neues stolzes Pferd Grani.

Als er das nächste Mal mit dem buckligen, zwergartigen Schmied Regin sprach, war es draußen in der Schmiedehütte. Hinterhältig blickte Regin den blonden Jüngling an und sagte dann: »Grimm erfüllt mich, daß du, herrlicher Königssohn, wie ein Knecht herumläufst, da doch Gold, viel Gold auf dich wartet!«

Da fragte Sigurd, an welches Gold der ränkevolle Schmied denn denke, und der Mißgestaltete erwiderte: »Je nun, das Gold liegt auf der Gnitaheide! Dort lebt einer, der Fafnir heißt, und er ist es, der das viele Gold besitzt. ›Sieh nur, sieh‹, wirst du sagen! Denn soviel Gold und Reichtum hast du noch nie an einem Orte gesehen!«

Sigurd erwiderte, er habe schon von dem furchtbaren Lindwurm gehört, aber der sei ja so groß, stark und gefährlich, daß sich niemand ihm nahen könne. Leib und Leben würde er sogleich daransetzen.

»Ach was!« rief Regin heuchlerisch. »Wenig größer als eine Kreuzotter ist der ganze Drache! Tötest du ihn, so gewinnst du Ruhm und unermeßlichen Reichtum!«

»So schmiede mir ein Schwert, wie es keines mehr auf Erden gibt!« sprach Sigurd.

Der kunstfertige Regin ging nun sogleich daran, für Sigurd eine Waffe zu fertigen. Aber als sie fertig war, fand Sigurd sie lächerlich. Er hieb machtvoll auf den Amboß, und da sprang die Klinge vom Heft.

»Deinen Verwandten artest du nach, kein Verlaß ist auf dich!« rief Sigurd. »Schmiede ein neues Schwert!«

Wieder schmiedete Regin ein Stück, aber damit ging es nicht besser wie beim ersten Mal. Da ging Sigurd zu seiner Mutter und holte von ihr die zerbrochenen Teile des Schwertes Gram, das sein Vater Sigmund einst von Siegvater Odin selbst erhalten hatte. Er gab sie Regin, und als er es diesmal aus der Esse nahm, schien es, als brenne die Schneide wie Feuer. Sigurd hieb auf den Amboß, und solche Riesenkraft durchzuckte seinen Arm, daß dieser mitten entzweisprang und die Waffe noch tief in den Erdboden drang. Staunend besah Regin das Schwert, das nicht eine Scharte aufwies.

»Dein Schwert ist da«, sagte Regin lauernd, »nun geh und erfülle dein Versprechen! König Hundings Söhne würden nämlich laut über mich lachen, versäumte ich meine Pflicht! Nur nach Vaterrache steht mir der Sinn, nicht nach Fafnirs rotem Golde!«

Zusammen machten sie sich auf den Weg zur Gnitaheide, und schon bald sahen sie die Spur des Lindwurms, die an einem Felsen, dreißig Klafter über dem Wasser, endete. Dort ließ Fafnir stets den Kopf herunterhängen, wenn er trinken wollte.

»Eine sehr breite Spur haben Kreuzottern auf der Gnitaheide«, sagte Sigurd zu Regin.

»Mache einen Graben in der Spur, setz dich hinein! Wenn Fafnir darüber hinkriecht, so stich ihm ins Herz!« riet Regin.

Während Sigurd grub, versteckte sich Regin feige im Wald.

Da erschien Odin in der Gestalt eines alten Mannes dem Jüngling und sagte:

»Unklug ist der Plan! Mehrere Gräben sollst du ausheben, in die das Blut rinnen kann! Selber sitze in einer Seitengrube, wenn du stichst, denn sonst erstickst du im Blutstrom!«

Sigurd tat, wie der alte Mann ihm geraten hatte. Da hörte er den Drachen herankriechen, daß die Erde bebte, und als das Scheusal über den Graben glitt, stieß er sein Schwert in dessen linke Seite, geradewegs in Fafnirs Herz hinein.

Fafnir stieß einen entsetzlichen Schrei aus, wand sich und zerschlug die Büsche ringsum mit Kopf und Schwanz. Sigurd aber sprang aus seiner Grube heraus, so daß Fafnir ihn sehen konnte. Als er durch den Blutstrom ermattet war, sprach er leise zu Sigurd: »Wer und wessen Geschlechts bist du, daß du wagst, mich zu töten? Ach, warum haftet jetzt dein Schwert in meinem Herzen!«

Sigurd verhehlte ihm seinen Namen, denn es herrschte der Glaube, daß das Fluchwort eines Sterbenden in Erfüllung ging, wenn er seinen Mörder beim Namen nennen konnte. Daher erwiderte er, er heiße Wundertier, niemand kenne ihn, und er selbst habe weder Vater noch Mutter gekannt. Doch Fafnir glaubte ihm nicht und nannte ihn einen Lügner. Vor seinem baldigen Tode wolle er doch noch wissen, wer ihn umgebracht habe.

Da besann sich Sigurd und sprach: »Mein Name ist dir fremd, ein Wölsung bin ich. Sigurd heiße ich, und mein Vater war Sigmund. Mein ist das gute Schwert, das dir im Herzen steckt.«

»Wer«, fragte Fafnir stöhnend, »reizte dich zu dieser Tat? Einen kühnen Vater hattest du, man sieht es an deinen harten Augen!«

»Mein Mut reizte mich, meine Hand schlug dich. Nie wird man kühn, jammert man stets wie ein Kind!« sagte Sigurd.

»O nein, nein«, sagte der Drache, »nicht selbst hast du die Tat erdacht. Ein Heergefangener bist du! Selbst nicht frei, lauschtest du bösem Rat! Und der diesen Rat gab, war mein Bruder Regin! Ja, er hat mich verraten! Und auch dich will er töten, das ist gewiß! Dieses gleißende Gold, dieser glutrote Schatz, diese Ringe werden dich ermorden!«

»In der Hand der Nornen ruht das Leben der Menschen«, erwiderte Sigurd, »einmal muß doch jeder Mensch hinfahren zu Hel, zur Todesgöttin!«

»Nicht genug«, sagte Fafnir, »hat mich der Schreckenshelm geschützt. Allein, so dachte ich, kann ich stärker sein als jeder andere Mann.«

»Keiner«, erwiderte Sigurd, »ist allein der kühnste. Doch nun sage mir noch, ehe du dein Leben aushauchst: welchen Ursprung haben die Nornen, die mich und alle begleiten?«

»Einige sind Asen, andere aber Alfen, und dritte Töchter des Zwergs Dwalin, also unstet und feindlich. Achte darauf, daß stets die rechten Nornen dich begleiten«, sprach Fafnir mit erstickender Stimme.

»Dann sag mir, der du so vieles weißt, noch schnell vor deinem Tod: wie heißt der Ort, wo in den Ragnarök einst Surt und Asen sich messen?«

»Oskopnir«, stöhnte Fafnir, »heißt der Ort. Aber nun reite, reite so schnell wie möglich! Achte auf den Rat des Sterbenden!«

Als Fafnir tot war, stand Regin neben Sigurd, der sich das Blut vom Schwert wischte.

»Glück und Heil! Groß und kühn war die Tat! Fafnir hast du gefällt! Nie wird sie den Menschen in Midgard aus dem Gedächtnis schwinden«, sagte er leise.

»Auch der kann kühn sein, der nie die Klinge in eines anderen Brust barg«, erwiderte Sigurd.

Und er sah, wie Regin lange zu Boden starrte. Da fragte er den Meisterschmied, warum er nun so nachdenklich geworden sei.

»Dennoch, mein Bruder war's, den du getötet hast!« stieß Regin stockend hervor. »Und ich bin nicht ohne Schuld!«

»Feig lagst du auf der Heide, als ich Großes tat!« rief Sigurd übermütig. Aber Regin fragte, wer denn das Schwert geschaffen habe, mit dem Sigurd den Wurm erstach.

»Mehr wert als Stahl ist Mannesmut!« rief Sigurd.

Nicht um zu streiten sei man hier, besänftigte ihn Regin, ging hin, schnitt mit seinem Schwert Ridil Fafnirs Herz heraus und trank vom Drachenblut. Da wurde er schläfrig und legte sich zum Schlummer unter ein Gebüsch. Schwarze Gedanken durchzogen sein Gehirn. Der Alte überlegte, ehe er einschlief, wie er Sigurd um den Schatz betrügen könne. Sigurd aber briet am Feuer das Drachenherz, betupfte es mit dem Finger, verbrannte sich etwas und steckte den Finger zum Kühlen in den Mund.

Da verstand er die Sprache der Vögel. Und zwei Raben sah er auf einem Baum hocken, und er meinte, es seien Odins Vögel. Aber es waren Adlerinnen und sieben an der Zahl.

»Da sitzt«, sprach die erste, »Sigurd der Fafnirtöter und brät das Herz, während Regin darauf sinnt, wie er ihn verderbe!«

»Verraten«, sprach die zweite, »wird ihn Regin, wie er Fafnir verriet. Warum säumt Sigurd, dem Falschen den Garaus zu machen und uns zu füttern mit seinem Fleisch?« Auch die anderen Vögel rieten, Sigurd solle den eiskalten Zwerg lieber vorher töten, eher dieser ihn heimtückisch umbrächte.

›Nie soll das geschehen‹, dachte Sigurd grimmig, ging hin und hieb Regin den Kopf ab, aß Fafnirs Herz, bestieg sein Roß und ritt fort. Aber noch im Davonreiten hörte er die Adlerinnen, die ihm vorhersagten, nun werde er ein schönes Weib erringen, oben auf einem Hof im Hindarfjall. Odin selbst habe dem Mädchen, verkleidet als Yggr, den Schleier zerrissen und sie in einen tiefen Schlaf versetzt. Eine Walküre sei es, Sigdrifa mit Namen. Sigurd kam nun zu Fafnirs Behausung, und dort waren die Türen aus Eisen und standen offen. Auch alles Zimmerwerk im Hause war aus Eisen, aber unten in der Erde lag das Gold, und es war ein so unermeßlicher Goldhort, daß zwei Pferde ihn nicht zu tragen vermochten. Alles lud er auf, auch den Schreckenshelm, die Goldbrünne und den Ring Andwara-Naut nahm er mit. Er überlastete seinen Hengst Grani mit all den Schätzen. Aber dalassen wollte er nichts. So zog er heim.

Die Walküre Brynhild

Nicht weit war Sigurd geritten, da gewahrte er eine Schildburg, die aus zusammengestellten Schilden bestand. Sie funkelten in der gleißenden Sonne, und ein Banner stak heraus. Sigurd ging in die Schildburg hinein. Da fand er einen, der lag da in Rüstung und Helm und schlief. Mit dem Schwert Gram schnitt Sigurd die Brünne auf und nahm den Helm ab. Da sah er, daß es kein Mann, sondern eine Walküre war.

»Wer zerschnitt meine Brünne, durchbrach meinen Schlaf?« fragte sie.

»Sigurd, Sigmunds Sohn. Ich komme vom Kampf!« sagte er. »Wer senkte dich in diesen Zauberschlaf?«

Da erzählte sie, sie heiße Sigdrifa und sei Odins Walküre gewesen. Einmal habe sie gegen Odins Willen einen alten Krieger namens Hjalmgunnar in einer Schlacht zu Tode gezeichnet. Da sei Odin zornig geworden und habe sie gebeten, lieber einen Ehemann zu suchen statt Krieger auf der Walstatt. Sie aber habe geschworen, nur einen zu nehmen, der keine Furcht kenne. Da habe sie Odin auf diesen Hügel namens Hindarfiall gebracht, sie mit dem Schlafdorn geritzt und mit Schlafrunen überhäuft.

Als sie nun den herrlichen Jüngling betrachtete, rief sie aus: »Keinen anderen als dich wähle ich auf Erden!« Und sie wolle ihm auch Freuden- und Siegrunen schneiden, auch Brandungsrunen, falls er einmal mit seinem Schiff in Seenot gerate, damit er sicher heimkomme. Des weiteren erbot sie sich, ihm Astrunen zu weihen, wenn er krank sei, und Gerichtsrunen, wenn er auf dem Thing sein Recht suchen müsse, schließlich noch Geistrunen, die Odin selbst ersann, als er am Baume hing.

Sigurd betrachtete sie mit Wohlgefallen. Und sie gab ihm vielerlei Ratschläge, und es waren elf an der Zahl, und Sigurd meinte, noch nie ein weiseres Weib gefunden zu haben. Zuletzt zog er den Ring Andwara-Naut vom Arm, gab ihn der Sigdrifa und sprach:

»So wollen wir uns ewige Treue schwören! Doch jetzt müssen wir zuerst scheiden!« Sigdrifa war es zufrieden. »Dich will ich und keinen anderen, hätte ich auch zu wählen unter allen Männern!« sagte sie.

Nun zogen beide getrennte Wege. Sie ging zu ihrem Vater Budli zurück, webte und nähte mit den anderen Frauen und wartete. Seither nannte sie sich Brynhild, die Kampffrohe mit der Brünne. Viele Freier kamen, die sie abwies. Budli wurde zornig und sprach: »Tue wie andere Frauen, nimm einen Mann! Sonst bist du meine Tochter nicht mehr!«

»Ja, Vater«, sprach sie. »Baue mir ein Haus auf dem Hindarfjall! Waberlohe soll es umgeben! Da will ich warten auf den, der den Mut hat, mit seinem Roß durch den Flammenkreis zu reiten. Den nehme ich, keinen anderen!«

Sigurd ritt weit in die Welt hinaus und kam zu König Gjukis Hof. Seine Söhne Gunnar, Högni und ihr Halbbruder Guthorm empfingen ihn wohl. Sie schlossen sogar mit ihm Blutsbrüderschaft. Bald fand Sigurd Gefallen an Gjukis schöner Tochter; die trug den Namen Gudrun. Und sie hatte wunderliche Träume. Einst träumte ihr, ein Habicht sitze auf ihrer Hand mit Federn wie aus Gold. Und der Vogel schien ihr so teuer, daß sie lieber alles hergeben wollte, als ihn zu verlieren. Ein andermal ging sie im Traum mit ihren Frauen aus der Halle. Da sah sie einen Hirsch, so herrlich wie nie, und alle wollten ihn fangen. Ihr allein gelang es. Aber als er an ihrem Knie stand, kam ein Pfeil und tötete ihn. Das war ihr ein so großes Leid, daß sie es nicht ertragen mochte.

Als man eines Abends beisammen saß, sprach Gjukis Gemahlin Grimhild: »Sigurd ist ein so großer Krieger, er könnte uns eine sichere Stütze sein. Wir sollten ihm unsere Tochter Gudrun zur Frau geben!« Gjuki meinte, es sei nicht Sitte, daß ein König einem seine Tochter anbiete, aber es sei wohl doch eine große Ehre, wenn er der Schwiegersohn würde. An diesem Abend trug die schöne Gudrun das Bier in der Langhalle herum, und Sigurd betrachtete sie mit Wohlgefallen.

Da sagte Gjuki zu ihm: »Manche Hilfe hast du uns erwiesen, Sigurd! Wir würden viel dafür geben, wenn du bei uns bliebst! Nimm meine Tochter zur Frau und sei unser Verwandter!«

Da dankte Sigurd für die Ehre. Er trank das Bier, das ihm Gudrun hingestellt hatte. Doch es war ein Bier, das ihre Mutter Grimhild gemischt hatte. Es verwirrte seinen Sinn, und er meinte danach für sich, Brynhild habe er nun vergessen. So wurde denn Hochzeit gefeiert, und nicht lange, da bekamen Sigurd und Gudrun einen Sohn, den sie Sigmund nannten nach dem Großvater.

Nach einer Zeit schlug die alte Königin ihrem Sohn Gunnar vor, um Budlis Tochter Brynhild zu freien und Sigurd und die Brüder auf die Fahrt mitzunehmen. Nun ritten sie alle zum Hindarfiall, und als sie auf die Höhe kamen, schossen Strahlen in den Himmel wie von einer brennenden Stadt. Da sahen sie vor sich die Burg, umgeben von einer Flammenmauer. Gleich wollte Gunnar hindurchsprengen. Aber sein Pferd scheute. Er bat Sigurd, ihm seinen Hengst Grani zu borgen. Aber als Gunnar im Sattel saß und gegen den Feuerwall anritt, scheute Grani ebenfalls. Da begriff Gunnar, daß Sigurds Pferd nur unter ihm selbst durch das Feuer reiten würde. Sonst müßten sie schmählich und unverrichteterdinge zurück.

Er meinte, sie könnten nur ihre Ehre retten, wenn Sigurd durch die Lohe ritt und in Gunnars Namen um Brynhild freite! Sigurd versprach, für Gunnar zu reiten, und tauschte mit ihm seine Haut. Wild stampfte Grani nun durch die Lohe. Dahinter war ein Anger, auf dem ein Haus, mit Gold geschmückt, im Feuerschein funkelte. Sigurd sprang vom Pferd und schritt in die Halle. Da sah er Brynhild am Fenster sitzen.

»Gunnar heiße ich!« sagte er. »Ich bin gekommen, um zu verlangen, daß du dein Gelübde erfüllst! Jetzt nimm den zum Gemahl, der durch die Flammen ritt!« Sie war erfreut und hieß ihn willkommen. In dieser Nacht schlief er neben ihr auf dem Lager, aber das Schwert Gram lag zwischen beiden. In der Frühe gab er ihr einen Armreif als Morgengabe, und sie schenkte ihm den Ring Andwara-Naut, den er nicht gleich erkannte. Sigurd ritt davon und tauschte wieder seine Gestalt mit Gunnar. Und der hielt nun Hochzeit mit Brynhild am Hofe seines Vaters.

Einmal badeten Brynhild und Gudrun im Fluß. Brynhild watete weiter oberhalb hinaus und sagte: »Wasser, das dir von den Haaren rinnt, dulde ich nicht an meinen!« Und als Gudrun nach dem Grund fragte, setzte sie hinzu: »Weil da ein Unterschied ist: mein Mann ist König, kein Gefolgsmann und Kriegsknecht wie deiner!«

Da schrie Gudrun: »Ich kann mir meine Haare ebensogut oberhalb waschen wie du! Mein Mann tötete Fafnir und Regin und nahm beider Erbe! Das hat Gunnar nicht vermocht!«

Brynhild erwiderte: »Aber Gunnar ritt durch die Waberlohe! Das wagte Sigurd nicht!«

Da brach Gudrun in lautes Gelächter aus und rief spöttisch: »Ja, glaubst du, daß es Gunnar war? Nein! Jener war's, der mir diesen Ring schenkte! Andwara-Naut heißt der Ring. Auf der Gnitaheide wurde er geholt. Gewißlich war es nicht Gunnar, der ihn holte!«

Leichenblaß wurde Brynhild, als sie den Ring erkannte, aber sie schwieg.

Abends auf der Lagerstatt fragte Gudrun ihren Gemahl, warum Brynhild jetzt so schweigsam sei. Sie sei doch reich, habe den Mann bekommen, den sie wollte. Warum könne sie nicht froh sein?

»Wann hat sie gesagt, sie hätte diesen Mann?« rief Sigurd unwillig. Und Gudrun meinte, morgen wolle sie Brynhild danach fragen.

»Das laß bleiben!« rief Sigurd. »Du mußt es sonst bereuen!«

Aber am nächsten Morgen ging Gudrun doch zu Brynhild und fragte sie aus. Und Brynhild antwortete zuerst ausweichend, sagte aber dann: »Leicht hast du's, Gudrun, froh zu sein! Du bekamst, was du wolltest!«

Immer noch wollte Gudrun wissen, warum Brynhild so zornig auf sie sei. Da verlor diese die Beherrschung und schrie: »Du hast Sigurd, das ist Grund genug! Ich gönne dir nicht seine Liebe und sein Gold!«

»Endlos ist dein Hochmut!« sprach Gudrun. »Dein Mann ist mein Bruder, und er ist kühn und mutig genug für dich!« Doch Brynhild stampfte mit dem Fuß auf und sprach von Betrug.

»Sigurd tötete den Drachen. Er durchritt die Lohe! Nie wagte Gunnar das!« rief sie. Aber Gudrun erwiderte, es sei nur deswegen gewesen, weil das Pferd nicht unter ihm gehen wollte.

»Verflucht sei meine Schwiegermutter!« schluchzte Brynhild. »Sie gab Sigurd Zauberbier, daß er meinen Namen vergaß! Nun laß uns keine Worte mehr darüber verlieren! Lange verschwieg ich meinen Grimm.« Und als Todfeinde gingen die beiden Frauen auseinander.

Zu Bett lag Brynhild, krank vor Gram. Und die Mägde meldeten ihrem Gemahl Gunnar, daß sie bleich daliege. Er trat herein und fragte, was ihr fehle, aber sie antwortete ihm mit keinem Wort. Da er immer weiter fragte, richtete sie sich zuletzt auf: »Was hast du mit dem Ring getan, den ich dir gab am Morgen?« sprach sie drohend. Gunnar schwieg. Da fuhr sie fort: »Nicht du warst es! Sigurd ritt durch die Lohe! Ich aber gelobte, nur den Kühnsten zum Mann zu nehmen. Jetzt brach ich mein Wort. Wertlos bin ich. Verflucht sei deine Mutter, das Zauberweib!«

Und sie nahm ein Schwert und stieß nach ihm. Und getötet hätte sie ihn wohl, wäre er nicht vor ihr zur Tür hinaus geflohen. Als Gunnars Bruder Högni das hörte, wollte er Brynhild in Fesseln legen lassen. Doch Gunnar sprach, er wolle seine Frau nicht als Gefangene sehen.

»Ob frei oder gebunden«, sprach Brynhild, »nimmermehr sollst du mich mit dir trinken sehen in deiner Halle, nie mehr ein Herzenswort zu dir sagen hören!«

Unheimlich wurde es am Königshof. Die Mägde sagten, seit vielen Tagen habe die Königin nicht geschlafen, nicht Speise noch Trank gekostet. Gudrun sprach zu ihrem Bruder Gunnar: »So geh hinein zu ihr und sage, wir beklagen ihren Kummer!«

Doch er erwiderte, es habe keinen Zweck. »Brynhild schläft nicht, sie grübelt nur und wälzt schwarze Gedanken in ihrem Kopf.«

Sigurd, ihr Schwager, kümmerte sich zuerst nicht um sie. Aber einmal sagte Gudrun zu ihm: »Schlimm wäre es für mich, wenn du durch die List dieses Weibes sterben müßtest! Geh lieber hinein und besänftige sie durch Geschenke und gute Worte!«

Sigurd meinte, er könne ihren Zorn nicht besänftigen, aber endlich trat er doch bei ihr ein, schlug das Tuch zurück, mit dem sie ihr Haupt verhüllt hatte, und sagte: »Verwirrt sind deine Gedanken! Niemand wollte dir Böses!«

Jedoch Brynhild sprach wieder, es sei nicht Gunnar gewesen, der zu ihr in den Hochsaal gekommen sei. Wund wie ein Tier blickte sie ihn an und flüsterte: »Ich meine, Sigurd, deine Augen hatte er! Doch deutlich sah ich's nicht. Nebel lag auf meinem Gesicht! Du, nur du, rittst durch die Lohe, Sigurd! Um meinetwillen!«

»Nicht wir wurden Braut und Bräutigam, das ist wahr«, erwiderte Sigurd, »aber es war doch auch ein großer König, der um dich warb!«

Brynhild wandte ihren Kopf ab, damit er ihre Tränen nicht sehen sollte. Dann sagte sie traurig, doch fest in der Stimme: »Mich ergrimmt, daß du mich betrogen hast, aber mehr noch, daß kein Schwert in deinem Herzen steckt, Sigurd! Nun liegt mir nichts mehr am Leben.«

»Ach, anders ist's, als du denkst!« erwiderte Sigurd beschwichtigend. »Alles gebe ich dafür, daß du lebst!«

»Nicht kennst du meinen Sinn!« sagte Brynhild. »Größer bist du als die anderen, aber ich bin ein verächtliches Weib.«

»Ich weiß besser, daß ich dich mehr lieb habe als mich selbst«, rief Sigurd leise, »auch wenn das Gelübde gebrochen wurde zwischen uns! Mein höchstes Glück wäre, wir könnten noch Liebesfreuden genießen miteinander!«

Bitter seufzte Brynhild. »Ja, lange dauerte es, bis du verrietst, daß mein Schmerz auch der deine ist«, sagte sie tonlos. »Aber geschehen ist geschehen; man kann's nicht zurückholen. Keines Mannes Liebe will ich mehr!«

Da ging Sigurd hinaus, und Brynhild ließ Gunnar wissen, sie wolle heim zu ihren Verwandten ziehen, um dort auf den Tod zu warten. Da ging er zu ihr hinein und fragte sie, ob es denn gar kein Heilmittel gäbe für ihr Leid. Brynhild erwiderte: »Nicht mehr leben kann ich, seit ich weiß, wie treulos Sigurd war. Und treulos war er auch zu dir, als er zu mir auf mein Lager kam und bei mir blieb in der Nacht! Aber wenn du ihn tötest, dann rate ich dir: auch das Wolfsjunge darf den Wolf nicht überleben!«

Gunnar aber grübelte den ganzen Tag, und alle Pläne schienen ihm gleich böse. In seiner Not rief er seinen Bruder Högni und redete mit ihm.

»Schlimmes geschah«, sagte er, »Sigurd betrog mich unter dem Deckmantel der Freundschaft. Nun muß ich die Blutsbrüderschaft aufkündigen, will ich das Unrecht rächen. Was ich auch tue, es ist wohl falsch!«

Aber Högni erwiderte, es schicke sich nicht, Eide zu brechen. Einen besseren Verwandten als Sigurd bekämen sie nie.

»Töten wir den Wölsung, so erben wir all sein Gold! Wir werden mächtiger sein als zuvor. Durch seine Hinterlist hat er den Tod verdient!« sagte Gunnar langsam. Högni jedoch schüttelte den Kopf. Zu furchtbar schien ihm das. Und er sprach, Brynhild habe ihn ja nur aufgereizt. Er sei schuldlos. All das werde ihnen Schande bringen.

»Guthorm«, sprach Gunnar, »hat keine Bruderschaft mit ihm geschworen! Soll er ihn umbringen!«

Högni war schließlich einverstanden. Nun gaben sie ihrem Halbbruder Wolfsfleisch zu essen, und alle hetzten ihn gegen Sigurd auf, auch die alte Königin. Zweimal trat Guthorm in aller Frühe an Sigurds Lager, ihn zu töten. Aber Furcht erfaßte ihn, und er wagte nicht näherzukommen. Zum drittenmal ging er hinein und stieß ihm sein Schwert in die Brust. Noch im Tod schleuderte Sigurd sein Schwert Gram hinter ihm her, das ihn an der Tür traf und mitten durchschnitt. Gudrun sah, daß Sigurd todwund war. Sterbend sagte er zu ihr: »Du sollst nicht weinen! Noch leben deine Brüder, und unser Sohn ist noch zu jung, um sich allein wehren zu können. Ich weiß, daß Brynhild mich tot sehen will. Nun ist ihr Werk geglückt!«

Brynhild lachte und weinte in ihrer Kammer, als sie von Sigurds Tod erfuhr. »Nun kann euch Sigurd nicht mehr überstrahlen«, rief sie Gunnar und Högni mit wunden Augen zu. Aber beide schwiegen.

»All unser Unglück stammt von dir«, sagte Gunnar zu ihr. »Wie wäre dir wohl zumute, sähest du deinen Bruder Atli tot, hingestreckt durch einen Meuchelmörder.«

Brynhild erwiderte: »Jetzt kann euch niemand sagen, ihr hättet euer Werk nur halb vollbracht! Und dein Hinweis auf meinen Bruder Atli schreckt mich nicht. Länger wird er leben als ihr!«

Högni aber sprach zu ihr: »Du hast nun deinen Willen durchgesetzt. Nimmer können wir wieder froh werden.«

Gudrun saß vor Sigurds Leichnam, starr und frierend vor Trauer, und konnte nicht weinen. Endlich fand sie Worte für die Totenklage: »Eine Lust war's zu leben, sobald Sigurd zum Hof hereinritt. Nun hält sein Roß traurig die Mähne gesenkt. Stolz überragte Sigurd alle wie eine Blüte zwischen Gräsern. Und hoch trug ich mein Haupt vor Glück; nun bin ich wie Laub an der Weide, wenn Herbststürme wehen. Wo ich auch bin, vermisse ich seine Nähe. Dunkler als die schwärzeste Nacht ist der Tag, an dem sein Auge brach. Groß ist meine Pein. Reiten die Brüder zum Streit, werden sie bitter spüren, daß Sigurd nicht mehr im Heer ist.«

Am nächsten Tag, als alle vor dem Toten versammelt waren, trat auch Brynhild in die Kammer. Steif stand sie am Pfosten. Weinen und Trauer klangen in ihrer Stimme. Als sie Sigurds Wunde auf der Brust sah, schoß ihr Feuer in die Augen, und jetzt erstickten Tränen fast ihre Stimme: »Hört und begreift mein Unglück! Mir zerspringt das Herz, denn ich kann euch meine Qual nicht sagen: Einen bösen Traum träumte ich diese Nacht. Kalt war mein Bett, eisig die Halle. Du, Gunnar, rittest gebunden in Feindeshand. Blutsbruder warst du für Sigurd! Wie lohntest du seinen Schwur? Ach, treulos bist du! Er aber hielt dir die Treue; legte sein Schwert zwischen sich und mich im Brautbett! Betrogen habt ihr einen, der besser ist als ihr! Keiner war je so wie er! Keiner von euch hat seine Augen! Mich betrogt ihr am schlimmsten. Ich liebte den, der am besten war, gab ihm mein Herz! Ihr habt ihn von mir gerissen! Mein Leid ist über jedes Maß; nicht mehr leben will ich nach Sigurd!«

Gunnar ging zu ihr und bat, sie möge sich mäßigen in ihrem harten Sinn. Sie stieß ihn zurück. Da rief er Högni herbei. Der aber riet: »Sage ihr nichts mehr! Es ist vergebens!«

Auf ihr Lager setzte sich Brynhild, breitete ihr Gold und die kostbaren Stoffe vor sich aus. Dann stürzte sie sich in ein Schwert, und sterbend rief sie ihren Mägden zu: »Folgt mir in den Tod! Aber dazu zwinge ich keine. Tut, was ihr wollt!« Einige machten Anstalten, ihr in den Tod zu folgen, aber die andern standen stumm. »Genug sind am Königshof schon umgekommen«, meinten sie.

Als letztes bat Brynhild, ihr den Scheiterhaufen zu richten auf dem Anger. »Laßt ihn rot behängen! Legt Sigurd neben mich und zwischen uns das Schwert wie damals, als wir Braut und Bräutigam waren!«

Sie taten, wie Brynhild es gewünscht hatte, und bald brannte der Scheiterhaufen für alle, die mit Sigurd und Brynhild gestorben waren: auch für Guthorm, den Mörder, und für Sigurds kleinen Sohn Sigmund, der wie sein Vater getötet worden war.

Brynhilds Fahrt zu Hel

Als Brynhild verbrannt worden war, fuhr sie als Tote auf einem prächtigen Wagen den Helweg, und sie durchquerte dabei eine Höhle, in der ein Riesenweib wohnte. Die Alte wollte sie nicht durchlassen und rief ihr zu: »Frech bist du, hier noch durch mein unterirdisches Steinhaus zu fahren! Besser stünde es dir an, du webtest Sackleinen! Tückisch bist du, denn du hast den Gemahl einer anderen begehrt! Und hast du dir, Walküre, so manches Mal Blut, das an deinen Händen klebte, abwischen müssen!«

Brynhild erwiderte, daß sie stets tapfer im Kriegsheer gekämpft habe, und sie wisse nicht, was die Riesin ihr jetzt vorwerfe. Andere, die einsichtiger seien als sie, würden später schon herausfinden, daß sie, Brynhild, besser sei, als manche glaubten.

Doch die Riesin sagte ihr, schon seit sie geboren wurde, habe sie mancherlei Unglück in die Welt gebracht. Das größte aber sei, daß nun auch der Erbe der Gjukunge, Sigmund, nicht mehr lebe, hingemordet wie sein Vater Sigurd. Doch Brynhild verteidigte sich und hieß sie unverständig und unwissend. Die Wahrheit sei doch, daß die Gjukunge ihr ihre Liebe genommen hätten. Sie hätten bewirkt, daß sie alle Treueschwüre Sigurds verloren habe. Und sie erzählte der Riesin, wie man einstmals ihr und acht Schwestern die Flugfedern entwendete. Zwölf Winter sei sie damals alt gewesen, als sie zur Schildjungfrau wurde. Und in Hlymdalir, wo sie zuerst lebte, hätten alle ihren Mut bewundert und sie nur ›Hild unter dem Helme‹ genannt.

Weiter sprach Brynhild: »Doch dann habe ich den greisen gotischen Fürsten Hjalmgunnar zu Hel hinuntergeschickt, und nicht ihm, sondern König Agnar, dem Bruder Audas, schenkte ich den Sieg. Das aber ließ Odin ergrimmen, und so schloß er mich mit roten und weißen Schilden ein, senkte mich in einen bleiernen Schlaf. Odin aber war es auch, der dann den schickte, der meinen Schlaf durchbrach: Sigurd, den stets furchtlosen Recken!«

Die Riesin nickte, denn von all dem hatte sie schon gehört. »Wie aber kam es, daß dann dein Schicksal so schwer wurde?« fragte sie.

Brynhild erwiderte, es sei auch Odin gewesen, der dann um ihr Haus die Waberlohe brennen ließ. Hindurch sollte nur einer reiten: der ihr das Gold aus dem Lager des wilden

Drachen Fafnir bringen würde. Und wirklich: Der beste aller Recken sei dann gekommen, jener hunnische Fürst, der dann auf seinem Hengst Grani zu ihr trat und mit ihr das Lager teilte.

Als die Riesin noch wissen wollte, wie denn die Liebesvereinigung gewesen wäre, wurde Brynhild von Fieberschauern ergriffen: »Mit Lust lagen wir auf einem Lager. Aber Sigurd war zu mir wie ein Bruder. Keiner von uns wagte es in all den acht Nächten, den anderen zu umarmen. Doch Gudrun, die Tochter Gjukis, wollte es nicht glauben, sondern sprach mich schuldig. Geschlafen hätte ich, so sagte sie, in Sigurds Armen! Das ist nicht wahr.«

»Wie aber konntest du Sigurd den Tod wünschen?« fragte die Alte.

»Was ich nicht wissen wollte, erfuhr ich nun von ihr!« sprach Brynhild leise. »Wahr ist nämlich: Bei der Verlobung bin ich überlistet worden; schändlich wurde ich hintergangen, und daran trägt auch Sigurd Schuld! Solch ein Unheil wird wohl weiterbestehen, solange noch Mann und Weib geboren werden in Midgard! Doch eines sage ich dir, verwünschte Riesin: Da unten in Hel, da werden wir wieder zusammen sein, ich und Sigurd! Hebe dich hinweg, Riesenbrut!«

Atli und das Ende der Gjukunge

Nun verwahrten Gunnar und Högni den Fafnirhort, vermählten sich und lebten als Könige. Gudrun aber erzog ihre Tochter Schwanhild, die sie nach Sigurds Tod geboren hatte. Doch sie konnte nicht mehr froh werden. Ihre Brüder trösteten sie und boten ihr Gold und schöne Geschenke als Buße für Ehegemahl und Sohn, aber sie achtete nicht darauf.

Da gab ihr ihre Mutter Grimhild einen Zaubertrank, so

daß sie ihre Bitterkeit gegen die Verwandten vergaß. König Atli, Brynhilds Bruder, sandte Brautwerber zu ihr, denn er wollte sich mit ihr vermählen.

Ihre Mutter riet, die Werbung anzunehmen. So bekäme sie Genugtuung von ihm für die Kränkung, die ihr von Brynhild angetan worden war. Hätte sie wieder einen Sohn, der vor ihren Knien sprang, werde es sein, als ob Sigurd und Sigmund noch lebten.

Lange widerstand Gudrun, dann fügte sie sich ihren Verwandten und trank Hochzeitsbier mit Atli auf dessen Hof. Doch ihr Herz war nicht dabei, und nie sagte sie ihm ein frohes Wort.

Nach einiger Zeit forschte Atli eifrig nach dem Fafnirhort. Wo war er? Das, meinte er, würden Gunnar und Högni wissen. Er lud sie mit reichen Geschenken zum Gastmahl ein. Gudrun ahnte seine List, band ein Wolfshaar um den Ring Andwara-Naut und schickte ihn zusammen mit Atlis Gaben zu ihren Brüdern.

Högni sah, daß ein Wolfshaar am Ring hing und sagte: »Das hat unsere Schwester getan. Warnen will sie uns vor Atlis Wolfsgesinnung!«

Viele waren es, die abrieten, zum Hunnenkönig zu fahren. Aber Gunnar rief, niemand solle glauben, er habe Furcht. Auch hatte er schon versucht, Atlis Schwester Oddrun zur Frau zu bekommen, war aber abgewiesen worden. Nun reichte er den Boten sein Trinkhorn und sprach: »Bald werden wir bei Atli sein!«

»Ziehst du hin, so folge ich dir«, sagte Högni.

Am anderen Morgen erzählte Högnis Frau, Kostbera mit Namen, einen Traum. Ein Bär sei zur Halle gekommen, habe den Hochsitz umgestoßen und zuletzt alle umgebracht, die ganze Gefolgschaft, Mann für Mann.

»Ach«, rief Högni, »das bedeutet schlechtes Wetter, mehr nicht! Vielleicht gibt es Oststurm!«

Doch Kostbera konnte sich nicht beruhigen. Sie fuhr fort: »Dann träumte ich noch, ein Adler sei ins Langhaus geflogen. Blut hatte er am Gefieder, und wir alle waren bespritzt. Mir schien, es war Atlis Fylgie.«

»Nun«, sagte Högni, »dir träumte vom Schlachten eines Ochsens auf unserem Hof. Ja, wenn man von Adlern träumt, so sind Ochsen gemeint!«

Ungläubig schaute ihn seine Gemahlin an. Nicht lange, und Glaumwör, Gunnars Frau, träumte auch einen schweren Traum: schwarze Frauen träten traurig herein, wollten, daß Gunnar von ihnen geleitet werde. »Ach«, sagte Gunnar, »einen solchen Traum kann man kaum gut deuten. Vielleicht ist unser Leben verwirkt, ja, es mag sein, es kostet unser Leben!« fuhr er fort. »Doch niemand entgeht dem Tod!«

Ehe die Könige mit ihrem Gefolge aufbrachen, versenkten sie heimlich den Andwara-Hort im Rhein. Dann zogen sie mit vielen Mannen los und kamen bald bei Atli an.

Schon als sie heranritten, sahen sie viele Bewaffnete. Atli stand auf der Treppe in seinem Festgewand und rief: »Willkommen! Doch gebt mir nun auch den Hort, den Sigurd besaß und Gudrun ererbte! Er gehört nämlich mir! Ich bin jetzt Gudruns Gemahl.«

Gunnar hörte nicht auf ihn und wollte in Atlis Burg reiten. Aber Krieger verwehrten ihm den Eintritt. Da begriff Gunnar, daß Atli eine Falle gestellt hatte. Er lachte höhnisch zu Atli hinüber und schrie: »Nie, Atli, sollst du das Gold bekommen! Aber ich sehe, du rüstest zum blutigen Gelage! Willst Aare und Wölfe nicht hungern lassen!«

Atli trat auf den Treppenplatz vor der Halle und gebot Schweigen.

»Lange schon«, sprach er, »will ich eure bösen hinterlistigen Taten rächen, Verächtliche! Euren Verwandten habt ihr voll Falschheit betrogen!«

Högni verspottete ihn und sagte, es sei gewiß schwer gewesen, solche finsteren Pläne auszuhecken, die er jetzt nicht vollführen könne.

Da begannen Atlis Gefolgsleute zu toben und warfen ihre Speere nach den Brüdern und ihrem Anhang. Atli schrie, nun sollten sie ihren Verrat büßen. Und Atlis Mannen, die Hunnen, griffen mannhaft an. Den ganzen Vormittag raste der Streit vor Atlis Burg. Einige Verwandte Atlis fielen. Dann ging der Kampf in der Halle zwischen den Bänken weiter. Bald lichtete sich die Schar der Gäste. Gefallene taumelten bald unter die Tische, bald ins Langfeuer. Aber immer neue Gefolgsleute Atlis drangen in die Halle. Die Schar der Gjukunge wurde immer kleiner.

Zuletzt kämpften nur noch Gunnar und Högni gegen eine Übermacht. Ermattet und verwundet waren sie. Schließlich wurden sie überwältigt und gefesselt. Gudrun sprach zu ihren Söhnen: »Geht zu eurem Vater und bittet um das Leben eurer Oheime!«

Aber die Knaben rührten sich nicht. Da ging Gudrun aus der Halle, und Atli kam, beugte sich über Gunnar und versprach ihm das Leben, wenn er sagte, wo der Schatz versteckt sei.

»Eher will ich Högnis Herz vor mir auf einer Schüssel sehen!« sagte Gunnar trotzig.

»Diesen Wunsch«, schrie Atli, »wirst du sogleich erfüllt sehen!«

Da brachte ihm Atli ein Herz, aber es hatte einem Knecht namens Hjalli gehört.

»So zittert Högnis Herz nicht!« rief Gunnar.

Da tötete man Högni, nahm das Herz und zeigte es dem Gunnar. Der erwiderte, es zittere wenig. Noch weniger habe es gezittert, als es noch in Högnis Brust schlug. Nun sei er, Gunnar, der einzige, der wisse, wo der Schatz liege. Ewig solle der Rhein den Hort behalten! Da auf dem Grunde könne er es nicht finden, denn er wisse nicht, wo er suchen müsse!

Der goldgierige Atli wollte ihn überreden, aber es war vergebens. In einen Schlangenturm ließ er den Gunnar zuletzt werfen. Doch Gudrun schickte ihm eine Harfe; die schlug Gunnar so kunstfertig, daß alle Schlangen zahm wurden.

Über eine aber gewann Gunnar keine Macht. Sie fuhr blitzschnell an Gunnars Brust, biß zu und tötete ihn. Keinen Klagelaut hörte man von ihm. Nun wußte niemand mehr etwas über den Fafnirhort. Und so liegt das Gold auf dem Rheingrund bis auf den heutigen Tag.

Atli brüstete sich nun laut damit, daß er Gudruns Brüder getötet hatte. Am anderen Morgen prahlte er vor Gudrun mit seinem Sieg. Weinend sprach sie, er werde diese Tat noch bereuen. Da wurde Atli unruhig und bot ihr viel Bußgeld an.

»Ich bin nur eine Frau«, sagte sie. »Ich habe keine Kraft gegen deine zu setzen. Doch bitte ich dich, ehre die Toten durch ein großes Grabbier!« Damit war Atli einverstanden.

Ein großes Gelage wurde abgehalten, man lachte und lärmte, und die Mannen tauchten ihre Bärte immer tiefer ins Horn. Abends vermißte Atli seine Söhne Erp und Eitil. Da hatte Gudrun sie töten und ihr Blut unter das Bier mengen lassen, das Atli trank. Das sagte sie nun ihrem Gemahl unter bitteren Tränen. Blaß wurden da die Kämpen, und einige fielen in ihrem Rausch zitternd zu Boden. Der König Atli aber konnte keine Träne weinen.

»Die grimmigste Frau unter der Sonne bist du!« schrie er in tiefem Schmerz. »Selbst hast du den Tod deiner Brüder verursacht. Nun läßt du dieser Untat eine neue folgen!«

»Du selbst«, sagte Gudrun, »tatest mir das schlimmste Leid an, als du meine Verwandten mit deiner Goldgier umbrachtest! Statt Trost bekam ich Spott. Nun habe ich dir's vergolten mit dem größten Leid, das ich mir für dich ausdenken konnte!«

Krank vor Jammer und Zorn gab sich Atli dem Bierrausch hin, trank gierig jeden Becher leer, den man ihm zureichte, bis er zusammensank auf seinem Hochsitz.

Gudrun hatte schon zuvor Boten nach Högnis Sohn Niflung ausgesandt, der daheim geblieben war. Högni hatte ihn für zu jung erachtet, die Reise an Atlis Hof zu unternehmen. Nun war er dennoch gekommen, um Gudrun beizustehen.

In der Nacht, als sie Atlis Söhne umgebracht hatte, holte Gudrun den schwer Bezechten in ihre Kammer, wo er seinen Rausch ausschlafen sollte. Darauf ging sie zu Niflung, weckte ihn und fragte, ob er sich ebenso wie sie an all die Schmach erinnere, die sein Vater Högni an Atlis Hof erdulden mußte, ehe ihm Atli das Herz aus dem Leibe schneiden ließ. Niflung, von Rache getrieben, sprang sogleich von seinem Lager auf und folgte Gudrun in ihr Gemach. Da lag Atli in schweren Träumen. Niflung nahm seinen Speer, und beide zugleich durchbohrten ihn im Schlaf.

Die schwere Verwundung ließ Atli erwachen, und jammernd schrie er: »Diese Wunde braucht keinen Arzt mehr! Wer durchstieß mich mit diesem Speer?«

»Ich war beteiligt«, sagte Gudrun, »und auch Högnis Sohn führte die Waffe, um Vaterbuße zu erlangen!«

Schon dem Tode nahe, bat der König um ein würdiges Grabbier und einen prächtigen Scheiterhaufen. Gudrun erfüllte ihm seinen letzten Wunsch. Sie ließ ihn in kostbarste Tuche hüllen, so wie es eine liebende Frau für ihren toten Gemahl getan hätte. Dann brachte sie ihn in den Langsaal und zündete die Halle an allen vier Ecken an, worin er nun mit den schlafenden Mannen lag, die noch trunken waren vom Bier. So verbrannte Atli inmitten seines ganzen hunnischen Gefolges, Gudrun aber ging weinend zurück in ihr

Frauenhaus, wo sie sich einschloß und niemanden mehr sehen wollte.

Jörmunreks Tod

Nach Atlis Tod wollte sich Gudrun im Meer ertränken. Aber sie konnte nicht sinken, und eine Welle trug sie über den Sund und spülte sie zuletzt an Land. Halbtot fand man sie und brachte sie zu König Jonakr. Der pflegte sie gesund und nahm sie später zur Frau. Sie gebar ihm zwei Söhne, Hamdir und Sörli. Die wuchsen mit Erp auf, Jonakrs Sohn mit einer Kebse.

Auch Gudruns Tochter Schwanhild, die an Schönheit ganz ihrem Vater Sigurd glich, wurde am Hofe erzogen. Da hörte der Gotenkönig Jörmunrek von ihrem Liebreiz und begehrte sie zur Frau. Er schickte seinen Sohn Randwer als Brautwerber, und König Jonakr geleitete Schwanhild unter großen Ehren auf Randwers Schiff, das die Braut zu seinem Vater führen sollte.

»Viel besser paßt sie zu dir als zu deinem greisen Vater!« sagte Jörmunreks heimtückischer Ratgeber Bikki, als er in Randwers Begleitung auf dem Schiff zu Jörmunrek unterwegs war.

Das meinte auch der junge Königssohn und betörte sie während der Reise.

Aber daheim nahm der verschlagene Bikki den König Jörmunrek beiseite und sprach: »Nicht kann ich dir verhehlen, was zwischen Randwer und Schwanhild unterwegs geschehen ist. Mag es auch hart sein, es dir sagen zu müssen: Dein Sohn, dieser schändliche Verräter, verband sich auf der Fahrt hierher mit deiner neuen Braut!« Darüber geriet Jörmunrek schließlich so in Zorn, daß er befahl, den Sohn ohne Verzug aufzuhängen. Auch dazu hatte ihm der Ratgeber geraten.

Randwer wurde von den Schergen zum Galgen geführt. Wie er nun unter dem Holz stand, erbat er sich noch seinen Habicht. Er riß ihm alle Federn aus und schickte ihn nackt und bloß durch einen vertrauten Boten seinem Vater. Jörmunrek sah den Vogel, erkannte das Gleichnis und rief voll Vaterliebe: »Die Wahrheit, o mein Sohn, hast du gesprochen! Ja, ohne Federn fliegt der Habicht nicht mehr! Alt bin ich. Wie der Habicht bin ich. Ohne Sohn würde ich sterben, ließe ich dich hängen! Das darf nimmermehr geschehen!«

Sogleich schickte er einen Läufer, Randwer vor dem Galgen zu retten. Doch als der hinkam, war der Königssohn schon tot, so eilig hatten es die Henker gehabt.

Da war Jörmunrek außer sich vor Trauer. Zum jammernden König kam Bikki und flüsterte ihm noch eine größere Schandtat ins Ohr.

»Schlimm ist, o König, daß dein Sohn starb! Schlimmer noch ist, daß die lebt, die den guten Randwer verführt hat: Schwanhild!«

Eines Tages, als Jörmunrek von der Jagd kam, sah er Schwanhild am Meeresufer sitzen. In der Sonne bleichte sie ihre goldblonden Haare. Da dachte er wieder an seinen toten Sohn. Heiß stieg ihm der Rachedurst zu Kopf. In seinem Schmerz ritt Jörmunrek auf sie zu, um sie durch die Hufe seines Hengstes zerstampfen zu lassen. Doch sie blickte hoch, und da bäumte sich das Roß auf und sprang seitwärts an ihr vorbei. Tückisch schrie Bikki: »Einen Balg, einen Balg müßt ihr der Schönen über den Kopf ziehen!«

Man brachte den Balg und tat, wie Bikki es wollte. Da scheute nun kein Pferd mehr, und Jörmunreks ganze Rotte ritt mit ihren Rennern über sie hinweg und stampfte so das herrliche Kind zu Tode.

Da sammelte Gudrun wie eine Trollin Waffen für ihre Söhne Hamdir und Sörli, gab ihnen verzauberte Brünnen, wodurch sie unverletzlich wurden, und stachelte sie an, den

Tod Schwanhilds zu rächen. Dann saß sie bei der Toten und klagte: »Dreimal war ich Braut, dreimal behütete ich den Herd eines Ehegemahls. Den, der mein Herz erfreute, töteten meine Brüder. Atli gehörte ich danach, da brachte ich meinen Brüdern und schließlich auch ihm den Tod. Die Nornen verfluche ich nun, die mein Schicksal webten! Mein größtes Leid aber wurde, daß Schwanhild gestorben ist. Wie ein Sonnenstrahl war sie und labte meine Sinne. Keines meiner Kinder liebte ich zärtlicher als sie. Gold gab ich ihr und gutes Gewebe. Und ich lebte mit ihr in Glück, bis sie zu Jörmunrek als Braut aufbrach ins Gotenreich. O Sigurd, reite von Hel herauf auf windschnellem schwarzem Roß zu deiner Witwe! Lenke es her zu mir! Denke daran, Sigurd, als wir zwei damals saßen auf unserem Lager. Da sagtest du mir, kommen würdest du aus Hels Halle, mich heimzuholen! Schichtet Eichenscheite auf! Einen Scheiterhaufen will ich bauen und sehen, ob das Feuer den Kummer schmilzt, der mein Herz bedrängt!«

Unterdessen hatten Hamdir und Sörli ihre Zurüstungen für die Fahrt in Jörmunreks Land beendet. Da ging Sörli, der einen weisen Sinn hatte, nochmals hinein in Gudruns Gemach und sprach zu ihr: »Nicht streiten will ich mit dir, Mutter! Doch sage uns, was erwartest du? Du beklagst den Tod deiner Männer, deiner Brüder und deiner Kinder! Jetzt spornst du uns Spätgeborene wieder an zum Kampf! Noch mehr Gram wird dir zufallen, wenn auch wir, fern von der Heimat, umgebracht werden!«

Doch Gudrun blieb stumm und sah tränenlos ins Leere. Da sattelten Hamdir und Sörli unwirsch ihre hunnischen Pferde und zogen ins Gotenland, um Schwanhilds Tod an Jörmunreks Hof zu rächen. Aber unterwegs, nachdem sie schon viele tauige Täler durchquert hatten, trafen sie ihren Halbbruder Erp, der allerlei Kunststücke auf dem Rücken seines Pferds vollbrachte. Mitreiten wollte auch er, aber

Gudruns Söhne sprachen: »Was nützt es uns schon, wenn wir diesen Blöden mitnehmen auf unsere Rachereise? Was würde dieser fuchsrote Kerl uns schon frommen?«

Erp aber, jung und tölpelhaft, ritt zutraulich an sie heran und rief: »Beistand will ich euch leisten. Nicht allein schafft ihr die Tat. Helfen will ich euch so, wie eine Hand der anderen, ein Fuß dem anderen hilft!«

»Was soll das! Verderben würdest du Dummkopf, was wir erstreben!« schrie Hamdir. Und als er nicht von ihrer Seite weichen wollte, rissen sie ihre scharfen Klingen aus den Scheiden und schlugen in ohnmächtiger Wut auf ihn ein, bis er tot vom Roß stürzte. Als er erschlagen am Boden lag, bereuten sie die Tat, bargen ihre blutigen Schneiden in den Hüllen und ritten eilig weiter, unglücklich über Gudruns Auftrag. Und Sörli machte Hamdir Vorwürfe, daß sie ihre Heerfahrt mit einem Mord begonnen hatten.

Zuletzt langten die beiden vor Jörmunreks Halle an. Drinnen war Lärm und Gesang zu vernehmen. Die Zecher saßen in schimmernden Reihen auf den Langbänken, und hinter sich an den Wänden hingen ihre Schwerter und Schilde. Zuerst hörten die Türwächter den Hufschlag der Hengste nicht. Aber dann bliesen sie doch in ihre Hörner und zeigten so an, daß Gefahr im Verzuge war. Nun liefen sie hinein zum zechenden König Jörmunrek und sagten, draußen seien Männer in Helmen und Brünnen, vielleicht seien es Schwanhilds Brüder, gekommen, um den Tod ihrer Schwester zu rächen.

»Laßt mehr Bier herumgehen!« rief Jörmunrek, schmunzelnd strich er sich den Bart und schüttelte sein schwarzes Haupt. »Was wollen denn zwei Männer allein gegen zehnhundert Goten? Mit Bogensehnen will ich beide bändigen. Aufhängen am Galgen werde ich die Guten, sollten sie es wagen, hereinzukommen und mein Gelage zu stören!«

Und seine Mutter fragte lächelnd, während sie ihm erneut

das Horn reichte: »Kommen wirklich im ganzen nur zwei, um alle Mannen des Gotenkönigs zu fesseln und niederzuhauen?« Jörmunrek griff nach dem Trinkgefäß, tat einen tiefen Zug und rief: »Trinken wir, Mutter! Lange habe ich gewartet, die Söhne Gudruns hier zu sehen! Ehren wir sie mit dem höchsten Galgen, den wir finden!«

Da erschien ihm auf einmal Odin in seinem weiten Mantel. Laut warnte er Jörmunrek, die Kraft der Gjukunge nicht zu unterschätzen. »Mein Verwandter bist du«, flüsterte er ihm zu, »greife zum Streitgewand, zum weißen Schild, solange noch Zeit ist!«

Aber Jörmunrek lachte und trank.

Waffenlärm hallte über den Königshof. Hamdir und Sörli fochten an der Tür der Halle wie Berserker und hieben alles nieder, was ihnen im Wege stand. Schon drangen sie ein ins Königshaus. Und da wichen die Kämpen vor ihnen zurück. Die Langbänke und Tische stürzten um. Das Bier in den Humpen vermischte sich mit Blut. Der Weg war frei. Bis zum Hochsitz kamen sie voran in ihrer blinden Wut. Da saß nun Jörmunrek vor ihnen.

»Ersehnst du, Jörmunrek, unser Erscheinen?« schrie Hamdir. »Hier sind wir, Schwanhilds wahre Brüder!« In wilder Hast schlugen sie Jörmunrek Arme und Füße ab.

Danach wurden sie in eine Ecke gedrängt und Jörmunreks Mannen stachen und schlugen auf sie ein. Sie aber lachten, denn ihre Zauberbrünnen, von Gudrun ihnen mitgegeben, schützten sie.

Da trat erneut der alte Mann in Jörmunreks Langhalle. Wieder trug er seinen blauen Mantel. Und die Kämpen sahen, daß er nur ein Auge hatte. Lange sah der Greis zu, wie die Mannen des Jörmunrek vergeblich versuchten, die beiden Brüder niederzuhauen. Schließlich richtete er das Wort an sie: »Eisen greift nicht gegen die Gudrunsöhne!« sprach Odin. »Nehmt Steine!«

Verzweifelt hielten die Brüder ihre Schilde hoch, um den Steinhagel abzuwehren. Und Sörli schrie seinem Bruder zu: »Mut hast du viel, Hamdir! Hättest du nur auch Weisheit gehabt! Jetzt müssen wir bereuen, daß wir unseren jungen riesenhaften Bruder Erp fällten da draußen auf der Heide! Beistand hätten wir durch ihn, wie er es gesagt hat!«

»Es ziemt sich nicht für Brüder, einander grimm und gram zu sein in dieser Stunde!« rief Hamdir. »Schön stritten wir. Hohen Ruhm erlangten wir, wenn wir auch sterben müssen! Den Abend wird keiner von uns beiden mehr sehen.«

Nachdem er sich noch eine Weile mannhaft gewehrt hatte, sank Sörli am Ende des Hochsaals tot zu Boden. Hamdir aber fand hinter dem Langhaus sein Ende.

»Wir haben sie Odin geweiht«, sagten die Mannen des toten Jörmunrek.

Gefjon und die Insel Seeland

Es erfreute Odin stets, wenn sich kühne Männer nach den Worten ›Jetzt weihe ich mich Odin‹ zu ihm nach Walhall begaben. Denn er sah ja, daß allenthalben Jöten dabei waren, sich zum Kampf gegen Midgard zu rüsten. Längst nicht genug Helden hatte Odin bei sich.

›Nicht reichen werden die Mannen, wenn wir gegen die Jöten kämpfen müssen‹, überlegte Odin immer wieder, und er entschloß sich, die Göttin Gefjon, genannt ›Die Gebende‹, zu bitten, mehr Land für die Menschen zu beschaffen, damit sie sich dort vermehren konnten. So sollten mehr Könige und Kämpen entstehen, die er dann nach Walhall holen könnte. Auf einer Insel, die später den Namen Fünen erhielt, traf er die Göttin Gefjon, wie sie gerade versuchte, Ehen zu stiften und den Menschen zu zeigen, wie sie mehr und bessere Früchte ernten konnten.

»Hör zu, du Schöne«, sprach Odin, »nun sende ich dich aus, damit du mehr Land für diese Menschen hier findest! Mach dich auf nach Norden!«

Gefjon gehorchte sofort und veranlaßte auch, daß dem Odin ein Tempel errichtet wurde, und zwar an einem Ort, der heute Odense heißt. Dann schritt sie über Land und Meer und kam bald zu einem König in Schweden, der den Namen Gylfi trug. Allerlei possierliche Künste lehrte sie, denn sie hatte sich als umherziehende Zauberin und Gauklerin verkleidet. Gylfi mußte herzlich über sie lachen und fragte, was sie für einen Lohn wünsche. Da sprach Gefjon: »Schenke mir, o König, soviel Ackerland, wie es vier Ochsen umpflügen können in einer Nacht und an einem Tag!«

»Geringes nur wünschst du!« lachte Gylfi. »Sieh: ich habe Land genug!«

Doch der König wußte nicht, daß Gefjon einem wilden Riesen vier starke Söhne geboren hatte. Nun verwandelte die Göttin sie in vier Zugochsen und stellte sich selbst hinter den Pflug, den die Ochsen zogen. Riesig wie die Zugtiere war auch die Pflugschar, und ein gewaltiges Stück Land riß die Göttin aus Schweden heraus.

»Schleppt mir dieses Land weiter nach Süden!« rief Gefjon. Und die Ochsen gehorchten. Sie fuhren damit bis vor die Insel Fünen, dort ließen sie das Ackerland fallen, und so entstand eine große fruchtbare Insel. Nur eine Meerenge blieb bestehen, die später den Namen Öresund erhielt. Aber dort in Schweden, wo die Göttin gepflügt hatte, blieb ein riesengroßes Loch, das sich allmählich mit Meerwasser füllte und später den Namen Mälarsee erhielt.

Die Insel aber, die die Göttin in der Nähe von Odins Heiligtum im Meer befestigt hatte, bekam – weil sie einen See oben im Norden hinterlassen hatte – den Namen Seeland. Und ein König, der sich – wie viele – Odins Sohn nannte und Skjöld hieß, soll sich mit Gefjon vermählt haben, denn von ihm stammte das älteste Dänengeschlecht der Skjöldunge ab.

Der Odinskämpe Gram

Saß der Göttervater auf seinem Hochsitz Hlidskjalf und blickte hinab auf Midgard, so beobachtete er vornehmlich in Dänemark Könige, die ihm zugetan waren. Und so geschah es nicht selten, daß er sie als seine Pfleglinge begünstigte. Dazu gehörte auch Gram, der Sohn Skjölds, der ein großer Odinskrieger war.

Einst hörte er, daß Gro, die Tochter des schwedischen Königs Sigtrug, einem Riesen versprochen sei. Sogleich machte er sich auf, um – vertrauend auf Odin – gegen das Ungeheuer zu kämpfen. In Götaland legte er Bocksfelle an und traf Gro mit ihren Mädchen beim Bade. Sie aber glaubte, er sei der Riese, der komme, sie zu holen.

»Fürchte nicht, Jungfrau, den raschen Riesen! Erbleiche nicht, weil ich bei dir bin!« sagte Gram. »Vom Riesen Grip bin ich geschickt, aber ich tue keinem Mädchen Gewalt an.«

»Wer will schon die Liebste eines Riesen sein?« rief Gro. »Wer will sein Lager mit Trollen teilen? Wer greift mit forschen Fingern in die Dornen, wer gibt reine Küsse dem Schmutz?«

Gram gab zur Antwort: »Oft beugte ich mit siegreicher Faust den Nacken mächtiger Könige, besiegte ich ihren Stolz mit stärkerer Hand. Nimm hier das glänzende Gold! Möge unser Ehebund durch dieses Geschenk bestehen!«

Mit diesen Worten warf Gram seine Verkleidung ab und gewann durch seine strahlende Gestalt Gros Zuneigung. Aber ihr Vater Sigtrug war gegen die Verbindung. Er sandte seine Krieger, um Gram töten zu lassen. Doch Gram war schlau und suchte den König daheim in Götaland auf, um ihn unschädlich zu machen. Unterwegs traf er Wahrsager, die erzählten ihm, Sigtrug sei von einem Zauberbann umgeben und könne nur durch Gold überwunden werden. Da befestigte König Gram Gold an einer Keule, stürmte den Königshof und erschlug Sigtrug nach langem, wildem Kampf. In einem alten Lied aber hieß es, daß er mit seiner Goldkeule das scharfe Schwert des mächtigen Schweden abwehrte. Die goldrot glänzende Keule fest in der Faust, habe er den Häuptling schließlich niedergestreckt. Danach gelangte er in den Besitz großer Länder im Norden.

Weil er den Unterkönig Swarin von Götaland im Verdacht hatte, dieser trachte nach der Herrschaft über die eroberten Länder, forderte er auch ihn zum Holmgang und tötete ihn, ebenso neun seiner Brüder, die danach kamen und Swarin rächen wollten.

Aber der Dänenkönig Gram machte auch Wikingerfahrten weit nach Osten übers Meer, dahin, wo sonst nur Thor selbst hingekommen war. Einmal, als er in einem Land Krieg führte, das später den Namen Finnland erhielt, verliebte er sich in die weißblonde Signe. Sie war die Tochter des dortigen Königs.

»Nimm mich zum Gemahl, Schöne!« rief Gram, als er sie nach Friedensschluß in der schönen Halle des fremden Königs Met ausschenken sah. Sehr dafür war ihr Vater, konnte er doch so sein Reich erhalten. Und Signe versprach, ihn mit Einwilligung des Vaters zu heiraten.

Eine Zeit verging. Und in Grams Abwesenheit warb Henrich, der König der Sachsen, um sie.

»Nimm ihn!« sprach ihr Vater. »Mehr verspreche ich mir von diesem als von Gram, der jetzt daheim sitzt und vielleicht nimmer wiederkehrt!« Zuerst weigerte sich Signe, aber dann gehorchte sie und versprach, sich mit Henrich zu vermählen.

Heiß stieg Blut in Grams Kopf, als er vernahm, daß die ferne Signe einem anderen König vermählt wurde. Sofort nahm er ein Drachenschiff und fuhr über die blauen Wogen des Meeres.

Er kam noch zurecht. Unerkannt als Bettler saß Gram bei Signes Hochzeitsmahl in der Langhalle. Betrübt sang er hier das Lied: »Oft färbte fremdes Blut meine Klinge. Nie erbebte ich beim Klirren der Schwerter, beim Glanz der Helme. Nun verschmäht mich schändlich Signe, Sumbls gefühllose Tochter.«

Mit diesen Worten sprang er auf und erschlug Henrich trotz des Gastrechts am Tisch, raubte Signe und schleppte sie auf sein Schiff, mit dem er unverzüglich zurück nach Dänemark fuhr. Er nahm sie zur Frau, aber das Glück verließ ihn. Warum auch mußte er sich von Gro trennen?

Aus Norwegen kamen fremde Männer. Sie überfielen sein dänisches Königreich, obwohl er viel und oft geopfert hatte. Schließlich konnte er sich auf nichts mehr verlassen als auf wenige Mannen in seiner festen Burg. Aber auch sie wurde eingenommen und Gram mit vielen seiner Mannen von Häuptling Swipdag aus Norwegen erschlagen. Weil er sein Pflegling gewesen war, gelangte er zu Odin. Hier saß er, zufrieden trinkend, mit den vielen Einherjern an bevorzugtem Platz auf seiner Bank am Langtisch in Walhall.

Von Haddings Abenteuer

Dänenkönig Gram hatte zwei Söhne, einen mit Gro und einen mit Signe. Der ältere hieß Gudorm, der zweite Hadding. Auch Hadding war Odins Schützling.

Damals, als Häuptling Swipdag von Norwegen Gram tötete, war Hadding noch ein Kind. Brage, der treue Gefolgsmann Grams, brachte Hadding nach Schweden und übergab ihn dem Jöten Wagnhöft, damit er ihn aufziehe. Dieser Jöte hatte eine Tochter, Hardgreip, und die sorgte wie eine Mutter für Hadding.

Als Hadding erwachsen war, sollte Lohn für die Pflegschaft gezahlt werden, aber Hardgreip sagte, seine Liebe sei ihr Lohn genug. Hadding gab zu bedenken, daß Menschen Jöten nicht lieben können. Da erwiderte sie: »Hast du Angst, Liebster, weil ich so groß bin? Wisse, ich kann meine Gestalt verwandeln! Droht ein Feind, wachse ich bis zu den Wolken, aber ich werde auch so klein, daß ich in deinen Armen ruhen kann!«

Hadding machte sich nun mit Hardgreip auf die Reise, um Rache für den Vater zu suchen.

Da übernachteten sie auf einem Häuptlingshof, wo soeben der Hausherr gestorben war. Die Jötin schnitt ein Runenlied in ein Holzstäbchen, legte es unter die Zunge des Toten und sagte, nun könnten sie von ihm die Zukunft erfahren. Der Tote richtete sich auf.

»Wer«, sprach er, »zieht mich hinauf an den Tag? Unglück treffe den, der mich unnütz den Helweg hinaufgehen ließ! Wer mich emporlockte aus Walhall, soll als Verfluchter umkommen und im Totenreich Sühne leisten! Aber du, Hadding, sollst verschont werden!«

In der folgenden Nacht waren sie in einer Reisighütte, da griff eine Hand durchs Dach und tastete im Haus herum. Nun schrie Hardgreip, Hadding solle zuschlagen. Da fügte er der Hand eine Wunde zu, deren Gift in der Hütte verströmte. Aber am nächsten Tag kamen Jöten und brachten Hardgreip um. Die Unholde wollten es nicht, daß eine der Ihren vertrauten Umgang mit Menschen hatte.

Da zog Hadding allein weiter, und er traf bald einen Mann, der nur ein Auge hatte. Hadding meinte, es müsse Odin sein, der Vater der Götter. Der Fremde sprach zu ihm: »Nicht gut ist's, allein auszuziehen auf Vaterrache! Ich helfe dir, einen

Gefährten zu finden!« Er führte Hadding zum Strand, wo ein Mann namens Liser mit seinem Schiff ankerte.

Odin hieß sie, Blutsbrüderschaft zu trinken, und nun fuhren beide ostwärts auf Kriegsfahrt. Zuerst griffen sie einen Häuptling namens Loker an. Aber dieser König Loker von Kurland kämpfte hart gegen sie, tötete Liser und nahm Hadding schließlich gefangen.

Als Hadding gefesselt darauf wartete, wilden Tieren vorgeworfen zu werden, trat der Einäugige wieder herein und gab ihm Ratschläge, wie er freikommen könne. Abends wurden Speisen und Trank für die Wachtposten gebracht, da fing Hadding an, ihnen Lieder vorzusingen, so daß sie zuletzt satt und trunken einschliefen.

Sogleich sprach Hadding den Entfesselungszauber, faßte sein Schwert und tötete König Lokers stärksten Bären. Wieder kam der Siegvater, und diesmal nahm er ihn hinten auf den Sattel und ritt los mit seinem achtfüßigen Roß Sleipnir.

»Nicht umschauen sollst du dich, Hadding!« rief der Einäugige.

Aber beim Ritt schob Hadding heimlich den Mantel zurück und sah unter sich ein graues Feld, welches wogte. Da begriff er, daß er mit dem Alten übers Meer dahinritt, weit fort. Odin gab ihm noch einen süßen Stärketrank und sagte, nun würden alle seine Unternehmungen glücken.

Hadding zog wieder auf Kriegsfahrt und fand zuletzt Swipdag mit einer starken Flotte vor Gotland. Dort überwand er ihn und rächte so den Tod des Vaters, kehrte heim und herrschte nun über Dänemark.

Odin wurde damals in allen Landen angerufen. Häufig machte er sich nach Uppsala auf, wo die Könige ihm eine goldene Statue errichtet hatten. So sehr verehrten ihn die Nordleute, daß sie sein Götterbild, geschmückt mit schweren, goldenen Armspangen, nach Asgard sandten. Böse

Zungen behaupteten, Frigg habe dort – um selbst noch schöner zu sein – durch Schmiede das Gold vom Götterbild entfernen lassen und mit einem Unwürdigen gar Ehebruch getrieben, weil dieser die Statue zerstören sollte. Damals sei Odin, betrübt über diese doppelte Freveltat, zeitweilig freiwillig in die Verbannung gegangen. Ein anderer, Mjödud oder Mithodin mit Namen, habe Odins Platz eingenommen, gemeinsame Opfer verboten und Trankopfer gefordert. Als Odin zurückkehrte, sei Mjödud nach Finnland entflohen, wo er durch die Bewohner umgebracht wurde.

Inzwischen kämpfte Asmund, Swipdags Sohn, gegen Hadding. In der Schlacht aber kam Asmunds junger Sohn um, den er mehr liebte als sein Leben. Da rief Asmund: »Was hilft mir noch der strahlende Helm, die kostbare Brünne? Nur mein Schwert noch freut mich nach dem Tod des Sohnes! Sterben will ich, damit ich den Sohn nicht überlebe! Stehen will ich im Kampf ohne Schild mit bloßer Brust!«

Damit warf er seinen Schild auf den Rücken und drang auf Haddings Mannen ein. Hadding rief die schützenden Götter an, aber es erschien statt dessen der Riese Wagnhöft. Da schrie Asmund: »Warum kämpfst du gegen mich mit krummem Schwert? Mein Speer wird dich töten! Glaube nicht, mich mit Zauberliedern überwinden zu können! Überhäuft bist du mit Lastern, besudelt mit Schande!«

Als er das ausgerufen hatte, durchbohrte ihn Hadding mit seinem Wurfspieß, aber noch im Tod stach ihm Asmund in den Fuß, so daß Hadding von nun an lahmging. In Uppsala ließ der Siegreiche den unterlegenen Asmund mit Königsehren bestatten, ebenso dessen Frau Gunnilda, die sich selbst getötet hatte, um ihrem Mann ins Grab zu folgen.

Noch lebte Uffo, Asmunds Sohn, der sich mutig gegen Hadding wehrte. Er fiel in Dänemark ein, so daß Hadding heimkehren mußte, um sein Reich zu schützen. Lange währte der Kampf, und Hadding konnte seinen Gegner nicht überwinden, obwohl er viel opferte. Einige Zeit verging, Uffo ging zurück nach Schweden, aber Hadding ließ nicht nach. Einen Heerzug bereitete er wieder vor gegen Uffo, Asmunds Sohn. Und das Glück war ihm nicht mehr so hold. Einmal, als er auf seiner Kriegsfahrt gegen Schweden war, tötete Hadding in einem Fluß ein seltsames Tier.

Da trat eine Trollfrau hervor und sagte: »Getötet hast du, was du nicht durftest! Verflucht seist du! Bist du auf See, soll Sturm dich umtreiben! Bist du daheim, soll dein Dach auf dich stürzen! Dein Vieh soll sterben, dein Acker verdorren! Menschen sollen dich meiden wie einen Vogelfreien!«

Als er nun gegen Schwedenkönig Uffo kämpfen wollte, geschahen in der Nacht davor seltsame Zeichen. Im Lager weissagte eine Stimme Haddings Untergang. Und bei den Schweden erklang ein Weissagelied, das auch Uffo den Tod verkündete. Gegen Morgen, im Schein der Sterne, sahen alle zwei riesige Jöten. Die kämpften gegeneinander, jeder für sein Heer. Und der Schwedenjöte überwand seinen Gegner. Am selben Tage wurde Haddings Heer besiegt. Der König floh, wurde schiffbrüchig, einsam und verbittert. Erst als er anfing, Frey anzubeten und schwarze Eber zu opfern, wie es Brauch war in Schweden, fiel der Fluch von ihm ab.

Hadding hörte nun, ein wilder Jöte wolle Hakon, den König von Drontheim, zwingen, ihm seine Tochter Ragnhild zur Frau zu geben. Da ritt Hadding allein zu dem Drontheimer König und ließ sich bei ihm als Gast aufnehmen, nannte aber seinen Namen nicht. Er sagte zu Hakon: »Kämpfen will ich mit dem Riesen, so daß deine Tochter wieder ohne Angst leben kann!«

Bald machte er sich auf, den Jöten anzugreifen. Nach entsetzlichem, langwährendem Kampf war der Jöte getötet, aber Hadding so geschwächt, daß er auf der Walstatt liegenblieb. Da kam Ragnhild und pflegte ihn heimlich; und sie ließ einen Ring in seine Beinwunde einwachsen. Hakon war so froh über den Tod des Riesen, daß er ihr erlaubte, sich selbst den Gemahl zu wählen. Unter denen, die zum Gastmahl kamen, war auch der genesene Hadding.

Lange ging Ragnhild herum, bis ihr Blick auf den Ring in Haddings Bein fiel, da zog sie Hadding hervor: »Dieser soll mein Gemahl sein, Vater!« rief sie. Und dann erzählte sie, daß er der Recke sei, welcher den wilden Riesen umgebracht hatte. Da ließ Hakon sogleich die Hochzeit ausrichten, und es wurde ein gewaltiges Fest gefeiert. Nun machte sich Hadding mit Ragnhild, seiner jungen Frau, wieder auf nach Dänemark und lebte lange glücklich mit ihr.

Eines Tages, längst wieder zu Hause, saß Hadding auf seinem Hochsitz und trank Met. Da tauchte aus dem Fußboden eine Frau auf und zeigte ihm in ihrer Schürze grüne Kräuter und Blumen.

»Wie? Wo wächst dergleichen zur Winterszeit?« fragte Hadding verwundert.

Da schlug sie ihren Mantel um ihn, und er sank mit ihr in die Tiefe hinab. Lange blieb alles dunkel, dann gelangte Hadding mit ihr auf einen ausgetretenen Pfad, der auf eine Wiese führte. Bald stießen sie auf einen grauen Wildbach, in dessen Wirbeln Schwerter und Speere zu Tale rauschten. Eine Brücke führte hinüber. Und am andern Ufer standen zwei Heerscharen in heißem Streit.

»Was sind das für Mannen?« fragte Hadding.

»Odins Waffentote sind's«, sagte die Frau. »Hier tragen sie, die Einherjer, nochmals alle Kämpfe aus, die sie auf Erden durchfochten.«

Dann kamen sie an eine Mauer, die sie nicht überwinden konnten. Die Frau nahm einen Hahn, riß den Kopf ab und warf ihn hinüber. Da hörten sie auf der anderen Seite einen lauten Hahnenschrei. Kurze Zeit danach fiel Hadding in einen tiefen, bleiernen Schlaf, und als er erwachte, saß er wieder daheim auf seinem Hochsitz in Dänemark. Nun meinte er, alles nur geträumt zu haben. Aber vielleicht hatte Odin noch mehr mit ihm vor, wenn er ihn seine Einherjer und ihre täglichen Kämpfe schauen ließ?

Wieder verging eine lange Zeit. Da begegnete Hadding auf einer Segelfahrt mit dem Langboot wieder dem einäugigen Greis im blauen Mantel. Odin stand auf einer kleinen Schäreninsel und winkte ihm zu. Da fuhr Hadding heran und nahm ihn an Bord. Und der Alte lehrte ihn, von nun an sein Heer in einem Keil aufzustellen, die Bogenschützen an beiden Enden. So würde er stets siegreich sein.

»Hier«, sagte Siegvater zu ihm, »einen winzigen Bogen und zehn Pfeile schenke ich dir jetzt! Den Sieg sollst du erfechten damit!« Der König war zuerst ob der Kleinheit des Bogens enttäuscht. Aber als er die Pfeile einspannte, wuchs der Bogen zu einer schrecklichen Waffe, mit der er viel ausrichten konnte. Da dankte König Hadding dem alten Mann für das Geschenk und bot ihm seinen Met an.

Doch der verkleidete Gott rührte nichts an, war aber sehr angetan von dem Dänenkönig. »Siegreich, o Hadding«, sprach er zu ihm, »sollst du sein immerdar! Ja, als meinen Pflegling habe ich dich ausgewählt! Lebe glücklich! Nicht sterben sollst du durch fremde Hand!« Damit verschwand er.

Bald nahm König Hadding seine Kriegsfahrten zu Schiff wieder auf gegen den Schwedenkönig Uffo. Und noch lange mußte er fahren, ehe er den geschickten Helden Uffo stellen und besiegen konnte. Wieder hatte Siegvater ihm beigestanden. Den getöteten Uffo aber ehrte Hadding durch ein würdiges Grabbier, und er meinte, daß Odin dies sehr recht war.

Nicht lange danach erschien Uffos Bruder bei Hadding und sagte: »All unseren Streit zwischen Dänen und Schweden wollen wir vergessen. Ich biete dir Blutsbrüderschaft an!« Und Hadding lehnte nicht ab.

Alt war nun Hadding geworden, und schon begann er seine Tage zu zählen. Da erschien ihm eines Tages im Traum seine tote Gemahlin. Und sie sang ihm ein seltsames Lied vor von einem grimmigen Wolfsrachen und einem verderbenbringenden Vogel. Doch man erkenne ihn kaum, denn er würde als lieblicher Schwan erscheinen.

»Ein Traumdeuter soll kommen!« sprach da der Alte.

Und dann erfuhr Hadding von ihm die Wahrheit: der Wolf war kein anderer als sein eigener Sohn. Der liebliche Schwan aber war seine eigene Tochter; voll Heimtücke wolle sie ihren Vater töten oder doch wenigstens vom Thron stoßen. Und wirklich, sehr bald erfüllten sich die Weissagungen des Traumdeuters. Haddings Tochter Ulwilda hatte nämlich einen unwürdigen, im Rang weit unter ihr stehenden Gefolgsmann geheiratet. Und nun stachelte sie ihn beständig an, ihren Vater aus dem Weg zu räumen.

So redete sie zu ihrem Gemahl: »Unwürdiger, wenn du nur ein wenig Kraft hast, so entreiße doch endlich deinem Schwiegervater die Herrschaft! Keine Sünde ist's, den Greis zu töten, der unter der Last der Jahre sich schon dem Tode zuneigt!«

Wenig später lud sie, Freundlichkeit heuchelnd, ihren alten Vater zu einem Gastmahl ein. Als man zu Tische saß, zückte hinter ihm schon ein gedungener Mörder den tödlichen Stahl, als Hadding den Verrat durchschaute. Vorsorglich hatte er seine Anhänger in einen Hinterhalt gelegt. Nun gab er seinen wartenden Mannen das Zeichen zum Kampf. Da brachen sie blitzschnell hervor, stürzten sich auf den Mörder und rächten dann die Hinterlist der Treulosen. Unversehrt konnte Hadding das Gastmahl verlassen. Aber nun gelangte das Gerücht nach Schweden, Hadding sei hinterrücks ermordet worden.

Da ließ Uffos Bruder, der Häuptling Hunding, der mit Hadding vor nicht allzu langer Zeit Blutsbrüderschaft geschlossen hatte, in geheuchelter Trauer ein riesiges Faß mit Bier in seiner Langhalle aufstellen. Jetzt wollte er durch ein gewaltiges Trinkgelage des Getöteten gedenken.

»Ich selbst«, sagte Hunding, »will heute das Amt des Schenken übernehmen. Kommt alle her mit euren Humpen, viel Bier sollt ihr haben!«

Feierlich begann er, seinem Gefolge die Trinkhörner und anderen Gefäße mit süßem Bier zu füllen. Auch er selbst sprach dem Getränk übermäßig zu. Als er selbst so trunken geworden war, daß er Mühe hatte, durch die Königshalle zu schreiten, trat er fehl, strauchelte plötzlich und fiel kopfüber in das große Faß. Niemand vermochte einzugreifen. Vielleicht hatte ihm Odin dieses Schicksal zugedacht. Seine Mannen jedenfalls zogen ihn danach tot aus dem Bier heraus.

So versöhnte er sich durch sein falsches Grabbier mit dem Totenreich der Hel, in das er nun hinabfuhr. Der alte Hadding, als ihm die seltsame Mär zu Ohren kam, wollte nun auch nicht mehr länger leben bleiben. Sein gutes Schwert holte er herbei und setzte es gegen seine Brust.

»Jetzt weihe ich mich Odin«, sagte er gelassen und gab sich selbst den Tod.

VII

Harald Hildezahn

Je mehr die Zeit voranschritt, desto dreister wurden die Frostriesen. Stürme und Hagel schickten sie. Oft bäumte sich die Midgardschlange in ihrem Meerbett auf, drohte an den Strand zu kriechen und mit ihrem Gifthauch alles Land zu verpesten. Achtloser gingen die Menschen mit den heiligen Dingen um. Die Opfer wurden geringer, Goldgier und Machtrausch nahmen zu. Viele Mächtige versuchten, sich gegenseitig zu übertrumpfen an Reichtum und Luxus. Achtlos warfen die Menschen nach den Gelagen Abfälle in heilige Seen und Flüsse, wo die Wasser zu stinken begannen.

Sie versäumten es immer häufiger, ihren Toten die Nägel zu schneiden. Aus diesen Nägeln wächst Naglfar, das Totenschiff, mit dem einst die Feinde der Götter und Menschen angefahren kommen. Nachlässig sind die Menschen, immer mehr Tote gibt es, immer mehr Nägel fallen an, und so wird Naglfar früher fertig sein als erwartet. Odin ging wieder zum Haupt des weisen Mimir, das er in einem Kasten sorgfältig verwahrte, und fragte ihn nach der Zukunft. Und Mimir gab ihm undeutliche Antworten.

Da entschloß sich Odin, einen, der ihm getreu Opfer brachte, nämlich den Dänen Harald, zu einem berühmten König zu machen. Vielleicht konnte der dafür sorgen, die Menschen auf den rechten Weg zurückzuführen und die Zahl der Einherjer in Walhall zu vergrößern.

Einst war Haralds Vater mit seiner unfruchtbaren Gemahlin in Uppsalas Tempel gewesen und hatte Odin angefleht, ihm einen starken Sohn zu schenken. Damals hatte Odin zugestimmt. Nun wuchs Harald im Dänenlande heran, wurde stark und schön. Ein Zauberer bat Odin, den jungen

König, der seine Eltern früh verloren hatte, unverwundbar zu machen. Auch das gewährte Odin.

Und so zog König Harald an der Spitze seines Heers im Purpurmantel in den Kampf, viele strömten in sein Heer. Hier verlangte Harald, keiner seiner Mannen dürfe im Kampf Furcht zeigen. Wer mit dem Lid zuckte, wenn er einen Hieb kommen sah, wurde aus seiner Schar verbannt. So konnte Harald Hildezahn viele Mannen am Rhein und in Britannien besiegen, sich Slawen untertan machen und den Friesenkönig Ubbo an sich binden.

Fünfzig Jahre währte der Friede, den Hildezahn erzwang. Da erblühte das Land, und reiche Handelsschiffe befuhren die See. Große Opferstätten für die Götter wurden errichtet.

Alt war Hildezahn geworden und schon fast blind, als er durch seinen Vertrauten Bruno erfuhr, daß in Schweden der alte König gestorben war, mit dem Harald einst Blutsbrüderschaft geschworen hatte. Nun war sein Sohn Hring König geworden, und Odin säte Feindschaft zwischen Harald Hildezahn und Hring. Ja, er erschlug sogar Hildezahns treuen Waffengefährten Bruno und schlüpfte in dessen Haut, denn nun wollte er Hildezahn zu einem ehrenvollen Tode verhelfen.

In Brunos Gestalt riet der Göttervater dem Harald Hildezahn zum Krieg.

»Nicht sollst du«, sprach er, »im Bett den Strohtod erleiden! Führe Krieg gegen König Hring, und du wirst auf der Walstatt sterben. Odin aber wird dich heimholen nach Walhall! Und mit dir werden viele Waffentote zu ihm kommen. Sie alle braucht Odin am Ende der Tage gegen die Jötenbrut!«

Und sieben Jahre rüsteten nun die beiden Könige zur Schlacht, und mehr Kämpen hatten noch nie in den Nordlanden gegeneinander gekämpft.

Zahllos waren die dänischen Schiffe, die losfuhren zur Brawallaschlacht; ihre Segel verlegten den Blick zum Himmel. Walküren führten drei fremde Heere, die für Harald kämpften. Es waren Webjorg aus Schleswig, Hetha und Wisma, auch Kämpen aus Sachsen waren gekommen. Zweitausendfünfhundert Schiffe zählte Hrings Flotte, und in Hrings Schwedenheer standen berühmte Mannen, darunter auch Odinsheld Starkad.

Lange wogte die Schlacht hin und her, und schon wandten sich vereinzelt die Schweden zur Flucht. Da setzte Hring seine Bogenschützen aus Telemarken ein. Der Friese Ubbo sank hin, von hundertvierundvierzig Pfeilen durchbohrt.

Der Lärm der Schlacht schwoll an, und König Harald Hildezahn saß auf seinem Kampfwagen und lauschte auf das Kampfgeschrei.

»Wie kämpft Hring?« fragte der Blinde ängstlich, und Bruno, sein Vertrauter, erwiderte: »In Eber-Aufstellung!«

Da stutzte der alte blinde König und dachte nach inmitten des grausigen Mordens.

»Woher kann er diese Schlachtstellung denn wissen!« sagte er. »Die hat Odin doch nur mir geraten!«

Zu Tode erschrak er. Dunkel spürte er, daß dieser Bruno gar nicht mehr sein treuer Waffenbruder, sondern ein Fremder war. ›Möglicherweise ist er niemand anders als Odin selbst!‹ dachte Harald Hildezahn.

Langsam verstand er, daß die Brawalla-Schlacht verloren war. Sein sehnlichster Wunsch war es gewesen, selbst im Kampfgewühl zu sterben. Doch nun ging die Schlacht zu Ende, und er lebte noch immer. Da ergriff er mit letzter Kraft zwei Schwerter. Blindlings schlug er von seinem Kampfwagen auf die Krieger ringsum herunter.

»Euch weihe ich alle Odin!« ächzte er. Nun fielen ihm die Schwerter aus der Hand. Zuletzt schwang er erschöpft eine Keule. Da entriß ihm Bruno die Waffe, erschlug ihn damit und verschwand im Kampfgewühl. Einige blickten ihm verwundert nach und meinten erkannt zu haben, daß er jetzt einen blauen Mantel trug und nur ein Auge hatte.

Als Hring vernommen hatte, daß Harald Hildezahn getötet worden war, ließ er die ganze Schlacht abbrechen. Nun besichtigte er mit anderen Edlen die Walstatt. Da lagen dreißigtausend Kämpen aus Harald Hildezahns und zwölftausend aus Hrings Heer auf der blutigen Heide! So reiche Ernte hatte Odin wohl selten eingefahren.

»Ein würdiges Begräbnis will ich meinem Gegner geben!« sprach König Hring.

Goldbeschlagen war das Totenschiff, auf das König Hring seinen Gegner legte. Andächtig sahen er und seine Mannen zu, wie Harald Hildezahns Leiche verbrannte. Ringe und kostbare Waffen warfen sie dem Toten hinterher.

Signe und Hagbard

Dänenkönig Sigarr hatte vier Kinder, Signe, Sigwald, Alf und Alger. Einst hörte Alf von einem Jungfrauenturm reden, den ein Gotenkönig namens Sigward für seine hochmütige Tochter Alfhild hatte erbauen lassen. Vor dem Turm lag ein grimmiger Drachen.

Der Gotenkönig ließ verbreiten, die Tochter bekäme, wer den Wurm getötet habe. Derjenige aber, der versage, müsse sterben, dessen Kopf werde auf eine Stange vor dem Turm gesteckt.

Da kamen nun viele Jünglinge und versuchten den Kampf mit dem Lindwurm. Aber es erging allen übel, und bald standen viele Stangen mit Köpfen rings um den Turm aufgereiht.

Zuletzt wagte auch Alf den Streit, härtete seinen Speer im Feuer und legte eine Zauberhaut an. Er traf auf den Drachen, und dank des Zaubers konnte er das schreckliche Tier überwinden.

Vor Gotenkönig Sigwards Thron stellte sich Alf und verlangte nun dessen schöne Tochter Alfhild zur Gemahlin.

Der Gotenkönig indessen zögerte und meinte schließlich, seine Tochter solle selbst entscheiden, ob sie Alf nehmen wolle oder nicht. Ihre Mutter riet ihr heftig ab, so daß Alfhild schließlich auf sie hörte und sich Alf verweigerte.

»Als Walküre will ich auf weite Schiffsfahrt gehen!« sagte Alfhild, ließ sich Waffen und eine Brünne geben und fuhr davon.

Weit segelte auch Alf mit seinen Mannen übers Meer und bestand viele Abenteuer. Da fügte es sich, daß er in die Förde einlief, wohin Alfhild mit ihrem Schiff gefahren war. Schlank stand sie in ihrer Rüstung am Ruder, und alle Mannen Alfs wunderten sich über die Schönheit des Schiffslenkers. Beim nachfolgenden Kampf auf ihrem Schiff fiel ihr der Helm vom Kopf, und da erkannte Alf, wen er vor sich hatte.

»Zeit verging, seit ich den Drachen vor deinem Turm tötete«, sprach Alf. »Bist du noch genauso wie damals, oder hat sich dein harter Sinn gewandelt?«

Da fiel ihm Alfhild, die das Bild des schönen Drachentöters allzeit bewahrt hatte, um den Hals.

»Stets nur an dich habe ich gedacht auf all meinen Fahrten«, rief sie. Und sie dankte der gütigen Norne, die ihr Schicksal so gut gefügt hatte. Hochzeit wurde nun in Dänemark gefeiert, und König Sigarr nahm sie als Schwiegertochter auf.

Alf schwor Blutsbrüderschaft mit einem mutigen Königssohn, der Hagbard hieß und an König Sigarrs Hof gekommen war. Hagbard faßte eine große Zuneigung zu Alfs Schwester Signe, und sie begegneten einander heimlich.

»Vereint wollen wir sein wie Alf und Alfhild«, sagte

Hagbard. Aber König Sigarr hatte seine Tochter dem Sachsenkönig Hildegisl versprochen. Eine Magd hinterbrachte ihm, wie es um Signe und Hagbard stand.

Zornig verlangte da Hildegisl, man solle Hagbard bestrafen. Und König Sigarr beauftragte seinen Sohn Alf damit. Doch Alf dachte an den Blutseid, den er mit Hagbard geschworen hatte, und wollte es nicht tun. Da überfielen Alfs Brüder Hagbards Sippe und töteten zwei von dessen Brüdern. Hagbard selbst aber gelang es zu fliehen. Doch nun war er friedlos. Niemals mehr konnte er sich am Hofe des Dänenkönigs Sigarr sehen lassen. Odin redete ihm ein, er müsse seine unschuldigen Brüder rächen. Ja, auch Alf müsse er töten, auch wenn es sein Schwurbruder sei!

Dennoch, Alf zu töten erschien dem Jüngling als ein schlimmes Verbrechen. Lange zögerte er, diese Tat auszuführen. Aber zuletzt traf er Alf und dessen Bruder Alger auf einsamer Heide, wo beide jagten; es kam zu einem Handgemenge, und schließlich lagen beide tot auf dem Anger, hingestreckt von Hagbards scharfer Klinge.

Da war nun großer Schmerz am Hofe des Dänenkönigs Sigarr, und am lautesten klagte die junge Gotenkönigin Alfhild um ihren Gemahl. Auch Signe trauerte um ihre Brüder, aber sie konnte Hagbard dennoch nicht vergessen. Auch er dachte Tag und Nacht an sie, und er fragte sich verzweifelt, ob er sie wohl noch einmal wiedersehen würde.

Eine Zeit verging. Aus lauter Sehnsucht, sie endlich wiederzusehen, zog er endlich Frauenkleider an und begab sich an Sigarrs Königshof. Man wies die Fremde ins Frauengemach, wo ihr die Mägde die Füße wuschen. Da wunderten sie sich, daß die fremde Frau so harte Waden hätte.

»Lange war ich auf Kriegszügen, so gewann ich harte Sehnen«, sprach die Frau. Doch Signe erkannte Hagbard sogleich in seiner Verkleidung und sagte, einer Fremden müsse man Ehre erweisen. Sie lud sie zu sich in die Kammer.

Nachts hatten beide viel miteinander zu sprechen. Hagbard klagte über die bittere Not, die ihn getrieben habe, ihre Brüder zu töten. »Findet mich dein Vater, wird er keine Buße für mein Leben annehmen wollen, jetzt da ich deine Liebe habe!« sagte er.

»Tötet dich mein Vater, will ich dasselbe Schicksal erleiden!« rief sie, und Hagbard dankte ihr. Dieses Gelübde sei ihm mehr wert als sein Leben.

Während sie so vertraulich sprachen, lauschte eine böse Magd an der Wand und verriet alles dem König.

Mitten in der Nacht hörte Hagbard Männerschritte. Er sprang auf und wehrte sich mannhaft. Zuletzt wurde er überwunden und zu König Sigarr geführt. Ein Ratgeber schlug vor, Sigarr solle Geldbuße annehmen. So würde er einen mutigen Schwiegersohn gewinnen. Aber ein anderer riet ab und erinnerte daran, daß Hagbard zwei Söhne des Königs getötet und seine Tochter in Schande gebracht habe.

»Ja«, sagte König Sigarr, »Hagbards Verbrechen ist zu groß. Er muß sterben!«

Da ließ der Dänenkönig, der Odin als Rachegott am höchsten verehrte, einen Galgen auf dem Hügel vor dem Königshof errichten. Hagbard wurde unverzüglich hinaufgeführt.

Als Hagbard schon unter dem Galgen stand, trat die Königin an ihn heran, reichte ihm ein Trinkhorn und sprach spöttisch:

»Heil dir, nun genießt du's, am Galgen zu sterben!«

Hagbard faßte das Horn und rief: »Ich nehme es mit der Hand, die deine Söhne erschlug!« Damit goß er ihr den Trank ins Gesicht.

König Sigarr aber sprach: »Laßt ihn schnell das hohe Roß reiten! Das paßt zu seinem Hochmut!«

Doch als ihn Sigarrs Henker hochziehen wollten, bat Hagbard, zuerst seinen Mantel aufzuhängen.

»Große Lust habe ich«, sprach er, »zu sehen, wie es ist, wenn ein Teil von mir schon zuvor am Galgenast baumelt!«

Unten in der Königsburg stand ein Wächter und beobachtete das. Er ging in Signes Kammer und sprach zu ihr: »Nun hängen sie ihn!«

Da ergriff Signe, die treue Königstochter, Glut und warf diese in die Holzspäne und Scheite, die sie sorgfältig um sich herum aufgeschichtet hatte, so daß sogleich die Flammen hoch aufloderten.

Als Hagbard den Rauch vom Königshof aufsteigen sah, rief er: »Schnell, Knechte! Nicht zu spät kommen will ich, damit die Königstochter nicht auf mich warten muß!«

Als sie ihm den Strick um den Hals legten, lachte er: »Nun schmeckt süß der bitterste Tod!«

So starben Signe und Hagbard. Aber auch nach ihrem Ende wütete das Fehdegesetz Odins zwischen ihren Geschlechtern, so daß zuletzt fast keiner mehr übrig war.

Fritjof

Einst herrschte über Sogni in Norwegen König Beli. Er hatte zwei Söhne, Helgi und Halfdan, und eine Tochter namens Ingibjörg. Viel gepriesen wurde sie wegen ihrer unvergleichlichen Schönheit, denn sie war lieblich anzuschauen wie eine Rose im Lenz. Syrstrand hieß Belis Königsburg am Ausgang eines Fjords, an dessen anderem Ende der Hof Framnes des Bonden Wikingson lag, der Belis Freund war. Er hatte einen Sohn namens Fritjof; der war schlank wie ein Eichenstamm. Früh übte er sich in den Waffen und war bald der stärkste der Männer. Schon als

Knabe liebte er das Bogenschießen und Fechten. Oft suchte er Bären in ihrer Höhle auf und rang mit ihnen Brust an Brust. So erhielt er den Beinamen ›der Kühne‹, aber seine Tapferkeit war ebensogroß wie seine Güte. Überall rühmte man seine Gerechtigkeit.

Da brach Trauer am Königshof aus: Belis Gemahlin war gestorben. Und nun sah sich der König nach einer Pflege-stelle für seine Tochter um, denn er wollte sie nicht auf dem Königshof lassen, wo seine Söhne ein wildes Leben führten. Er gab sie dem Bonden Hilding, wo Ingibjörg bäuerliche Arbeiten lernte. Zu Hildings Hof kam nach dem Tod seiner Mutter auch der Bondensohn Fritjof. Und gut vertrug er sich mit der liebreizenden Ingibjörg. Als sei man in Freyas Saal, so ging es oft bei Hilding zu: wie Brautleute sahen beide aus. Waren sie im Wald, meinte man, ein lichtes Elfenpaar tanze im Hain. War das Wetter mild, segelten sie aufs Meer hin-aus, und Ingibjörg lachte froh, wenn die Wogen rauschten beim Wenden des kleinen Bootes. Fritjof erfüllte ihr jeden Wunsch. Kein Vogelnest war ihm zu hoch; vom Felsrand brachte er ihr junge Falken, die sie zur Jagd abrichteten.

An den Winterabenden saß Ingibjörg am Spinnrocken oder schlang mit den Mägden Faden um Faden. Da lauschte sie den alten Gesängen über Odin, Thor, Frey und all die an-deren Götter und Helden. Einst webte sie ein Tuch aus teuren Fäden, und darin erkannte man das Bildnis eines Helden, der Fritjofs Züge trug. Er aber schnitt Runen in die Baumrinden, und da las man die Namen Fritjof und Ingibjörg.

Hilding aber warnte den Jüngling: »Liebeswerben bringt keinen Lohn; zu verschieden fielen für euch die Lose des Lebens! Ein Bauernsohn bist du, sie ein Königskind! Belis Ahnen reichen bis zu Odin zurück, deine nur zu den Vorfah-ren von Bauern!«

Stolz schüttelte Fritjof da den Kopf: »Belis Ahnen nützen wenig. Der Waldbär, den ich bezwungen habe, kündet von der Kraft meiner Ahnen! Ich bin frei; auch Thor wägt nicht nach dem Stand, sondern nach dem Werk! Tut's not, so streite ich mit meinem Schwert um Ingibjörg. Auch wir Bauern sind Nachfahren Odins.«

Viele Habe verlor König Beli, je älter er wurde, durch ungetreue Mannen. Sein Sohn Helgi wurde ein düsterer Odinspriester, und Halfdan ein Geck und Nichtstuer, der nur an Spiel und Festen Freude hatte. Nur Wikingson, der über einem Drittel des Reiches von Beli als Pfleger herrschte, erfüllte treu sein Amt.

»Der Abend des Lebens kommt«, sagte Beli einmal zu Wikingson, »mich drückt des Helmes Schwere; Met mundet mir nicht mehr, Walhall ist nahe! Ich will meine Söhne rufen zum Abschied!«

Und da trat zuerst Helgi zu ihm ein mit blutiger Hand, denn er kam geradenwegs aus dem Opferhain, wo er allerlei Tiere ältesten Gottheiten wie Tyr oder Ull geopfert hatte. Als Halfdan dann erschien, sah er wie ein Mädchen aus, das kostbare Schwert hing ihm spielerisch am Gurt, und seine Brust zierte ein ausgesuchter Purpurmantel. Auch Fritjof, der beide um Haupteslänge überragte, wurde herzugebeten. Da sprach nun Beli zu ihnen: »Bald scheide ich von euch; haltet einträchtig zusammen! Eintracht ist wie ein Ring, der das Speereisen faßt. Schaden soll euer Schwert nicht, sondern schützen! Seid gerecht! Vier Pfeiler tragen den Himmel, so seien auch Gesetze für euch die Grundfesten!«

Und zu Helgi, dem Opferer, gewandt, fuhr er fort: »Traue nicht zu sehr den Opferzeichen! Oft täuscht das Blut des Opferfalken, trügt auch die tiefgeschnittene Rune! Jene Klinge ist die beste, die biegsam ist! Ein einziger Frühlingstag bewirkt mehr als zehn starre Wintertage! Prahle nicht mit der Ehre der Väter! Halte dich stets an das Gesetz!«

Dann wandte er sich an den blonden Halfdan: »Leicht ist dein Sinn, doch wenig taugt Honig ohne Hopfen zum Met!

Füge den Ernst zum Scherz! Nimm zum Freund nicht jeden! Ein leeres Haus steht meist offen, ein volles dagegen soll geschlossen sein! Was drei wissen, weiß jedermann. Zuviel Verstand besitzt niemand, so weise er auch gepriesen sei! Auch du halte dich stets an das Gesetz!«

Nach dieser Rede erhob sich Wikingson: »Gut sprachst du, König Beli! Wie du selbst, so werde auch ich bald zu den Toten eingehen. Fritjof, höre das Wort deines scheidenden Vaters! Ehre das Gesetz, den Göttern öffne dein Herz! Freue dich über all die schönen Dinge hier in Midgard! Noch nach Jahren rächt sich Niedertracht. Ehre den König! Dem Besten läßt der Bessere den Wert! Ohne Knauf vermag das beste Schwert nichts. Der Waldbär hat Kraft wie zwölf Mannen, dennoch bezwingt ihn ein Kluger. Preise den Met nicht, ehe er getrunken ist! Nicht Verlaß ist auf Frühlingseis und Märzschnee! Schwer zu zügeln ist oft die Unbeständigkeit der Frauen. Eines bleibt dir, wenn du schon lange dahin bist: der Nachruhm!«

So warnten die Alten im Saal. Und Beli bat die drei Söhne, seine einzige Tochter gut zu beschirmen. Ihm aber sollten sie den Bautastein errichten am Meeresstrand, wo der Wellenschlag ihm ewig klingen solle wie eine Drapa. »Fällt Tau auf den Stein, will ich Zwiesprache halten mit meinem alten Freund Wikingson, der dann jenseits des Wassers auch im Hügel liegt!«

Kurz danach starb Beli, und wenig später wurde auch der Bonde Wikingson begraben. Fritjof aber erbte das reiche Bauernland und den Sitz Framnes. Weit dehnte er sich bis zum Meer. Rinder und Schafe weideten auf fruchtbaren Auen, vierundzwanzig Hengste stampften im Stall. Der Framnes-Saal war geräumig und bot Hunderten Platz zur Julzeit. Den Hochsitz zierten zwei Säulen: darauf standen Odins und Freys Bilder, geschnitzt aus Ulmenholz. Da hatte Wikingson jüngst gesessen und erzählt von seinen weiten

Ostfahrten, ja, wie Bragi hatte er dagesessen mit dem Silberbart und der runenbelegten Zunge. Am Boden flackerte das Langfeuer, und durch das Rauchloch blinkten die Sterne. Brünnen und Helme hingen in geordneter Reihe, daneben glänzten blanke Schilde. Errötend füllten Mägde den zwölf Kämpen die Trinkhörner nach. Speicher und Keller waren gefüllt. Unter Fritjofs Tischgenossen saßen Björn und Asmund, die oft auf Langfahrt gewesen waren mit Wikingson und anderen Kleinkönigen.

Das Kostbarste unter Fritjofs Schätzen war das Wikingerschiff Ellida, mit fünfzehn Ruderbänken und hoch aufragenden, geschwungenen Steven. Ägir, so hieß es, habe es Wikingsons Vater dereinst geschenkt. Damals trieb Ägir hilflos dahin auf kalten Wogen im Treibeis. Wiking zog ihn in sein Boot und gab ihm Herberge. Als Dank schaukelte am nächsten Morgen ein herrliches Drachenschiff auf den Wogen: Ja, der Meergott Ägir hatte einem Bonden ein königliches Geschenk gemacht! Golden und blau schimmerte es wie ein Drachenleib. War es mit Gewappneten gefüllt, glich Ellida einer ehernen Schildburg.

Auch das Schwert Angurwadel nannte Fritjof sein eigen. Mit ihm hatte Urahn Wifil einst einen Riesen erschlagen und eine Königstochter befreit. Als drittes besaß Fritjof einen goldenen Armring, den kein geringerer als Wölund selbst geschmiedet hatte. Götterburgen waren darauf abgebildet. Der kaltherzige Seeräuber Soti stahl einst diesen Reif, saß dann lange auf Bretland im Grabhügel und bewachte ihn. Doch Beli und Wikingson waren hingefahren, ihn zurückzuholen.

»Steigen wir gemeinsam ins Gewölbe und töten den Unhold!« sprach Beli damals. Aber Wikingson wollte es allein tun. Sie losten, und sein Los sprang aus dem Helm. Da stieg er bei Vollmond hinunter. Man hörte Schwerterklirren und Kampfgeschrei. Bleich trat Wikingson nach einiger Zeit aus dem Hügel, den Reif am Arm. »Schrecklich ist's, mit dem Tod selbst da unten zu kämpfen. Nie mehr will ich hier hinabsteigen!« sagte er danach.

So reich war Fritjof, daß er manche Könige übertraf. Einst saßen seine Verwandten und Freunde zu Framnes in der Halle, und wieder sangen Skalden nach dem Mahl ihre Lieder von alter Zeit. Die Mannen Fritjofs wollten stets mehr hören. Doch Belis Söhne, die mit Ingibjörg auch gekommen waren, verspürten Neid. Das Fest dieses Bonden war ja reicher und schöner als das ihre in der Königshalle! Und Ingibjörg bewunderte Fritjofs Goldring, und der erklärte ihr die Bilder darauf. Da sprangen die Brüder brüsk auf und ritten mit der Schwester wütend heim.

Kaum war Ingibjörg fort, schien Schwermut Fritjof befallen zu haben. Björn sprach: »Was sinnst du? Gut in Hülle und Fülle hast du! Im Hochsaal singen Skalden dein Lob, im Stall stehen edle Rosse, Ellida zerrt am Ankertau. Auf, rüste dich zur Fahrt!«

»Freien will ich um Ingibjörg«, sprach Fritjof. »Bin ich auch nicht von königlichem Blut wie sie, so bin ich doch ebenso mächtig!«

Und mit reichem Geleit fuhr er hinüber nach Syrstrand, wo die Brüder soeben Thing hielten auf Belis Hügel. Freundlich grüßte er und sprach: »Kein König bin ich, aber treue Mannen habe ich, so daß ich viel Land gewinnen könnte. Doch will ich lieber in Frieden leben und wie mein Vater eure Halle bewachen! Gebt mir die Schwester zur Frau! Beli hätte es getan, lebte er noch!«

Doch die Brüder schüttelten den Kopf, und Helgi sagte: »Das soll nimmer geschehen! Nicht feil ist sie für einen Bonden! Nur Könige freien um sie. Nie soll dir das Mädchen aus Odins Stamm gehören! Doch unser Dienst- und Gefolgsmann sollst und darfst du bleiben!«

»Euer Dienstmann niemals!« rief Fritjof, zog Angurwadel

aus der Scheide und hieb Helgis Schild, das an einer Linde hing, mittendurch. Dann sagte er: »Wie dieser Schild ist nun auch unsere Freundschaft gespalten. Meinen Beistand kündige ich euch auf!«

»Wenig schert es uns«, höhnten die beiden. Da kehrte ihnen Fritjof voll Ärger und Wut den Rücken und fuhr mit seinen Mannen davon.

Damals lebte der alte König Hring, der in Norwegen und Schweden über Marken gebot, welche durch zahlreiche Mannen gut geschützt waren. Eines Tages sprach er zu seinen Leuten: »Alt und grau bin ich geworden. Nun höre ich, Belis Söhne zürnen dem Bonden Fritjof. Ich habe einen alten Anspruch auf Sogni und will Boten hinsenden, daß sie mir Tribut entrichten. Tun sie's nicht, rüste ich zur Kriegsfahrt gegen sie.«

Voll Wut vernahmen die beiden Könige in Sogni die Botschaft Hrings und gaben trotzig Antwort. Sie dächten nicht daran, dem greisenhaft verfallenen König Hring in Schweden, der nicht mehr allein aufs Roß komme, zu gehorchen. Zins aber wollten sie schon gar nicht zahlen.

Eilig stellten sie ein Heer auf. Aber es war klein. Da schickten sie ihren Gefolgsmann und Waffenmeister Hilding zu Fritjof. Durch ihn befahlen sie ihm, Heerfolge zu leisten.

Fritjof saß mit Björn beim Brettspiel, als Hilding eintrat, hörte sich alles an und sprach zu Björn: »Ungeschickt, Freund, steht dein Stein! Doch will ich gegen den roten ziehen, so brauchst du deinen Zug nicht zu ändern!«

Vergeblich wartete Hilding auf eine klare Antwort. Dann verabschiedete er sich und fuhr wieder hinüber nach Syrstrand. Daheim meldete er den Königen, was Fritjof gesagt hatte.

»Wie deutest du das?« fragte Halfdan den Waffenmeister. Doch Hilding meinte, der Bonde werde nicht zum Heer kommen, und beim roten Stein habe er wohl an Ingibjörg gedacht. Da rüsteten Helgi und Halfdan die Heerfahrt ohne Fritjof aus und brachten Ingibjörg mit acht Gespielinnen in den herrlichen Tempel Balders. Dann zogen sie südwärts und vernahmen, daß Hring mit seinem Schwedenheer schon bis zum Sogni-Sund vorangekommen war.

Als Fritjof hörte, die Könige seien fort, zog er sein schönstes Festgewand an, nahm Angurwadel und den Goldring und bestieg sein Schiff Ellida.

»Wohin fahren wir, Bruder?« fragte Björn. »Nicht ratsam ist's, Balders Groll zu erregen!«

Doch Fritjof hörte nicht auf ihn, und sie gingen in Balders Tempel hinein, der mit kostbaren Geweben und Teppichen ausgestattet war. Da saß Ingibjörg mit ihren Frauen.

Freudig lief sie ihm entgegen, doch dann wurde sie ängstlich, weil er in diesen Tempel eingedrungen war.

Fritjof sprach: »Balder zürnt uns nicht. Wie er seine treue Nanna liebte, so sind auch wir uns zugetan. Er versteht die Liebenden! Sieh: mild blickt sein Holzbild auf uns herunter!«

Da bot ihm Ingibjörg Willkommen, und er und alle seine Mannen tranken auf ihr Glück. Fritjof aber schenkte ihr den roten Armring und sprach: »Treue wollen wir uns schwören als Braut und Bräutigam!«

Belis Söhne fochten glücklos, und schließlich bot ihnen Hring Frieden unter einer Bedingung an.

»Vergessen«, sprach er, »will ich unseren Hader und Streit, wenn ihr versippt seid mit mir! Gebt mir daher eure schöne Schwester Ingibjörg zur Frau!«

Nicht lange konnten die Brüder überlegen. Aber vielleicht war es gut, einen reichen König zum Schwager zu haben und überdies los und ledig zu sein von jeder Zahlung. Diese Bedingung konnten Helgi und Halfdan annehmen, und sie taten es. Dabei gaben sie Hring noch zu verstehen, daß es für sie ein sehr schwerer Entschluß gewesen sei.

Fritjof, der täglich in Balders Tempel gewesen war, vernahm die Nachricht vom Friedensschluß und sprach zu Ingibjörg: »Trefflich wurden wir bewirtet, Balder grollte nicht. Nun kommen jene zurück, die keine Huld hegen für mich. Ich will für diesmal heimfahren nach Framnes. Hängt Tücher heraus, wenn sie nahen! Von Framnes aus können wir es sehen!«

Am nächsten Morgen bestieg er schon frühmorgens in Framnes den Spähturm und blickte zum Tempel hinüber. Traurigkeit überfiel ihn. Er ging hinunter zu seinen Mannen und sagte: »Melden muß ich euch, unsere frohen Fahrten sind dahin! Heftig wehen drüben weiße Fahnen im Wind, sie künden von der Heimkehr der Könige!«

Der Disensaal war ganz mit gebleichten Tüchern verhängt. Und Björn meinte, nun würden Helgi und Halfdan wohl bald herüberkommen und ihren Widersacher angreifen. Da rüstete Fritjof zum Streit, und viele kamen, um ihm beizustehen.

»Den Tod verdient er!« sprach Helgi. »Er drang in Balders Heiligtum ein! Doch sehe ich, daß wir nicht stark genug sind, ihn zu besiegen. Wir verlangen lieber als Sühne, daß er Tribut eintreibt von König Angantyr auf den Orkney-Inseln!«

Fritjof erklärte sich damit einverstanden, wenn damit der Streit beigelegt sei. Das bekräftigten die Söhne Belis durch Eide.

Achtzehn Männer wählte Fritjof für die Fahrt zu Angantyr, bestieg Ellida und fuhr davon. Da sagte Helgi zu Halfdan, er wolle Fritjof doch strafen. Bei Tempelschändern müsse man Schwüre nicht halten! »Wir verbrennen den Hof seiner Väter und beschwören durch Zauber einen Sturm herauf, in dem er und die Mannschaft umkommen sollen!« riet er.

Nun brannten sie den schönen Hof Framnes nieder, raubten alle Habe und holten die Trollweiber Heidi und Hamglöm herbei. Viel Gold gaben sie ihnen. Und die sangen den ganzen Tag ihre Zauberlieder, und zuletzt flogen sie hinaus aufs Meer, um Fritjofs Schiff aufzusuchen und zu verderben.

Traurig schaute Ingibjörg hinaus auf die dunklen Wogen, die gegen die Felsen schlugen. Bekümmert blickte sie dem weißen Segel nach, das sich entfernte. Sie stieg zum Disensaal empor, holte ihre Harfe von der Wand und sang ein wehmütiges Lied. Unterdessen wütete der Sturm da draußen, angefacht von den Jötenweibern Heidi und Hamglöm. Das Segel Fritjofs duckte sich im Wind, und Björn sprach sorgenvoll: »Du tätest besser daran, nicht mehr von den Frauen in Balders Tempel zu singen, sondern achtzugeben auf das Schiff!«

Als sie auf die offene See kamen, begann ein Schneegestöber, daß man am Hintersteven den Steuermann nicht mehr sah. Ungestüm brausten und brüllten die Wogen, und ständig mußte die Mannschaft Wasser schöpfen. »Wahrhaftig«, meinte Fritjof, »es ist weit lustiger in Balders Tempel gewesen als hier im Sturm!«

Gewaltige Sturzbäche ergossen sich über Ellida. Und Björn schrie: »Glaubst du, die Frauen in Balders Tempel weinen, wenn es aus ist mit uns?«

»Das glaube ich gewiß!« schrie Fritjof zurück. »Hier muß ich mühselig mitten im Meer die schlimmen Wasser ausschöpfen. Feiner wär's schon, beim Frühmahl zu sitzen im Disensaal, als hier starr zu stehen im Sturm! Hier ist's ja, als sei der Fenriswolf los! Mir scheint, noch einige von uns müssen hinunter zu Ran. Gut wär's, wenn jeder von uns ein Stück Gold hätte, so käme er nicht mittellos ins Totenreich!« Damit schlug er einen Ring in Stücke und gab diese seinen Mannen. Ringsumher war fast pechschwarze Nacht, Hagel fiel, und nun herrschte auch noch grimmige Kälte.

Fritjof bestieg den Mastbaum, und als er herabkam, rief er: »Zwei Meerweiber sitzen vor uns auf einem Wal und beschwören uns mit ihren Künsten. Wir wollen auf sie zusteuern und sie mit Speeren vertreiben!«

Ellida schien seine Worte zu verstehen, als er rief: »Zerbrich ihnen Arme und Beine!« Und mit diesen Worten warf er seinen Speer nach einem Trollweib, während das Schiff Ellida dem anderen in den Rücken fuhr. Da tauchte der Wal erschrocken ab auf den Meeresgrund. Die Trollhexen aber waren verschwunden.

Der Sturm legte sich. Die Mannen schöpften das Wasser aus und waren todmüde. Fritjof allein trug acht von ihnen an den Strand, Björn drei, Asmund einen. Sie zündeten ein Feuer an und wärmten die nassen Glieder.

Der alte Jarl Angantyr saß am Fenster seiner festen Wasserburg und zechte, als Fritjof mit seinen Mannen landete. Da trat der Wächter Halvar zu ihm herein und sagte: »Männer sind an Land gekommen. Einer ist so stark, daß er die andern ans Ufer trug. Es scheint Fritjof zu sein.«

»Gehe ihnen entgegen, begrüße sie freundlich! Fritjof ist der Sohn meines alten Freundes Wikingson!« sagte Angantyr.

Aber da sprang in der Ecke ein Kämpe namens Atli auf und schrie: »Soll Fritjof erst um Frieden bitten! Tut er's nicht, so will ich den Holmgang mit ihm!« Schon sprangen zehn Berserker auf, gingen auf die Ankömmlinge los und hieben auf sie ein.

Da forderte Fritjof Schweigen und erbot sich, mit Atli allein zu kämpfen. Der Kampfplatz wurde sogleich abgesteckt, und schon sausten die Schwerter in den wetterharten Händen auf Brünnen und Schilde, die kleiner und kleiner wurden durch die Wucht der Schläge. Lange dauerte der Kampf. Da flog Atlis Klinge, von Angurwadel überwunden, in den Sand.

»Schwertlosen Mann schlug ich nie!« rief Fritjof. »Willst du ringen mit mir, bin ich bereit!« Aber da kam der Wächter Halvar und lud die Fremden freundlich in Angantyrs Halle, wo sie trefflich bewirtet wurden. Einen Winter lang blieben sie, und oftmals saßen sie beim Mahl in der hohen Halle, die schwere Silberleuchter erhellten. Keiner dachte mehr an Belis Söhne. Aber Angantyr sprach eines Tages: »Sie haben dich, Fritjof, hergeschickt, Zins zu holen. Doch nimmer soll Helgi Abgaben bekommen von mir! Dir aber gebe ich, soviel du magst!«

Damit überreichte er ihm einen schweren Sack mit Silber und Gold.

Als der Lenz kam, fuhr Fritjof zurück nach Norwegen. Hier hatten die Brüder unterdessen ihre liebliche Schwester Ingibjörg gezwungen, mit dem greisen König Hring aus Schweden das Brautbier zu trinken. Eigens hergekommen war der Alte, wohl auch, um das Reich der Brüder einmal selbst in Augenschein zu nehmen. Beim Brautmahl fragte der König die schweigsame Ingibjörg: »Wo hast du den roten Goldreif her, meine Liebe, den du da am Arm trägst?«

Und die bleiche Braut erwiderte: »Von Fritjof!«

»Nimm ihn ab!« rief Hring. »Nun wollen wir heimfahren!«

Und sie bestiegen das Brautschiff und segelten bei gutem Wind davon.

Als Fritjof vor Framnes anlangte, waren sie längst fort. Er sah, daß Haus und Hof verheert waren, und beriet mit den Seinen, was zu tun sei.

Sie rüsteten zum Kampf gegen die beiden Brüder, ruderten nach Syrstrand und erfuhren, die Könige seien in Balders Tempel beim Disenopfer. Da bohrten Björn und Asmund ihre Schiffe an, so daß sie seeuntüchtig wurden. Mit Bewaffneten begab sich Fritjof in den Tempelsaal, wo Belis Söhne vor dem Opfertisch auf ihren Hochsitzen hockten. Feuer brannte am Boden, und Frauen und Mägde säuberten die hölzernen Götterbilder, die neben ihnen standen.

Unangemeldet trat Fritjof vor König Helgi und schrie: »Da hast du deinen Tribut!«

Damit warf er ihm den schweren Silbersack Angantyrs so ins Gesicht, daß er blutend vom Hochsitz stürzte. Halfdan hielt Helgi fest, damit er nicht ins Feuer fiel. Wenige waren im Tempelsaal, keiner wagte, gegen Fritjof die Waffen zu erheben. Der sah plötzlich am Arm der Gemahlin Helgis jenen Reif, den er Ingibjörg damals geschenkt hatte. Wut erfaßte ihn, und er wollte ihn ihr herunterreißen. Da stürzte das hölzerne Standbild Balders in die Glut. Weil es soeben mit Öl gesalbt worden war, fing es schnell Feuer, das sogleich auf das Gebälk des Tempeldachs übergriff. Rauch umgab Fritjof, als er heraustrat.

»Ich strafte eben Helgi. Jetzt leckt die Lohe an Balders Standbild«, sagte Fritjof zu Björn. »Laß uns fahren!«

Als Helgi wieder zu sich gekommen war, befahl er, Fritjof zu verfolgen und ihn mitsamt seiner Mannschaft zu erschlagen. Doch als man ihnen mit den Schiffen nachjagen wollte, fand man, daß sie angebohrt und voll Wasser gelaufen waren. Vergebens spannte Helgi einen Bogen, um den davonfahrenden Fritjof noch mit einem Pfeil zu erreichen. Als Warg in Wéum, als ein Wolf im Heiligtum, werde er nun gelten, sprach Björn und riet Fritjof, aus Norwegen zu fliehen.

Nun fuhren sie weit im Nordmeer umher und überwinterten bei Jarl Angantyr. Helgi aber erklärte Fritjof für vogelfrei und sprach ihm all seinen Besitz ab. Der blondgelockte Halfdan baute Framnes wieder auf und ließ sich dort nieder, während der Odinspriester Helgi den Baldertempel wieder notdürftig aufrichtete.

Fritjof aber machte große Fahrten; Ruhm und Gold gewann er; Seeräuber bestrafte er, aber Handelsleute ließ er in Frieden.

Eines Tages sagte er: »Drei Winter sind vorbei, ihr Mannen! Ich bin des Fahrens müde. Nach Uppland gehe ich, um König Hring zu besuchen. Im Frühjahr kehre ich zurück.«

Aber Björn wiegte bedenklich den Kopf: »Nicht klug ist der Rat! Fahren wir lieber nach Sogni und erschlagen zwei Könige!«

Doch Fritjof sagte, er wolle Ingibjörg bei dem alten König treffen, auch wenn er sich damit in seine Gewalt begeben sollte.

Als er dicht vor König Hrings burgartigem großem Anwesen angekommen war, hängte er sich einen alten Bärenpelz über und zog sich eine alte Pelzmütze vors Gesicht. Hütejungen aus Streitaland traf er und fragte sie: »Sagt mir, ist König Hring wirklich so mächtig?«

Und sie bejahten es. Abends schlich er in den Langsaal des Königs und suchte sich einen bescheidenen Platz, weit entfernt vom Feuer. Stumm saß er da und schien zu grübeln.

Da bemerkte ihn Hring schließlich und sagte: »Eben kam ein Fremder herein, größer ist er als andere, aber sehr zerlumpt.«

Und er befahl einem Knecht, den Fremden im Bärenpelz nach seinem Namen zu fragen.

Und der Fremde sprach: »Ich heiße Thjof, bin in Harm aufgewachsen und beim Wolf zur Nachtzeit gewesen!«

»Soviel weiß ich«, sprach Hring, »es gibt kein Land, das Harm heißt. Reden will ich mit dem Fremden!«

»Dumm ist der Brauch, mit jedem Bärenhäuter zu sprechen«, rief Ingibjörg.

Doch Hring ließ den Fremden vor den Hochsitz bringen. »Wer bist du, Gast?« fragte der König.

»Her-Thjof hieß ich, als ich Witwen umwarb«, sagte der. »Ger-Thjof, als ich den Speer schleuderte, Gun-Thjof, als ich den Kampf suchte, Ein-Thjof, als ich in der Ödmark lebte, Wal-Thjof, als ich auf der Walstatt war. Später hauste ich bei Salzmännern, ehe ich hilfesuchend zu dir kam.«

»Mit vielem erwarbst du dir den Namen Thjof. Aber wo ist deine Heimat? Wieso kommst du zu mir?« fragte Hring.

»Bei einem Wolf war ich zur Nachtzeit«, sagte Thjof wieder. Doch Hring erwiderte wieder, er kenne keinen Mann, der sich nur Wolf nenne.

»Geh nun, Thjof, und such dir einen Platz unter dem Gesinde!« sprach Ingibjörg.

Doch Hring wollte, er solle den Pelz ablegen und sich neben ihn setzen.

»Nicht schicklich ist's«, sagte Thjof. »Besser verstehe ich es, Salz zu brennen, als neben Königen zu sitzen!«

Da streifte ihm König Hring den Pelz selber ab, und ein blaues feines Gewand kam zum Vorschein. An Thjofs Arm hing ein roter Ring, am Gürtel trug er Beutel voll Gold. Rot wie Blut wurde Ingibjörg, als sie Fritjof erkannte.

»Gebt einen Umhang her für den Gast!« rief Hring jetzt, der guter Dinge war. »Einen kostbaren Reif trägst du, Thjof! Lange wohl mußtest du Salz brennen um ihn!«

»Ein Vatererbe ist's«, rief Thjof und verbeugte sich. Der König ließ ihm Met im Trinkhorn reichen, und er leerte es auf das Wohl des Königspaares.

König Hring lud ihn nun ein, den Winter auf dem Königshof zu verbringen.

Einmal machte das Königspaar eine Schlittenfahrt über das Eis. Thjof fuhr auf Eisschlittschuhen voraus und prüfte, ob es trüge. Plötzlich brach der Schlitten ein. Mit starker Hand riß Thjof Roß und Schlitten empor ans Ufer.

»Gut war der Griff«, dankte ihm Hring und fuhr fort: »Fritjof hätte keinen besseren getan!«

Der Winter verging, und im Lenz fuhren die Drachenschiffe wieder aufs Meer hinaus, fröhlich blies der Wind in die weißen und roten Segel.

Einmal lud König Hring das ganze Gefolge zur Jagd. Und im Wald gerieten er und Thjof ganz allein in ein einsames Tal, fernab toste die Jagd. Kein anderer Gefolgsmann des Königs war in der Nähe.

»Ruhen will ich hier ein Weilchen, Thjof, denn ich bin schon alt«, sprach Hring, »du aber beschütze meinen Schlaf!«

Als der Greis eingeschlafen war, hörte Fritjof plötzlich eine Stimme. Die flüsterte ihm heiß und heftig ins Ohr: »Töte den Alten, dann nimm dir Ingibjörg, sie wird dir gehören!«

Entsetzt schüttelte der starke Fritjof den Kopf, doch faßte er sein Schwert mit beiden Händen. Und dann vernahm er eine andere Stimme, und die redete so: »Odin würde es sehen! Willst du einen siechen Greis, der dir vertraut, im Schlaf ermorden?«

Da nahm Fritjof hastig sein Schwert und warf es weit von sich. Und von dem Geräusch erwachte der König und sprach: »Geriet dir etwas in den Sinn, das verfänglich war? Wo ist dein Schwert?«

Fritjof kam langsam zu sich und erwiderte: »Ein böser Geist war darin, dem selbst der Schlaf eines Greises nicht heilig ist. Ich warf es fort, mein Schwert, als du schliefst!«

»Ich schlief nicht«, erwiderte Hring. »Prüfen wollte ich dich. Du bist nicht Thjof! Ich erkannte dich schon, als du am ersten Tag in meinen Saal getreten bist. Du bist Fritjof! Und du hast dich ehrlich und treu erwiesen!«

»Ja«, sagte der Fremde erleichtert. »Fritjof bin ich, aber nun muß ich fort, zurück zu meinen Gefährten!«

Und am anderen Morgen rüstete Fritjof zur Abreise. Seinen Goldring legte er als Dank vor den Hochsitz der Königin Ingibjörg. Sie aber wollte den Ring nicht ansehen und wendete den Kopf ab.

»So ist's geschehen«, sprach Hring, »daß sie für die Winterbewirtung mehr Dank erfährt als ich. Nun laßt uns schmausen zum Abschied!«

Doch die Königin sagte, so früh am Tage könne sie keinen Bissen essen. Traurigkeit war in ihrer Stimme. Da sagte König Hring, er wünschte sich, daß Fritjof nicht fortsegeln, sondern dableiben möge. Noch jung sei sein Sohn, er aber zu alt, das Reich zu schützen.

»Gern bliebe ich vielleicht«, sprach Fritjof leise, »doch meine Mannen warten auf mich.«

»Dem Tod bin ich nahe«, sagte Hring, »den Königsnamen gebe ich dir und alle meine Güter! Jarl sollst du sein!«

Inständig bat Hring, er möge solange das Reich verwalten, bis sein eigener Sohn mündig geworden wäre. Und Fritjof versprach es zuletzt, fuhr zu den Seinen und bat sie, später auch nach Uppland zu kommen.

Als er wieder zu König Hrings Burghof kam, fand er ihn auf dem Krankenlager. Ingibjörg pflegte ihn sorgsam. Als er nach einigen Monaten die Augen schloß, war tiefe Trauer im Reich. Mit Ehren wurde das Grabbier getrunken und ein Steinhügel über seinem Grab errichtet, in das die Getreuen auf Ingibjörgs Geheiß viel kostbare Habe, Ringe, Schwerter und Geschmeide, legten.

Mit dem stolzen Schiff Ellida kamen Fritjofs Mannen zum Mahl, man trank nochmals Hrings Erbbier. Und Fritjof freite erneut um Ingibjörg, wie es der alte Hring selbst gewollt hatte.

»Nun werde meine Gemahlin!« sagte Fritjof. Und sie war dazu bereit.

Fritjof lenkte und führte eine Zeitlang das schwedische Land nach Recht und Gesetz. Friede herrschte. Dann aber rief er das Thing der Männer zusammen und stellte am Thingstein den jungen Sohn des alten Königs Hring als neuen König vor.

»Seht, von Odins Stamm ist er!« rief Fritjof. »Ich aber will sein Pflegevater und Ingibjörgs Gemahl sein!« Zuvor aber wollte er Balder, dessen Bild er verbrannt hatte, versöhnen und mit den Nornen Zwiesprache halten.

Weit ritt er über die einsame Heide, bis er Mimer traf, der ihm den Weg zu den weisen Frauen Urd, Verdandi und Skuld wies. Weit durchmaß er dunkle Pfade, bis er an einen Fels gelangte, der sich nach seiner Berührung mit einer Wurzel krachend öffnete. Einen glitzernden Sandweg schritt Fritjof hinab. Kristalle leuchteten von der Höhlendecke wie helle Sterne. Nun hörte er den dunklen Zaubergesang der Nornen, sah sie aber nur nebelhaft verschleiert in einer Nische an einem klaren Bach.

»Vernimm Urds Wort! Die Stäbe wollen wir dir legen! Erschaue dein Schicksal!« sagte eine von ihnen. Da zerteilte sich der helle Nebel, ein Göttertempel wurde an der Felswand sichtbar, aus Licht gewoben, mit hölzernen Säulen und Pfeilern, glänzend in Silber und Gold. Da standen die Bilder Odins, Thors, Freys und Balders! Aber darunter lagen verkohlte Trümmer. Nun wiesen zwei Zauberfrauen auf das Luftgebilde, das langsam verschwand.

»Ich begreife das Zeichen, ihr Nornen!« rief Fritjof. »Einen neuen Tempel für Balder will ich bauen! Dank euch, ihr Schicksalsfrauen!«

Und Fritjof kehrte nach Hause zurück und ließ den Baldertempel in Schweden in der Nähe der Burg errichten. Feste Säulen trugen den Bau, den Schnitzwerk und Malereien im Innern zierten. Da stand auf blauem Grund auch Balders Holzbildnis, von Sternen aus Gold umgeben. Und das Tor war aus Erz, und durch fensterartige Lichtscharten drangen Sonnenstrahlen. Wenig später war der riesige Holztempel eingeweiht. Fritjof und Ingibjörg wurden danach vermählt. Opferpriester brachten den Göttern die Gaben dar. »Seid reinen Herzens wie Balder selbst, so ist der Gott versöhnt!« klang es durch die mächtige Halle.

Glückliche Tage brachen für Fritjof und Ingibjörg an. Aber als ihre Brüder hörten, König Hring sei gestorben und Fritjof habe ihre Schwester zur Gemahlin genommen, rüsteten sie wütend und rachsüchtig zum Krieg und drangen in Hrings Reich ein. Fritjof und sein Gefolgsmann Björn zogen an der Spitze des Heeres den Angreifern entgegen. Bald entbrannte der Kampf.

Fritjof forderte schließlich Helgi zum Holmgang, und bald lag der schwarzhaarige König tot am Boden, gefällt durch Angurwadel, das wunderbare Schwert. Da ließ Fritjof den Friedensschild erheben. Und Ingibjörgs Bruder Halfdan unterwarf sich dem Bondensohn Fritjof.

Friedfertig herrschte Fritjof über Sogni und Hrings Reich. Als Hrings Sohn herangewachsen war, übergab er die Herrschaft dem jungen König und gewann selbst die Gewalt über das Herda-Land. Ingibjörg gebar ihm zwei Söhne: Gunthjof und Hunthjof. Beide aber waren kühn und gerecht wie ihr Vater.

Was Odin den Loddfafnir lehrte

In Midgard hatten die Menschen ihre kleinen und großen Erlebnisse und fochten ihre schrecklichen und unweisen Kämpfe aus. Und Odin sah, daß nicht mehr alles gut war bei ihnen. Eines Tages kam einer, Loddfafnir, vor Odins Richterstuhl. Lange hatte Odin schweigsam dagesessen und den Reden der anderen Götter gelauscht. Denn er ließ sich jetzt häufiger von den Taten anderer Wesen berichten. Nützliches vernahm er und Törichtes.

Und er hörte auch, wie manche von den Runen sprachen, von der Kunst, die Schrift zu ritzen und damit Nachricht an andere zu geben. Da meinte er, es sei hohe Zeit, noch Lehren zu erteilen.

So nickte er dem Loddfafnir huldvoll zu, ehe er anhub zusprechen. Er hoffe, sagte er, daß dieser die Lehren weitertragen würde, hin zu den Menschen nach Midgard.

»Das rate ich dir«, sprach Odin, »stehe nie nachts auf, wenn die Not nicht drängt! Schlafe nie im Schoße der Zauberfrauen, denn sie betören dich, und du gedenkst nicht mehr deiner Freunde!«

Loddfafnir lauschte andächtig. Sicher behielt er diesen Rat im Gedächtnis.

»Das rate ich dir«, sagte Odin weiter, »verführe nie des andern Frau zu heimlicher Zwiesprache! Und wenn du über Furten und Felsen zu fahren hast, vergiß nie reichlich Speise und Trank!«

Loddfafnir nickte und sagte zu Siegvater, auch dies wolle er beherzigen.

»Ich sah einen Recken«, sagte Odin, »der stiftete Verderben wegen eines Weibes Wort. Eine giftige Zunge führte ihn in den Tod. Hüte dich davor! Aber hast du einen Freund gewonnen, dem du gut vertraust, so besuche ihn oft! Auf einem Weg, den niemand wandelt, wächst nämlich Strauchwerk und Unkraut!«

Der junge Loddfafnir hörte begierig zu und sah Siegvater erwartungsvoll an. Welche weitere Lehre würde er erhalten?

»Das rate ich dir auch, Loddfafnir«, sprach der Alte: »Mit einem unverständigen Narren wechsle keine Worte! Von einem Törichten wirst du nie Lohn erlangen! Einen Leumund erwirbst du nur durch das Lob des Tüchtigen! Aber der ist kein wahrer Freund, der dir nur zu Gefallen redet!«

Als Loddfafnir auch hier nachdenklich mit dem Kopf nickte, fuhr Odin fort, aber etwas unwillig schien er dabei zu sein:

»Freue dich nicht über das Unglück anderer! Willst du ein gutes Weib zu deinem Willen bereden, willst du Freude finden bei ihr, so verheiße ihr Glück und Treue! Halte sie auch!«

Loddfafnir sah sich bei diesen Worten verstohlen um, ob denn irgendeine Göttin diese letzten Worte Odins vernommen hätte. Er wußte ja vom Hörensagen, daß Odin hier nicht von sich ausgehen konnte. Aber vielleicht sagte Odin dies auch, um die Menschen zu bessern!

»Sei vorsichtig beim Met!« rief Odin augenzwinkernd, »doch sei's nicht allzusehr! Und beim Weibe eines andern! Und dann hüte dich noch vor der List der Diebe und Betrüger! Laster und Tugenden liegen in der Brust des Menschen dicht beieinander. Kein Mensch ist so gut, daß ihm nicht auch Schwächen eigen sind! Und keiner ist so böse, daß er nicht noch zu etwas nütze wäre!«

›Ja‹, überlegte Loddfafnir, ›war in der letztgenannten Lehre nicht auch ein Widerspruch zur vorherigen?‹

Odin aber blickte ihn milde an und sagte noch: »Einen glatzköpfigen Redner verhöhne nicht! Oft ist dasjenige gut und weise, was ein Greis zu sagen hat! Und gib dem einsamen Wanderer, wenn er an dein Tor klopft, Speise und Unterkunft! Weise ihm nicht die Tür! Bedenke auch: kein Riegel wäre dazu imstande, allen die Tür aufzutun. Gib nur ein Scherflein! Tust du's nicht, wünscht man dir Unheil!«

Nun wollte Loddfafnir Allvater Odin nicht länger belästigen.

Schon schickte er sich an, für die empfangenen Lehren zu danken, als Odin nochmals sagte: »Wohl dir, wenn du dir noch merkst: Wo Äl getrunken wird, da denke immer an die Erdkraft! Nur die Erde trinkt unendlich und wird nicht trunken! Und sei stets eingedenk der Götter und guten Hausgeister! Sie beheben jeglichen häuslichen Zwist!«

Staunend ob der Weisheit verabschiedete sich Loddfafnir vom hehren Asen. Und ihn beeindruckte, daß dieser ganz zuletzt nochmals auf das Biertrinken zurückgekommen war, das ihm wohl sehr am Herzen lag, obwohl er wußte, daß Odin eigentlich Wein bevorzugte.

Wortbruch und Verrat nahmen mehr und mehr zu. Überall lag eine eigenartige Untergangsstimmung in der Luft. Göttern und Menschen schien Unheil zu drohen. Aber solange noch Balder, der Gott des Lichts, der Schönheit und Reinheit, unter ihnen weilte, hatten die Riesen und Unholde keine Macht über sie. Da verbreitete sich eines Tages in Asgard die Kunde, Balders Schlaf werde durch schwere Träume gestört. Besorgt und erschrocken traten die Götter zur Ratsversammlung in Walhall zusammen. Frigg, Balders Mutter, schluchzte beständig.

Als endlich alle auf ihren Stühlen saßen, nahm Odin das Wort: »Wer einen weisen Rat zu geben weiß, ihr hohen Asen, der säume damit heute nicht! Wahrhaftig, es wäre ein sehr schlimmes Übel, wenn mein eigener Sohn Balder von hinnen scheiden müßte!«

»Das darf nicht geschehen, Odin!« rief Heimdall, der nimmermüde Wächter von Asgard. »Von nun an soll kein Schlaf mehr mein Auge decken, ich will mich weder nach links noch nach rechts abwenden, damit keiner später melde: Balder wurde von Unholden umgebracht, weil Heimdall die Brücke Bifröst schlecht bewacht hat!«

»Mein Hammer Mjöllnir wird den erschlagen, der sich erkühnt, Hand an meinen Bruder Balder zu legen!« rief Thor drohend und schüttelte sein furchtbares Werkzeug.

»Auch mein Schwert ist bereit, die Schädel von angreifenden Riesen zu spalten und sich in Drachenblut zu baden«, fuhr der Linkshänder Tyr fort, »und ich meine auch, die hohen Asen sind alle willens, ihre allgewaltige Kraft aufzuwenden, um Balder zu schützen!«

Alle zollten diesen Worten Beifall, aber Odin unterbrach mit einer Handbewegung alle Zustimmungsäußerungen

und rief: »Keineswegs habe ich Sorge, daß jetzt schon wilde
Riesen hierher nach Asgard gelangen oder daß ein blutiger
Kampf unsere heilige Halle entweiht. Noch liegt der Wolf
gebunden, und solange wird kein Thurse in feindlicher Absicht seinen Fuß auf Asgards Erde setzen! Aber die Welt ist
voll von unheilvollen Wesen. Immer mehr kommen hinzu,
und manche können bald größtes Unheil anrichten. Deshalb
rate ich: Alle Geschöpfe, seien sie lebendig oder leblos, wollen
wir herbitten, auf daß sie heilige Eide schwören, meinem
Sohn Balder niemals einen Schaden zuzufügen!«

Dieser Vorschlag gefiel allen über die Maßen, und so
schickte Odin Boten in die Welten, die von dem Willen und
der Absicht der hohen Asen künden sollten.

Frigg nahm selbst allen Dingen heilige Eide ab: Menschen
und Tieren, Feuer und Wasser, Eisen und Erzen, Steinen
und Erden, Bäumen und Gräsern, Giften und Krankheiten.
Alle versprachen sie, dem Balder niemals einen Schaden zu
tun! Da kehrte noch einmal die Zuversicht zurück nach
Asgard, und alle lebten wieder fröhlich und gemächlich, ja,
die Asen selbst veranstalteten nun Spiele und Gelage. Und
sie saßen frohgemut erneut mit den Kriegern in Walhall
zusammen und tranken Met aus glänzenden Schalen und
Hörnern.

Odin bei der Seherin

Nur Odin wollte sich nicht zufriedengeben. Seine Sorgen
um Balder wollten nicht weichen. Und so setzte er seinen
Helm auf, kleidete sich in seinen Goldpanzer, nahm den
Speer Gungnir, bestieg sein achtfüßiges Roß und ritt von
Asgard hinunter über die Himmelbrücke Bifröst, daß sie in
allen Fugen krachte.

Er wollte die alte Wölwa besuchen, ein zauberkundiges

Riesenweib, das die Gabe der Weissagung besaß. Sie aber lebte vor den Toren der Unterwelt Hel, dicht vor Niflheim.

»Kunde will ich von ihr über Balders Schicksal«, sprach Odin zu den Göttern, als er zum Tor hinausritt. Und nun flog Sleipnir mit Odin wie der Sturmwind über die dunklen Täler und Grotten der Schwarzalben dahin. Vor dem Totentor sprang ihn wütend der Höllenhund Garm an, ein Scheusal mit blutender Brust. Weit riß das Untier seinen Rachen auf, um Odin mit giftigem Biß anzufallen. Aber Odin jagte auf dem Pferd an der Pforte der Hel vorbei, bis er an einen Hügel am Osttor gelangte, wo er absprang und sich gegen den Felsen wandte. Hier wohnte Wölwa.

Nordwärts richtete Odin seinen Blick, hob seinen Zauberstab gegen den Fels und sang: »Ein Wanderer wartet vor deinem Gewölbe, wissen will er von dir, was niemand weiß! Wach auf, Wölwa, wach auf!«

Da regte es sich im Höhleninneren, und aus der Tiefe murmelte eine dumpfe Stimme: »Wer ist es, der meinen Todesschlaf stört? Schnee beschneite mich, Regen näßte mich, Tau benetzte mich. Lange habe ich geschlafen. Fremdling, wer bist du, und was willst du an meiner Pforte?«

Odin gab sich nicht zu erkennen, sondern sprach: »Wegtam heiße ich, und ich komme von weither geritten. Sage mir, weise Wölwa, wer von den Asen wird der erste sein, der sterben muß?«

»Schweres fragst du mich«, erwiderte Wölwa. »Aber ich sage dir: In Hels Haus ist dem frohen Balder der Saal bereitet. Seine Lagerstatt ist bedeckt mit Gold. Ringe schimmern blank auf den Bänken, auf den Borden stehen Becher bereit, aus denen er trinken soll. Nicht lange mehr wird es währen, und er kann eintreten in Hels Haus, ins dunkle Reich der Toten!«

Als Odin dies vernommen hatte, sank sein Haupt kummervoll auf die Brust. Nun war ihm der Tod seines liebsten

Sohnes geweissagt worden! Schon wollte die Seherin zurückfahren in ihr Reich, da rief Odin ihr zu: »Wer wird Balder töten? Wer kann so freveln?«

Wölwa murmelte etwas, und das klang wie »Brüder töten und rächen«, aber Odin vernahm ihre Worte nur undeutlich.

»Warte noch, Seherin!« schrie er.

»Ich habe keine Geduld mehr, mir ist es gleich, was aus euch schrecklichen Göttern wird, die ihr untergehen müßt!« sagte Wölwa. »Wer den Mörder zeugte, zeugt auch den Rächer, soviel sei dir gesagt, und nun laß mich!«

Damit fuhr sie in ihren Hügel. Aber weit unten drehte sie ihr schreckliches, eingefallenes Gesicht dem Frager nochmals zu und keifte: »Nicht Wegtam bist du, sondern der Schreckensgott Odin, der Krieg bringt unter die Menschen und ihre Herrscher gegeneinander aufwiegelt! Recht geschieht dir, wenn das Liebste dir genommen wird!«

»So bist du auch nicht Wölwa, die Seherin, sondern Angrboda, die Mutter der drei Weltenfeinde: des Fenriswolfes, der Hel und der Midgardschlange!« flüsterte Odin.

Wölwa aber verschwand wortlos in der schwarzen Tiefe. Sein Grauroß kehrte Odin nun um und ritt zurück in trüben Gedanken.

VIII

Der blinde Hödur tut Schreckliches

Daheim auf Asgards weitem Grund standen die Asen und vergnügten sich mit einem neuen Spiel. Sie wollten erproben, ob Balder wirklich gefeit war gegen alle Angriffe. Ein paar von ihnen schossen mit Pfeilen nach ihm, andere warfen Steine oder hieben mit scharfen Schwertern auf ihn ein. Fröhlich und sorglos wie ein Kind stand Balder unter ihnen. Kein Leid konnte ihm geschehen, denn alle Dinge und Wesen auf der Welt hatten ja geschworen, ihn zu verschonen.

Als Loki das Schauspiel sah, ärgerte es ihn, daß der lichte Ase trotz aller Streiche, die gegen ihn geführt wurden, so völlig unverletzt blieb. Da nahm er die Gestalt einer alten Vettel an und humpelte hinüber nach Fensal, zu Friggs Behausung.

»Woher kommst du, Alte? Etwa aus Walhall? So sage mir, was treiben alldort die hohen Asen?« fragte die schöne Frigg.

»Kurzweil und Spiel, liebe Frigg! Viel Spaß haben sie dabei, sie schießen auf Balder und freuen sich, daß alle Schüsse und Hiebe von ihm abgleiten«, sprach Loki. Erfreut nahm Odins Gemahlin dies zur Kenntnis und sprach:

»Ja, nicht Erz noch Holz kann Balder Schaden tun. Alle Dinge nahm ich unter Eid, meinen Sohn zu verschonen. So brauche ich nicht bekümmert zu sein um sein Leben!«

Da meinte die alte Vettel mit lauerndem Blick: »Und bist du auch sicher, daß alle Dinge in der Welt geschworen haben?«

»Ja, alle! Außer einem! Es wächst ein Strauch östlich von Walhall, klein und unscheinbar: die Mistel. Doch kann das schwache Gewächs meinem Sohn nicht schaden. Zu zart schien es mir, um von ihm den Eid zu verlangen«, sprach Frigg.

So war das schlimme Wort ausgesprochen. Und böse Freude glitt über das Gesicht des alten Weibes. Sie sagte, sie wolle nun weiterwandern auf beschwerlichen Wegen. Dem Sohn Balder aber wünsche sie das, was er verdiene.

Im Walde draußen nahm Loki sogleich wieder seine eigene Gestalt an und rannte zu dem Feld östlich von Walhall. In der Eiche wuchs hier die Mistel, und gleich schnitt er einen festen Zweig ab, spitzte ihn an wie einen Pfeil und kehrte damit zu den spielenden Asen zurück.

Odins Sohn Hödur, der blinde Ase, stand abseits und untätig. Loki trat an ihn heran und sprach: »Merkwürdig finde ich es, lieber Hödur, daß du der einzige bist, der es unterläßt, auf Balder zu schießen.«

Hödur erwiderte: »Der Grund dafür ist, daß ich nicht sehen kann, wo Balder steht, und ich habe auch keine Waffen.«

»Ach, du mußt es machen wie die andern!« rief Loki unbekümmert. »Auch du mußt Balder dieselbe Ehre erweisen! So schieß nach ihm mit diesem Zweig, den ich dir jetzt gebe! Ich will dir helfen, dahin zu zielen, wo er steht!«

Hödur nahm den Mistelzweig und schoß mit trefflichem Bogenschuß auf den Asen, und der Pfeil traf Balder mitten ins Herz, so daß er tot zu Boden fiel. Und ein größeres Unglück ist nie geschehen unter Göttern und Menschen. Als Balder fiel, verstummten die Asen, kraftlos sanken ihre Hände herab. Einer blickte den andern an. Einig waren sie sich in ihrer Rache gegen den, der die Tat begangen hatte, aber an dieser heiligen Freistätte durfte niemand gegen den Mörder das Schwert erheben. Als sich ihre Zungen schließlich losten, als sie nach Worten suchten, stürzten statt dessen Tränen hervor.

Nicht sagen konnten sie einander, wie groß ihr Leid war. Odin aber trauerte am meisten. Er wußte am besten, was er an Balder verlor. Balders Bruder Wali hat später den blinden Asen erschlagen, ihn hinuntergeschickt ins dunkle Reich der Hel. Loki aber mußte schreckliche Qualen erleiden für die Freveltat.

Nun galt es, Balder zu bestatten. Ein gewaltiger Leichenzug begleitete am anderen Tag den toten Balder hinunter ans Gestade, wo sein Schiff Hringhorn sich schon auf den Wellen wiegte. In Goldhelm und blinkendem Panzer ritt an der Spitze Odin auf seinem Grauroß, und die weisen Raben Hugin und Munin – sonst auf Erkundungsflug – umschwebten sein Haupt. Ihm zur Seite fuhr Frigg, und Walküren in ihren prächtigen Rüstungen mit Freya in ihrer Mitte umgaben auf windschnellen Rossen ihren Gebieter.

Heimdall ritt da auf seinem wilden Hengst Goldzopf, und in seinem Prachtwagen, gezogen von Gullinborsti, dem leuchtenden Eber, fuhr der schöne Frey. Thor schritt zu Fuß, und hinter ihm kamen viele trauernde Asen und Asinnen. Auch eine Menge wohlgesinnter Jöten und Zwerge waren im Zug, und sie alle bewegten sich langsam hinab zur blauen Meerbucht.

Auf Hringhorn, Balders Schiff, war schon der Scheiterhaufen errichtet, und nun wurde die Leiche darauf gelegt. Diesen schrecklichen Anblick konnte Balders Gemahlin Nanna nicht ertragen, und so sank sie entseelt zu Boden. Das erneuerte die Trauer unter den Asen, denn auch Nanna wurde sehr verehrt und geliebt unter den Göttern. Unter Klagegesängen wurde ihr Leichnam neben den Balders gelegt. Danach leitete man Balders stolzen Hengst heran. Er war in glänzendem Geschirr, denn er sollte seinem Herrn in den Tod folgen. Gesenkten Kopfes betrat das edle Tier den Schiffskörper, es verstand, daß es sein letzter Gang war.

Nun legte Odin sein kostbares Kleinod, den Wunderring Draupnir, auf den Scheiterhaufen. Jede neunte Nacht tropften acht gleich schöne Ringe aus ihm hervor. Und Odin flüsterte dem toten Sohn die letzten Worte ins Ohr. Thor trat nun heran, um mit Mjöllnir, dem Hammer, das Grabschiff zu weihen, als es entzündet wurde. Da lief ein Zwerg, Lit mit Namen, zwischen seinen Beinen hindurch, und Thor traf ihn mit dem Fuß, so daß er ins Feuer fiel und mitverbrannte. Das war ein böses Omen. Als die Feuerweihe vollzogen war, sollte das Schiff vom Ufer gestoßen werden, aber die Kräfte der Asen reichten nicht, es loszubekommen. Selbst der starke Thor mühte sich vergeblich.

Da schickte Odin nach Jötenheim, um die stärkste aller Riesinnen, Hyrrockin, herbeizuholen, und sie ritt herbei auf einem blinkenden Wolf, dessen Zaumzeug eine gleißende Schlange war. Vier starke Asen konnten das Tier nicht bändigen, als es heranlief.

Doch das Riesenweib sprang ab und drückte mit einem gewaltigen Stoß das Schiff vom Uferboden los, daß die Erde erschütterte und der Scheiterhaufen in sich zusammensank. Thor war so wütend über diese rohe Kraft, daß er der Jötin den Kopf zerschmettern wollte, aber die andern Asen hielten ihn fest.

Grausig war's anzusehen, wie das brennende Schiff auf die hohe See trieb. Ungezählte Funken stoben aus ihm hervor und versanken zischend in eiskalter Flut. Welch ein prächtiges Schauspiel – Hringhorn in Brand auf dem weiten Meer! Am Strand standen Asen und Jöten, Zwerge und Kinder und sahen zu, wie die letzten Trümmer qualmend untergingen. Odin hob die Hand und rief dem versinkenden Gefährt eine glückliche Helfahrt zu. Dann wandten sich alle betrübt zurück in ihre Hallen, Häuser, Hütten und Höhlen. Alle Wesen schienen über den Tod des lichten Balder zu trauern, die Bäume senkten ihre Zweige, ihre Blätter verwelkten, die Tiere im Walde verharrten in Schweigen, und die Meerflut lag unbeweglich. Aber eine Menge Unholde und böse Jöten, nicht zuletzt auch Loki, frohlockte.

Wie Hermod zu Hel hinunterritt

Daheim auf Asgard trauerten die Asen, am stärksten aber Balders Mutter Frigg. Nicht lange Zeit verstrich, da ging sie in die Götterversammlung und fragte, wer unter den Asen wohl bereit wäre, den Helweg hinabzureiten und zu versuchen, Balder zu treffen. Vielleicht könne man Hel ein hohes Lösegeld anbieten, auf daß sie ihn wieder zurückkommen ließe aus dem Reich der Toten.

Da stand Odins Sohn Hermod auf und sprach: »Gern will ich reiten zu Hels Haus, ihn loszukaufen!«

»Mein Grauroß Sleipnir gebe ich dir!« sagte erfreut Odin; und als es vorgeführt war, schwang sich Hermod hinauf und jagte davon. Neun Nächte ritt er durch enge, düstere Schluchten. Nichts sehen konnte er in der Finsternis, bis er an den Fluß Gjöll gelangte, da leuchtete die Gjöllbrücke, die ganz mit gleißendem Gold beschlagen ist.

Mogund, die Brückenwächterin, ein junges Mädchen, rief ihn an: »Fremdling, wer bist du? Welcher Sippe gehörst du an? Wohin willst du ziehen? Gestern ritten fünf Heerscharen toter Krieger über die Brücke, aber heute dröhnt sie mehr unter einem Mann als unter den vielen. Doch du hast keine weißen Wangen wie die Toten, warum willst du den Weg hinunter nach Hel?«

»Nach Hel muß ich reiten«, erwiderte Hermod, »um Balder zu finden. Und du hast doch sicher den Asen gesehen?«

Mogund nickte und wies über die Brücke: »Ich sah deinen Bruder Balder hier vorüberkommen, längst ist er bei Hel. So versuche es! Und dort geht der Weg abwärts nach Norden! Glück auf die Reise!«

Da ritt Hermod, der Götterbote, weiter, bis er an Hels Pforte gelangte, die sehr hoch war. Er stieg ab, band Sleipnir den Sattelgurt fester, saß wieder auf und sprang mit einem gewaltigem Satz übers Tor, daß nicht ein Huf den Torrand berührte.

Zur Saaltür kam er, öffnete und sah gleißendes Licht. Dort saß Balder auf dem Hochsitz, neben sich Nanna, seine Gemahlin. Froh ging Balder dem Gast entgegen, und auch Nanna begrüßte ihn mit freundlichen Worten. Hermod blieb als Gast über Nacht, aber am nächsten Morgen erzählte er Hel, wie groß die Trauer sei unter den Asen, und bat sie, Balder wieder mit ihm heimfahren zu lassen.

Lange zögerte die schaurige Totenfrau Hel mit der Antwort, dann sprach sie:

»Sehen wollen wir doch, ob Balder wirklich so geliebt ist, wie du sagst! Will alle Welt, Totes und Lebendes, über ihn weinen und klagen, so mag er zurückkehren in seine schimmernde Halle auf Asgard! Doch soll er bleiben bei Hel, wenn auch nur einer sich weigert, ihm den nötigen Zoll der Tränen zu geben! Nimmermehr tritt er dann heraus aus dieser Pforte!«

Mit diesen Worten ließ Hel den Boten Hermod einfach allein, der nun nachdenklich dastand. Balder kam und überreichte ihm den Ring Draupnir und bat: »Lege dieses Kleinod in die Hände meines Vaters! Eine Erinnerungsgabe soll es ihm sein an seinen lieben Sohn Balder!«

Und Nanna gab ihm einen Schleier mit für Frigg und einen Fingerring für Fulla, ihre Dienerin. Hermod nahm Abschied, und Balder geleitete ihn bis zur Pforte.

Wieder ritt Hermod neun Nächte, bis er Asgard erreichte und den Göttern Kunde gab von dem, was er erfahren hatte:

»Balder und Nanna senden Grüße und haben Geschenke mitgegeben, die ich nun übergebe!« sagte er. »Doch dies ist die Antwort der Hel: Weinen Götter und Menschen und alle Dinge um Balder, so kommt er frei! Verweigert ihm nur ein Wesen den Tränenzoll, so bleibt er dort auf ewig!«

Nicht unbillig schien den Asen diese Botschaft der Hel, und sogleich schickten sie Walküren und Sendboten in alle Welten aus, an Tote und Lebende, sie sollten Balder von Hel heraufweinen.

Und alle taten, worum die Asen baten. Es weinten die Asen, die Wanen, die Jöten, die Zwerge und die Menschen, Tiere und Pflanzen, Steine und Erden, Wasser und Feuer, Eisen und Erze. Jeder weiß, wie auch Dinge weinen können, die vom Frost in die Wärme gebracht werden!

Als Odins Boten auf dem Rückweg waren, kamen sie auch an einer Höhle vorbei, worin ein altes Trollweib saß, deren Name Thökk lautete, und das hieß »Dank«. Sie haßte das Licht der Welten mehr als alles andere, und sie haßte auch alle, die im Licht wandelten.

»He, alte Hexe! Wir bitten auch dich, Balder aus Hel heraufzuweinen!« sagten die Boten. Aber die Alte sprach die schlimmen Worte: »Tökk heiße ich, das Dunkle liebe ich. Verhaßt ist mir Balders Sonne. Da weine, wer mag! Ich weine nicht über Balders Feuerfahrt. Im Leben wie im Tode tat der Sohn des Alten nichts Gutes für mich. Mag Hel hüten, was sie hat!«

Als die Walküren und Sendboten heimkehrten zu den Asen, vermuteten sie, das alte Weib in der Höhle sei niemand anders gewesen als Loki, der sich verkleidet hatte, um wiederum Böses zu stiften. An seinen Augen hätten sie ihn erkannt, sagten sie. Aber beweisen könnten sie nichts.

Loki hatte nun ernstlich Furcht vor dem Zorn der Asen, er lief davon und versteckte sich eine Zeitlang in unzugänglichen Bergen. Da baute er sich ein Haus mit vier Türen, so daß er nach allen vier Himmelsrichtungen sehen konnte, falls die Asen kommen sollten, ihn zu holen. Doch noch glaubte kein Ase, daß Loki wirklich der Anstifter allen Übels gewesen sei. Niemand hatte ihn gesehen, wie er Hödur zum Brudermord anstiftete. Daß er Idun mit den Äpfeln und

Thor waffenlos den Riesen ausgeliefert hatte, hielt man für unbedacht. Nur Heimdall warnte ständig vor ihm.

Die stolze Königstochter Rinda

Schlecht stand es um die Asen, denn der Brudermord des Hödur war nicht gesühnt. Einige Asen und Wanen aber glaubten, es sei auch nicht nötig, Hödur zu strafen, denn der Blinde habe seinen Bruder Balder nicht absichtlich getötet. Odin, Tyr und andere aber meinten, wenn dieser Mord nicht gerächt würde, hätte die Weltordnung nicht länger Bestand. Da prophezeite ein Wahrsager im fernen Finnland, die Tochter eines ruthenischen Königs werde Odin den Sohn gebären, der Hödurs Tat rächt. Odin war getröstet, verwandelte sich sogleich in einen kampfwütigen jungen Krieger und fuhr ins ferne Königreich, das an Utgard grenzte.

In der Halle des Ruthenen ließ er sich melden: »Ein Kriegsmann will ich bei dir sein, o König!« sprach Odin, und der König nahm ihn erfreut in die Reihen seiner Mannen auf, die wenig siegreich gewesen waren in letzter Zeit. Bald schlug Odin die feindlichen Heere durch Asenstärke; kein Krieger widerstand ihm. Da wurde er der engste Gefährte des Königs. Er sah die liebliche Tochter des Königs, deren Name Rinda war, beim Spiel.

»König«, sagte Odin, »gib mir deine Tochter zur Frau!«

»Liebt sie dich, so sollst du sie haben«, sprach dieser. »Verlange einen Kuß zum Zeichen ihres Einverständnisses!« Doch die Königstochter mochte den von Narben und Schrunden verunzierten rauhen Kriegsmann nicht und schlug ihm heftig auf die Wange, als er sie küssen wollte.

Da kehrte Odin unverrichteterdinge nach Walhall zurück. Doch im folgenden Jahr sprach er wieder beim König vor, und diesmal hatte er sich in einen geschminkten, eitlen

Goldschmied verwandelt, der ihr das schönste Geschmeide anbot, das man sich denken konnte. Aber Rinda störte die Eitelkeit und das fortgeschrittene Alter des Fremden, und sie schlug ihn, als er sie küssen wollte, noch heftiger auf die Wange.

»Unternimm keine dritte Fahrt!« bat Frigg eifersüchtig den Walvater, als er wieder daheim auf Asgard war. »Du vergeudest nur Zeit!«

Doch Odin war wie vernarrt in die Widerspenstige. Nun kam er als kühner Reiter, jung und feurig, besiegte im Wettkampf die Rivalen, so daß alle Mädchen für ihn schwärmten. Auch Rinda schien ihn nun zu mögen. Doch als sie sich zum Kuß herabbeugte, roch sie sein wahres Alter und stieß ihn weg, so daß er zu Boden fiel. Da geriet Odin in Zorn.

»Hier sollst du Zauberrunen spüren!« schrie der Reiter und streifte die Schöne mit einem Stück Rinde, auf dem geheimnisvolle Zeichen eingeritzt waren, und davon wurde sie krank.

Nun erschien Odin als heilkundige Zauberin beim König und erbot sich, die Königstochter zu pflegen. Als Rinda im Fieber lag, wurde er vorgelassen, band sie auf dem Lager fest und trieb ihr die Krankheit mit der Kraft seiner Lenden aus. Davon genas Rinda.

Bald gebar sie einen gliederstarken, schönen Sohn. Der bekam den Namen Wali, übte sich früh in den Waffen und war bald entschlossen, die furchtbare Untat, mit der die Lebewesen in den Welten lebten, zu rächen. Odin befahl ihm ausdrücklich Rache. Nicht eher wusch und kämmte sich nun Wali, bis er seinen Halbbruder Hödur umgebracht hatte. Doch als die Götter von dem Tod Hödurs hörten, waren sie noch weniger froh als zuvor.

Die alte Welt der Götter mit der Blutrache und der Unerbittlichkeit des Geschehens schien an ihr Ende gekommen zu

sein. Der gefährlichste Gegner der Götter, der noch unerkannt unter ihnen lebte, wagte sich nun deutlicher hervor
und trat den Asgardbewohnern in offener Feindschaft entgegen.

Lokis Schmähungen in Ägirs Halle

Loki wußte zwar, daß man ihn hart bestrafen würde, falls
man die Wahrheit über ihn wüßte, aber dennoch reizte es
ihn, sich frech unter den Asen zu zeigen, um zu sehen, wie
groß ihre Langmut sei. Der Meerriese Ägir gab ein Gastmahl, wozu die Asen geladen wurden. Thor kam nicht, denn
er war nach Osten gefahren, Unholde zu strafen. Reich
geschmückt war der Saal. Das Äl trug sich von selbst auf, und
Ägirs zwei Diener, Fimafeng und Eldir, liefen geschäftig hin
und her. Leuchtendes Gold diente statt brennenden Lichts.
Geheiligt war der Ort, jedermann rühmte das Mahl und den
Met.

Gefüllt war Ägirs Halle mit zufriedenen Gästen, die den
Tod Balders vergessen wollten. Die Asen lobten insbeson-
dere den Diener Fimafeng, weil er so aufmerksam ein-
schenkte. Loki aber saß in der Ecke und fluchte auf Fimafeng,
den er für liebedienerisch und verächtlich hielt, weil er sich
so um die gehaßten Asen bemühte. Er legte sich mit ihm an,
beschimpfte und quälte ihn. Als dieser nicht auf ihn hörte,
packte Loki die Wut. Er sprang auf Fimafeng zu und erschlug
ihn unter den Augen der Götter.

Damit hatte er den Frieden der Halle gebrochen und war
für alle sichtbar ein Feind geworden. Große Empörung brach
aus. Viele sprangen von ihren Sitzen auf und riefen nach
Rache. Andere Asen suchten ihre Speere und Schilde und
wollten Loki bestrafen. Der aber entwich in den Wald. Nach
vergeblicher Verfolgung kehrten die Asen schließlich zum
Gastmahl zurück. Der böse Zwischenfall schien vergessen,

fast rührend war das Bemühen der Gäste, wieder friedlich bei Tisch sitzen zu wollen. Bald schlug die Stunde des Untergangs, aber die Gäste wollten feiern.

Der geächtete Loki konnte es nicht lassen, die Götter zu reizen. So machte er sich am selben Tag noch trotzig auf den Weg zurück zu Ägirs Halle, wo die meisten wieder an ihre Trinkhörner gegangen waren. Leise schlich er sich an die Tür. Im Vorraum stand der Diener Eldir, dessen Name ›Der Feurige‹ bedeutete, und war mit den Speisen beschäftigt.

Loki herrschte ihn mit barschen Worten an: »He du, sage mir, ehe du vorwärtsschreitest mit deinem Fuß, was für Tischgespräche führen die Asen drinnen im Saal?«

»Nun«, sagte unwirsch Eldir, »sie reden von Waffen und ruhmvollen Kämpfen. Aber weder Asen noch Alben haben für dich ein günstiges Wort übrig!«

Loki brach in Gelächter aus und sagte: »So will ich eintreten in den Saal und ihnen ihr Geschwätz lohnen mit Schimpf und Schande! Gift will ich mischen in ihren Met!«

Eldir schüttelte unwillig den Kopf und sprach: »Tritt lieber nicht ein, frecher Loki! Nicht jeder kommt heil heraus! Und Schmach und Schande werden über dich kommen, denn ihre Antworten werden besser sein als deine!«

Doch Loki achtete nicht auf ihn und trat in die Halle, wo sogleich das Gespräch verstummte und alle ihn verstört anstarrten. Loki weidete sich an dem Schreck der Gäste, und da sich keiner gegen ihn erhob, sprach er: »Fürwahr, durstig komme ich in die Halle nach der langen Wanderung! Ich bitte die Asen um einen Trunk vom süßen Met!«

Alle schwiegen, und keine Hand hob sich, ihm einen Becher oder ein Trinkhorn zu reichen. Da wurde Loki wütend und schrie sie an: »Wieso seid ihr so schweigsam, ihr verstockten Götter? Räumt mir gefälligst wieder einen Platz bei Tische ein! Oder aber schickt mich von hinnen, wenn ihr den Mut habt!« Da trat Bragi, der sangesfrohe Ase, vor und nahm das Wort: »Einen Platz bei Tisch geben dir die Asen nimmermehr! Die Götter wissen wohl, wen sie teilhaben lassen am Gelage und wen nicht!«

Ägir und andere meinten, dies sei wohl eine klare Aufforderung, das Gastmahl schleunigst zu verlassen. Loki aber schien diese Worte gar nicht gehört zu haben. Statt dessen wandte er sich an Odin und sagte: »Denkst du, Odin, noch daran, wie wir in Urzeiten einander Treue gelobten, das Blut gar mischten zum ewigen Bund und versprachen, stets einander Speise und Trank zu geben?«

Da wandte sich Odin an Widar und sagte versöhnlich: »So steh auf, Widar, und verschaffe Loki, auch wenn er der Vater des Wolfs ist, einen Tischplatz bei diesem Mahl, damit er nicht länger in Ägirs Halle lästert!« Und Widar erhob sich und schenkte dem Loki ein. Als dieser einen langen, frechen Zug getan hatte, sagte er: »Gut! – Heil denn euch, ihr hochmütigen Asen und Asinnen! Wie ihr da hockt auf den Bänken! Ihr Hochheiligen! Bloß den Bänkehüter Bragi – den Kerl nehme ich aus!«

Unmut erhob sich und Murren.

Bragi stand sogleich auf und wehrte sich. Ganz dicht trat er an Loki heran und sagte: »Höre gut zu, ein Schwert und einen Schecken aus meinem Schatz gebe ich dir! Und einen Baug, einen Ring, dazu, wenn du endlich dein schändliches Mundwerk hältst und nicht weiter ein Ärgernis bist unter denen, die sich hier versammelt haben! Ich rate dir: mache dir die Götter nicht vollends gram!«

»Meinetwegen gib mir das Zeug«, sagte Loki. »Aber ich weiß ja, daß du nicht gerade reich bist an Schätzen! Und schlimmer: keiner von den Asen und Alben, die hier sitzen, ängstigt sich vor dem Kampf so sehr wie du! Keiner fürchtet Geschosse mehr als du, mein alter Bragi!«

Der Skaldengott schwieg. Solche Worte verdrossen die Asen über die Maßen, und Bragi rief schließlich, wenn er draußen Loki träfe, würde er als Lohn für seine Lügen bereits dessen Kopf in der Hand halten. Loki aber höhnte, Bragi sei bloß im Sitzen mutig, wenn aber ein Zweikampf angesagt sei, verkrieche er sich. Wieder erhob sich lautes Murren. Verwünschungen wurden ausgesprochen.

Idun versuchte zu schlichten, beruhigte Bragi und forderte ihn auf, Loki nicht länger zu reizen. Da wandte sich Loki plötzlich auch an sie und fing an, über sie herzuziehen: »Sei doch still, Idun! Du bist doch die männertollste von allen Frauen, hast du nicht deine Arme gleich um den Mörder deines Bruders gelegt?«

Idun überhörte diese Frechheit. Sie meinte, ihr sei es nur darum gegangen, den metberauschten Bragi vom Zweikampf abzuhalten. Da mischte sich die junge, keusche Asin Gefjon ein und versuchte, alle zu besänftigen. Aber Loki, als er merkte, daß sie aufgestanden war, rief hämisch: »Schweig, Gefjon! Sonst vergesse ich nicht, wie dich damals jener weiße Knabe zur Lust verlockt hat, der dir auch ein Kleinod für das schenkte, was du getan hast!«

Odin brüllte um Ruhe. Er forderte Loki wütend auf, nun endlich zu schweigen. Aber Loki war so im Zuge, daß er gar gegen Odin feindselig wurde und ihm vorwarf, er habe doch oft genug den Unwürdigen den Sieg geschenkt! Er habe zudem, als Wölva verkleidet, auf der Insel Samsö die Menschen durch Zauberei betrogen! Noch mehr könne er gegen Odin vorbringen. Darauf meinte Frigg, sie beide sollten am besten nicht erwähnen, was sie einst in Urzeiten trieben.

»Ha«, schrie Loki, »sei du auch still! Als Tochter der Erde hast du auch nicht gerade keusch gelebt, damals mit Wili und Wé, mit den Brüdern Odins!«

»Oh«, sagte Frigg, »hätte ich hier in Ägirs Halle nur einen mutigen Sohn wie Balder, dann kämst du nicht mehr lebendig davon!«

Loki lachte höhnisch und erwiderte, sie wisse doch wohl

selbst, daß er es gewesen sei, der Balders Tod auch auf dem Gewissen habe. Da begann Frigg zu weinen. Jetzt mischte sich Freya ein und sprach: »Irre geworden bist du, Loki, wenn du solches erzählst! Du solltest wissen, daß Frigg ohnehin alles weiß, was geschieht, auch wenn sie es nicht sagt!«

Die Götter nickten. Und es entstand Stille. Da drehte sich Loki zu Freya um und rief mitten in dieses Schweigen hinein: »Du bist doch die letzte, die hier den Mund auftun darf! Ich kenne deinen Makel, eine Buhlerin wie du, die es mit jedem Alfen und Asen trieb, sollte fein stumm sein!«

Freya wurde zornesrot. Dann sagte sie empört, eine Zunge wie die Lokis könne gar nichts anderes als Gemeines vorbringen. Aber deswegen seien jetzt auch alle Asen und Asinnen endgültig gegen ihn, und er werde unfrohen Herzens nach Hause zurückkehren müssen. Loki gab ihr zurück, sie habe sogar ihren eigenen Bruder Frey umarmt, worauf Njörd erwiderte, eine Göttin habe das Recht dazu. Es sei aber immerhin merkwürdig, daß ein Kerl wie Loki einst selbst Kinder habe gebären können.

»Aha«, sagte Loki, »einer der als Geisel aus dem Osten gekommen ist, fängt an, mich anzugreifen! Hymirs Töchter haben dich doch zum Nachtgeschirr gemacht, so war das!« Njörd schluckte vor Widerwillen und erwiderte schließlich, das sei lange vorbei, und jetzt habe er einen Sohn Frey, und der sei bei den Asen und vielen anderen sehr beliebt.

»Laß«, sagte Loki, »diesen Übermut! Ich verhehle es jetzt nicht länger: Mit der eigenen Schwester hast du diesen Sohn gezeugt, und der ist ebenso arglistig wie du!« Eine Weile kehrte wieder betretenes Schweigen ein, aber dann meinte Tyr doch, er wolle die Worte Lokis nicht unwidersprochen lassen. Frey, sagte er, sei der beste von allen, die je über die Götterbrücke Bifröst geschritten seien. Er sei hilfsbereit und freundlich zu jedermann!

Da fing Loki übermütig an zu lachen und erinnerte daran, daß Tyr sich von dem Fenriswolf die Hand habe abfressen lassen, weil er so ungeschickt gewesen sei! Außerdem habe Tyrs Weib von ihm, Loki, ein Kind bekommen, demzufolge sei Tyr nichts weiter als ein Hahnrei. Vor Wut und Empörung wußte Tyr nichts zu sagen. Und sein Schwert ziehen durfte er wegen der Heiligkeit des Ortes auch nicht. Frey wollte ihm zu Hilfe kommen und erinnerte Loki daran, daß er bald genauso gefesselt daliegen werde wie der Fenriswolf! Ein böser Unheilschmied sei Loki, zu nichts Gutem nütze.

»Na, von dir wollen wir lieber nicht reden, Frey«, erwiderte Loki frech. »Mit Gold hast du dir damals Gymirs Tochter erkauft, hast deinem Diener Skirnir dein gutes Schwert gegeben! Womit wirst du kämpfen, du Unseliger, wenn Muspells Söhne durch den Dunkelwald reiten?«

Diese Worte hörte auch Byggwir, ein Diener Odins, der bislang im Hintergrund gestanden hatte. Er redete Loki folgendermaßen an: »Wär ich aus so einem edlen Stamm wie Frey, hätte ich so eine vornehme Verwandtschaft wie er, ich würde dich, du freche Krähe, zermalmen wie morsches Holz!«

Loki sah sich in der Halle um. Woher kam diese dünne Stimme?

»Was für einen Winzling sehe ich da mit dem Schwanz wedeln und nach Bissen schnappen?« höhnte nun Loki. »Dem Frey bläst du in die Ohren, was er gern hören will! Mühst dich mit Mägdearbeit! Übel verstehst du's, ein Männermahl zu bereiten! Krochst unters Bettstroh, sobald Kampf drohte! Wage es nicht, mich weiter anzureden und zu beleidigen!« Da endlich rief Heimdall dazwischen und meinte, Loki habe seinen Verstand vertrunken. Nur im Rausch redeten die Leute, was sie später nicht mehr wahrhaben wollten.

Und Skadi, die das alles mitangehört hatte, gebot nun

Schweigen. Sie rief, da sie die Gabe der Seherin hatte, dem Frechen zu: »Lustig bist du, Loki, aber lange wirst du nicht mehr dein Mundwerk rattern lassen! Denn mit Därmen werden dich die Götter auf Felsenkanten binden! Und da wirst du Qualen leiden bis ans Ende der Tage!«

»Na wenn schon!« schrie Loki. »Dennoch war ich der erste, als es galt, Thjazi zu töten, deinen Vater!«

»Dafür soll dir aus meinem Hof und Haus nur kalter Rat zukommen, Schändlicher!« erwiderte Skadi. Loki aber lächelte hinterhältig und fügte hinzu: »Viel gelinder hast du zu mir gesprochen, meine Liebe, als du mich auf dein Lager einludst! Und daran denke ich, wenn ich dich hier so reden höre.«

Da schwieg Skadi still, und wieder trat eine Pause ein, und alle Gäste sahen, von Bestürzung befallen, zu Boden.

Endlich trat Sif vor mit einer Kanne und schenkte dem Loki Met ein in seinen eisigen Kelch: »Gegrüßt seist du, Loki! Denn ich bemerke, daß du zumindest mich, wenigstens eines der Asenkinder, ungelästert davonkommen läßt!«

Loki sah sie tückisch aus kleinen Augen an und erwiderte: »Ja, vielleicht wärst du verschont geblieben! Aber ich allein weiß einen, der auch Thor, den großen Hlorridi, zum Hahnrei machte, aber sprechen wir nicht davon!« Als er dies gesagt hatte, begannen die Felsen zu beben, und Thor kehrte von seiner Bergfahrt heim.

Sobald er vernommen hatte, wie sehr Loki alle geschmäht hatte, donnerte er ihn an: »Schweig, du unreiner Wicht! Sonst wird mein Hammer dir den Mund verschließen! Dein falsches Haupt hau ich dir vom Halse, auf daß du dein Leben verlierst!«

Da wurde Loki sehr kleinlaut und flüsterte: »Der Sohn der Erde ist eingetreten. Donnere nur, Thor! Aber auch du mußt dich mit dem Wolf abgeben, der Odin verschlingen will!«

Nochmals forderte Thor ihn zum Schweigen auf, sonst

wolle er ihn nach Osten schleudern, wo ihn kein Wesen mehr wiedersehen könne. Doch Loki ließ seine Widerrede auch hier nicht bleiben. Er meinte, es sei wohl besser, wenn Thor seine Ostfahrten hier nicht erwähnte. Er, der Kämpe, habe sich ja sogar in einem Däumling verstecken müssen, habe schon nicht mehr gewußt, ob er Thor sei, und die Knoten des Riesen Skrymir habe er damals auch nicht aufbekommen! Gedarbt habe er, der große Thor, trotz seines Heißhungers!

Da drohte ihm Thor ein letztes Mal: Zu Hel werde er ihn schicken, wenn er nicht augenblicklich schweige!

»Ja«, sagte Loki, »ich habe lange genug vor den Asensöhnen all das ausgesprochen, was ich auf dem Herzen hatte. Nun wende ich mich von hinnen, denn ich zweifle nicht, daß du, Thor, wirklich zuschlägst!«

An der Tür drehte er sich aber noch einmal um und rief Ägir zu: »Hast dein letztes Mahl gegeben, Meergott! Flammen werden alles verzehren, was dein ist! Lohen werden über deinen Rücken laufen, bis dein Ende und das aller Asen kommt!«

Nun lief er fort und wollte nie mehr den Göttern unter die Augen treten, denn er dachte, daß sie harte Rache nehmen würden. Weit ins gebirgige Ödland zog er sich zurück, wo sein viertüriges Haus stand.

Und so groß war seine Furcht, daß er sich in einen Lachs verwandelte und in den Wasserfall Frananger sprang, wo er vor den Asen sicher zu sein hoffte.

Wie Loki bestraft wurde

Die schöne Idun, die Gemahlin Bragis, war unvermutet dahingegangen. Die Hüterin der verjüngenden Äpfel hatte ihre Fahrt nach Hel ins Totenreich angetreten. Das hielten die Asen für ein schlimmes Vorzeichen, und sie ahnten wohl, daß es nun mit ihrer Macht und Herrlichkeit zu Ende ging. Wer sollte ihnen jetzt die verjüngenden Äpfel reichen? Des unheilvollen Loki wollten die Asen unbedingt habhaft werden, denn sie gedachten, ihm nun all das Böse heimzuzahlen, was er ihnen angetan hatte.

Wieder saß Odin auf seinem Hochsitz Hlidskjalf und betrachtete die Welten. Da erblickte er in der Ferne den Loki vor seinem Haus an einem Wasserfall, wie er sich ein Netz knüpfte. Sofort berief Odin die Götter zu sich und gab Kunde von dem, was er gesehen hatte. Laut rufend ergriffen sie die Waffen, schwangen sich auf ihre Pferde und ritten hin zu dem Orte. Aber Loki sah sie kommen, verwandelte sich flugs wieder in den Lachs und verkroch sich am Boden des Gewässers. Das geknüpfte Netz hatte er zuvor ins Feuer geworfen.

Die Asen betraten seine Behausung, und als der klügste von ihnen die weiße Asche sah, erkannte er sogleich, daß dies einst das Netz war, mit dem die Asen ihn vielleicht fangen konnten. Nach dem Vorbild dessen, was in der Asche noch zu erkennen war, fertigten sie ein neues Netz, und als sie es hatten, gingen sie zum Wildbach und warfen es aus. Thor hielt an einem Ende fest, die übrigen aber am andern, und so zogen sie das Netz durch den Gebirgsfluß. Loki schwamm stets vor dem Netz her und verklemmte sich schließlich zwischen zwei Steinen, so daß es über ihn hinwegglitt.

Doch beim Ziehen des Netzes merkten die Asen, daß etwas Lebendiges unter dem Netz gezappelt hatte. Da gingen sie wieder nach oben und warfen ihr Netz nochmals aus, das sie diesmal so mit Steinen beschwert hatten, daß kein Fisch mehr darunter durchschlüpfen konnte. Wieder schwamm Loki vor dem Netz hin und her. Und als er sah, daß er bald gefangen sein würde, sprang er mit einem gewaltigen Satz über den Netzrand und schwamm gegen die Stromschnellen bachaufwärts. Aber da hatten ihn die Asen gesehen. Thor watete durch die Flut, und Loki erkannte, daß es kein Entrinnen mehr gab. Doch bis zuletzt versuchte er, über den Netzrand zu springen, um zu entkommen. Thor aber bekam ihn mitten im Sprung zu packen. Und der Fisch war so schlüpfrig, daß er ihn erst am Schwanzende festhalten konnte. Deshalb sind noch heute die Lachse so schmächtig am Schwanz.

Nun war Loki gefangen, und auf Gnade durfte er nicht mehr hoffen. Eine schreckliche Strafe wartete auf ihn. Zu einer Höhle wurde er gebracht, wo drei Felsbrocken aufrecht gestellt und mit Löchern versehen worden waren. Lokis Sohn Wadi verwandelten die Götter in einen Wolf, der sich auf seinen Bruder Narfi stürzte und ihn zerriß. Nun legten sie Loki auf die drei Steinbrocken, und der erste stand unter dem Schulterblatt, der zweite unter den Lenden, der dritte unter den Kniekehlen.

Mit den Gedärmen seines Sohnes, die gleich zu Eisenbändern wurden, banden sie ihn auf den spitzen Steinen fest. Und Skadi kam mit einer Giftschlange, die sie so über Loki anbrachte, daß ihr Gift ihm ins Gesicht träufelte. Später sah das Lokis Frau Sigyn, stellte sich voll Erbarmen an seine Seite und fing das Gift in einer Schale auf. Aber jedesmal, wenn die Schale voll war, mußte sie hinausgehen und es ausgießen, und dann tropfte es unbarmherzig Loki mitten ins Gesicht! Solche Zuckungen durchliefen ihn dann, daß die Erde schwankt. Das sind die Erdbeben!

Loki aber mußte nun in Schmerzen auf den Felsspitzen liegen bis zum Tag der Ragnarök, bis zum Weltuntergang.

Lange war Oder, der vielgereiste Gemahl der schönen Freya, unterwegs gewesen. In allen Ländern hatte sie ihn einst gesucht und goldene Tränen um ihn geweint. Nun kam er verzweifelt zum Grab seiner Mutter Groa, denn er wußte sich keinen Rat mehr:

»Wach auf, Mutter!« rief er. »Du sagtest einst, wenn dein Sohn in Not ist, möge er unverzagt zu ihr kommen! Gib mir Rat, Freya zu finden, die nicht mehr in Asgard ist! Meine Stiefmutter verbannte mich, legte mir Irrfahrten auf, damit ich Freya nie wiedersehe!«

Da tönte es dumpf aus dem Grab herauf: »Gar lang war deine Irrfahrt, aber nun erfüllt sich dein Wunsch! Du wirst Freya sehen!«

Erfreut erwiderte der Sohn: »So singe mir nützlichen Zaubersang, damit ich ungefährdet zu ihr gelange! Was muß ich tun? Gib mir gute Wünsche auf den Weg!«

Zuerst blieb es still, aber dann hörte Oder das folgende: »Zum ersten singe ich, was Rinda dem Sohne sang: du sollst selbst dich leiten, so fürchtest du keinen Feind! Zum zweiten singe ich: du sollst im Leid nie vergessen die hohe Göttin! Zum dritten: reißende Flüsse sollen nie dich hinabziehen zu Hel! Zum vierten: wer dich haßt, soll sogleich versöhnlich und freundlich dir werden! Zum fünften: von den Füßen sollen dir springen alle Fesseln! Zum sechsten: auf See sollen Wind und Wogen dich stets verschonen! Zum siebten: auf hohem Bergjoch soll Kälte dich nie verderben! Zum achten: nicht schaden soll dir auf Nebelwegen jedwedes Zauberweib! Zum neunten: im Kampf mit Riesen soll Weisheit dich beschirmen, auf daß du Heil besitzt jetzt und immerfort!«

Als die Mutter das gesungen hatte, schloß sich das Grabtor, und Oder ging, vom bösen Zauber befreit, hinaus in weite Ferne, Freyas verborgenes Schloß zu suchen.

Nicht lange, da stand er vor einem hohen Wall, Waberlohe umzuckte die Burg, und ein Wächter schrie: »Wer erklimmt hoch zu Roß diesen Berg? Kehr um, keine Gabe erhältst du in unserem Schloß!«

Aber Oder erwiderte: »Wieso stehst du hinter dem Wall und redest unschicklich? Gönne dem Wanderer das Gastrecht, Herdsitzer, und schere dich fort von der Tür!«

Da wollte der Wächter zuerst wissen, wen er vor sich habe, und Oder erwiderte, er heiße Windkalt; Lenzkalt jedoch sei sein Vater und Vielkalt sein Ahn gewesen.

Auf die Frage des Fremden, wer der Beherrscher dieser geheimnisvollen Burg sei, verleugnete der Wächter Freya und sagte, dort wohne im goldverzierten Saal ein Weib, das Menglada, die Goldfrohe, heiße. ›Hierher zurückgezogen hat sie sich‹, dachte Oder, ›hinter einer unüberwindlichen Burgmauer wartet sie, weil sie dumpfe Ahnungen hat vor dem schrecklichen Ende, das kommen wird. Angstvoll und menschenscheu ist sie geworden!‹

Bald verstand der Reiter, daß er nur zur Burgherrin gelangen konnte, wenn er sich mit dem altklugen Wächter gut stellte und dessen Weisheit durch Fragen herausforderte. Und so fing er mit allerlei einfachen Fragen an.

»Sage mir, wie heißt der Wall am Schlosse?« rief Oder.

»Gastwehrer ist sein Name, und ich habe ihn selbst errichtet!« erwiderte stolz der Wächter.

»Sage mir, wie heißen die Hunde, die das Tor so grimmig bewachen?«

»Geifrig der eine, Gierig der andere, und sie wachen bis zum Weltenbrand, bis das Götterende grausig heranrückt«, sprach der Eifrige oben auf dem Wall.

»Kann jemand zu jener Frau hinein, ehe die Hunde vom Schlaf erwachen?«

»Im Wechsel schlafen sie, einer tags, einer nachts«, sprach der kluge Wächter, »so kommt niemand durch!«

Aber Oder merkte, daß der andere zugänglicher geworden war. So bohrte er weiter: »Sage mir, gibt es keine Kost, die sie begehren, damit man, wenn sie fressen, in die Halle kommt?«

Der Wächter wiegte den grauen Kopf und flüsterte: »Ein Hahn sitzt auf jenem hohen Baum. Zwei Bratenstücke liegen im Hahnenleib, die gib den Hunden zu fressen und springe dann ins Haus!«

Da war Oder so klug als zuvor, doch er fragte weiter: »Sage mir, sind keine Waffen imstande, den Hahn zu Hel zu senden?«

»Doch, der Zweig, den Loki brach, ist dazu imstande! Nur verwahrt ihn eine Riesin in einem eisernen Schrein, davor sind neun Schlösser!« erwiderte der Wächter.

Da schüttelte Oder den Kopf. Wie sollte er je dort hingelangen? Aber er gab nicht nach, auch wenn der Wächter immer neue Schwierigkeiten auftürmte: »Sage mir, was könnte die Riesin erfreuen, damit sie diesen Zweig hergibt und den, der zu ihr kommt, lebendig wieder fortläßt?« fragte er hartnäckig.

Und nun erwiderte der Burgschützer, Triumph in seiner Stimme: »Die leuchtende Sichelfeder aus dem Schwanz dieses Hahns erfreut sie! Die bringe der Hexe, so gibt sie dir das Zweiglein!«

Fast schon entmutigt, stieg Oder vom Pferd. Aber er gedachte seiner langen Irrfahrten, seiner Entbehrungen und seiner Liebe und entschloß sich, trotz allem nicht aufzugeben. Wieder rief er den Wächter an und fragte: »Sage mir, wie heißt der Saal, der von der Waberlohe umschlungen wird und in dem die Schöne sitzt?«

»Lur heißt er, ewig ist er von Flammen umgeben, und nur Surt kann die Lohe durchdringen. Das wird erst am Weltende sein. Bilde dir also nicht ein, jemals dahin zu gelangen!«

Größer und größer wurde Oders Verzweiflung, als er sah, daß er nicht die Sperren überwinden konnte, die sich vor ihm haushoch erhoben. Kaum fiel ihm noch etwas ein, was er den überklugen Wächter fragte konnte. Da rief er: »Und der Berg, worauf die Burg steht, wie heißt der?«

»Lebensberg, wer ihn ersteigt, ist aller Wunden ledig, guter Heilung froh! Und neun Walküren sitzen zu Füßen der Schönen: Hlif, Hlifthrursa, Dietwarta, Björt, Blid, Blidur, Frid, Eir und Örrboda sind sie genannt!« erwiderte der auf dem Burgwall.

Und auf eine neue Frage des Reiters vor dem Tor fügte er hinzu: »Die Jungfrauen schützen alle diejenigen, welche ihnen reiche Opfer bringen, vor Ungemach und Krankheit!«

Nun schien es aus zu sein mit Oders Fragen. Nichts fiel ihm mehr ein, womit er seinem Ziel näherkommen konnte. Zudem wußte er nicht einmal, ob jene, die der Wächter Goldfrohe genannt hatte, wirklich seine Gemahlin Freya war. Entmutigt bestieg er sein Roß, wandte es um und ritt ein paar Schritte bergab. Da stellte er, traurig, eine letzte Frage an den Burgwächter: »Sag mir noch, was ich zu wissen wünsche, du unfroher Burgwächter, ist denn kein Wesen zu finden auf Erden, das in den Armen der Schönen ruhen darf?«

Darauf erwiderte der Burgbewacher, der sich nun auch schon abgekehrt hatte und in sein Wächtertor zurückgehen wollte, fast beiläufig: »Nein, kein Mann ist da, der in ihren Armen ruhen darf, es sei denn Swipdag! Aber niemand weiß, wohin er verschwand!«

Da schrie der Reiter laut auf vor Freude: »Reiß die Tür auf, öffne die Tore! Hier kannst du Swipdag schauen! Lauf zur hohen Halle und frage die Schöne, ob sie meine Liebe noch begehrt!«

Als Freya diese frohe Nachricht vernommen hatte, eilte sie aus dem Haus und rief dem Wächter zu: »Schwarze Raben sollen dir beide Augen aushacken am Galgen, wenn du mich belogen hast, wenn es nicht mein Bräutigam ist, der auf weiten Wegen endlich in meine Säle kam!«

Und dann fragte sie den Fremden nach seinem Namen, und Oder erwiderte, sein Vater heiße Solbert, er selbst nenne sich Swipdag, und da erkannte sie ihn und sagte: »Sei mir willkommen! Treu habe ich hier auf dich gewartet, Tag und Nacht auf dieser Burg. Nun ist, was ich immer hoffte, doch noch geschehen: du bist heimgekehrt!«

So wurde Oder mit Freya nach so langer Zeit vereint, aber ihre Freude über ihr Zusammensein schien nicht mehr lange zu währen, denn das Ende der Zeiten ahnten beide.

Da ritt Freya mit ihrem Freund auf ihrem Eber zu einer weisen Wölwa namens Hundla, um von der Seherin Kunde über das Schicksal der Welt zu erlangen. Noch mehr aber wollte sie über Oders Geschick wissen.

Als sie vor Hundlas Höhle angelangt war, rief Freya nach ihr und schlug ihr vor, sie sollten beide nach Walhall reiten, um den Heervater über das Kommende zu unterrichten. Sie wolle Thor günstig stimmen, damit er der Riesin Hundla nichts antue.

»Dein Eber ist zu langsam, hält nicht Schritt mit meinem Roß, wenn wir den Götterweg fahren!« sagte Hundla. »Falsch bist du, Freya, wenn du versuchst, mich durch List aus meiner Höhle zu locken! Ich will dir sagen von Oder, deinem Mann, und den Geschlechtern, die alle von Odin abstammen! Aber laß mich hier!«

Freya war's zufrieden, und nun wandte sich Hundla an Oder und zählte ihm alle seine Verwandten auf. Sie sagte, daß er von Ahnen abstamme, die berühmt waren in Midgard, Frodi habe dazu gehört, auch Sigurd oder Siegfried, Harald Hildezahn, Hrolf Kraki und viele andere. Aber über sein Lebensende sagte sie nichts. Dann kam sie auf die Untaten Lokis zu sprechen und auf die Weltfeinde, die bald loskommen würden. Der Fenriswolf zerre an den Fesseln, die Midgardschlange wolle schon aus ihrem feuchten Meerbett kriechen, Loki selbst bäume sich gebunden auf in immer stärkerer Wut.

Starr blickte sie in eine endlose Ferne, als sie die schicksalhaften Worte sprach: »Von Angrboda kam alles Unheil, das auf der Erde geschieht. Bald erhebt sich die See mit Sturm gegen den Himmel. Hin geht sie über das Land! Kalt wird die Luft; Schneegestöber setzt ein!«

Hundla sagte das mit tonloser Stimme.

»Ja, scharfe Winde werden fegen«, flüsterte Hundla, und ihr Blick wurde leer. Dann richtete sie sich mühsam auf, plusterte sich auf zu bedrohlicher Größe und stieß ächzend hervor: »Aber bald wird einer kommen, der noch mächtiger ist als der mächtigste Herrscher auf der Erde! Doch diesen Hehren wage ich nicht zu nennen!«

Als die Riesin das gesagt hatte, verstummte sie und schien nachzusinnen. Aber Freya rief ihr zu: »Alte Trollhexe! So reiche dem edlen Oder, der alles angehört hat, wenigstens dein Bier der Erinnerung, damit er deine Worte genau bewahren kann!«

Doch Hundla hatte nur böse Worte für beide und schrie, sie sollten sich fortscheren. Nichts würde Oder von ihr bekommen, und jetzt wolle sie schlafen! Und dann verfluchte sie Freya: Nach Liebe schmachten solle die Schöne und so bis zum Ende ihrer Tage umherirren!

Da warf Freya Feuer auf das wahrsagende Ungeheuer, doch Hundla rief durch die Lohe hindurch: »Feuer sehe ich brennen, Midgard steht in Flammen! Hier reiche ich Oder das Trinkhorn: Gift ist darin! Durch Zauberrunen ist es gebannt! Nun muß ich fort!«

Weinend schrie ihr Freya nach: »Vergebens soll dein Fluch

sein! Mögen alle dahingehen, wenn nur meinem Oder nichts geschieht! Alle Götter flehe ich an: zu seinem Segen soll er dein Bier trinken, zu Hilfe, ihr Götter!«

IX

Vite Krist

Hundla hatte den Namen des neuen hehren Gottes nicht genannt. Aber viele Könige, Häuptlinge und Krieger in Midgard hatten schon von ihm gehört. Als Vite Krist nach den Nordlanden kam, schien er den alten Göttern alle Ehre fortzunehmen. Auch sprachen seine Priester davon, daß die Asen und Wanen genauso nichtswürdig seien wie ihre Widersacher, die Jöten und Reif-Thursen. Seit längerem waren Männer aus dem Süden immer häufiger hergewandert und hatten von Vite Krist berichtet. Sie duldeten nicht, daß man gut oder gar nur schonend von Odin und seinen Söhnen sprach. Nicht Odin und seine Brüder hätten Midgard geschaffen, sondern er, der bleiche Gott, der stärker sei als sie. Auch hätte er zwölf starke Gefolgsleute; und einer unter ihnen, Petrus, hatte sogar wie ein Wikinger seinen Herrn verteidigt, als die Häscher ihn fangen wollten, dort am Ölberg. Das hörten die Krieger in Midgard mit Wohlgefallen. Vite Krist tat, wo er hinkam, starke Wunder. Und die, die über ihn mehr wußten, erzählten voll Begeisterung von seiner Macht und Herrlichkeit. Der Vater des Vite Krist war niemand anders als der große übermächtige Weltenlenker, der aber doch nicht den Namen Odin trug, sondern einfach ›Gott Vater‹ genannt wurde. So sehr war Vite Krist auf seine eigene Ehre bedacht, daß er seine Feinde über den Tod hinaus verfolgte. Er warf sie in die brennende Hölle, die siebenmal schlimmer war als Hel und das furchtbare Niflheim, wo Neidinge und Meuchelmörder schreckliche Qualen erlitten.

Er versammelte seine Anhänger nach dem Tode auch nicht in einem Kämpensaal auf Asgard, sondern schickte sie zu seinem Vater in den Himmel. Aber um dorthin zu gelangen, nützte es wenig, daß ein Kämpe in Midgard mannhaft gelebt und seine Ehre gehütet hatte. Im Gegenteil; er wurde – falls er übel gehandelt hatte – einem, der Teufel hieß und in der Hölle herrschte, in die Gewalt gegeben! Wenn er nicht noch zu Lebzeiten von all den alten Göttern, von Odin und den Seinen, abgelassen hatte! Vite Krist und seine neuen Gefolgsleute nannten die hehren alten Götter gar Unholde und verlangten, daß diejenigen, die ihnen abschwo- ren, sich mit Wasser besprengen ließen und von nun an zum stärksten aller Götter – und nur zu ihm – beteten!

Vite Krist hatte viele Gebote für diejenigen, die sich ihm anschlossen: Fastentage und Feiertage gab es, und wie man betete, darüber wußten nur solche Bescheid, die in die Nord- lande gekommen waren und sich ›christliche Priester‹ nann- ten. Es war nicht leicht, einem so mächtigen Herrn wie dem Vite Krist zu widerstehen, der soviel Macht hatte, wie auch einige bekehrte Könige und Häuptlinge schon anerkannt hat- ten! Man hörte auch, daß der große Gott, der nun in den Nord- landen sein Kommen angekündigt hatte, über Heerscharen von Engeln verfügte, und das waren seine streitbaren Man- nen, die wohl mehr Siegkraft besaßen als die Walküren und Einherjer, ja vielleicht sogar als Thor selbst! Doch sehr schwer war es für die Menschen in Midgard, all das Neue zu glauben!

Doch hatte nicht auch ein einstiger großer Odinsopferer wie König Olaf Tryggvesson in Norwegen den neuen Gott angenommen? So fromm und dem neuen Gott ergeben war er, daß er keinen Mann mehr in seinem Reich dulden wollte, der nicht auch – wie er selbst – Vite Krist die Ehre gab. Ja, solche bekehrten Häuptlinge schmähten und verlachten die Asen und Wanen! Konnte nicht auch das den Übermut der Jöten und Alben stärken? Zum Glück gab es noch genug Könige und Helden im Norden, die alles das, was der Vite Krist mit seinen Anhängern veranstalteten, als Blendwerk betrachteten.

Ein Skalde namens Hallfred lebte bei Olaf Tryggvesson. Aus Liebe zu ihm ließ auch er sich bekehren und mit Wasser besprengen. Das nannte man Taufe. Aber sein Herz hing weiter an Odin und den anderen alten Göttern. Es tat ihm in der Seele weh, wenn er hören mußte, wie sein König sie nun verlachte und schmähte. »Warum«, fragte er, »sagen einige Leute an Olafs Königshof nun Böses von den Asen?«

Und er dichtete auch einen Spruch, der ungefähr so lautete: »In all den vergangenen Zeiten habe ich den, der auf seinem Hochsitz Hlidskjalf so herrlich thronte, gern gemocht und viel verehrt. Nie zögerte ich mit der Antwort, wenn man mich fragte, ob er der oberste aller Götter sei. Doch nun ändern sich die Sitten der Leute, und sie suchen ein anderes Heil!«

Als König Olaf von diesem Spruch Kenntnis erhalten hatte, ließ er Hallfred zu sich kommen, tadelte ihn und verlangte von ihm, er möge nun etwas dichten, mit dem er den bösen Spruch büßen könne.

Der Skalde grübelte lange, aber dann gab er dem König einen neuen Spruch, der sich ungefähr so anhörte: »In Midgard dichteten die Menschen allüberall Odin zur Freude. Schön klangen die alten Lieder in unseren Hallen über unsere Helden. Schwer ist es jetzt, Liebe in Haß zu verwandeln, denn Odin war und ist mir lieb und wert; doch nun muß ich dem neuen Herrn, der Vite Krist heißt, dienen!«

König Olaf wurde sehr wütend, als er dieses von seinem Hofskalden Hallfred zu hören bekam. Sogleich schrie er ihn an: »Wie kannst du noch so sehr den alten Göttern anhängen, Unseliger! Dichte ein neues Lied, Vite Krist zu Ehren, oder aber es soll dich schwer gereuen!«

Da verfertigte Hallfred ein Lied, in dem es hieß: »Nun verleugne ich Odins Namen, wie er uns seit alters her stets erklang, als man noch seine heiligen, siegspendenden Raben lobte und ihm in den Hallen der Könige huldigte, weil der ihnen Kriegszüge und Listen eingab, wie sie ihre Macht vermehren könnten.«

»Undankbar und unbelehrbar scheinst du zu sein, Hallfred!« rief da der fromme Olaf. »Auf der Stelle setze das Lied fort, aber so, daß wir erkennen können, wie wenig du noch an die alten Unholde glaubst!«

Mühselig richtete sich der alte Skalde und Bragi-Verehrer auf. Lange blieb er still. Dann sang er leise und düster das folgende: »Nun, so sollen mir denn Frey und Freya gram sein auf ewig! Nun, so sollen mir auch Njörds heilige Haine fern sein, wie sie es nie waren! Nun, so mögen sich Odin und Thor mit Trollen und Unholden verbünden! Ich will nur noch beten zum Vite Krist und vertrauen auf seine Barmherzigkeit! Ach, schwer ist der Zorn des neuen Gottessohnes zu ertragen, da er doch nun einmal von seinem Vater alle Macht auf Midgard erhalten hat!«

»Dieses Gedicht ist jedenfalls schon besser«, brummte König Olaf Tryggvesson halb versöhnt, »ja, wenigstens ist es besser als nichts! Aber eigentlich solltest du es nicht versäumen, noch mehr Verse dieser Art zu dichten!«

Und traurig fügte der Skalde noch ein Stück an. Darin war davon die Rede, daß der König nun alle Opfer an die alten Götter verboten habe. Er, der König, wolle, daß die Worte der Nornen, früher so teuer und heilig, jetzt für nichts gelten sollten. Alle in König Olafs Nähe seien nun genötigt, Vite Krist zu gehorchen, wenn es auch schwerfiele...

Wenig, so heißt es, gefielen dem König auch diese Worte.

Einmal ließ sich Olaf Tryggvesson bei Ögvaldsnes bewirten und hielt das Osterfest. Da kam gegen Abend ein einäugiger Greis auf seinen Wohnsitz und begann ein Gespräch mit ihm. König Olaf hatte großen Spaß daran, ihm zuzuhören, denn der Alte wußte vieles aus alten Tagen zu erzählen. Der Vorrat seiner Geschichten schien ihm nicht auszugehen.

»Sag mir doch, Alter«, sprach Tryggvesson, »woher kommt der Name Ögvaldsnes?«

»Leicht ist's, darauf zu antworten«, sprach der Einäugige, »es ist die Landzunge nach einem Kämpen Ögvald so genannt, der ein gewaltiger Opferer war. Er hatte eine Kuh, die er durch vieles Weihen so stark gemacht hatte, daß sie ihm stets Glück brachte. Die Milch der Kuh aber war sehr heilsam, und daher nahm er sie mit, wohin er sich auch wandte. So erklärt sich das Sprichwort: ›Kerl und Kuh sollen stets zusammengehen!‹«

»Sieh an«, sagte Olaf, »das wußte ich noch nicht!«

»Als der Kämpe starb«, sprach der Alte, »ließ er die Kuh in einem Hügel neben sich begraben. Und Bautasteine sind auf die Gräber gesetzt worden! Und dort drüben kannst du sie noch sehen!« Geheimnisvoll sah der Gast den König an. Der aber wollte, obwohl es schon Schlafenszeit war, immer noch mehr von ihm hören. Und kaum hatte er eine Frage beantwortet, da stellte Olaf Tryggvesson schon eine neue. Mehrmals erschienen seine Ratgeber und Priester und erinnerten ihn daran, daß man nun schlafen müsse.

»Ach was«, schrie Olaf Tryggvesson, »komm, Greis, setz dich auf mein Lager, während ich ruhe, und erzähle weiter!«

Die Nacht verging dem König wie im Fluge. Da hörte er, wie nebenan jemand aufstand und fragte: »Ja, ist denn schon Zeit zur Frühmesse?«

»Ja, Frühmesse ist's!« riefen die Diener.

»Dann geh jetzt, Greis! Aber morgen kommst du wieder!« sprach der König.

Als die Mittagszeit kam, traten der Koch und ein Küchenjunge herein und sagten, ein Greis sei dagewesen und habe das magere Fleisch getadelt. Sie sagten: »Dann, o König, holte er fette Rindsstücke hervor, niemand weiß, woher, und wir haben sie mit dem mageren Fleisch zusammen für dich gekocht!«

Olaf Tryggvesson, schlaftrunken, merkte, daß der Greis, dem er so eifrig zugehört hatte, nicht der war, für den er ihn gehalten hatte.

»Geht hin und verbrennt das ganze Fleisch, die Reste werft ins Meer!« rief er erschrocken. »Nichts von dieser Teufelsnahrung kommt auf meinen Tisch! Das war ja Odin selbst, der bei mir zu Besuch gewesen ist!« Er bekreuzigte sich und ging in die Kirche.

Ein andermal besuchte König Olaf Tryggvesson Saltdalen auf Halogaland, wo ein alter Odinsanhänger namens Raud auf seiner Burg hauste. Schwer war es, mit dem Drachenschiff zu ihm zu gelangen. Denn Raud hatte sich mit den alten Göttern verbunden, die einen gewaltigen Sturm in den Fjord schickten. Doch vorn im Steven stand ein Priester des Vite Krist mit Stab und Weihrauch. Da brach die Kraft des starken neuen Gottes eine Bresche in den Sturm. Ringsum schäumten haushohe Wogen, aber Olafs Drachenschiff glitt ruhig bis zum Gestade, hinter dem Rauds Burg lag. Ehe der sich retten konnte, war sein Anwesen umzingelt.

»Behalte deinen Besitz«, sprach der König Olaf großmütig zu Raud, »aber werde ein Gefolgsmann des Vite Krist! Laß dich taufen!«

»Nein, König! Nie!« Raud weigerte sich halsstarrig. Da drohte ihm Olaf mit dem Tod.

»Lieber will ich sterben, als meinen Göttern, die so in Gefahr sind, abschwören«, erwiderte Raud.

»Schwöre ab! Schwöre ab!« rief Olaf eifernd. »Sonst bist du des Todes!«

Da sollte er nun eine giftige Natter lebendig verschlingen. Und als sie nicht hineinwollte, holte der König das Rohr einer Lure, steckte die Natter hinein und erhitzte das andere Ende. Da schlüpfte das Tier in Rauds Mund hinein und zerfraß seine Eingeweide. Und das war Rauds Ende.

Viel Gold und Geschmeide hatte Raud aufgehäuft; König

Olaf aber lud alles auf sein Drachenschiff und fuhr damit aus dem Fjord heraus. Wie er nun an eine Landzunge kam, stand dort ein vierschrötiger Bursche mit rotem Bart und verlangte, mitgenommen zu werden. König Olaf ließ ihn aufs Schiff, wo er sogleich die Mannschaft aufforderte, mit ihm im Ringkampf zu wetteifern. Keiner konnte sich mit ihm messen.

Da rief der Bursche ärgerlich: »Bedauernswürdige Schwächlinge seid ihr! Wie könnt ihr einem so herrlichen König nur dienen! Damals, als Raud noch regierte, waren andere Kerle an Bord! Da war ich klein unter ihnen, aber jetzt bin ich groß unter euch!«

»Kannst du von alten Tagen erzählen?« fragte der König.

»Ja, gern will ich dir sagen, was in dieser Gegend stets lebte: Jöten und Kraftriesen! Und wäre ich nicht da, würden sie alle über euch herfallen! Besonders zwei Jötenweiber sind darunter, die den Menschen hier sehr viel Not und Plage verursachen. Aber sie fürchten sich vor meinem roten Bart und meinem guten Hammer!«

Da stutzte König Olaf Tryggvesson. ›Sollte das am Ende der Teufel selbst in Gestalt des Hammergotts sein?‹ überlegte er. Er blinzelte ihn mißtrauisch an und faßte nach seinem Kreuz, das er immer bei sich trug. »Hebe dich hinweg, Satan!« schrie der König und hielt das Zeichen des Vite Krist hoch über seinen Kopf.

Da brach der Rotbärtige in schallendes Gelächter aus, daß es über den ganzen Fjord klang und schüttelte sein Hammerkreuz. Dann sprang er pfeilschnell über Bord und war verschwunden. Olaf aber ließ seinen Priester kommen und erzählte ihm das Vorgefallene.

»Sieh an«, sagte der, »nun wundere dich nicht, o König, wie sich Odins Stamm sogar am hellichten Tag uns zeigt! Kristmannen wie du und ich tun gut daran, die Hinterlist des

Bösen stets mit dem Zeichen unseres Herrn zu durchkreuzen! Richtig war's, daß du ihm das Kreuz vorgehalten hast!«

»Aber«, jammerte König Olaf, »Thors Hammer sah ja aus, als sei er gar kein Hammer, sondern ein Kreuz unseres neuen Gottes!«

»Gerade darin«, sagte des Königs Berater, »zeigt sich die ganze Bosheit der alten Götter!«

Einmal wollte Olaf Tryggvesson ein Drachenschiff bauen lassen, so groß und prächtig, wie es nie zuvor in Norwegen auf Kiel gelegt worden war. Seine besten Zimmerleute und Schiffsbauer waren bald bei der Arbeit. Hölzer und Bohlen schleppten sie herbei, und Nägel schmiedeten sie in großer Zahl. Schon wollten sie die Spanten richten, da kam die Arbeit zum Stillstand. Trotz vielen Suchens konnten sie nämlich keinen Baum finden, der geeignet war, um daraus einen genügend großen Kiel herstellen zu können!

Wie sie noch ratlos vor all den Bauteilen, die sie schon aufgehäuft hatten, dastanden, kam ein einäugiger Greis zu ihnen und fragte, wie es mit dem Schiffsbau stünde.

»Kein Kielholz fanden wir für dieses große Drachenschiff unseres Königs«, sagten die Schiffszimmerer niedergeschlagen!«

»Nicht überall«, raunte der Alte, »habt ihr gesucht! Kommt mit und seht euch meinen kleinen Balken an, den ich herangeflößt habe für euch! Vielleicht könnt ihr den verwenden!«

Da sahen sie unten am Strand ein mächtiges Kielholz im Wasser schwimmen, so groß und fest, wie sie es nie zuvor kennengelernt hatten.

»Wie heißt du, der du uns dieses kostbare Geschenk machst?« fragte einer.

»Forne heiße ich«, sprach der Alte, »aus Trondheim komm ich her und bin ein guter Freund eures Königs!«

Da rollten sie Fornes Balken auf den Sand und fanden, daß

er genau die Ausmaße hatte, die sie brauchten. Und sie sagten auch, daß der Alte ein sehr liebenswürdiger, nützlicher Helfer sei. Als sie ihn fragten, was er haben wolle für das Kielstück, antwortete er dunkel: »Ruft nach mir; ich werde kommen, wenn ihr meiner bedürft! Hohe Belohnung verspreche ich euch!«

Am Langtisch in der Halle erzählte später der Vormann der Zimmerer dem König Olaf von dem seltenen Glück, wie sie durch einen Alten zu diesem wunderbaren Kielholz gekommen seien. Olaf aber wurde gleich mißtrauisch und fragte nach dem Namen des Spenders. Als sie den genannt hatten, lief der König rot an: »Den Mann kenne ich nicht! Forne ist sicherlich nicht sein wahrer Name! Laßt mich den Balken sehen!«

Unten am Strand rannte der König vor dem Kielholz auf und ab. Dann setzte er seinen Fuß an eine Stelle und rief: »Her mit einer Axt! Hier haut hinein!«

Als die Zimmerleute es aber taten, wand sich ein giftiger Wurm aus dem Baum heraus.

»Dachte ich mir's!« sagte Olaf grimmig. »Euer Forne ist kein anderer als Odin selbst gewesen! Er wollte, daß wir alle auf See untergehen sollten mit unserem Drachenschiff! Nehmen wir in Gottes Namen einen kleineren Balken! Jaja, viel hört man vom verzweifelten Kampf der Götter gegen die Unholde, gegen die Jöten und Riesen. Aber ihr seht es ja: selber sind die Asen Unholde und Bösewichter!«

»Vielleicht«, sagte ein Kämpe kleinlaut, »wollte Odin uns alle in diesem Schiff nur heimholen in sein Walhall, damit er noch mehr Krieger hätte im schrecklichen Endkampf Ragnarök!«

»Sag dieses Wort nicht noch einmal!« schrie Tryggvesson. »Oder du bist des Todes! Blendwerk, ja Blendwerk des Teufels ist alles! Das alles ist nur dazu da, um uns abzubringen von unserem Glauben an Vite Krist!«

Dann holte er einen Priester, ließ den Odinsbalken weihen und das Stück, aus dem der Wurm gekrochen war, abschneiden. Darauf legten sie den Balken als Kiel für sein großes Drachenschiff »Lange-Wurm«, und noch oft fuhr Olaf Tryggvesson damit über die Wogen, bis ihn in einer Schlacht vor Svolder bei einer Insel, die später Rügen genannt wurde, das Schicksal der Nornen ereilte.

Blot-Sven

Noch stand der mächtige Tempel des lachenden Gottes Frey und des großen Thor in Uppsala. Ein Streit, mächtiger als je zuvor, war ausgebrochen zwischen Thor, dem stärksten der Asengötter, und Vite Krist. Der kam in die Nordlande wie ein mächtiger Häuptling mit starkem Gefolge. An seiner Seite stand ein mächtiger Jarl, genannt Michael, der den Erzfeind Satan getötet hatte, wie die Priester verkündeten. Eifrig bauten sie hier und da in den nordischen Landen ihre kleinen unscheinbaren Holzkirchen. Das geschah auch in Schweden, wo ein König herrschte, der Inge genannt wurde. Er hatte sich überlegt, daß es vielleicht besser war, sich von Odin loszusagen und dafür mit den vielen Königen im Süden für den Vite Krist zu streiten. In Västergötland zogen schon Priester umher, die den Namen des neuen Gottes gegen Odin stellten.

Wieder rückte für die Menschen in Midgard das große heidnische Opferfest heran, das man in Uppsala alle neun Jahre beging: ein blutiges Fest, wie die Anhänger des Vite Krist meinten.

»Wir wollen diesmal kein Opferfest mehr zu Ehren der Asen und Wanen in Uppsala abhalten!« sagte der König Inge eines Tages, und schwer lehnte er sich zurück in seinem Hochsitz. Da saß er auf seinem prächtigen Köninghof in

Västergötland und ärgerte sich über die vielen Odinsleute allüberall im Land. Er fuhr nach Sigtuna am Mälarsee zum Thing, wo ihn Odins Getreue wütend erwarteten.

»Erschlagt diesen König!« schrien die alten Kämpen, nachdem er auf dem Thing warnende Worte gegen die Asengötter gesprochen hatte. »Er will nicht mehr an Odin, Thor, Frey und die anderen Götter glauben. Lokis Freund ist er! Steinigt ihn!«

Schon flogen Steine und Felsbrocken in die Thingmitte, wo König Inge, umgeben von seinen engsten Gefolgsleuten, meist Göten, trotzig stand. Die Schilde rissen sie hoch und wehrten den Geschoßhagel ab. »Hier ist nichts mehr zu tun!« sprach Inge und verließ, rückwärts gehend, unter dem Schutz der Seinigen den Thingplatz; in wilder Flucht zogen sich die Anhänger des Vite Krist nach Götaland zurück.

Da sprang Sven, Inges Schwager, auf einen Felsvorsprung, von dem aus er von allen Thingbesuchern gut gesehen werden konnte: »Heil den Asen, Heil unsern Göttern! Ziehen wir nach Uppsala! Opfern wir auf die alte Weise!« rief er.

»Ja!« schrien die meisten. »Sei du unser König! Erfülle deine Opferpflicht!«

Und mehr als gern hörte Sven diese Worte. Als die Zeit des großen Opferfestes, das Blot genannt wurde, in Uppsala gekommen war, sah man Sven, wie er, den Wedel in der Hand, die Holzgötter der Asen und Wanen mit Blut bestrich, beobachtet von einer riesigen, andächtig lauschenden Menschenmenge. Laut und deutlich sprach er die Opferformeln. Eigenhändig hatte er ein Pferd geopfert, dessen Blut aufgefangen und selber getrunken sowie vom Opferfleisch gegessen. Nun hing es in einem der heiligen Opferbäume. Neunmal neun Wesen, so wollte es der Brauch, waren zu opfern und aufzuhängen. König Blot-Sven nannten ihn nun die Odinsanhänger, aber die, die heimlich Vite Krist für stärker hielten, meinten, der Name Blut-Sven sei passender. Auch nach Strängnäs kam Blot-Sven, wo er wieder Ochsen und Schafe opferte und in heilige Bäume hängte.

Das sah auch ein Priester des Vite Krist namens Eskil, und Abscheu erfaßte ihn. Inständig bat er vor den Augen einer großen Volksmenge seinen Gott um ein Wunder: »Zeige ihnen, Vite Krist«, rief er mit heller Stimme, »daß du stärker bist als die alten Götter, die untergehen müssen nach ihrem Schicksal in Ragnarök!«

Da brach auch schon ein gewaltiges Unwetter los. Hagelschauer ergossen sich aus den Wolken, zerstörten den Blot-Altar und die heidnischen Opfergerätschaften, und nachfolgende Regenfluten schwemmten alles hinweg. Eskil aber stand, vom Unwetter unberührt, auf einem weißen Stein, war nicht einmal naß geworden und dankte Vite Krist. Die Svea-Leute des Königs Blot-Sven wurden irrsinnig und wild wie Berserker. Einer von ihnen, Spa-Bodde genannt, stürzte sich auf den Gottespriester Eskil und schlug ihm einen großen Stein an den Kopf. Ein zweiter hob die Axt und brachte ihn mit einem Schlag zu Tode. Großer Jubel über diese Untat erhob sich unter des Königs Anhängern. Nun begann man, alle die zu verfolgen, die auf Eskils Verkündigungen gehört und sich mit Vite Krist angefreundet hatten.

Noch einmal schien es so, als sei die Macht der Götter um Odin und Thor ungebrochen, denn Blot-Sven war ein großer Opferer und befahl, von nun an noch mehr die vertrauten Götter zu ehren als je zuvor. Und fielen auch viele aus seinem Gefolge im Kampf gegen Vite Krist, so bekäme doch Odin, der seinen großen Endkampf noch auskämpfen mußte, weitere Helfer und Anhänger! Boten kamen und berichteten dem König Blot-Sven, draußen in den Einöden hätten sie Jöten und Riesen laut jammern und wehklagen hören. Trolle säßen traurig beieinander am Feuer und bezweifelten, ob sie je Odin und sein Heer besiegen könnten, ob Walvater je zu besiegen sei, ob der Fenriswolf und Loki je loskommen würden aus ihren Fesseln.

Aber der geflohene König Inge stand vielleicht doch mehr unter dem Schutz des Vite Krist, als es Blot-Sven gedacht hatte. Nachdem er in Götaland ein Heer zusammengebracht hatte, kam er hinauf in die Gegend von Uppsala. Er umzingelte Blot-Svens Königshof und steckte dessen Langhalle in Brand. Als Sven schließlich mit seinen Gefolgsleuten heraussprang, begegnete ihm König Inge mit blankem Schwert. Ein harter Zweikampf begann. Odin wollte Blot-Sven für sich haben. Vielleicht brauchte er ihn für seinen großen Krieg.

An diesem Tag jedenfalls kamen Sven und viele andere Waffentote nach Walhall. Doch König Inge kehrte sich nicht um das Gejammer der Heiden. Sogleich ritt er mit seinem Gefolge an den Ort, der heute Alt-Uppsala heißt, und ließ den wunderbaren Opfertempel anzünden. Helle Flammen fraßen sich schnell durch das uralte Gebälk, und all die goldglänzenden Ornamente an Dach und Giebel, der Silber- und Kupferzierat, fielen herab.

»Fällt nun auch den größten Opferbaum!« sprach König Inge.

Und nach einiger Zeit fiel auch dieses Wahrzeichen Odins und der hehren Götter krachend zur Erde. Als sich aber der Rauch des Tempels gelegt hatte, wies Inge seine Bauleute, von denen einige aus Saxland stammten, unverzüglich an, die verkohlten Trümmer wegzuräumen.

»Hier«, sprach er, »auf den Grundsteinen des alten Heidentempels sollt ihr eine Steinkirche für Vite Krist errichten!«

Damals aber waren ungefähr zweihundert Jahre vergangen, seitdem zum erstenmal ein Verkünder des Vite Krist, Ansgar genannt, in das Schwedenreich wanderte.

X

Ragnarök

Es war geweissagt, daß ein Krieg zwischen Jöten und Asen kommen würde. Die Götter spürten: mit jedem Tag rückte der Tag dieses Streites näher. Odin brauchte in Walhall für diesen Endkampf noch viele tapfere Krieger, die ihm halfen, gegen die furchtbare Brut der Jöten anzugehen. Aber auch die Anhänger des Vite Krist schienen ihn nun zu bedrohen.

Deswegen war er jetzt viel unterwegs und stiftete Unfrieden unter den Großen in Midgard. Ehrgeizige Pläne flüsterte er ihnen zu, damit sie nicht ruhig zu Hause sitzen blieben, sondern die Männer einzogen zum Waffenhandwerk. Auch Waffenschmieden besuchte er. Nie zuvor fertigten die allzeit diensteifrigen Zwerge mehr Kriegsgerät als in dieser Endzeit.

Und nicht selten war Odin auch zu Besuch bei einem Häuptling oder bei Reichen, wo er die Kriegskunst rühmte und mit Geschenken und Ehren lockte, damit die Männer zu Kriegern wurden. Die Namen, die er trug, erinnerten an sein Bemühen, Männer für den Kampf und den Tod auf dem Schlachtfeld zu werben, ja, für einen Tod, der in den Augen vieler Mütter doch so sinnlos war! Odin nannte sich der Kampffrohe, der Streitwecker, der Walvater, der Siegspender, der Kampfschrecken. Und von sich selber sagte er selbstgefällig: »Stets hetzte ich die Häuptlinge gegeneinander, ich verglich sie nie!«

Manchmal erschien Odin auch mitten im Kampf, und dann konnte man gewiß sein, daß Großes geschah, daß viele Männer auf der Walstatt blieben, deren Sinne von Kampfeslärm oder Siegestaumel benommen waren. Und die holte er dann mit Freya heim. Er brachte gegen die Absprache gern mehr als die Hälfte nach Walhall, wo sie ständig üben und fechten mußten für das schreckliche Kriegshandwerk.

Immer häufiger begann jetzt ein König oder allgewaltiger Herrscher in Midgard die Schlacht mit den Worten an die Feinde: »Euch alle weihe ich Odin!«

Die Kriegsgier und Mordlust verbreitete sich wie eine Seuche. Stets waren es die Trefflichsten, Mutigsten, die Odin zu großen Unternehmungen aufhetzte. Und er wußte, sie würden ja seine besten Gefolgsleute sein, wenn einst die wütenden Jöten und all die anderen Unholde in Asgard einfielen.

So hielten oft die Ehrgeizigsten, die Treuherzigsten und Leichtgläubigsten am stärksten an Odin fest. Und sie hofften, er spende ihnen einen großen Sieg, und wenn schon keinen Sieg, so doch einen großen Tod. Beide Gaben wurden geschätzt. Unter einigen Mächtigen wurde es Sitte, den Waffentod über den Strohtod zu setzen. Denn nur waffentote Männer gelangten nach Walhall. Etliche zeichneten sich daher am Lebensende selbst mit dem Speer, um nicht im Bettstroh schmählich an Siechtum zu sterben.

Aber auf Asgard in Walhall herrschte trotz aller Gefahr ein fröhliches Treiben. Kampfspiele wechselten mit Zechgelagen ab. Alles war dort viel prächtiger als in der Halle irgendeines Menschenkönigs.

Auf seinem Hochsitz Hlidskjalf saß Odin nun immer häufiger einsam und schaute in die Ferne. Hatte auch er Angst? Vor ihm lagen die zwei Wölfe, die auf dem Schlachtfeld heulten, wenn seine Lieblingskrieger sich maßen. Die beiden Raben Hugin und Munin auf seinen Schultern krächzten wohl Todesahnungen in Walvaters Ohr, aber beim Tagesanbruch flogen sie doch unermüdlich wieder davon, hin zu den Menschen und anderen Lebewesen, um zu sehen, wie weit sie ihre Welt schon zerstört hatten. Bald waren sie wieder da. Sie raunten Odin zu, daß die Welt schon dicht an den Abgrund herangerückt sei. An manchen Tagen, wenn irgendwo in Midgard wieder heiße Kämpfe entbrannt waren, schwebten die Raben auch über den Häuptern der Krieger. Und sie suchten dann, wie sonst Walküren, diejenigen aus, die nach ihrem Tod zu Odins Halle kommen sollten.

Wie sah es denn dort aus? Gewühl herrschte allenthalben. Welch ein Leben auf den Bänken längs der Langtische in der Halle! Eng gedrängt saßen die Kämpen, Seite an Seite, Schulter an Schulter. Und Odin nannte sie seine ›lieben Einherjer‹, ja, mit diesem Ehrennamen wurden sie alle ausgezeichnet! Und täglich wurde Speck und Fleisch in Hülle und Fülle aufgetragen, und nie ging das Fleisch aus. Und Met durfte getrunken werden nach Herzenslust, soviel man wollte! Und nie ging der Met aus, denn Heidrun, die wundersame Metziege, sorgte für Nachschub.

Müde und schlaff streckten sich Kämpen nach dem Mahl auf den Bänken aus, und noch immer liefen diensteifrig Walküren mit randvollen Trinkhörnern herum. Abends ertönten die Gesänge von Heldentaten und Mord und Totschlag, und die Einherjer ergötzten sich an den alten Geschichten.

Am nächsten Morgen, nach dem reichlichen Imbiß, ging's dann hinaus auf die Walstatt, und soviel auch im spielerischen Kampf dort erschlagen wurden, gegen Abend erhoben sich alle wieder und kehrten fröhlich und lärmend heim in Odins riesige Halle.

Aber trotz aller Fröhlichkeit, hinter der die Wissenden wohl auch ihre Trauer verbargen, rückte Ragnarök langsam näher. Alle spürten das. Schlimmer wurden die Zeiten. Draußen in Midgard regierten Habgier und Falschheit. Untreue und Eidbruch beherrschten fast nur noch die Sinne der Menschen. Die Asen waren daran nicht schuldlos. Der Bruder erschlug den Bruder, der Sohn zog das Schwert gegen den Vater. Überall lauerten Räuber und Mörder, keiner war sich mehr seines Lebens sicher.

Bevor der schreckliche Krieg entbrannte, erhob die Norne Skuld ihren Kriegsschild: ja, Schuld hätten sie alle auf sich geladen, und es gebe kein Entrinnen! Walküren, gegürtet zum Kampf, ritten jetzt immer häufiger durch die Lüfte. Laut wieherten die Kriegsrosse. Unzählige Raben, Brüder von Hugin und Munin, kreisten hoch oben am Himmel, äugten hinunter auf die Schlachtfelder, die mit Toten bedeckt waren. Aus den Schluchten schallte das grausige Geheul der Grauwölfe, schwer schob sich der blutrote Sonnenball durch eiskalte Nebel.

Furchtbar war der Krieg, der nun begann. Speere sausten, Schwerter klirrten, herzerschütterndes Wehgeschrei erfüllte die Luft. Das Blut der Erschlagenen floß in Strömen, und die ganze Erde färbte sich rot. Daß die Zeit der Ragnarök nahte, erkannte man daran, daß drei schreckliche Winter aufeinander folgten und sich hinzogen über das Jahr, ohne daß ein Sommer dazwischenlag. ›Fimbulwinter‹ kommt, sagten die Alten. Aus allen Weltecken fiel Schnee, schneidende Stürme rasten über das Land, der Frost zerbiß alles, und die Sonne schien keine Wärme mehr zu haben. All dem gingen drei Jahre mit Mißernten voraus, und die Sinne der Menschen verwirrten sich, so daß alle gegen alle kämpften. Wer hörte da auf Vite Krist?

Die Wölfe Sköll und Hati, die bislang Sonne und Mond verfolgten, ruhten nun aus und tranken statt dessen das reichlich anfallende Blut der Gefallenen. Dadurch erwuchsen ihnen so große Kräfte, daß es ihnen gelang, Sonne und Mond zu ergreifen. Und Hati verschlang den Mond, Sköll schluckte die Sonne, und alle Sterne des Himmels stürzten in die Tiefe.

Jetzt setzte graue Dämmerung ein, eiskalter Nebel senkte

sich auf die Erde. Diese begann zu schwanken und zu taumeln, so daß die Bäume aus ihren Wurzeln gerissen wurden und umfielen. Erdbeben begannen, so daß die Felsen krachend einstürzten und alle Stricke und Taue, mit denen die Unholde gefesselt waren, zersprangen.

Nun kam der Fenriswolf los und stürzte davon mit aufgerissenem Rachen. Der eine Kiefer schleifte über den Boden, der andere fegte den Himmel. Feuer und Dämpfe sprühten dem Riesenwolf aus Augen und Nase. Alle Gewässer in Midgard erstarrten zu Eis. Kein Wellenschlag belebte mehr das Meer, aus dem sich die Midgardschlange zuvor herausgewälzt hatte. Sie schob sich auf die Küste, und ihr Schwanz peitschte das Meerwasser und erzeugte eine künstliche Brandung.

Sodann wurde Naglfar, das Totenboot, flott. Es ist aus den Nägeln toter Männer erbaut; von Osten her fuhr es heran über wüstes Eis und Land, und hoch am Ruder stand der Riese Hrym. Die Jöten und Unholde versammelten sich.

Die Midgardschlange spie mehr und mehr Geifer aus, graue Giftwolken lagerten sich über das Land. Ihr zur Seite lief der Fenriswolf, und auch der Hund Garm am Tor der Hel zerriß seine Fesseln und rannte unter furchtbarem Gekläff herbei. Auf Naglfar sah man jetzt die wildesten Reif-Thursen, die sich zum Kampf rüsteten. Heftig erbebte die Weltesche, ihre Blätter zerzauste der grausige Weltensturm.

Und sieh: nun barst der Himmel, und durch die Öffnung ritten die Muspellssöhne herein, in Flammen gekleidet! In der Hand ein leuchtendes Schwert, nahte Surt! Schon sprengten sie hin über Bifröst, die Regenbogenbrücke, die unter lautem Gedonner zerbrach. Nun stürmten sie heran: ein zweites furchtbares Heer!

Da sah man auch Loki nahen, hinter sich alle Toten aus Hel, und fürchterlich wogte das Meer der schmählich Verstorbenen. Auf den Bergen der Nordlande erhob sich der brandrote Hahn Fjalar, und er krähte so laut, daß es schaurig durch die Welten hallte. Ihm antwortete Goldkamm, der Hahn von Walhall, und aus dem Totenreich ertönte dumpf das Krähen des schwarzroten Hahns. Überall wurde mit Entsetzen dieses Hähnekrähen vernommen, kündete es doch den Morgen des letzten Tages an!

Die Jöten und Unholde rotteten sich zusammen zum letzten Streit auf dem Felde Wigrid, das so gewaltig ist, daß es nach jeder Seite hundert Meilen mißt. Kopf an Kopf wälzte sich nun die grausige Menge auf Asgard zu. Als Heimdall diesen Zug herannahen sah, setzte er das Gjallarhorn an und blies so laut, wie er nie zuvor geblasen hatte. Die Asen, noch auf ihren Stühlen zu hilfloser Beratung versammelt, fuhren erschrocken auf.

Zu Mimirs Brunnen eilte Odin, um vielleicht doch noch Rat zu finden für sich und die Seinen. Aber schon bebte die Erde immer heftiger. Selbst die Zwerge standen vor ihren offenen Höhlen und stöhnten vor Angst…

Jetzt helfen keine weiteren Worte mehr, nun ist sie gekommen, die Stunde des großen Kampfes. Überall hört man Kriegsgetümmel, die Asen und mit ihnen die Einherjer gürten sich zum schrecklichen letzten Streite. Die Menschen aber verbergen sich in den Tiefen der Erde, hoffend, den Endkampf zu überleben.

Da gehen Walhalls fünfhundertvierzig Tore auf, und in Goldhelm und Panzer reitet Odin auf seinem Streitroß Sleipnir hervor. Sein Speer Gungnir ist seine einzige Waffe. Danach kommt Thor mit dem Hammer Mjöllnir, mit dem Kraftgürtel und den Eisenhandschuhen. Hinter ihm erscheinen die übrigen Asen mit ihren Schwertern und Schilden, gefolgt von der unübersehbaren Schar der Einherjer, achthundert sind es aus jedem Tor. Aber auf der weiten Ebene Wigrid wartet schon das Jötenheer, angeführt von Loki. Und nun beginnt ein schauriger Kampf.

Die Midgardschlange speit dem Thor ihr heißes Gift entgegen, doch blitzschnell schleudert er Mjöllnir auf ihr Haupt, so daß sich der blutende Kopf des Wurms zu Boden senkt. Bald liegt die Midgardschlange tot im Sand. Aber auch Thors Leben ist vorüber, neun Schritte noch taumelt er, ehe ihn das ätzende Gift des Wurms getötet hat. Gegen Surt ficht Frey, und ein wüster Kampf beginnt. Doch so tapfer sich Frey auch hält, schließlich fällt er unter den heißen Schwerthieben Surts. Nun mußte er bitter bereuen, daß er einmal sein gutes Schwert, das von ganz allein kämpft, für eine Liebe weggegeben hat. Mit Garm, dem Höllenhund, streitet Tyr, und beide bringen sich gegenseitig um.

Gewaltig sind auch die Schläge, die Heimdall gegen Loki austeilt, aber so schrecklich ist Lokis Haß, daß er den Brückenwächter überwindet. Beide sterben gleichzeitig nach grausigem Streit.

Siehe: Odin kämpft noch! Unter lautem Schlachtgeschrei sendet er Gungnir, den trefflichen Speer, mitten hinein in die Jötenreihen. Da springt ihn mit schrecklichem Brüllen der Fenriswolf an, und Sleipnir bäumt sich auf. Vergebens sucht Odin den Speer zu schleudern, das Untier reißt ihn vom Roß, sperrt den gräßlichen Rachen auf und verschlingt den Vater der Götter. Aber Widar, Odins starker Sohn, hat es gesehen. Er läuft herbei und tritt seinen großen Eisenschuh in den Rachen des Wolfes. Mit der Hand packt er den Kiefer des Untiers und reißt den Rachen auseinander, so daß der Fenriswolf tot niedersinkt.

Die Schlacht ist entschieden. Doch wo sind die vielen gehätschelten Einherjer? Wie kämpften sie gegen die Jöten? Nein, sie konnten das Schlachtenglück nicht mehr wenden! Die Asen und Wanen sind besiegt und vernichtet.

Zuletzt kommt Surt und schleudert Feuer in die Götterwohnungen. Schon brennt Walhall, ganz Midgard fängt Feuer. Glutrot ist der Schein, der über den Welten liegt. Es schmilzt das Erz, es schmilzt alles Gold. War dieses Gold nicht die Ursache für alles Verderben? Oder war es der unselige Krieg, den Odin unter die Menschen brachte, als er damals zum erstenmal seinen Speer schleuderte?

Doch mitten aus dem Feuermeer ragt noch die Weltesche hervor. Aber schon lecken rote Zungen an ihrem mächtigen Stamm empor. Die Eschenkrone brennt über Asgard, der Baumriese schwankt, neigt sich und stürzt mit Donnerkrachen in die Flammen. Aber der hohle Stamm bleibt vom Feuer verschont. Grausig ist der Anblick, wie nun Midgard mitsamt dem so hoch aufgetürmten Asgard im aufsiedenden Meer langsam versinkt. Das gewaltige Feuer verzehrt alles, kein Grashalm bleibt zurück.

Nach dem Weltenbrand

Lange brennt das Feuer, bis nichts mehr da ist, was brennen kann. Aber wenn nach langer Zeit dieser Weltenbrand zusammengesunken ist, wenn alles still ist wie das Grab, dann wird die Erde – gleichsam neugeboren – wieder emporsteigen aus dem Meer, das nun abgekühlt ist, über dem nun wieder die Reiher schweben und nach Fischen spähen.

Grün und hold ist diese neue Erde und lieblich anzuschauen. Auf den Äckern wogt das Korn, ohne daß jemand Samen in die Ackerkrume gelegt hätte. Über Bergfelsen springen fröhliche Wasserfälle ins Tal.

Ehe der Wolf mit klaffendem Rachen die Sonne verschlang, hatte sie ihre Tochter geboren: eine neue, herrliche Sonne, wunderschön wie sie selber war! Und das neue Himmelslicht fährt nun dahin auf der Bahn der Mutter, so als habe es nie einen Weltuntergang gegeben!

Zwar sind die alten Götter verdorben und gestorben. Sie kehren nie mehr zurück. Aber da schreiten über das Feld zwei Asen dahin: Widar und Wali, denen weder Flut noch Flammen etwas anhaben konnten! Verborgen waren sie hinter den höchsten Mauern Asgards, die aus der Flut herausragten. Und unversehrt überlebten auch Thors junge Söhne Modi und Magni, geboren von einer Jötin, wohlgemerkt! Sie haben sogar den Hammer ihres Vaters gerettet, den sie aber jetzt nicht brauchen, denn alles ist noch friedlich.

Und noch zwei sind wieder auf der neuen Erde dabei: Balder und Hödur, die unschuldigen Söhne Odins, stiegen aus dem Totenreich empor! Ja, dieses Reich der Hel gibt es auch noch! Nun werden wohl alle, Waffentote oder nicht, eingehen in diesen Ort der Finsternis, der seine Schrecken behält. – Oder wird es anders sein?

Aber alle Schuld der Lebewesen scheint gesühnt! Auch zwei Menschen, tief verborgen im Eschenstamm, haben den Weltbrand überlebt: ein Jüngling und ein Mädchen, herrlich anzuschauen: Ihre Namen sind Lif und Lifthrasir. Und sie trinken den Morgentau und beginnen mit der Arbeit, um sich und ihre Kinder zu ernähren, die alsbald geboren worden sind. Schnell nehmen die Nachkommen des Menschenpaars die neue Erde in Besitz, vermehren sich und leben ohne Haß und Goldgier. Wie lange? Von ihnen aber werden alle künftigen Menschengeschlechter abstammen.

Siehe: auf dem himmelhohen Bergrücken, wo zuvor Asgard gestanden hat, wird schon wieder gebaut! Dort soll sich ein neues Götterheim erheben, strahlend und schön wie das alte! Da drinnen wollen Widar und Wali sich einrichten, und Balder und Hödur kommen und helfen beim Bau! Nicht lange, da werden die vier Brüder in ihrer neuen, herrlichen Götterburg auf den hohen Stühlen sitzen, einträchtig und frei, und sie werden von den alten Zeiten reden, vom Weltenbrand und vom letzten Kampf, der nun vorüber ist...

Und sie werden auch hinauswandern auf das Idafeld, wo

sie all der vielen Götter gedenken, die nun nicht mehr sind: Odins und Thors, und Heimdalls und Ulls, und Bragis und Freys und all der anderen, die ihr Leben verloren beim entsetzlichen, schlimmen Weltenuntergang! Damals, als die Zeit der Ragnarök gekommen war, mußten sie sterben!

Im Schutt, von Gras überwuchert, finden die jungen Götter sogar ihr Brettspiel aus alten Tagen, mit dem sich die alten Götter vergnügten – einstmals – in froher Zeit. Auch die Figuren des Spiels sind noch da, und in Runen stehen darauf noch immer Odins alte Gesetze!

Die Überlebenden erinnern sich wehmütig an ihn, an diesen Alten im blauen Mantel, den alle kennen. Nie mehr wird ein göttliches oder ein menschliches Auge ihn erblikken! Ist nun ein neuer, anderer Gott an seine Stelle getreten? – Doch Widar und Balder wissen wohl die Losstäbe zu deuten, die die Götter nun wieder übermütig werfen.

Werden sie den Menschen – diesen Winzlingen da in Midgard – ihre neuen Schicksale mitteilen? Werden sie auch fürderhin Anteil nehmen an ihren Geschicken? Und werden die Menschen ihre Botschaften auch verstehen und ihre Gesetze heilig halten?

Es schauen die Asen so freundlich auf sie herab im Licht der neuen Sonne! Sie glauben wohl wirklich an das friedvolle Walten eines besseren Menschengeschlechts! Kann denn jetzt noch Unheil drohen? Und ist da nicht längst der neue, große Gott bei ihnen, der ›Starke von oben‹, wie man ihn in einem Liede nennt, der ›Mächtige‹, der nun alles lenkt? Die Asen sind wieder zusammenkommen; sie vereinen sich auf dem Idafeld: Ja, o ja, sie wollen über den neuen großen ›Weltumspanner‹ sprechen, eingedenk ihrer uralten Sprüche. Ist er derjenige, der von nun an ›ewige Satzungen‹ befiehlt, wie es im Liede heißt?

Da steigt aus der Tiefe, wo er verborgen war, Nidhögg auf, der alte dunkle Drache im Adlergefieder! Ja, er ist noch da!

Er ist wieder da! Jetzt erhebt er sich von seinem Leichenhaufen! Und schwer und niedrig schwebt er über die neue Erde! Bedrohlich und todgefährlich sieht Nidhögg aus! Tote und Leichenteile hängen aus seinem Gefieder herab.

Blauschwarz funkeln seine furchtbaren Schwingen. Noch kreist er weit hinten, in respektvollem Abstand. Wird er endgültig fortfliegen in die unendliche Ferne und ins Bodenlose sinken, draußen am Ende der Welt? Oder wird er zurückkommen, gierig auf neue Tote, auf Kampf und Krieg, wird er Verderben und Zwietracht säen wie ehedem?

Nachwort

Der Isländer Snorri Sturluson (ca. 1178-1241) war ein Großbauernsohn, der eine gründliche Erziehung auf dem Hof Oddi erfuhr. Dieser Ort – manche Forscher leiten von ihm die ›Edda‹ als Buch von Oddi ab – galt damals als Zentrum der Gelehrsamkeit auf der abgelegenen Insel. Durch eine geschickte Heiratspolitik wurde Snorri bald einer der einflußreichsten Männer seiner Zeit. Er unternahm Reisen nach Norwegen und Schweden und bekleidete zweimal für mehrere Jahre das höchste Amt des Gesetzessprechers auf der Insel. In engerem Kontakt mit König Hakon Hakonsson (1204-1263) stehend, fand er einen gewaltsamen Tod in Reykjaholt in dem Bürgerkrieg, der auf Island tobte, da er sich gegen das ausdrückliche Verbot des Königs in die Heimat zurückbegeben hatte. Snorri war eine der faszinierendsten Kulturpersönlichkeiten des skandinavischen Mittelalters. Seinem Wirken als Lyriker, Mythograph und Geschichtsschreiber ist es vornehmlich zu verdanken, daß wir heute so viel über die Sagen, Mythen und Geschichten des Nordens wissen, in denen vornehmlich nordische Götter eine Rolle spielen.

Sein Werk, die nach ihm benannte *Snorra-Edda*, die ›Jüngere Edda‹, nach 1122 verfaßt, war ein Lehrbuch für Dichter (Skalden). Darin hat Snorri den Versuch gemacht, die nordische Mythologie zu systematisieren. Dieses knapp gefaßte Buch beschreibt in seinem ersten Teil ›Gylfaginning‹ (König Gylfis Täuschung) in vierundfünfzig kleinen Kapiteln die Welt der nordischen Götter von ihrem Entstehen bis zu ihrem Untergang, der ›Ragnarök‹. In einer Rahmenhandlung wird von einem sagenhaften Schwedenkönig Gylfi erzählt, der zu drei Göttern gelangt und ihnen Fragen über die Götter stellt, die diese beantworten. Dieser Teil der Jüngeren Edda ist unsere wichtigste Quelle für die altskandinavische Mythologie und trotz christlicher Einflüsse frei von jeglicher Verteufelung der alten heidnischen Mythen. In einem weiteren Teil ›Skáldskaparmál‹ (Die Lehre von der Dichtersprache) erzählt Snorri, um Theorie und Praxis der ›Dichtersprache‹ zu erläutern, anekdotenhaft weitere Einzelheiten zu mythischen Themen, so von Frodi, Hrolf Kraki, Högni und Hedin. Snorri zitiert darin auch einzelne Strophen aus der sogenannten Lieder-Edda, die in ihrem ersten Teil die großen Götterlieder und im zweiten Teil die Heldenlieder enthält. Auch der zweite Teil der Snorra-Edda ist somit eine wichtige Quelle für unsere Kenntnis der germanischen Mythologie.

›Lieder-Edda‹ – das ist die heute gängige Bezeichnung für eine im Codex Regius zu findende Liedersammlung, um dieses – fälschlich – ebenfalls als ›Edda‹ bezeichnete Werk von der Snorra-Edda zu unterscheiden. Die Lieder-Edda enthält in ihrem ersten Teil Götterdichtung. Diese Götterlieder gehen in Teilen wahrscheinlich bis ins 9. und 10. Jahrhundert zurück. Die ältesten sind in Norwegen entstanden, während der Rest in Island zwischen dem 10. und 12. Jahrhundert verfaßt wurde. Erzählende Götterlieder sind: Völuspá (Das Lied der Seherin), Skírnismál (Skirnirs Lied), Hárbarðsljóð (Das Harbardslied), Hymiskviða (Die Sage von Hymir), Lokasenna (Die Spottrede Lokis), þrymskviða (Die Thrymssage), Baldrs draumar (Balders Träume) und Völuspá hin skamma (Die kurze Völuspá). Zu den didaktischen Götterliedern zählen Hávamál (Das Lied des Hohen), Vafþrúðnismál (Das Lied von Vafthrudnir), Grímnismál (Das Lied von Grimnir), Alvíssmál (Das Lied von Allwiß), Hyndluljóð (Das Hyndla-Lied) und Rigsthula (Das Merkgedicht von Rig). Nicht ausgesprochen mythologisch sind die drei Gedichte Gróttasöngr (Das Grottelied), Grógaldr (Groas Erweckung) und Fjölsvinnsmál (Das Fjölswidr-Lied).

Der zweite Teil der Lieder-Edda besteht aus Heldenliedern, in denen ebenfalls zahlreiche mythologische Details zu den nordischen Sagen enthalten sind. Da sie für unsere vorliegende Nacherzählung sehr wichtig sind, seien hier die wesentlichen angeführt: Völundarkviða (Das Wölund-Lied), Helgakviða Hundingsbana I-II (Das Lied von Helgi dem Hundingstöter I-II), Helgakviða Hjörvarðssonar (Das Lied von Helgi dem Hjörvardssohn), Reginsmál (Das Reginslied), Fáfnismál (Das Fafnir-Lied), Sigrdrífumál (Das Sigdrifa-Lied), Brot af Sigurðarkviða hin meiri (Bruchstück des größeren Sigurd-Lieds), Guðrúnarkviða I-III (Das Gudrunlied I-III), Helreið Brynhildar (Brynhilds Todesfahrt), Oddrúnargrátr (Gudruns Klage), Atlakviða (Das Atli-Lied), Guðrúnarhvöt (Gudruns Aufreizung) und Hamismál (Das Hamdir-Lied). In den Anmerkungen unseres Buches wird für die jeweilige Geschichte auf alle diese Dichtungen verwiesen.

Die Lieder-Edda, in vier wichtigen Handschriften überliefert, wurde 1643 wiederentdeckt. Damals erwarb Bischof Brynólfur die Haupthandschrift, die etwa um 1270 angefertigt worden ist. Insgesamt ist die Lieder-Edda die repräsentative Sammlung von strophischen Götter- und Heldengeschichten des Nordens, und sie stellen neben der Snorra-Edda vornehmlich die Quellen dar, aus denen die vorliegenden Texte zusammengestellt worden sind. Snorri Sturluson war aller Wahrscheinlichkeit nach auch der Kompilator der ›Heimskringla‹ (Weltkreis), der bedeutenden Geschichte über die norwegischen Könige vom 9. bis ins 12. Jahrhundert.

Liest man die ›Edda‹ in wörtlichen Übertragungen, so spürt man nicht selten, daß die alten Texte oft schwer verständlich oder ausdeutbar sind. Für heutige Leser sind einzelne Abschnitte daraus – zumal sie oft isoliert und ohne nötigen Zusammenhang stehen – als Lektüre kompliziert. Häufig war eine große Zahl von Anmerkungen erforderlich, um das Verständnis zu erleichtern. In dieser Sammlung von nordischen Göttersagen und Heldengeschichten wird ein anderer Weg beschritten. In leicht verständlicher Prosa ist hier eine Nacherzählung der Götter- und Heldenlieder sowie anderer relevanter Themen aus dem Bereich der nordischen Mythologie vorgenommen worden. Damit wird auch die Absicht verknüpft, die Mythen in eine gewisse chronologische Ordnung zu bringen und sie im Stil von Volksmärchen wiederzugeben, die viel Dialog und gerade soviel Ausschmückungen enthalten, daß die oft kargen, knappen Quellen zu in sich geschlossenen, anschaulichen Geschichten werden können.

Weitere Quellen für die hier vorliegende Sammlung der nordischen Göttersagen sind Sagas, Skaldengedichte und vor allem die *Gesta Danorum* (Geschichten der Dänen) des gelehrten Kirchenmanns Saxo Grammaticus (nach 1140-1210). Saxo war – wie Snorri – an alten vorchristlichen Geschichten interessiert. Er lieferte viele alte Sagen und Legenden und zitierte in lateinischer Sprache auch Bruchstücke alter Heldenlieder, die in ihrem Original verlorengingen. Er schildert in seinen ersten acht Büchern die sagenhaften Kämpfe südskandinavischer Könige, beschreibt das Geschlecht der Skjöldunge und erwähnt auch die wahrscheinlich an der westlichen Ostsee beheimateten Hadubaren. Adam von Bremen nennt in seiner lateinisch verfaßten Hamburgischen Kirchengeschichte (1072-76) Thor als mächtigsten heidnischen Gott im Tempel zu Uppsala neben Frey. Und er weiß als Kirchenmann Schreckliches über die Sitten der noch unbekehrten Nordleute zu vermelden.

Als man auf Island die alten germanisch-nordischen Lieder aufzeichnete, waren seit der Christianisierung schon fast zweihundert Jahre vergangen. In der Forschung neigt man insgesamt immer mehr dazu, die ältesten Siedlungen der Germanen im Flaschenhals zwischen Ost- und Nordsee, in

Südskandinavien und allenfalls noch in den Regionen des heutigen Norddeutschland zu vermuten. Von dort begann noch vor ihrem Eintritt in die Geschichte ihre strahlenförmige Ausdehnung. Als Tacitus sie beschrieb (um 98), war das Areal, auf dem sich germanisch sprechende Völkerschaften bewegten, bereits erheblich vergrößert. Aber noch waren im Kultbereich wohl die Nord- und Festlandgermanen nicht so deutlich geschieden, wenngleich es mehrere Kultverbände gab. Über die Göttervorstellungen der Festlandgermanen, die schon im 7. und 8. Jahrhundert christianisiert wurden, ist wenig überliefert. Allenfalls erscheinen hier und da ein paar Namen von alten Göttern, so in den beiden *Merseburger Zaubersprüchen*. Die Bekehrung der Sachsen (Sturz der Irminsul 772) geschah mit Feuer und Schwert.

Demgegenüber wurde das Christentum in Skandinavien viel weniger radikal durchgesetzt. Im Jahre 1000 faßte man auf Island diesbezüglich einfach einen Thingbeschluß. In anderen Regionen gingen die Könige – oft aus handelspolitischen Erwägungen – zum Christentum über. Offiziell war man christlich, doch insgeheim konnte man weiter alte Bräuche pflegen und den alten Göttern opfern. So hielten sich – wegen dieser vorwiegend friedlichen Bekehrung – in Skandinavien, vornehmlich auf Island, alte Sagen und Mythen von den Germanengöttern viel länger lebendig. Ja, es war nicht anstößig, besonders im 13. Jahrhundert, alte heidnische Lieder in altnordischer Sprache aufzuschreiben und zu sammeln. Das ist ja die Zeit der Entstehung berühmter mittelhochdeutscher Epen, als das *Nibelungenlied* aufgezeichnet wurde und berühmte Sänger wie Walther von der Vogelweide dichteten.

Viele nordische Mythen und Geschichten mögen in ihrem Kern sehr alt sein, manche – so der Widerspruch zwischen Balder und Loki – gar in die indogermanische Zeit zurückreichen. Die Verehrung des Göttergeschlechts der

Wanen drang von Dänemark, möglicherweise vorwiegend von Seeland, weiter nordwärts bis Uppsala, wo der Freyskult blühte. In Drontheim wird ein ihm geweihter Tempel erwähnt, Frösön im schwedischen Jämtland verweist auf seine Verehrung. Die Wanen, mitunter als ›die Glänzenden‹ übersetzt, obwohl diese Deutung keineswegs sicher ist, gelten als freundliche, heitere Gottheiten, und durch Handel und Schiffahrt gelangte der Wanenkult auch nach England. Wann die friedlichen Wanengötter nach Skandinavien einwanderten, ist ungewiß, doch sicher zu einer Zeit, als Thor im Norden der Hauptgott war. Als der Odinskult eindrang, kam es zum unvermeidlichen Zusammenstoß mit den Wanengöttern, danach – im mythologisch belegten Friedensschluß zwischen Asen und Wanen – zur religiösen Einigung im Norden. Odin, bis dahin nur Naturgott, wurde durch festlandgermanischen Einfluß unbestrittener Göttervater, der allein über Asen und Wanen herrscht. Die Erinnerung an die Wanen-Zeit lebte im Norden als Frode-(Frey-)Frieden fort.

Ein Nerthus-Tempel lag wahrscheinlich auf Seeland (›Hleidra‹ – Lejre). Noch im 10. Jahrhundert wurden dort, Wanengöttern zu Ehren, alle neun Jahre große Opferfeste gefeiert. Während sich die an den Küsten Wohnenden nach *Tiwaz-Ingwaz** (Ankömmling) laut Tacitus Ingwäonen nannten, betrachteten sich Schwedenkönige geradezu als Abkömmlinge von Yngwi-Frey, als Ynglinge. Wie Thor als Häuptling der Götter und Odin als Vater der Götter verehrt wurde, so galt der Wane Frey als der »Erste, als Fürst und als der Gott der Welt«.

Durch die große Revolution, die der Kult der Germanen in der vorhistorischer Zeit erfuhr, trat an die Stelle des Himmelsgotts *Tiwaz** oder *Tius** (Tyr) sodann Wodan bzw. Odin als Götteroberhaupt. In einem unvergleichlichen Siegeszug gelangte die Odinsverehrung zunächst vom Rhein her zu den weiteren Festlandgermanen und dann nach Dänemark. Odin entriß dem alten Himmelsgott nunmehr Macht und Gemahlin. Über das Alter des Odinsglaubens im Norden gibt es verschiedene Ansichten. Sollte er um 500 eingewandert sein, so gab es bis zum Beginn der nordischen Überlieferung durchaus Zeit genug, in der er sich breit ausformen konnte. Möglicherweise kam er erst einige Jahrhunderte später. Über Sachsen wanderte Odin ein, Snorris Bericht, er sei mit anderen Göttern von Saxland nach Fünen und Seeland gelangt, hat viel für sich. Alte Kultstätten wie Ringsted, Lund, Hleidra werden durch Odin geweihte Heiligtümer ergänzt: Odinswe (Odense), Onswed in Schonen, Onsberg und Onsild in Jütland. In Schweden findet man zahlreiche Orte, die nach ihm benannt sind: Onsåker, Odenfors, Odensjö, Odensvi, Odensvalla u. a. Als die Odinsverehrung in Schweden etabliert war, erhielt er den Beinamen Gaut oder Gautatyr.

In Norwegen stehen neben einem Dutzend mit Thor verbundenen Ortsnamen etwa gleich viele mit Odin zusammengesetzte Städtebezeichnungen. Bei den Istwäonen am Rhein schon oberster Kultgott, gelangte Odin – auch als Symbol geistigen Strebens – bereits als Göttervater in den Norden. Und zahlreiche bewundernswert tiefsinnige Mythen feiern ihn als Schützer und Erhalter der Götter- und Menschenwelt. Als Totengott verlangte er die Seele. Als Gott der Dichtkunst erscheint er schon bei den ältesten Skalden. Sobald Odin im Norden der überragende Himmelsgott geworden war, schien es notwendig, alle übrigen Götter in ein verwandtschaftliches System einzuordnen. Noch im 11. Jahrhundert nennt ihn ein christlicher Dichter Allvater, obgleich doch nur der Christengott diesen Namen führen durfte. Die Dreiheit (Alliteration bei Wóden, Wili und Wé) deutet auf frühen christlichen Einfluß. Wili ist dabei Christus, bei Kirchenvätern Voluntas oder Velle (Wille) genannt, Wé der Heilige Geist.

Paulus Diaconus (nach 720-799), Verfasser der *Historia Langobardorum*, Diakon in Aquileja, Mönch im Kloster Civate (Comer See) und 782-786 am Hof Karls des Großen, sagte von Wodan, alle Stämme Germaniens hätten ihn verehrt. »Alle Völker meinen, sie müßten Odins Namen in ihrer Sprache abwandeln, um selbst zu ihm beten zu können.« Und Saxo Grammaticus schrieb: »Odin erstrahlte über den ganzen Erdkreis in solchem Glanz des Ansehens, daß alle Völker ihn wie ein der Welt geschenktes Licht betrachteten.«

In der *Völuspá*, diesem zwischen 950 und 1000 entstandenen großartigen eddischen Gedicht, wird Odins Walhall nicht näher beschrieben, aber zahlreiche Facetten ergeben sich aus den wetteifernden Darstellungen der Skalden, die an den Königshöfen Odins Lob sangen.

Viele Forscher haben – besonders seit Beginn des 19. Jahrhunderts – in unermüdlichem Fleiß aus den vorhandenen Bruchstücken der Heldenlieder und -sagen, Märchen und Volkssagen die unterschiedlichen Göttervorstellungen unserer Vorfahren zusammengetragen. Jakob Grimms *Deutsche Mythologie* (1835) stellte den großangelegten Versuch dar, in kühnen Vergleichen mit den nordischen Überlieferungen eine Art Götterlehre für alle Deutschen vorzustellen. Aber zuwenig Material liegt von den Göttervorstellungen der Festlandgermanen vor, als daß dieses Unterfangen voll gelingen konnte.

Erste Edda-Übersetzungen und Herausgaben in Deutschland gehen zurück auf Gelehrte wie Rühs, v.d. Hagen, die Brüder Grimm, Hoffory. Große Verdienste erwarben sich Männer wie Simrock, Genzmer, Neckel, Niedner, um nur einige zu nennen, um die deutsche Übersetzung der nordischen Mythen. Im Zuge der Nationalromantik kam es in Skandinavien selbst – ebenso wie in Deutschland – zu einer intensiven Forschungstätigkeit hinsichtlich der nordischen

Mythologie. Richard Wagner wurde von den damaligen Editionen zu seinen Opern angeregt. Populäre Schriften über nordische Mythologie nahmen auch zur Zeit des Wilhelminischen Deutschlands eher noch zu, während in der Zeit des Nationalsozialismus das Nordische, die Nibelungentreue u.a., verabsolutiert und allzu einseitig ausgelegt wurden. Zu belastet waren nach 1945 die »nordischen Themen«, als daß es zu einer erneuten intensiveren Beschäftigung gerade mit den nordischen Göttermythen kommen konnte.

Jetzt ist die Zeit, alte Vorurteile abzuwerfen, eine Einführung in die nordische Götterwelt – ohne ideologische Vorbelastung – durch einen leicht lesbaren Prosatext, wie er hier angestrebt wurde, allen interessierten Lesern vorzustellen. Einbezogen in unsere Ausgabe sind auch nordische Versionen von Sagen, die uns bereits aus dem deutschen Sagenkreis geläufig sind, etwa die Siegfried- und Nibelungensage, doch enthält die vorliegende Auswahl vorwiegend im Norden bekannte Mythen und Sagenelemente, wie sie uns nordeuropäische Quellen überliefert haben. Wo man die Quellen für die hier zusammengestellten Sagen findet, darüber geben die nachfolgenden Anmerkungen ein wenig Auskunft, ohne allerdings aus Platzgründen erschöpfend sein zu können.

Es sei an dieser Stelle noch einmal hervorgehoben, daß es bei unserer ›Nacherzählung‹ der alten Götter- und Heldenmythen des Nordens keineswegs um eine – auch nur annähernd – wörtliche Übertragung von Originaltexten handeln kann. Im Gegenteil, hier wurde – wie eingangs bereits angedeutet – sehr frei mit dem vorliegenden Material umgegangen. Die Reihenfolge und Anordnung der einzelnen Geschichten ist bei unseren ›Sagen‹ demzufolge auch ganz anders als in den gewohnten Edda-Ausgaben, bei Saxo oder in den Sagas. Einerseits wurde hier vieles von diesem oder jenem Originallied oder -text weggelassen, andererseits aber auch, um einen Märchenstil zu erzeugen, mancherlei ausgeweitet oder ergänzt, was man in keiner nordischen Quelle wörtlich so finden könnte! Das trifft auch auf die vielen neuen Dialogteile zu. Daher dürfte jegliche Kritik von Forschern und Kennern der nordischen Mythen, diese oder jene Quelle sei ›ungenau‹ wiedergegeben, hier nicht zutreffen. Das sollte ja keineswegs Ziel und Zweck unserer Sammlung sein. Dennoch ist es – das weiß jeder, der sich mit Prosafassungen berühmter poetischer Werke der Weltliteratur beschäftigt hat – stets auch eine Art Gratwanderung zwischen Altem und Neuartigem. Hier sollte einmal der Bogen gespannt werden vom Anfang der nordisch-germanischen Götter- und Heldenwelt bis zu ihrem Untergang. Dazwischen liegen sehr bekannte und – naturgemäß – auch einige unbekanntere Geschichten von Göttern, Menschen, Riesen, Trollen und anderen Ungeheuern, um so einen bunten Bilderbogen vorzulegen, gefertigt aus den Vorstellungen unserer heidnischen Vorfahren. Wieweit diese nordische Götterwelt mit all ihren großartigen und zutiefst sinnreichen Schilderungen, etwa vom Weltanfang und Weltende, vom Wesen der Götter, von ihren Abenteuern und Eskapaden, auf alle germanisch sprechenden Völker als gemeinsames Erbe zu übertragen ist, wird gern dem Leser zur Entscheidung überlassen.

Hans-Jürgen Hube

Anmerkungen

Hinweis: Zahlenangaben hinter den Quellenzitaten beziehen sich auf Bücher, Kapitel oder Strophen, zuweilen auch auf Seitenzahlen (Lieder-Edda: Ausgabe: G. Neckel, H. Kuhn, Heidelberg 1962. Jüngere Edda: Ausgabe: F. Jonsson, Kopenhagen 1931. Saxo Grammaticus ›Gesta Danorum‹. Neubearbeitung und Kommentierung von Hans-J. Hube. HUB. Berlin 1994).

Der Urriese Ymir: Das meiste über diesen Mythos wird in der ›Jüngeren Edda‹ des Snorri Sturluson (›Gylfaginning‹ 4-8) mitgeteilt, wobei er auch Quellen wie das Schöpfungsgedicht ›Völuspá‹ (3) anführt, das wahrscheinlich aus dem 10. Jh. stammt und die Lieder-Edda einleitet. Auch ›Vafþruðnismál‹ (21, 28), ›Grimnismál‹ (40) sowie ›Hyndluljoð‹ (33) enthalten Elemente dieser sehr verbreiteten Vorstellungen.

Midgard: Hier findet man faktisch dieselben Quellen.

Von der Weltesche und Odins Macht: Diesen uralten Stoff liest man in der Jüngeren Edda (›Gylfaginning‹ 15-16) sowie in der Lieder-Edda (›Völuspá‹ ab 19, ›Grimnismál‹ 29-35) und in anderen Quellen wieder. Unsere Version hält sich vor allem an Snorri. Das meiste über Odin erfahren wir ebenfalls aus dem bereits zitierten Teil der Jüngeren Edda (›Gylfaginning‹ 20), jedoch finden sich die Bausteine für sein Wesensbild in vielen altnordischen Quellen.

Asa-Thor und seine Brüder: Zusammenhängendes dazu in der Jüngeren Edda (›Gylfaginning‹ 21-32) und der Lieder-Edda (›Grimnismál‹). Hier wird wiederum vorwiegend die Erzählung aus der Jüngeren Edda berücksichtigt.

Vom Wanengeschlecht und vom Riesensohn Loki: Gott Njörd ist in der Jüngeren Edda (›Gylfaginning‹ 23) behandelt; vgl. auch Vafþruðnismál (38-39) und ›Lokasenna‹ (34). Er war einer der Hauptgötter, Tacitus erwähnte ihn als Nerthus. Frey und Freya sind ebenfalls nach der Jüngeren Edda (z. B. ›Gylfaginning‹ 24 und 35) skizziert. Über die friedfertigeren Wanen im Vergleich zu den Asen vgl.: P. Herrmann (s. Lit.-Verzeichn.) 125-153. Loki erscheint auch in der Jüngeren Edda (›Gylfaginning‹ 33). Herrmann sah in Loki »eine der interessantesten Gestalten der nordischen Mythologie« (S. 252). Hier wird zunächst über die Ankunft Lokis bei den Asen erzählt. Er hat in den nordischen Mythen eine zentrale Rolle. Interessanterweise entwickelt er sich erst allmählich zum bösen Widersacher der Götter und Menschen. Lokis Name ist etymologisch nicht eindeutig erklärt, vielleicht ist es nur eine Kurzform für Loptr (Luft) oder Lodurr.

Der trunkene König Geirrod: ›Grimnismál‹, ein Hauptstück der »Lieder-Edda«, ist hier Vorbild. Es entstand eventuell im späten 10. Jh. oder zur Zeit der gelehrten Renaissance auf Island (12./13. Jh.) und ist eine ›Wissensdichtung‹, die in knapper Form viel bunten Stoff aufhäuft. Um die Geschichte anschaulicher zu machen, mußte in unserer Version viel eingestreut werden.

Die Zwerge, die Wunderdinge schmiedeten: Vgl. Jüngere Edda (›Skáldskaparmál‹ 61, Ausg. Simrock, bearb. v. H. Kuhn). Zwar wird auf das Schiff Skidbladnir auch in ›Gylfaginning‹ (43) und in ›Grimnismál‹ (43) verwiesen. Für die übrigen Dinge, die in der Geschichte vorkommen, ist jedoch Snorris Text die einzige Quelle.

Die schöne Riesentochter Gerd: Vgl. ›Skírnirsmál‹. Frey, einer der größten Kultgötter, bekommt darin deutlichere Konturen. Allerdings bleibt er auch hier im Hintergrund, denn die Brautwerbung ist der Hauptteil, und die erledigt Freys Diener Skírnir. Eine Kurzfassung der Geschichte ist in Snorris Edda (›Gylfaginning‹ 37) enthalten. Anspielungen findet man auch in ›Lokasenna‹ (42) und ›Hyndluljoð‹ (30). Die in der Drohung Skírnirs enthaltenen Runennamen deuten darauf hin, daß das Lied in spätheidnischer Zeit oder im 13. Jh. entstand.

Der weiseste der Riesen: Vgl. ›Vafþruðnismál‹. Eigentlich geht es wieder um Wissensdichtung, viele mythologische Namen und Fakten kommen vor. Das Lied entstand wahrscheinlich zur Zeit der gelehrten Renaissance auf Island. Snorri hat es auch ausgiebig genutzt. Zwar triumphiert der Riese als schlauester, aber schließlich muß er klein beigeben. Odin zeigt, wie er mit Riesen umgeht, und erweist sich als großmütig.

Zauberin Gullweig, Wanenkrieg und Kwasirs Tod: Der Name Gullweig findet sich nur in ›Völuspá‹ (21-25), nicht selten als Freya gedeutet. Der Wanenkrieg wird in ›Skáldskaparmál‹ knapp umrissen. Die Vergeiselung von Njörd und Hönir erscheint in ›Gylfaginning‹ (23); vermutlich schildert auch ›Völuspá‹ (21-26) den Wanenkrieg. Kwasir u. a. wird in ›Skáldskaparmál‹ (4) dargestellt. ›Gylfaginning‹ (49) nennt ihn den weisesten aller Asen, während er in ›Ynglinga saga‹ (4) als Wane erscheint, ursprünglich wohl nur ein aus Beeren gegorener Saft, vgl. norweg. kvase, russ. kvas, doch handelt es sich um alte Überlieferung, u. a. belegt im indischen Mythos vom Raub des Göttertrankes Soma durch Indra.

Wie Odin Suttungs Dichtermet gewann: Vgl. Jüngere Edda (›Skáldskaparmál‹ 6). Vom Dichtermet wissen wir sonst nur noch aus ›Hávamál‹ (104-110).

Vom Jöten, der die Mauer um Asgard baute: Vgl. Jüngere Edda (›Gylfaginning‹ 42); das Roß Sleipnir findet auch in ›Hyndluljoð‹ (40) Erwähnung. Einen Hinweis auf die ›Freveltat‹, als Entgelt für den Bau der Götterburg ›Oders Braut‹, also Freya, dem Riesenbaumeister zu überantworten, bringt auch ›Völuspá‹ (29-30); im übrigen ist der Mauerbau nirgends sonst erwähnt.

Angrboda, die Riesin: Von der Zeugung der drei Weltfeinde: Midgardschlange, Fenriswolf und Hel durch Loki berichtet Snorri (›Gylfaginning‹ 34); Hel wird auch in ›Hyndluljoð‹ (37) genannt. Eine Schilderung vom Kampf Thors mit der Midgardschlange geht auf ›Hýmiskviða‹ in der Lieder-Edda zurück, teilweise auch auf skaldische Gedichte.

Wie Thor nach der Midgardschlange fischte: Vornehmlich in Snorris ›Gylfaginning‹ (48) überliefert. In ›Hýmiskviða‹ (16-24) erscheint Thors erster Kampf mit der Weltschlange, eine der berühmtesten Taten des Gottes, als Mittelpunkt des Märchens. Hier sind drei Mythen von Thor in einem Lied verknüpft, die wahrscheinlich ursprünglich nicht zusammenhingen. Thor und die Midgardschlange stehen sich dann erst in der Zeit der Ragnarök zum drittenmal gegenüber (›Gylfaginning‹ 51; ›Völuspá‹ 56). – Insgesamt ist die Midgardschlange nicht Snorris Erfindung. Sie wird schon in Eilífs Thórsdrápa (1) aus dem 10. Jh. genannt; im Mittelalter wurde sie gern mit Leviathan (AT) in Verbindung gebracht.

Die Geschichte von Hymirs Braukessel: Den Stoff in seiner spezielleren Formung bringt ›Hýmiskviða‹ in der Lieder-Edda. Die Gewinnung des Braukessels für die Götter (1-6; 33-36; 39) stellt den Rahmen für weitere Taten Thors dar, die sich auch im Märchenmotiv von dem Kelch und dem harten Riesenschädel (28-32) wiederfinden. Erneut geschildert ist der Kampf Thors mit der Midgardschlange (16-24), der in unserer vorliegenden Version aber zurückgenommen wird, da er doch eine Wiederholung wäre. – Von der Gewinnung Thjalfis und Röskwas vgl. Snorris ›Gylfaginning‹ (43, 44). Anspielungen darauf auch in ›Hýmiskviða‹ (7, 37-38). Thjalfi spielt später als Schnelläufer im Märchen von Utgard-Loki (›Gylfaginning‹ 46-47) eine tragende Rolle. Thjalfi (Thjelwar) fand zuerst die Insel Gotland, die so lichtlos war, daß sie tags untersank. Er brachte das Feuer und ist also mit Prometheus verwandt: Künstler wie Dädalus, Feuerdämon, Urheber der Kultur, vergleichbar mit Loki. Skalde Eilífr Godhrúnarson (10. Jh.) erwähnt ihn bereits. Als Personenname erscheint Tjalfi auch auf einem Dutzend Runeninschriften.

Der freche Riese Hrungnir: Vgl Snorri (›Skáldskaparmál‹ 25, 26). Der Streit mit dem Jöten ist seit ältester Zeit einer der bekanntesten Riesenkämpfe Thors (vgl. auch ›Harbardslioð‹ 15 und ›Lokasenna‹ 61). Snorri hat hier vornehmlich nach einem Skaldengedicht erzählt, von dem er einen Abschnitt folgen ließ. Für Groas Zauberspruch vgl. als Quelle ›Skáldskaparmál‹ (26).

Der Handschuh des Riesen Skrymir: Dieses *Thor*-Abenteuer wird in Snorris ›Gylfaginning‹ (45) ausführlich mitgeteilt, in ›Harbardhsliođ‹ (26) sowie in ›Lokasenna‹ (60) gestreift, wo Loki darüber spottet, daß Thor in den Riesenhandschuh gekrochen ist. Über Thors Unfähigkeit, das Essenbündel zu lösen, macht sich Loki ebenfalls lustig (62). Im übrigen ist das Märchen unbekannt in der altnordischen Dichtung; vgl. aber Parallelen in russischen und ossetischen Sagen, u. a. der Schlaf im Handschuh, so daß man auf hohes Alter schließen kann.

Wie Utgard-Loki wettete und gewann: Vgl. Snorris ›Gylfaginning‹ (46-47); weiteres ist über Thors Abenteuer bei Utgard-Loki, der sich auch Skrymir nennt, nicht mitgeteilt. Allerdings erwähnt Saxo Grammaticus (VIII) die Fahrt des ›Weltreisenden‹ Thorkel zu ihm. Bei Saxo ist Utgard-Loki ein heruntergekommener Mann, der in einer Felsenhöhle haust.

Loki lockt Thor waffenlos zum Riesen Geirröd: In Snorris »Skáldskaparmál« (18) berichtet; Saxo flicht die Geschichte ebenfalls ein: vgl. ›Utgard wird von den Menschen erkundet‹, als er König Gorm in Geirröds Halle kommen läßt. Saxo beschreibt nur noch das Ergebnis von Thors Kampf. Snorri entnahm den Inhalt der Geschichte offenbar einem Skaldengedicht, denn er hat acht Zeilen daraus seiner Geschichte beigefügt, die sonst nicht überliefert ist. Daß Widars Mutter Grid eine Riesin war, ist nur aus dieser Geschichte bekannt.

Der Hammer Mjöllnir ist verschwunden: Vgl. ›Thrymskvidha‹ (Lieder-Edda); Schwank; wir kennen den Stoff aus keiner anderen Dichtung, auch nicht den Namen des Riesen Thrym. Das verweist darauf, daß die für Thor so gefährliche Geschichte offenbar in der Mythologie nur eine geringe Rolle spielte. Heute ist das Göttermärchen eines der bekanntesten in der Edda. Simrock sah in Thrym einen alten Naturgott.

Vom Fenriswolf und wie er gefesselt wurde: Snorris ›Gylfaginning‹ (34) berichtet diesen Mythos, der noch in ›Lokasenna‹ (38 f.)

der Lieder-Edda erwähnt wird, als davon die Rede ist, daß der Wolf Tyrs Schwurhand abbiß und bis zum Untergang der Asen gefesselt warten mußte. Die Weissagung, daß der Fenriswolf einst Odin verschlingen wird, ist bereits in der Ausformung Snorris vorhanden. Der Mythos entstand wohl im 10. Jh. im Zusammenhang mit den Ragnarök.

Der Raub der lieblichen Idun: Hauptquelle: Snorris ›Skáldskaparmál‹ (2-3). Von Iduns Äpfeln wissen wir auch aus Snorris ›Gylfaginning‹ (26). Im übrigen hat er das Märchen von Iduns Raub und Thazis Tod offenbar nach einem alten Skaldengedicht erzählt, das er an anderer Stelle überliefert. Tjazis Tod ist in ›Harbardhslioð‹ (19) sowie in ›Lokasenna‹ (50) erwähnt. Der Mythos, vielleicht weniger bekannt, könnte mit Erzählungen des klassischen Altertums über die Hesperidenäpfel in Beziehung stehen.

Die Götterbraut Skadi: Die versehentliche Wahl ihres Gemahls Njörd statt Balder ist vornehmlich bei Snorri (›Skáldskaparmál‹) mitgeteilt. In ›Lokasenna‹ (51) wird auf Kultstätten der Skadi hingewiesen; manche Forscher brachten daher Skadi als Hauptgöttin mit Ska(n)dia in Beziehung.

Zwerg Allwiß auf Freiersfüßen: Das poetische Märchen gibt ›Alvissmál‹ der Lieder-Edda wieder. Es stammt wahrscheinlich aus dem 12. Jh. Der lichtempfindliche Zwerg zählt dem Bauerngott Thor alle möglichen Dinge auf, bis ihn der erste Sonnenstrahl in Stein verwandelt. Es handelt sich bei dieser Erfindung vornehmlich um einen Rahmen für Synonyme (Simrock), aber die Geschichte kann doch spannend erzählt werden. Vielleicht entstand Alvissmál als Wissensdichtung als Beitrag zur Skaldenpoetik.

Freyas Halsschmuck und die lüsternen Zwerge: Vgl. Hinweise in Thrymskviða (13, 19), Gylfaginning (35): Freya ist Mardöll (›die aus dem Meer am Morgen Aufleuchtende‹) oder Menglöd (›die mit dem Halsband Beladene‹). Die Bewerbung des Tagesgotts Swipdag um die Sonnenjungfrau Menglöd kehrt im ›Hynduljoð‹ wieder. Das Halsband war vielleicht Bernsteinschmuck. In Robbengestalt streiten Loki und Heimdall darum, der Schmuck selbst wird ›glänzende Meerniere‹ genannt. In ›Sörla tháttr‹ werden die Namen der vier Zwerge mit Alfrigg, Dvalinn, Berlingr und Grerr angegeben. Ein Forscher sah in *brísingar* das Nordlicht, welches Odins Waffentote symbolisiert.

Harbard, der Fährmann: Vgl. ›Harbardhslioð‹ in der Lieder-Edda. In diesem Schwank ist der gradlinige Bauerngott Thor, der sich müht, die furchtbaren Feinde der Götter und Menschen zu bekämpfen, dem verschlagenen Zauberer und Kriegsgott Odin gegenübergestellt. Es ist ein traditioneller nordischer Männervergleich. Odin ist überlegen, weil er weiß, wen er vor sich hat, während Thor nichts erfährt. Die Abenteuer, welche Odin erwähnt, sind kaum bekannt, während man die meisten Taten Thors auch aus anderen Quellen kennt. Das Märchen erwähnt die Insel Hlesey (Lässö) im Kattegat, wo auch Ägirs Halle gestanden haben soll. Den Typ des widerstrebenden Fährmanns findet man übrigens im Nibelungenlied (1480 ff.)

Woher Knechte, Bauern und Edle kamen: Vgl. ›Rígsthula‹ in der Lieder-Edda. Es werden irische Einflüsse (air. rigr = König) vermutet, da der Stoff im Kreis der nordischen Mythen ziemlich isoliert blieb. Wertvoll ist die Charakterisierung der drei Stände. Wahrscheinlich ging es hier um Verhältnisse in Wikingersiedlungen im Nordseeraum, weniger um Zustände auf Island. Ein norwegisches Lied (um 890) preist Harald Haarschön als ›Rig‹. Das Lied findet sich nicht in der großen Edda-Handschrift Codex Regius; der Text ist etwas fragmentarisch, der Schluß scheint zu fehlen. Die erwähnten Dan und Danp haben Dänemark den Namen gegeben, auch Saxo nennt als Stammvater Dan. Eventuell ist dieses Eddalied gelehrte ständedidaktische Dichtung des 13. Jh.s (Heusler).

Wie Frigg ihren Gemahl überlistete: Der Geschichtsschreiber Paulus Diaconus (um 720-799) erwähnt in seiner ›Historia Langobardorum‹ (Übersetzung Abel 1888) diese Episode, um den Namen der Langobarden zu erklären. Ein im Sinne der Nordromantik vor der Jahrhundertwende verfaßtes Gedicht »Friggas List« beginnt:

»Auf höchster Himmelshöhe / Saß Odin und trank Wein, / Er schaute frohen Mutes / In die weite Welt hinein« usw.

Utgard wird von den Menschen erkundet: Vgl. diese Geschichte in ihren Grundzügen bei Saxo Grammaticus (VIII). Hier wird Thorkel als Weltumsegler vorgestellt. Dänenkönig Gorm, von leidenschaftlichem Verlangen nach fremden Schätzen erfüllt, will die Wohnsitze des Riesen Geirröd erkunden, dessen Kampf mit Thor in der Edda beschrieben ist. Es gibt wohl eine lose Verwandtschaft mit den Odyssee-Mythen.

Frodis Mühle, die Gold mahlte: Das Märchen von den Riesinnen Menja und Fenja kehrt bei Snorri in ›Skáldskaparmál‹ (53) wieder. Das dort eingefügte Grottelied war ein altes Mahl- oder Arbeitslied, worin auch der Königsitz Hleidra (Lejre) auf Seeland (10) und Halfdans Enkel (Hrolf Kraki) (21) erwähnt werden. Im zweiten Buch des Saxo Grammaticus erscheinen auch Elemente der Frodi-Sage. Hierbei geht es um den Sohn König Haddings. Im Text ist Jelling (Jütland) erwähnt, wo zwei der bekanntesten dänischen Runensteine neben gewaltigen Königshügeln stehen.

Yrsas Geschick: Vgl. ›Skáldskaparmál‹ (55) und Saxo Grammaticus; Snorris ›Ynglinga saga‹ erwähnt ebenfalls entsprechende Sagenbestandteile. All das wurde kompiliert in ›Hrólfs saga kraka‹, einer Dichtung aus dem 14. oder 15. Jh.

Hroars Halle und Beowulfs Kampf mit dem Meertroll: In die Sage von den Skjöldungen kann man auch diese Episode aus ›Beowulf‹, dem altenglischen Stabreimepos, einbetten, das in der jetzigen Textform im 10 Jh. entstand, jedoch Quellen aufgreift, die aus dem 8. Jh. stammen und auf das 6. Jh. zurückgehen. Dieser südschwedische Gautenfürst kämpft gegen das Ungeheuer Grendel und seine Mutter am dänischen Hof Hleidra.

Ingjald will seinen Vater Frodi rächen: Vgl. ›Gesta Danorum‹. Im 19 Jh. entstand nochmals eine Nacherzählung nach Saxos 5. Buch als ›Fróða saga frækna‹ (Sage von Frodi dem Kühnen).

König Hrolf Kraki: Elemente dieser weitverbreiteten Sage in Snorris ›Skáldskaparmál‹ (54-55) und ›Ynglinga saga‹ sowie in Saxos ›Gesta Danorum‹. Vielleicht war vieles von dem Sagenstoff in der verlorenen ›Skjöldunga saga‹ enthalten; weitere Parallelen finden sich in den um 1400 entstandenen ›Bjarkarímur‹ und in dem (bis auf Saxos lateinischer Übersetzung) verschollenen ›Bjarkamál‹. Das Beowulf-Epos kennt auch die Gestalt des Hrolf, erzählt die Ereignisse aber anders. Zu einem eigenständigen Werk arbeitete der dänische Dramatiker Johannes Ewald (1743-1781) den Stoff um. Er hat als erster Skandinavier Themen der altnordischen Literatur (u. a. Saxo Grammaticus) bearbeitet. Dazu gehört auch sein Werk ›Balders Tod‹ (1773).

Der Fluch des Halsrings der Ynglinge: Episoden u. a. aus Snorris ›Ynglinga saga‹ (Sage über die Ynglinge). Sie stellt den ersten Teil der ›Heimskringla‹ dar und behandelt die sagenhafte Geschichte der schwedischen Ynglingerkönige. Snorris Hauptquelle war hierbei Thjodólfr ór Hvinis ›Ynglingatal‹ (9. Jh.), worin in 38 Strophen die Ahnen norwegischer Könige dargestellt sind.

König Hedin und die Walküre: Vgl. Snorris Geschichte von Högni und Hild in ›Skáldskaparmál‹ (62) in der Jüngeren Edda. Auch hier liegt wahrscheinlich eine uralte Sage zugrunde, die Geschichte von Hetel (Hedin) und Hilde, die sich im Gudrun-Epos findet. Hinweise darauf finden sich auch im zweiten Lied von Helgi dem Hundingstöter der Lieder-Edda (27-28).

Hamlet: Saxo Grammaticus (III.) überlieferte dieses Märchen vom dänischen Königssohn Amled (lat. Amblethus), das auch in der Lieder-Edda erwähnt wird und durch Shakespeares Gestaltung Weltruhm erlangte. Ein nicht erhaltenes, T. Kyd zugeschriebenes Hamlet-Drama scheint Vorlage für Shakespeare gewesen zu sein. Hier richten wir uns in einer knappen Version nach Saxo.

Die Rache des Schmieds Wölund: Das sehr alte Lied ›Völundarkviða‹ der Lieder-Edda enthält wesentliche Elemente dieses Märchenstoffs über den Schmied und den jütländischen König Nidug.

In der deutschen Sage von ›Wieland‹ erscheinen zahlreiche Märchenelemente nicht, beispielsweise fehlt die Episode mit den Schwanenjungfrauen. Vorbilder sind vielleicht antike Märchenstoffe; den romanischen Völkern war der Schmied unter dem Namen Galland bekannt. Erwähnungen der Wielandsage in der altenglischen Literatur und auf bildlichen Darstellungen (Runenkästchen von Auzon, ca. 700) deuten vielleicht auf englische Vermittlung.

Die Geschichte von Helgi Hjörwardson: Vgl ›Helgakvidha Hjörvardssonar‹ in der Lieder-Edda. Das Lied besteht aus drei größeren, von ausführlichen Prosastellen durchsetzten Abschnitten. Es entstand möglicherweise im 12. Jh. Der erste Teil erzählt von König Hjörvard, der als vierte Frau die schönste Frau der Welt, Sigrlinn, heiratet, die ihm Helgi gebiert, der aber stumm ist, bis ihm die Walküre Svava die Sprache verleiht (1-11). Die Geschichte ist lose mit den Liedern von Helgi dem Hundingstöter durch den Hinweis auf Helgis Wiedergeburt verbunden. Walkürenliebe und Wiedergeburt waren auch Motive der verschollenen Kara-Lieder, im 2. Lied von Helgi dem Hundingstöter erwähnt.

Die Sage von Sigmund und Signy: Hiermit werden die Sagenmotive um das Wölsungengeschlecht eingeleitet. ›Völsunga saga‹ ist eine umfangreiche Fornaldarsaga, die auf älteren Heldenliedern beruht und kaum vor Mitte des 13. Jh.s entstand. Sie erzählt die Geschichte von Odins Sohn Sigi über Sigurd bis zum Untergang der Gjukungen am Hof König Atlis.

Helgi der Hundingstöter: Quellen für dieses bekannte Märchen sind u.a. ›Helgakviða Hundingsbana in fyrri‹ und ›Helgakviða Hundingsbana önnur‹ der Lieder-Edda. Helgi ist wie Sigurd ein Sohn Sigmunds (›Sighurdarkviða‹ 3), doch haben beide verschiedene Mütter. Hunding wird in der Edda nicht näher erklärt. An anderer Stelle heißt so ein in Jütland regierender sächsischer König. De Vries datierte das Lied auf das Ende des 11. Jh.s.

Die Geschichte vom Schwert Tyrfing: Vgl. ›Hervarar saga ok Heidhreks konungs‹ (Saga von Hervör und König Heidrek). Diese umfangreiche, aus dem 13. Jh. stammende Sage enthält vier wohl wesentlich ältere Lieder, darunter das ›Hunnenschlachtlied‹, die zur ältesten Schicht von Heldenliedern zählen. Die Saga handelt vom fluchbeladenen Schwert Tyrfing, das vier Generationen einer Familie beherrscht, wobei die Saga in vier Abschnitte gegliedert ist. Im ersten Teil lesen wir vom Kampf Angantyrs, der das Schwert von seinem Vater Arngrim ererbt hat. Im zweiten Teil wird erzählt, wie Angantyrs Tochter ihren toten Vater erweckt und die Herausgabe des Schwerts erwirkt (›Hervörlied‹). – Es gibt zwei Fassungen von der Saga, die beide schon an der Wende vom 14. Jh. existiert haben dürften. Alte Heldenlieder sind verschmolzen. Es bestehen auch Parallelen zur ›Örvar-Odds saga‹ und Saxos ›Gesta Danorum‹.

Heidrek: Hier bilden weitere Geschehnisse der ›Hervarar saga ok Heidhreks konungs‹ (s. o.) die Grundlage.

Gestumblindi: Vgl. ›Hervarar saga‹. In einem Wissenskampf, zu dem er den Bauern Gestumblindi zwingt, unterliegt Heidrek, da Odin selbst in der Rolle des Bauern erscheint. Dazu passen ›Heidhreks gátur‹ (H:s Rätsel), 37 Rätselstrophen, die kaum mythologische Themen ansprechen.

Der junge Angantyr: Letzter Abschnitt der ›Hervarar saga‹ unter Einbeziehung von ›Hlöðskviða‹. Im Hunnenschlachtlied wird Angantyrs Kampf um das Erbe geschildert.

Sigurd und der Goldschatz Andwaris: Nordische Version des Nibelungenstoffes mit vielen Einzelheiten, die anders sind als im deutschen Epos oder ganz fehlen. Vgl. Snorris ›Skáldskaparmál‹ (47 f.), worin auch König Hjalprek in Thjod (Ty in Nordjütland) erwähnt ist. Zitiert sind dort die Strophen 32-33 aus ›Fafnismál‹ der Lieder-Edda. Das gesamte Märchen wird deutlich, wenn man ›Sigurðarkviða Fafnisbana fyrsta eða Gripisspá‹ und ›Sigurðarkviða Fafnisbana önnur‹ und andere Lieder der Edda sowie weitere Überlieferungen berücksichtigt, die wie ›Atlakviða‹ (Lied von Atli) dem deutschen Nibelungenlied entsprechen. Die Gjukungen erleiden ein ähnliches Schicksal. Allerdings ist gegenüber der deutschen Sage das Rachemotiv vertauscht. Während Kriemhild den Tod Siegfrieds durch die Ermordung ihrer Brüder rächt, ahndet Gudrun ihre Brüder durch den Tod ihres Gemahls. Es gibt eine große Reihe von Sigurdliedern, die zeigen, wie bekannt der Stoff im Norden war. Die Beliebtheit des Stoffes zeigen auch die vielen nordischen Prosabearbeitungen.

Die Walküre Brynhild: Vgl. ›Sigrdrifumàl‹ und ›Brot af Brynhildarkviðu‹ (Bruchstück eines Brynhildenlieds) der Lieder-Edda.

Brynhilds Fahrt zu Hel: Vgl. ›Helreið Brynhilda‹ (Brynhilds Todesfahrt) der Lieder-Edda.

Atli und das Ende der Gjukunge: Vgl. Dráp Niflunga (Ermordung der Niflungen) und Gudhrúnarkviða önnur (Das zweite Gudrunlied) sowie die weiteren diesbezüglichen Stücke der Lieder-Edda. Der gesamte Sagenstoff war, wie bereits erwähnt, im Norden sehr verbreitet.

Jörmunreks Tod: Motive hierzu auch in ›Gudhrúnarhvöt‹ und in ›Hamdismál‹ der Lieder-Edda. Jörmunrek ist der Ermanarich in der Dietrichsage. Der Stoff der Lieder gehört zur ältesten Schicht der germanischen Heldensage. Das Hamdislied dürfte neben der ›Atlakviða‹ zu den ältesten Edda-Liedern zählen. Schon der Skalde Bragi inn gamli (9. Jh.) kannte den Stoff.

Gefjon und die Insel Seeland: Snorris ›Gylfaginning‹ beginnt mit dieser Geschichte, wobei er auch acht Zeilen von Bragi dem Alten zu dem Stoff zitiert. Bragi ist der erste namentlich erwähnte Dichter des Nordens, von dessen Werk nur Bruchstücke bekannt sind. Er lebte in der 1. Hälfte des 9. Jh., möglicherweise gibt es Parallelen zum Asen Bragi, der u. a. in ›Gylfaginning‹ auftaucht.

Der Odinskämpe Gram: Der märchenhafte Stoff geht auf Saxos ›Gesta Danorum‹ (I.) zurück.

Von Haddings Abenteuer: Hier wird eine gekürzte Fassung eines Textes von Saxo Grammaticus erzählt.

Harald Hildezahn: Beliebter nordischer Märchenstoff, der hier in einer kürzeren Version nach Versionen aus ›Gesta Danorum‹ (VII.) wiedergegeben ist.

Signe und Hagbard: Wirklich dänisch sind in den Sagen des Saxo wohl nur Bjarkemál, Ingjaldskvad und die vorliegende Geschichte, die hier in einer stark bearbeiteten Version wiedergegeben wird.

Fritjof: Diese bekannte Geschichte, die auf eine altnordische Saga (Friðþjofs saga frækna) vom Ende des 13. Jh. zurückgeht, wurde von Esaias Tegnér (1782-1846) als repräsentativste Leistung der schwedischen Romantik zu einem großen Epos umgearbeitet, das bereits 1826 ins Deutsche übersetzt worden ist und danach in nicht weniger als 14 deutschen Versversionen weit verbreitet war. Hier wird eine kürzere Prosafassung vorgestellt, die auf Tegnér basiert.

Was Odin den Loddfafnir lehrte: Vgl. ›Loddfafnirs Lied‹ (111-138) aus ›Hávamál‹ der Lieder-Edda, worin Spruchweisheiten reflektiert werden.

Balders Träume: Die einzige ausführliche Geschichte von Balders Schicksal bieten Snorris »Gylfaginning« (49) und ›Baldrs draumar‹. Im übrigen gibt es nur einzelne, zum Teil abweichende Züge und Anspielungen in der Lieder-Edda (›Völuspá‹ 36-37, ›Vafþruðnismál‹ 54-55, ›Wegtamskviða‹, ›Lokasenna‹ 28, ›Skirnismál‹ 21-22, ›Hyndlulioð‹ 28) sowie einzelnes bei anderen.

Odin bei der Seherin: Vgl ›Vegtamskviða‹. Das Lied fehlte in der Haupthandschrift der Eddalieder. Es ist in Bruchstücken einer anderen großen Liederhandschrift vorhanden.

Der blinde Hödur tut Schreckliches: Vgl. Snorris ›Gylfaginning‹ (49).

Wie Hermod zu Hel hinunterritt: Die Quelle ist ebenfalls ›Gylfaginning‹ (49).

Die stolze Königstochter Rinda: Saxo berichtet u. a. diese Episode
in den ›Gesta Danorum‹ (III.).

Lokis Schmähungen in Ägirs Halle: Vgl. ›Lokasenna‹ in der
Lieder-Edda; eine zentrale Geschichte in der nordischen Mythologie. Loki ist Helfer und Verderber der Götter in einem, Vater ihrer
gefährlichsten Feinde. Die Geschichte, die hier von dem Dichter
einst kunstvoll verwoben worden ist, zählt zu den Glanzstücken
nordischer Märchen- und Sagenkunst. Viele Vorwürfe, die Loki
hier macht, sind aus anderen Quellen bekannt. Doch einige, darunter Ehebrüche und anderes, werden nur in dieser klassischen
›Scheltedichtung‹ vorgestellt. Die dänische Insel Samsey (Samsö)
findet in Strophe 24 Erwähnung. Die Entstehungszeit ist umstrit-
ten. Forscher verweisen darauf, daß antike Göttersymposien (Se-
neca, Lukan) erst im 12. Jh. im Norden bekanntgeworden sein
dürften.

Wie Loki bestraft wurde: Kenntnis darüber vermittelt u. a. der
abschließende Prosateil (ursprünglich nicht dorthin gehörend) des
Lieds ›Lokasenna‹ in der Lieder-Edda. Auch Snorris ›Gylfaginning‹
(50) bringt eine entsprechende Darstellung.

Freyas Ahnungen: Vgl. ›Grógaldr‹, ein Lied, das zu den jüngsten
der Lieder-Edda zählt und wiederum eine Totenbefragung darstellt;
›Fiölsvinnsmál‹ (Das Lied von Fiölsvidr) schließt daran an; es wird
hier – Simrock vermutete Frey und Gerd – auf Oder (hier: Swipdag)
und Freya (hier: Menglada) abgestimmt; dieser Stoff über das
gefährliche Werben Swipdagas ist in schlechteren Handschriften
überliefert, vieles ist dunkel. Swipdag ist wohl kein Gott, und die
Motive entstammen vorwiegend dem Märchen; keine andere
Quelle nennt die Namen des Gedichts. Eine weitere Quelle für die
vorliegende Geschichte ist ›Hyndluljoð‹, die hier enthaltenen Weissagungen, besonders in den Strophen 28-41, sind ›kleine Völuspá‹
genannt worden.

Vite Krist: Freie Zusammenstellung einiger Sagenelemente aus ›Olafs saga Tryggvasonar‹, aus der Biographie des norwegischen Königs Olaf T. (995-1000), die von verschiedenen Verfassern stammt und von Snorri auch als Teil seiner ›Heimskringla‹ aufgenommen wurde.

Blot-Sven: Vgl. Sagenelemente, die u. a. auf den Tempel in Uppsala bezogen sind, der von Adam von Bremen in ›Gesta Hammaburgensis Ecclesiae Pontificum‹ (Geschichte der Hamburgischen Bischöfe) um 1070 beschrieben wurde. Blot-Sven ist in der schwedischen Geschichte ein sagenhafter König, der angeblich um 1087 als letzter ›heidnischer König‹ sein Leben ließ.

Ragnarök: Vgl. Snorris ›Gylfaginning‹ (51), ›Völuspá‹ (43 f.) und ›Vafþruðnismál‹ (18, 45, 47, 51, 53). Der Tod des Fenriswolfes wird anders in ›Völuspá‹ (55) geschildert, dort stößt Widar ihm den Stahl ins Herz (3). Snorri hat teilweise einen abweichenden Wortlaut, wenn er in Kapitel 51 ›Gylfaginning‹ aus ›Völuspá‹ (47-57) zitiert. In Snorris Kapitel 52 findet sich ein weiterer Abschnitt aus »Völuspá« (42 und teilweise 43). Außerdem hat Snorri hier die Strophen 41 und 63 desselben Liedes verwendet.

Nach dem Weltenbrand: Dieser Stoff ist dem Kapitel 53 ›Gylfaginning‹ der Jüngeren Edda entnommen. Dort wird auch wörtlich im Zusammenhang mit der ›neuen Sonne‹ aus ›Vafþruðnirsmál‹ (47) zitiert, und außerdem sind in diesem Kapitel die Strophen 58-61 aus ›Völuspá‹ erkennbar. Die berühmte Strophe 64, die von einem Mächtigen (Christus) spricht, der kommen wird, gilt einigen Forschern als spätere Einfügung. Sie fehlt in der Haupthandschrift und steht lediglich in einer jüngeren Handschrift, die zweite Hälfte nur in ganz jungen Abschriften. Auch unsere Sagensammlung zu den nordischen Mythen und Geschichten klingt mit Strophe 65 aus der ›Völuspá‹ aus, die den furchtbaren Drachen Nidhögg nochmals beschwört. Er bleibt und kann somit als Bedrohung der ›neuen Erde‹ verstanden werden.

Afi: (»Großvater«, lat. avus) in
›Rigsmál‹.

Ägir: (ægir »Meer«) Meerriese,
Meeresgott.

Agnarr: König Geirrods Sohn
im ›Grimnismál‹, der dem
vom Vater gemarterten Odin
hilft.

Äl: (engl. ale, neuisl. schwed. öl)
Bier.

Alben, Alfen, Elfen: (álfr
»Albe«) Fabelwesen; oft den
Göttern ähnlich (Lichtalfen)
oder den Zwergen (Schwarz-
alfen).

Alberich: Zwerg im ›Nibelungenlied‹, der dem nordischen
Andwari entspricht.

Alfheim: (»Welt der Alben«)
Freys Götterwohnung(?).

Alswinn: (»der Allgeschwinde«)
Roß vor dem Sonnenwagen.

Alwiß: (»allwissend«) Zwerg.

Amma: (»Großmutter«).

Andrimnir: (»der dem Ruß aus-
gesetzte«) Koch in Walhall.

Andwari: (»Vorsichtiger«)
Zwerg.

Angrboda: (»Kummerkünde-
rin«) Riesin.

Arwaker: (Arvakr »der Frühwa-
che«) Roß vor dem Sonnen-
wagen.

Asen: (áss »Gott«, Pl. æsir, vgl.

idg. *ans »atmen«, lat. ani-
mus) Erstes Göttergen-
schlecht.

Asgard: (ásgarðr »Heim der
Asen«).

Ask: (askr »Esche«).

Atli: (Attila »Väterchen«, Etzel).

Audumla: (Auðumla »Hornlose«) Urkuh.

Aurwandil: Riese, dessen Zehe
als Sternbild am Himmel
steht.

Austri: (austr »Osten«) Zwerg.

Balder: (baldr »kühn«).

Baugi: (»Bogen, Krummer«)
Riese.

Beli: (»Brüller«) König der
›Fritjofsage‹.

Bergelmir: (»bärartig Brüllen-
der«) Urriese.

Berserker: (berserkr »Bärenhäuter«) Odinskrieger.

Bestla: (»beste(?)«) Odins, Wilis
und Wés Mutter.

Bifröst: (»bebender Steg, be-
bende Rast«) Brücke nach
Asgard.

Bilskirnir: (»der mit Strahlen
Blitzende«) Wohnung Thors.

Blot: (»Opfer« isl. blota) Opferfest.

Bölverk: (bolverkr »Übles Bewir-
kender«) Odins Deckname.

Bodn: (»Gefäß«) für Dichtermet.

Bonde: (»Bauer, Großbauer,
Kleinkönig«).

Bragi: (bragí »Vornehmer«).

Breidablick: (breiðr »breit«)
Balders Halle.

Bretland: (»Britannien«).

Brisingamen: (brisingr »Feuer«)
Freyas Halsschmuck.

Brokk: (»der mit Metallstücken
Arbeitende«) Zwerg.

Brünne: (brynja »eisernes Pan-
zerhemd«).

Bruno: (»Brauner«) Gefolgsmann Harald Hildezahns.

Brynhild: (brynja »Brünne«,
hildr »Kampf«) Walküre.

Buri: (»Sohn«) Stammvater
der Asen.

Dagr: (»Tag«).

Dáinn: (»gestorben«) Zwerg.

Dienstag: (»Tag des Tyr (Ziu)«).

Disen: (»Schicksalsfrauen«,
Idisen im 1. Merseburger
Zauberspruch).

Donnerstag: (»Tag des Thor
oder Donar«).

Drachen: (dreki »Schiff mit
einem Drachenkopf am
Vordersteven«).

Drapa: (drapa »Totenlied«).

Draupnir: (»Tropfender«)
Odins Ring.

Dvalinn: (»Langsamer«)
Zwerg.

Edda: (»Großmutter«) oder
(»Buch aus Oddi auf Island«).

Eikthyrnir: (»der mit dem Ei-
chengeweih«) Hirsch, der
Blätter der Weltesche frißt.

Einherjer: (»Alleinheerende«)
Odins Waffentote.

Eldrimnir: (eld »Feuer«) Wunderkessel in Walhall.

Eliwagar: (»Hagelfluten«) Eis-
strom.

Elli: (»Alter«) Amme Utgardlo-
kis.

Embla: (»Ulme«) Erste Frau.

Fafnir: (»Umfasser«) Drache
und Hüter des Goldhorts.

Farbaut: (»der durch Stoß Feuer
erzeugt«) Vater Lokis.

Fenriswolf: (fenrir »Sumpf-
gestrüpp«) Weltfeind.

Fimbulwinter: (fimbulvetr
»Riesenwinter«).

Folkwang: (»Feld des Volks«)
Freyas Haus.

Forseti: (»Vorsitzender«)
Balders Sohn.

Framnes: (»vordere Landzunge«) ›Fritjofsage‹.

Freitag: (»Tag der Freya«).

Freki: (»der Gefräßige«)
Wolf Odins.

Frey: (»Herr«, ahd. fro, vgl.
»Frondienst«).

Freya od. *Freyja:* (»Herrin«).

Frigg: (»Geliebte«, »Fricka«)
Odins Gemahlin.

Fritjof: (fri∂ »Friede«, thiof
»Dieb«) ›Frithjofsaga‹.
Fulla: (»Fülle«) Friggs Dienerin,
›2. Merseburger Zauber-
spruch‹.
Fylgie: (»fylgja«) Gefolgswesen,
Fee.

Galar: (»Schreier«) Zwerg.
Gangrad: (gangrá∂r »der Entge-
genratende«) in ›Vafthrudh-
nismál‹ Name Odins.
Gardareich: (»Reich der
Städte«) Rußland.
Garm: (garmr »Hund«) an der
Pforte des Totenreichs.
Gaut: (»Göte, Gotländer«)
Gefjon: (»Gebende«) Göttin,
ähnlich wie Freya.
Geirröd: (»Speerhüter«) Riese.
Gerd: (gerdr »Erde(?)«) Riesin.
Geri: (»der Gierige«) Wolf
Odins.
Gestumblindi: (»der für die
Gäste Blinde« oder »blinder
Gast«) ›Hervarar saga‹, Odin.
Gilling: (»Lärmer«) Riese.
Ginnungagap: (»gähnender
Schlund«) Urschlucht.
Gjallahorn: (»gellendes Horn«)
Heimdalls Horn.
Gjöll: (»Lärm«) unterirdischer
Fluß an Hels Grenze.
Gladsheim: (gladr »froh«) Halle
Odins.
Gleipnir: (»die Offene«) Fessel
des Fenriswolfs.

Glitnir: (»Glitzernder«) Wohn-
sitz Forsetis.
Gode: (»Odinspriester«) Richter
auf Island.
Goldzopf: (gulltoppr) Heimdalls
Pferd.
Gram: (»der gram ist«) u. a.
Schwert, das Regin für Si-
gurd schmiedet.
Grani: Pferd des Sigurd.
Grid: (gri∂r »Gier, Wildheit«),
Riesin.
Grimnir: (»der mit der Maske«)
Odins Name bei König Geir-
rod, ›Grimnismál‹.
Grjotún, Grotuna-Gard:
(»Steinstadt«) Wohnort des
Riesen Geirröd.
Gró: (»Wachsende«) Tochter
des Königs Sigtrug.
Gróa: (»Zauberin«).
Gullfaxi: (»Goldmähne«) Pferd.
Gullinborsti: (»Goldborstiger«)
Eber Freys.
Gullweig: (»Goldgier, -rausch«)
Wanin, Synonym für Freya.
Gungnir: (»Schaukler«) Odins
Speer.
Gunnlöd: (Gunnlö∂ »Kampf-
einladung«) Tochter des
Riesen Suttung.
Guthorm: (ormr »Schlange«)
Halbbruder Gunnars und
Högnis.
Gymir: (»Meerwinter«) Vater
der Riesin Gerd.

Hadding: (»der mit den Haaren«) König, ›Gesta Danorum‹ (1).

Hamdir: (hamingja »Glück«) Sohn Gudruns, ›Hamdismál‹.

Harald Hildezahn: (hildr »Kampf«, tönn »Zahn«) dänischer König.

Harbard: (»Graubart«) Odins Name als Fährmann, ›Harbardhsliódh‹.

Hardgreip: (»hart Zupackende«) Vagnhöfts Tochter, ›Gesta Danorum‹ (1).

Hati: (»Verächter«) Wolf, der den Mond verfolgt.

Hávamál: (»Sprüche des Hohen«) ›Lieder-Edda‹.

Heidrun: (heiðr »Ehre, auch: Heide«, rún »Rune, Geheimnis«) Walhalls Metziege.

Heimdall: (»daheim Glänzender(?)«) Wächtergott.

Hel: (»Unterwelt, Totengöttin«; urverwandt: ver-hehlen).

Helblindi: (»Blinder des Totenreichs«) Lokis Bruder bzw. Odins Beiname.

Helgi: (vgl. »heilig«) König.

Hermod: (vgl. Beowulf 902: Hêremôd; her »Heer«, móðga »beleidigen«) Götterbote.

Hild(a): (hildr »Kampf«) Walküre.

Himinbjörg: (»Himmelsburg«) Heimdalls Wohnort.

Hjalmgunnar: (»Helmstreiter«) Gotenkönig, ›Sigrdrífamál‹.

Hjörvard: (»Schwertwächter«) ›Helgakvidha Hjörvardssonar‹.

Hleidra: (»Lejre«) Königssitz auf Seeland.

Hlidskjalf: (»Wachturm (?)«). Odins Hochsitz.

Hlin: (»Schützerin«) Göttin.

Hödur: (»Streiter«) Ase.

Högni: (»Kater(?)«) Hagen, Bruder Gunnars.

Holmgang: (»Inselkampf«) Zweikampf auf abgestecktem Inselplatz.

Hräswelg: (»Aasverschlinger«) Riese in Adlergestalt.

Hraudung: (»Zerstörender« bzw. »Gerüsteter«).

Hreidmar: (hreiðr »Nest«, mar »berühmt«, vgl. Märchen) Vater Otters, Regins und Fafnirs.

Hring: (»Ringkämpfer«) schwedischer König.

Hrungnir: (»Lärmer«) Riese.

Hugi: (»Gedanke«) besiegt Thjalfi bei Utgard-Loki.

Hugin: (»Gedanke«) Rabe Odins.

Hvergelmir: (»Brausekessel«) Quelle an der Weltesche.

Hymir: (»Der Verdunkelnde«) Riese.

Hyndla: (»Hündchen«) Riesin, ›Hyndluljodh‹.

Hyrrokkin: (»die vom Feuer Geschrumpfte«) Riesin.

Idafeld: (Idavöllr »Feld der Arbeit«).

Idun: (»Verjüngende«) Asin, Gemahlin Bragis.

Jarl: (»Fürst« engl. Earl, verwandt: erilar »Heruler«).

Jarnsaxa: (»die mit dem Eisenmesser«) Riesin.

Jonakr: (akr »Acker«) König, ›Gúdhrunarhvöt‹.

Jörd: (*erdu, »Erde«) Mutter Thors.

Jörmunrek: (»gewaltiger Herrscher«, vgl. Ermanarich) Gautenkönig.

Jöten: (jötunn »Fresser«, *etanaz) Riesen.

Jul: (jól »Opferfest«, später »Weihnachten«) Wintersonnenwende.

Kebse: (»Sklavin«) Nebenfrau, deren Kinder als ehelich galten.

Kostbera: (»Sorgfalt Tragende«) Gemahlin Högnis.

Kraftgürtel: (megingjörð) Thors Attribut.

Kraka: (»Krähe«).

Kwasir: (eigtl. »Beerensaft«, norweg. kvase, russ. kvas) Weiser; von Galar und Fjalar getötet.

Langobarden: (langbarðr »Langbart«).

Lärad: (Læráðr »Schutzspender«) Baum über Walhall.

Laubeja, Laufey: (»Laubinsel(?)«) Mutter Lokis.

Leuchtmähne: (skinfaxi) Roß, auf dem der Tag kommt.

Lif: (»Leben«); Lifthrasir (»Leben Erstrebender«) Menschen, die den Weltenbrand überleben.

Liser: (lisa »lindern«) Gefährte Haddings, ›Gesta Danorum‹.

Logi: (»Lohe«) Wettesser bei Utgard-Loki.

Lokasenna: (»Lokis Spottrede«) Götterlied.

Loker: (»Schließer«) König von Kurland, ›Gesta Danorum‹.

Loki: (»Lohe(?)« oder »Schließer«, vgl. luka, loka) Riese, bei den Asen lebend.

Lure: (lúðr) kultisches Blasinstrument.

Magni: (»Mächtiger«) Sohn Thors.

Mani: (»Mond«) Sohn des Mundifari.

Mardöll: (»die das Meer erleuchtet«) Name für Freya.

Megingjörd: (»Kraftgürtel«) Thors Zaubergürtel.

Midgard: (»Mittlere Wohnstätte«) Welt der Menschen.

Midgardschlange: (miðgarð-

sormr) einer der drei Weltfeinde.

Mimir: (»Erinnerer«) Weiser
am Brunnen der Weltesche.

Mjöllnir: (»Zermalmer«) Thors
Hammer.

Modi: (»der Zornige«) Thors
Sohn mit Jarnsaxa.

Mundilfari: (»der nach der Zeit
Fahrende«) Vater Manis.

Munin: (»der sich erinnert«)
Odins Rabe.

Muspell: (muspellr »Weltzer-
spalter(?)« ahd. muspilli
»Weltende«) Feuerriese,
Feuerwelt.

Mutsauger: (moðsognir).
Zwerg.

Naglfar: (»Nagelgefährt«) Schiff
aus den Nägeln der Toten.

Nanna: (»Wagemutige« (?))
Balders Gemahlin.

Narfi: (»der Schmale bzw.
Leichnam«) Lokis Sohn.

Neiding: (níding »Neider«)
ehrloser Mensch.

Nidhögg: (»neidvoll Hacken-
der«) Leichenfresser an der
Wurzel der Weltesche.

Niflheim: (»Nebelwelt«) die
mythische Eiswelt im Nor-
den.

Njörd: (»Kraft«) Wanengott
der Schiffahrt.

Noatún: (»Schiffsplatz«)
Wohnsitz Njörds.

Nordri: (»Norden«) Zwerg, der
den Himmel trägt.

Nornen: (»Raunende«) Schicksalsfrauen.

Nossa: (»Schmuck«) Freyas
Tochter.

Oder: (Oðr »Wüter(?)«)
Gemahl Freyas.

Odin: (Oðinn »Wut, Wütender«
Wodan) Vater der Asen.

Oskopnir: (»der Unvermeidli-
che«) ›Fafnirsmál‹, Ort des
Endkampfs.

Otter: (Otr »Otter«) Sohn des
Zwergs Hreidmar.

Ragnarök: (Pl. eigtl. »Götterende«; vgl. ragnarýkkr »Götterdämmerung«) Weltunter-
gang.

Ran: (»Raub«) Gemahlin Ägirs.

Randwer: Sohn Jörmunreks in
dem Eddalied »Gudhrúnarh-
vöt«.

Ratatosk: (»bohrender Zahn«)
Eichhörnchen am Stamm der
Weltesche.

Regin: (»Herrschender«) Sohn
Hreidmars.

Ridil: (»Reiterchen(?)«) Schwert
des Zwergs Regin, ›Fafnirsmál‹.

Riesen: (vgl. ahd. risan »sich erheben«, engl. to rise) Widersacher der Götter.

Rig: (air. »König«) Name
Heimdalls ›Rigsmál‹.

Rigsthula: (»Merkgedicht von Rig«).

Rinda: (»Rinde«) Königstochter im Osten.

Röskwa: (»Tüchtige«) Dienerin Thors.

Runen: (run »Geheimnis«) als ihr Erfinder gilt Odin.

Saga: (»Sage«) Asengöttin.

Sährimnir: (»verrußtes See-tier(?)«) Eber in Walhall.

Sanngetall: (»der die Wahrheit errät«) Odinsname.

Schwanhild: (svanr »Schwan«, hildr »Kampf«) Tochter Sigurds und Gudruns.

Sif: (»Sippe, Verwandte«) Thors Gemahlin.

Sigdrifa: (sigr »Sieg«, drifa »Schneewehe, Treiberin«) Walküre Odins.

Sigi: (»Sieger«).

Sigurd: (sigr »Sieg«) Siegfried ›Nibelungenlied‹.

Sigyn: (sigr »Sieg«, vina »Freundin«) Lokis Gemahlin.

Sindri: (sindr »Schlacke«) Schmiedezwerg.

Skadi: (»Schadende(?)«; vgl. Sca(n)dia) Gemahlin Njörds.

Skalde: (»Sänger, Dichter«, vgl. »schallen«).

Skáldskaparmál: (»Lehre von der Dichtung«) Snorri Stur-lusons Edda (2. Teil).

Skidbladnir: (skið »Scheit«) Freys Zauberschiff.

Skirnir: (»Strahlender«) Diener Freys.

Skjöld: (»Schild«) Odins Sohn. Stammvater der Skjöldunge.

Sköll: (»Spott«) Wolf, der die Sonne jagt.

Skrymnir: (»Prahler«) Name von Utgard-Loki.

Sleipnir: (»der gleitet«) Odins achtfüßiges Roß.

Sökkwabekk: (»versinkender Bach«) Wohnsitz der Saga.

Sörli Sohn Gudruns: (»Hamdis-mál«).

Sudri: (»Süden«) Zwerg.

Surt: (»Schwarzer«) Feuerriese, der den Weltenbrand ent-facht.

Suttung: (»der schwer ist vom Trunk«) Riese und Besitzer des Dichtermets.

Svava: (»die einschläfert«) Wal-küre.

Swadilfari: (»der eine Un-glücksfahrt macht«) Hengst, Vater Sleipnirs.

Swalin: (»der Kühlende«) Schild, den die Götter vor die Sonne gestellt haben.

Swarin: (»Schwerin(?)«) Unter-könig von Götaland.

Swipdag: (»hereinbrechender Tag«) Geliebter Menglados, ›Fjölsvinsmál‹.

Tanngnjost: (»Zahnknisterer«) der eine von Thors Böcken.

Thjalfi: (»der arbeitet«) Thors Diener.

Thökk: (»Dank«) Loki in Gestalt einer Riesin.

Thor: (»Donner« auch þunarr, ahd. Donar) stärkster Ase.

Thräl: (»Abhängiger«) Knecht.

Thrud: (»Kraft, Frau«) Tochter Thors. Verlobte des Zwerges Alwiß.

Thrudwang: (»Kraftfeld«) Thors Wohnsitz.

Thrym: (»Lärm«) Riesenkönig, der Thors Hammer raubte.

Thurse: (*þurisaz »Gewaltiger«) Riese.

Troll: (»Zauberwesen«, schwed. trolla »zaubern«) unförmiger Riese.

Tyr: (*Tiwaz, ahd. Ziu, vgl. Zeus, lat. Ju-piter) ältester Himmels- und Kriegsgott.

Ull(er): (ullr »Wolle(?)«) Wintergott.

Uppsala: (up salar »hohe Säule(?)«) mit Tempel und Kultstätte Altuppsala.

Urd: (»Schicksal, Gewordenes«) Norne.

Utgard: (»die Welt außerhalb«) von Riesen und Ungeheuern bewohnt.

Vafthrudhnir: (»der im Verwik-keln Mächtige«) weiser Riese.

Vestri: (»Westen«) Zwerg.

Völuspá: (»Weissagung der Seherin«) Edda-Lied.

Waberlohe: (vafrlogi »flackern-de Lohe«) Flammenwall vor Burgen.

Walhall: (»Halle der Kampf-toten«).

Wali: (*wanilo »kleiner Wane (?)«) Odins Sohn mit Rinda.

Walküre: (»die die Waffentoten wählt«) Schlachtjungfrau.

Wanen: (»die Schönen(?)«) zweites Göttergeschlecht neben den Asen.

Warg in Wéum: (»Wolf im Hei-ligtum«) Geächteter.

Wé: (»heiliger Ort«) Odins und Vilis Bruder.

Wegtam: (»Reisegewohnter«) Odins Name bei Wölwa.

Wili: (»Wille«) Bruder Odins.

Wölwa: (»Seherin, die den Stab trägt«) Wahrsagerin.

Widar: (»der weiterhin herrscht«) Ase, Rächer Odins.

Yggdrasill: (»Eibensäule«, auch: »Schreckroß«, d. h. Galgen) Weltenbaum.

Ymir: (»Zwitter«) Urriese.

Ynglinge: (Stammvater Yngvi, Beiname Freys) schwedisches Königsgeschlecht.

Literaturverzeichnis

Baetke, Walter, *Wörterbuch zur altnordischen Prosaliteratur*. 2 Bände. Berlin 1965-1968.

Ders., *Kleine Schriften. Geschichte, Recht und Religion im germanischen Schrifttum*. Hrsg. von Kurt Rudolph und Ernst Walter. Weimar 1973

Bugge, Sophus, *Studien über die Entstehung der nordischen Götter- und Heldensage*. Übers. von O. Brenner, München 1889.

Die Edda. Göttersagen, Heldensagen und Spruchweisheiten der Germanen. Übertr. von Karl Simrock. Anmerkungen und Nachwort Harri Günther. Berlin 1987.

Edda. Götterdichtung, Spruchweisheit und Heldengesänge der Germanen. Übertr. v. F. Genzmer. Eingeleitet von Kurt Schier. Düsseldorf/Köln 1981.

Edda. Hrsg. von Hugo Gering. Leipzig u. Wien o. J.

Die Lieder der Edda. Hrsg. von Barend Sijmons und Hugo Gering. Halle 1927.

Die jüngere Edda. Übertragen von Gustav Neckel und Felix Niedner. Jena 1925. (Thule 20) Neuausgabe Düsseldorf/Köln 1966.

Die Jüngere Edda des Snorri Sturluson (Die Edda III). Nach der Übersetzung von Karl Simrock neu bearbeitet und eingeleitet von Hans Kuhn. RUB 785. Leipzig 1947.

Dumézil, Georges, *Loki*. Aus dem Französischen übersetzt von Inge Köck. Darmstadt 1959.

Edda. Übertragen von Felix Genzmer. Einleitung und Anmerkungen von A. Heusler und F. Genzer. 2. Bände. Jena 1912/20 (Thule 1-2). Neuausgabe Düsseldorf/Köln 1963.

Germanische Göttersagen. Nach den Quellen neu erzählt von Reiner Tetzner (Reclams Universal-Bibl. Nr. 8750). Stuttgart 1992.

Germanische Göttersagen (eine Fassung in Versen o. Verf.-Angabe). Zusammengestellt und bearbeitet von Petra Gallmeister. 2. Auflage. Verlag Moewig/Rastatt 1988.

Götterlieder der Älteren Edda. Auswahl. Nach der Übersetzung von Karl Simrock neu bearbeitet und eingeleitet von Hans Kuhn. Stuttgart 1960 (Reclams Universal-Bibl. 781; Neuausg. 1991).

Golther, Wolfgang, *Handbuch der germanischen Mythologie*. Rev. Ausg. Halle 1908. – Nachdruck Essen 1985.

Grimm, Jacob, *Deutsche Mythologie*. Göttingen 1835. – Nachdruck in 3 Bänden. Frankfurt/M./Berlin/Wien 1981.

Grönbech, Wilhelm, *Germanische Götter- und Geschlechtersagen*. Aus dem Dänischen übersetzt von E. Hoffmeyer-Eppenstein. Jena 1932.

Gylfaginning/Snorri Sturluson. Texte, Übersetzung und Kommentar von Gottfried Lorenz. Darmstadt 1984.

Half und die Halfsrecken. Das Tyrfingschwert. Zwei altnordische Sagas. Nachwort R. Heller. RUB 8339. Leipzig 1958.

Heldenlieder der Edda (Auswahl 14 Lieder), RUB. Übertragen, eingeleitet und übersetzt von Felix Genzmer, Stuttgart 1952.

Helm, K., *Altgermanische Religionsgeschichte*. 1. Band. Heidelberg 1910.

Herrmann, Paul, *Deutsche Mythologie*, Verlag Wilhelm Engelmann/Leipzig 1898 – Gekürzte Fassung herausgegeben von Thomas Jung, Berlin 1991.

Ders., *Nordische Mythologie*, Verlag Wilhelm Engelmann/Leipzig 1903. Gekürzte Fassung herausgegeben von Thomas Jung, Berlin 1992.

Isländersagas. Übertragen und herausgegeben von Rolf Heller. 2 Bände; Leipzig 1982

Jónsson, Finnur, *Edda Snorra Sturlusonar*. Kopenhagen 1931.

Kaufmann, T., *Balder*. Straßburg 1902.

Kulturhistorisk leksikon for nordisk middelalder. 22 Bände. Kopenhagen 1956-1978.

Meyer, E. H., *Germanische Mythologie*. Berlin 1891.

Ders., *Mythologie der Germanen*. Straßburg 1903.

Mogk, E., *Germanische Mythologie*. 2. Auflage Straßburg 1907.

Much, R., *Der germanische Himmelsgott*. Halle 1898.

Neckel, Gustav, *Walhall*. Dortmund 1913.

Nordal, Sigurder (Hrsg.), *Völuspá*. Aus dem Isl. übers. v. Ommo Wilts. Darmstadt 1980.

Nordische Heldensagen nach Saxo Grammaticus. Hrsg. von Paul Herrmann. Jena 1925.

Reallexikon der Germ. Altertumskunde. Begründet von Joh. Hoops.

2., neu bearbeitete und erweiterte Auflage herausgegeben von Herbert Jankuhn (u. a.). Berlin/New York 1973 ff. Darin: Kurt Schier zur Älteren Edda (6. Bd. 1986, S. 355-394); Gerd Wolfg. Weber zur Jüngeren Edda (Ebd. S. 394-412); Karl Hauck zur Brakteatenikonologie (3. Bd. 1978, S. 361-401).

Saxo Grammaticus, *Altnordischer Sagenschatz in 9 Büchern* (1870). Ders., *Die ersten 9 Bücher der dänischen Geschichte*; Leipzig. Band 1: Text (1901); Band 2: *Die Heldensagen des Saxo Grammaticus*, Erläuterungen von Paul Herrmann (1922).

Simek, Rudolf, *Lexikon der germanischen Mythologie*. Stuttgart 1984.

Simek, Rudolf/Herrmann Pálsson, *Lexikon der altnordischen Literatur*. Stuttgart 1987.

Usener, H., *Götternamen*. Bonn 1985.

Vries, Jan de, *Altgermanische Religionsgeschichte*. 1-2. Berlin 1956-57.

Ders., *Altnordisches etymologisches Wörterbuch*. Leiden 1962.

Ders., *Altnordische Literaturgeschichte*. 1-2. Berlin 1964-67.

Weber, Gerd Wolfgang, *Wyrd. Studien zum Schicksalsbegriff der altenglischen und altnordischen Literatur*. Bad Homburg/Berlin/Zürich 1969.

Inhalt

Märchen und Sagen
im insel taschenbuch